立衛散考

西沢立衛

目次

トゥーゲントハット邸　ミース・ファン・デル・ローエ

ディテールについて

モノがどう集合するか

建築をつくるといろんな人が見学に来てくれますが、建築の学生はすぐにわかると、お施主さんが言っていました。建物のコーナーをじっと見ているのが建築学生なのだそうです。なぜ建築学生がコーナーばかりじーっと見てるのか、お施主さんには不思議なんですが、ぼくが思うにはひとつには、ディテールの日本語訳にあると思います。

ディテールは一般的に「細部」と訳しますよね。誰がこのように訳し始めたかは知りませんが、建築学生がコーナーばかり見るのは、「ディテール」イコール「細部」の訳のせいじゃないかと思うのです。例えば、何か重要な議論している時に、君のその意見はディテールだろう、みたいに言われると、何か「枝葉」とか「細かいこと」みたいな意味になります。「ディテール」イコール「細部」ですね。しかし建築物にとってディテールは、そんなものではないのです。

以前、スタディ集(「西沢立衛建築設計事務所スタディ集」LIXIL出版、二〇〇九年)で、自分がスタディの現場でどう苦しんでいるかという文章を書いたのですが、そこで「どういう納まりがいいかあれこれ悩む」と書いたんです。そしたら、その英訳を読んだら、「どういう納まりか」を「Detail」でなく、「How things come together/モノがどう集合するか」と訳していて、感心しました。建築って、いろんな物が集まってできていて、柱、梁、床、木、鉄、石膏ボード、ドアハンドル、家具、庭の樹木、様々なモノが集まって建築になるので、物がどう集合するかということは建築設計の大きな主題のひとつです。建築家によっては、全てミニマルに揃っていないと我慢ならないという人もいるだろうし、モノがワイワイしていた方が良いと考える建築家もいる。物が集まる風景はこうあるべきというのは、建築家の考え方であり、世界観なのですね。そういう意味では、ディテールは「詳細」というよりも「全体の風景」と言ったほうが近いと思います。それはつまり「全体のありよう」なんです。

言われたように「納まり」こそ、ディテールの意味だと。

そうですね。「納まり」の方が近いですね。「ものがどう納まるか」の「納まる」も重要だけど、その前の「どう」が重要です。とにかく全部箱に詰めこめばOKなわけではなく、「どう納まるか」の「どう」のところに、建築家がつくり上げたい世界観が顕れる。

近代化によって、遠隔地からモノを輸入できるようになりました。ものは軽量化・小型化して運搬できるようになり、身の周りの材料だけで民家をつくっていた時代と比べたら、建材の種類は爆発的に増え、建築は雑多になりました。でも一方で、運搬できる軽い建材だけで建築を組み立てる時代だから、ディテールは単調化しているとも言えます。近代化が乾式化の歴史とすると、外壁のコンクリートも木も全部パネル化・工業化されて、ディテール的には雑多というよりむしろ一様化している。

モダニズムは元来、生産の合理性が重要で、より合理的かつ経済的につくることが大きな課題でもありました。しかし今、合理的・経済的に建築をつくろうとしたら、ネットで部品を買い、宅急便で運搬してもらい、組み立てていく、いわばカタログ的建築が最も安上がりです。建材をカタログから選んで組み立てる建築は、ディテールがつまらなくなる。ミースの建築は、どこか一部たとえばドアを見ただけでミースだとわかりますが、今の建築はドアまわりだけ見たら、誰の建築かよくわからないのです。

他方で一種のヴァナキュラリズムも依然としてあります。コンクリート造の建物をつくる際、その地域の砂利を使う。日本では今も木造が最も安上がりですが、砂漠の国で木造は高価です。普通に安くシンプルにつくろうと思えば、このヴァナキュラリズムがひとつあり、カタログ建築がひとつある。今の建築はこういう文脈の中でディテールが出てきていると思います。

人間の考えが不在

先日ペルーに行った時に、リマ郊外のファベーラ(法律などに関係なく、人々が住みついた居住地域)にある共同墓地「ヌエバ・エスペランサ墓地」の写真を見て、驚きました。その共同墓地の姿はまさに都市そのもので、通りがあって、街区があって、大通り沿いの墓が高層化して、まるで高層ビルのようで、裏の細い路地沿いは低層が密集して並んでいて、木密地域のようになっている。全体がまるで街のようでした。

お墓は全部同じ形の、プレキャストのU字溝みたいな箱型のもので、それ一個がお墓ひとつぶんです。妻面にガラスが入り、中にマリア様や遺影、花が飾られています。工業部品のようなプレキャストの墓を積み木のように積んで高層化する。ものすごい広い墓地で、その高密度ぶりはまさに近代都市そのものだと思い、期待して訪れました。でも、実際に見に行ったら、ただただ悲惨な風景でショックでした。お墓が積層されるのですが、単にプレキャストボックスを機械的に積んでゆくだけで、何も考えていないというのでしょうか、人間の考えが感じられないのです。墓地の背後には山の斜面があって、不法に建てた家が斜面に張り付くように高密度で並んでいるのですが、そのファベーラの方は確かに貧しいし荒んではいるけど、造成されていない斜面に家を建てるので、いろいろ考えて工夫して建てている。坂をここでターンさせないといけないとか、手摺はここにつけるとか、受水槽のために平場をつくったりとか、ディテールを考えているのです。それなりに工夫して、なんとか住めるようにしている。そこには「人間の考え」があって見ていてほっとするのですが、墓地の方はただただ機械的に積んでいくだけなので、ひとつのディテールが反復するだけで、それはおそろしい風景でした。この「人間の考えの有無」は決定的なのではないか。

量の問題も関係していると思います。近代の人口爆発によって、何事も大量な量を捌かないといけない時代になりました。巨大すぎる原発や火力発電所、大きすぎる超高層ビルなどを見た時、何か恐ろしいものを見た気になったりします。巨大さは巨大というだけで、人間のコントロールを超えた悪魔的なものになり、人間の知を脅かすものになる。ぼくはリマで共同墓地を見て、ディテールが建築

にとってどれだけ重要かを痛感しました。建築家なら同じ墓地でも、もっと良くやれると思う。もっと考えると思うのです。小住宅にしても大都市にしても、集合のあり方についての人間の考えがそこにあるだけで、どれだけ救われるかと思います。

よくヨーロッパの建築家が日本の都市を「カオス」と称して刺激を受ける対象として挙

ヌエバ・エスペランサ墓地

げていることも、今の話に関係しているかもしれません。

ヨーロッパ人は日本の都市のカオスっぷりを見て「民主的だ」というけど、あれは褒めているわけではありません。ヨーロッパの都市は、成熟した市民社会を感じますが、日本の都市は民主主義が成熟していなくて、それは民主的というよりむしろ、「無関心」と「従順」という感じがします。

ル・コルビュジエが「母の家」をつくった時、村を挙げて反対運動が起こったそうです。自分たちの住環境を侵す建築の登場に、村中で大騒ぎになった。今見るとそれほど破壊的な建物には見えないし、むしろあの敷地に合っていて良いとすら思えますが、村の人たちの感覚としては、住環境を脅かされている、と。でも日本だったら、自分の家の隣に真っ赤な色の醜悪な家が建ったとしても、みんな「なんだかすごい建物ができたね」と感心したりする。まるで他人事みたいに「へー」みたいな、まさか自分の住環境を壊されているなんて、夢にも思っていない。無関心というか、上に文句言えるとは思っていないというか、江戸時代の負の遺産ではないかと思います。そういう日本人の、環境への関心のなさ、運命への従順さは、民主主義が成熟した国からすると驚異です。

ぼくら日本人がよく使う「仕方ない」を、事務所で外国のスタッフに翻訳し伝えようとするんですが、なかなか英語にできません。いままで聞いた中で一番良い翻訳は「No other way／他に道なし」です。でも、実際に日本人がつぶやく「仕方ない」は「No other way」ともちょっと違う気もします。ぼくらは、まだ他にも道は沢山あるのに、すぐ「仕方ない」となるのです。おそらくぼくらは「仕方ない」

を選びたいのではないかとすら思います。運命に立ち向かうという強烈なアイデンティティがそもそも希薄な感じがする。東京の街の乱雑さは、こういう無関心さでできているような気がします。

抽象とスケールと生々しさ

西沢さんは所員時代、矩計図を描けた時に建築の理解や組み立ての視界が拓けたと以前話していました。

そんなこと言っていましたか(笑)。確かに、描くことと理解することは、つながっているかもしれませんね。実際の寸法で建築を考えていくことで、いろんな関係が描かれていって、理解が深まっていく。当時はパソコンがなくて、全部手描きでした。矩計図を鉛筆で描くのですが、紙が手や汗や鉛筆で汚れないように注意して、徹夜して描いて、それは一種の大壁画というか、芸術作品と言っても過言ではなかったかも(笑)。

でも、その実践が、建築の組み立てや構成の理解に直結していたわけですよね?

そうです。ＣＡＤ世代の建築家、ぼくより下の世代の人たちがつくる建築を見ていると、ちょっと生々しいというか、抽象的じゃないと感じます。ぼくの世代がたぶん、最後の手描き世代ではないかなあと思います。

手描きの時代は、図面を描く時にはまず、縮尺を設定しないと描き始められませんでした。図面は縮小スケールなので、建築の全要素は描けないわけですね。だからある程度省略して描く。重要なものだけ描き、重要でないものは省略する。そこで抽象化が起きる。１／30で図面を描く時、水切りは必ず描きますが、１／100の図面で水切りは描かない。それはスケールがもたらす物質的条件、現実的限界として、描けない。１／30と１／100では、描くものが変わってくる、つまりそれらは抽象性が違うのです。そこには飛躍というものがあって、そういう飛躍を経ることで、建築を理解してゆく。ところがＣＡＤにはスケールがないから、いくらでも描けてしまう。あまりに具体的というか、抽象的じゃない。手描き時代の建築と、コンピュータ時代の建築はいろいろ大きく違うけど、ひとつは抽象性の違いがすごくあると思います。

そういえば笑い話なのですが、ある学校の課題で、学生がシングルラインのようないいかげんな図面を描いてきて、「シングルラインで断面を描くな」と先生が怒ったら、学生が「でもこういうのがあります」と「梅林の家」（設計：妹島和世、二〇〇三年）の図面を持ってきたと。シングルラインの建物あります、と言われてしまって、その先生が妹島さんに、「教えづらくて困るんですよ」とこぼしたという話がありました（笑）。

いずれにしても、抽象性というものが建築創造の大きなところで、建築はそういう抽象化の中で考えられ、スケールという有無を言わさぬ強烈な条件の中で練られてきた。しかしコンピュータの場合は、図面で考えていたアイディアがそのままいきなり巨大化して出てくる。その飛躍のなさ、アイディアが拡大されてドンと出てくるその生々しさに、ギョッとするわけです。3Dプログラムとか、デジタルアーキテクチャーとかが全然面白くないのも、飛躍がないというか、あまりに具体的というところですね。

ミニマルでなくいろいろある綺麗さ

西沢さんや妹島さんは昔から、建ち方や周りとの関係を気にされていたように思います。

それは、妹島さんから学んだものです。敷地での建ち方は大きなテーマのひとつですが、それは所謂、コンテクスチュアリズムとはちょっと異なる考え方です。妹島さんはたぶん、都市はバラバラなもので、そのバラバラの中でどう建てるかという考え方をしていると思います。

以前、集合住宅のプロジェクトで、室外機や手摺までつくり込んだ模型をつくってスタディされていましたが、妹島さんのスタディではそのような模型をあまり見かけません。モノが多様化して、扱い方は建築家によって違うけれど、西沢さんは現代的に幅広いモノを自分の視野に入れようとしているように思います。

室外機はたぶん妹島さんも気にしていると思うけれど、妹島さんは開放的というか、スケールが大きいというか。細かいことはまあいい、みたいなところがある気がする。大きなところで勝負、というのかな。

ただエアコンに関しては、ぼくは興味があるのです(笑)。日本のエアコンって安直というのかな。「突然付けてしまった」というアジア的なブリコラージュで、まさにさっき言った無関心と従順がそのまま室内化したというか、例えばドイツ的な「全てインテグレート、インテグレートであればグッド」みたいな感覚にツイていけないぼくは、アジアのその対症療法的安直さはなにかダイナミックというか生き生きとしているというか、好きなのです。

物の多様化という意味で、SANAAで特徴的なのは、どこか洒落というか、ユーモアがないと嫌なのです。基本的には、ミニマルかつ厳粛、生真面目なのはあまり得意ではありません。ミニマルな綺麗さよりも、いろいろものがあるけれど綺麗という方が、生きた感じがして好きです。

箱物建築に対するアンチテーゼ

西沢さんたちの興味は、架構や組み立てから、プランニングやダイアグラム、図式へと移り、最近はさらに変化し、様々なモノの集まり方と環境を同時に考えるように関心が深まっていったと、作品集の巻頭エッセイでも書かれていました（『GA ARCHITECT　妹島和世 西沢立衛 SANAA 2011-2018』）。

ぼくらの建築って要するに、建築のつくられ方がわかる、というものです。使う人や、ぼくらの建築を訪れる人が、その建築の成り立ちを経験できるような建築です。例えば、「金沢21世紀美術館」（設計：SANAA、二〇〇四年）に入口がいっぱいありますが、その理由は、建築を体験するとわかる。なんで入口が複数あるのかが、建物を使ってみるとわかる。いちどでも建築を使ってみればその建築がなぜそうなったのかがわかる、というのはぼくらにとっては大きなことです。ある種の「透明性」といってもいいと思います。

そういうことを建築と環境との関係で考えているところがあって、たとえば「日立市新庁舎」（設計：SANAA、二〇一九年）の配置や平面計画というものは、建物に入ってみるとわかる。山と海を見て、日立全体が海に向かって傾斜している地形を見て、建築がなぜこういう向きになったのか、空間的・地理的にわかる。そういうことは、ぼくたちの建築において重要なテーマのひとつです。

それは初期から最新のプロジェクトまで一貫していることですよね。

建築の成り立ちを経験できるというところは、一貫している部分と徐々に変わってくる部分と、両方あります。例えば、ぼくが気にしている幕板問題。あれは簡単に言えば、天井が重くダサくなることへの問題意識からスタートしています。天井はエアコンとかダウンライトとか煙感知器、スプリンクラー、最も重装備になる部分で、梁、小屋裏、いろんなものがあります。それらをすっきり処理するために、多くの建築家は天井を石膏ボードかなんかで張ります。そこに幕板も出てきます。

スタッドシアター・アルメラ　SANAA

天井も屋根も小屋裏も全部上手くまとめて巨大なハリボテができる。ぼくはそれが嫌で、そこでずっと悩んでます。

九〇年代に「スタッドシアター・アルメラ」(設計：SANAA、一九九八〜二〇〇六年)をつくっていた頃は、天井に関してもっと寛容というか鈍感でした。「トレド美術館ガラスパヴィリオン」(設計：SANAA、二〇〇一〜〇六年)あたりで、こんなぼってりしたものをいつまでもつくっていてはまずいと決定的に思うようになりました。時を同じくして、自分たちのスタディのやりかたが平面から立体へシフトしていき、立体構成となれば当然、天井と屋根を統合する巨大ハリボテは吟味すべき対象になる。平面から立体への展開において必然的な課題だったと思います。

建築のダイナミズム

冒頭の納まりの話に戻ると、ぼくは、完全に納まればいいわけでない、という気持ちがいつもあります。全部きれいに納まってしまう計画主義ってどうなのか。創造にはある種の破綻、衝突があり、それも含めて建築の生きた力と言えないか、とも思います。もちろん設計する側としては試行錯誤して、納まるように計画しますが、それとは別に、物質を扱う暴力性がどこか納まりきらずに建築に残っていてほしいという思いもどこかにある。

建築は人間とかけ離れた巨大物で、小住宅でも人間の身体をはるかに超えた大きなモノです。ところが、実際は縮小された図面の中で考えることによって、全部箱の中に綺麗に納まってしまう計画主義というか、プランニング主義というものがあって、それはぼくらの建築を生かしもするし、殺しもする。建築は巨大で、野蛮なもので、全て上手く納まっていればいいというだけではない。特に日本の建築・都市は、綺麗に納めることを目指していて、ぼくはそこは懐疑的なのです。

日本のそこらにある建物も、人間の考えなしという意味では納まっていないとも言えますが、それは破天荒でなく、既成の納まり方、考えなしの納まり方をした建築ばかりです。西沢さんが言われている、破天荒さとは具体的にどんなことですか？

建築は空間的にも時間的にも大きなもので、その存在がいわば破天荒なものだと思うのです。建築は物として、物質としての強さがあるべきで、コンクリートでも木でも、物質が登場するところには、ぼくはある種の驚きというか、激しさ、野蛮さをいつも感じます。ぼくはそういう建築のダイナミズムが好きで、それは小住宅でも公共建築でも、今後も考えていきたいことです。

バカルディの瓶詰工場　フェリックス・キャンデラ

建築をつくるよろこび

建築の開放性

先日メキシコで賞をいただいて、授賞式のついでにフェリックス・キャンデラの建築を見てきました。キャンデラは好きな建築家の一人です。中でも「バカルディの瓶詰工場」(一九五九年)は好きです。あの大きさ、あの高さ、まさに建築の歓びみたいなものを感じます。今回は他にも、キャンデラの建築を見にあちこち回りました。「ソチミルコのレストラン」(一九五七年)では、屋根の上に乗りました。コンクリートシェルの厚さが四センチしかなくて、屋根の上を歩くとブヨンブヨンと動くんです。コンクリートは堅いものだと思っていたけど、こんなに柔らかいんだと驚きました。この建物は去年のメキシコ地震で被災して、かなり大きいクラックが入っていて、ガラス開口のバック・マリオンがシェルを突き破ってしまった箇所もある。部分的に壊して、つくり直すそうです。

キャンデラの建築には、モダニズムの素晴らしさがあります。キャンデラはコンペで仕事を獲るそうですが、デザインで勝つというだけでなく、見積額の安さで勝つのだそうです。シェルがとにかく薄いから、値段が他社の半分だったりして、価格競争で勝ってしまう。まさにモダニズムの力です。みずから施工会社を率いて、自分で設計施工するから、全部自分の思い通りにやれる。実際に建物を見ているとやはり勢いがあるというか、好きなことをやっているおっさん的な「開放感」があって、明るくて楽しそうで、良いなあと思います。

「開放感」は、西沢さんと妹島さんの建築にとっても大事なキーワードだと思います。

「建築をつくる喜び」って、建築の生命になるのではないかと思います。生きた建築になっていくというか。物質である建築物を指して「生きている」というのは、考えてみればへんな言い方ではあるのですが。フランク・ゲーリーが「どれほど凡庸な建築でも、建設中は創造的だ」と言いましたが、つくっている最中の勢いみたいなものが、できた後の建築に宿るということは、あるのではないかしら。

もの勝負

建築は大きいし、お金もかかるから、いきなりつくってしまうのではなくて、まず計画を立てて、案ができたら実物をつくり始めるという順序です。そういう意味では建築設計はインプロヴィゼーションというよりも、一種の計画主義、プランニング主義です。でも、計画主義に偏りすぎるとなにか、本来ものとしての勝負であるはずの建築が、モデルの再現になってしまったりするんです。自分が思い描いたアイディアこそがオリジナルであり、実際にできたものはそのコピーでしかないというような関係に、しばしばなってしまう。計画主義は建築設計の命なのですが、同時にそれが建築家にとって大きな敵、戦う対象になってしまうのです。

Crush

ソチミルコのレストラン　フェリックス・キャンデラ

計画主義によると、建築家が創り出しているものは、図面ということになる。

図面とか、もしくは、頭の中のモデルがオリジナルですね。

計画主義をやっているとどうしても、計画通りに実現しなきゃっていう雰囲気になっていくんです。計画の再現を目指してしまうのですが、他方で建築はものとしての勝負でもあるから、プレゼンスが重要で、モデルを完璧に再現したからといって、良い建築になるわけではないのです。

特に日本は、計画通りにしなきゃという傾向が強い気がします。披露宴とか、地鎮祭の式次第とかでも、シナリオ通り、時間通りでないとまずい、みたいなとこがあります。想定外を恐れるというのかな。その点で中国とかアメリカとかの大陸の人たちは、もっと全然おおらかですね。

設計は原寸大ではやらず、図面や模型といった縮小モデルでやるじゃないですか。おもしろいとぼくが思うのは、そこにスケールがあることなんです。モデルっていうのは抽象物ですから、本来それはスケールがない世界です。そこでぼくらは図面とか模型を使うので、モデルにスケールを与えることになる。概念的なものに一／一〇〇とか一／二〇〇とかいう物理的枠組みを与えるんです。そこですごい抽象化が起きます。頭の中で「こういう案はいけるかも」と思いついた夢みたいなものを、いざ図面や模型にしてみると、幻滅したり、または想像とは違ったりというある驚きがあるんです。スケールがないアイディアが、スケールを得ることで、別世界に突入するんですね。

こういう手続きを繰り返し繰り返しやって、スタディしてゆくうちに、スケールを獲得しディテールを獲得して、徐々に建築物になっていく。計画といういわば空想のものが物に置き換えられてゆくその過程、夢みたいなものがスケールや寸法を獲得していく過程というのは、なにか概念と物質の出会い、ぶつかりあいのような気がします。

つくることの力

「ものづくり」は労働ですから、苦しいことなんだけど、でも、快楽でもあります。料理なんかも、食べるためにやってることとはいえ、つくること自体が楽しいんです。スパゲッティという目的＝ゴールからしたら料理は手段でしかないけど、つくること自体が目的化してしまっている人はいっぱいいると思います。

単なる手段でしかないものづくりですが、それは再現的というよりも創造的であり、機械的というよりも人間的なものだと思うのです。

同じことが、建築という大きなものにさえあると。

そうです。料理人がノってつくれば料理も生き生きとしたものになるのと同じで、建築も、つくる喜びは結果に出る。設計と建設のパワーは、建築に生命を与えると思います。

料理で、おいしかったからまたつくろうと思って再現を目指しても、身体か食材のせいかわかりませんが同じにならない。プロはそのギャップを埋めていくのでしょうが、いずれにしても、再現を目指すことも、それを壊すことも両方とても人間的で、同時に存在しています。

概念をものに置き換えてゆくその過程には、人間の価値観が介在するべきだと思うんです。人間の判断が介在しない機械的再現は、恐ろしいものだと思う。その良い例も、悪い例も、モダニズム建築の時代に我々は沢山見た。モダニズムでなくてもいつの時代でも言えることだとは思いますが、大量生産、工業生産の時代に突入した十九、二〇世紀において、それはかつてないほど大きな問題になったと思います。

ジル・ドゥルーズの『差異と反復』の大きなテーマは、差異と反復なのですが、ここで彼はいろいろ面白いことを言っています。たとえば、「反復は再現ではない」と言っている。これは、計画主義によって建築を構想してきた我々にとって、ひとごとではないように聞こえます。

近代建築の巨匠たちは、再現の命題に向き合いながらそれを超えようとしていたと思います。

創造と反復

ル・コルビュジエの「近代建築の五原則」は、いろんな意味で興味深いものです。けっこういい加減だなと思うのは、「自由な立面」と「水平連続窓」って、ほとんど一緒じゃないですか。五原則のうち二つがかぶっている気がする(笑)。ああいうのはコルビュジエだなと思います。野人というのか……。野人が構想しているというのでしょうか。論理的におかしいということで、彼はそれを整理して四原則にしてしまうのでなく、二個かぶった五個のままでいく。整理しないまま原則化してしまう。荒々しいというか快楽的というか、これはコルビュジエの建築そのものだなという気がします。創造と破壊の真っ最中みたいな「五原則」なのです。これってつくっている途中じゃないの? みたいな。「近代五原則」は、参照するべきルールブックというより、まさにひとつの創造なのだろうなと思います。

誰でも反復できるルールのように見えるけど、そういうものではないと。

そうです。ぼくはマルセイユの「ユニテ・ダビタシオン」(一九五二年)を見るたびに、これは本当に「近代五原則」の再現と言えるのか？ と、いつも思うのです。大建築であり大芸術で、まさに最初の誕生のようなもので、なにかの再現とかコピーには見えないわけです。確かに、ピロティ、屋上庭園、自由な立面、ひととおり揃っているんですよね。「ユニテ」の周りには、「近代五原則」を真面目に信じて建設された「ユニテ」のコピーのような集合住宅がいくつも並んでいますが、それらは確かに「五原則」の忠実な再現となっていて、ある意味で、最悪な近代建築なんです。これらのコピー建築と「ユニテ」の違いは、「五原則」に照らす限りははっきりしないのですが、でも両者の違いは決定的です。「ユニテ」だけでなくコルビュジエの建築はすべて、どれだけ概念的でも、どれだけ巨大であっても、なお人間的で、生命的です。コルビュジエを見るたびに、概念をものに置き換えてゆく過程っていうのは重要なんだな、と思います。

ドゥルーズは、個別的なものこそ代替できないがゆえに反復されると言っていますね。

そうです。「差異と反復」は、かけがえのなさ、交換不可能性がひとつのテーマなのです。だからたぶんそれは、歴史とか、愛とか、言語とか、人間とか、そういうものについて書こうとしているのだろうと思います。唯物論的というか、ある種のマテリアリズムとも言えると思いますが、ぼくら建築家にとってそれは、建築の唯物論として読めるものです。それほど示唆的な文章なんですね。

コルビュジエの建築って、いろんな点で凄いと思うけど、マルセイユの「ユニテ」を見ると、全体とし

マルセイユのユニテ・ダビタシオン　ル・コルビュジエ

てひとつの力がありながら、足し算的というのでしょうか。あの巨大なピロティだけで、独立した建築物のようだし、住居部分も、長手の立面に住戸が並んでいて、短手にも住戸が並んでいて、その側面をそのまま長手立面に現してしまって、両者が合体した姿がそのまま形として現れる。彼は、いくつかの独立したアイデンティティを合体して、大きなアイデンティティにしたいのだと思います。すごいなと思うのは、どんどん足していく足し算的な荒々しさがありながら、全体としてゴミの山でなく、部分部分が有機的に関係しあっていて、全体としてひとつという統合になっていることです。「ラ・トゥーレットの修道院」(一九五九年)も、ロの字型中庭の住居棟の真横に、ほぼ関係ない立体をそのままくっつけてしまう。彫刻家が骨組みにどんどん肉付けしていくような、彫刻的なダイナミズムです。足し算ですから、全体なんかないわけですね。まさにゴールなんかないと言わんばかりです。建築創造が今も現在進行形で続いているかのようなその開放感、その野蛮さは、間違いなくコルビュジエの建築の生命になっていると思います。人々があいうものをモダニズムの中心に位置付けたのだという事実を思うたびに、ある種の感動を感じます。

何をつくるのか

我々は、「建築はコンセプトが大事」と思ってつくるけれど、同時に、マテリアリズムの世界があって、建築ができ上がり、いろいろな人間が来て、違ったように使っているところを見たりするたびに、そもそも建築の意味や使い方は決まっていないのかも、と感じることがよくあります。建築は確かに人間の概念的な部分からやってくるけれど、物体としてこの世に産み落とされるやいなや、人間の手から離れてゆくようなところがあると思うのです。

妹島さんも、建築と人間のポジションを見直すと言われていましたが、人間的だけど、同時に人間にとってあくまで異物でもある。

ローマ時代の建築は頑丈で、ローマ帝国が滅んだ後にも残って、今、建設当時とは違う使われ方をしています。機能や意味が全然変わってしまっても、建築物はものとして残る。ものの力、物質の存在っていうのは、そもそも人間がどうこうできる類のものではないのではないかとも思います。

ヨーロッパの思想、文明を「物質主義」と呼ぶのは鋭いと思う。ものへの驚き、存在への敬意が文明の中心にあるのです。ヨーロッパの建築がすごいのは、ひとつはこの物質主義の歴史があると思います。

大学の課題で、学生がスタディ模型を持ってくるんですが、日本とヨーロッパではすごく違うんです。日本の学生は、紙のスタディ模型をいくつも持ってくる。どれもぺらぺらで、やたらと軽いんです。でもヨーロッパの学生が持ってくるスタディ模型は、木だったり分厚いボール紙だったり粘土だったり、ずっしりと重い模型をひとつだけ持ってくる。日本ではスタディ模型っていうのはものじゃな

パンテオン

い。アイディアなんです。ところがヨーロッパでは、模型であってもそれはすでにものなのです。

ものづくりに関する問題だと思いますが、その違和感を払拭してつくるためには、計画主義は有効に思えます。

近代主義運動において、建築の創造的な部分のほとんどが、「どうつくるか」というところに集中しました。「何をつくるか」より、「どうつくるか」が主要な課題になった。「どうつくるか」は理論化しやすくて、工学に置き換えやすかったし、たとえば近代日本において建築は工学部に属することになりました。でも今みんな、建築って、本当に工学的なものなのか？　と考え始めている。建築は、人間を守る家だったり、人間が集まる場だったりする。そういう建築っていうものは、もともとは工学的というよりも、全学問的なものなのではないか？　心理学、文学、哲学、民俗学、経済学、歴史学、芸術など、人間が関わるいろいろな学問にまたがる分野ではないだろうか。「建築は場所をつくるものだ」という時に、この場所づくりのために、建築はどんな理論を持てるのかということは、これから我々が考えていくべき課題のひとつだと思います。モダニズムを通り抜けつつある今、もちろんまだその途上ではありますが、これからはいろんな意味で、我々はこの課題にぶつかることになると思います。

法隆寺

日本の話

デモクラティックな日本？

最近、日本の建築をテーマにした展覧会が海外でも開かれ、かなり注目されているように思います。その理由をつかみかねていたのですが……。西沢さんやSANAAの建築も、「日本的」だと言われてきたと思いますが、そのあたりをどのように考えられていますか？

確かにいろいろなところで「日本の建築はすごい」と言われます。建築の発想が違うので、新鮮なのだと思います。ただ現代建築のレベルとしてはやはり、ヨーロッパの方が上ではないかと思います。公共建築もそうだし、オフィスビルとか住宅も、ちょっと負けているように思います。住宅で言えば、海外建築家の設計した作品を見に行ったり、家に招かれたりすることがあるのですが、いいなと思う家にちょくちょく出会います。建築として力があるし、快適な場所がつくられている。日本の建築家がつくった家は、「これ本当に住む気？」という感じのが多いのですが、西洋の人は、人間の場所をつくるのがうまいなと思います。

日本の住宅を西洋の人たちが面白がるのは確かですが、建築として良いということでは必ずしもなくて、ある種の文化現象として面白い、サブカルチャーとしてすごい、という見方は依然として多い。この前のバービカンセンターやMAXXIを巡回した「日本の家」展も、「この家は面白い、自分ではない誰かに住んで欲しい」という感じでした。

以前、西沢さんは、ヨーロッパやアメリカの建築家も住宅を設計しているけれど、プライヴァシーやセキュリティが重視される社会の中で、発表されていないだけだと言われていました。つまり、日本の住宅が露出しているだけ。

日本では、一般庶民が建築家と家をつくるのは普通のことですが、海外ではそういう習慣があまりないのかもしれません。

ヨーロッパでレクチャーをするといろいろ感想を言ってくれるのですが、九〇年代に特に印象的だったのは、SANAAの建築を「デモクラティックだ」と、彼らは言うんです。直訳すると「民主主義的」という意味です。日本ではデモクラシーという単語を空間の用語として使う人なんていないので、最初に聞いた時は「どういう意味だ?」と思った。ニュアンスとしては「民主主義的」というよりも、「民衆的」とか「大衆的」の方が近いのではないかと思います。以前、アルメラの劇場で、大小いろんな部屋でいろんな人がわいわいやっている風景をアクソメで描いたのですが、それは今にして思えば「デモクラティック」と言える風景です。

フランク・ゲーリーが「金沢21世紀美術館」に来た時に、「これは本当に美術館なのか。こんなの見たことない」と驚いていました。家族連れがそのあたりの椅子に座っておにぎりを食べていたり、子ど

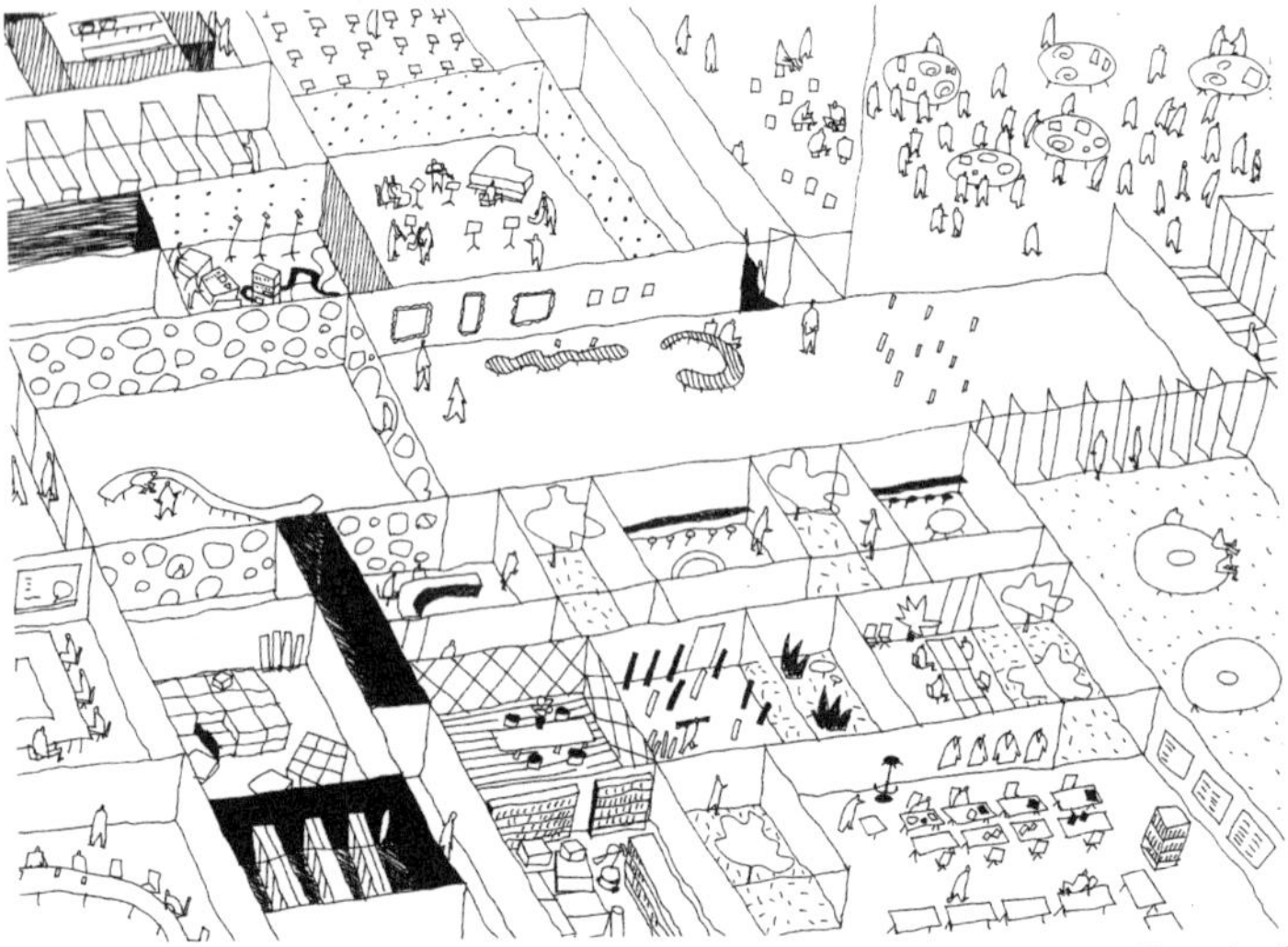

スタッドシアター・アルメラのドローイング

もが走り回って、ガラスにぶつかって泣いたり、出入り口が四つも五つもあって、人々がワーッと入ってきて、いろいろなことをやっている。それは我々の建築のコンセプトであったのは事実なのですが、しかし西洋の彼らには、ぼくらの建築だけでなく日本の文化全体が、人間たちの風景が、民衆的、大衆的に見えたのではないかと思います。

ゲーリーは、ロサンゼルスのコンサート・ホールなど、普通の人に開かれた建築を目指していると思います。それでも、「金沢」は「美術館に見えない」と。

オハイオ州トレドの美術館の本館は、みんなでお金を出し合って街にひとつの建築をつくったもので、もっと重厚というか厳粛というか、街より一段高い基壇をつくって、その上に建っています。館内は静寂です。美の殿堂だし、街の中でも特別な場所です。ところが「金沢21世紀美術館」に来ると、お祭り騒ぎでみんな楽しそうで、アメリカ人が普通に思う美術館とえらい違うわけですね。

ヨーロッパの人に、「日本ほどあらゆる人間がアートを愛している国なんて他にない」と、たまに言われます。ヨーロッパやアメリカでは、アートに関心ない人っていっぱいいるのです。ところが日本では、アートと無縁に見えるおっさんでも、マイカーに飾り付けしたり、携帯に変なストラップつけたり、桜が咲くと携帯で写真撮ったり、年賀状書いたり、みんなアートを楽しんでいる。日本では、アートは一部の階級の、特別な教育を受けた人間だけのものではなく、本当にすべての人がアートを当然のものとして受け入れ、自然に享受している。そういうありえない状態への驚きが彼らにはあると思う。

　そういう部分も含めて、ヨーロッパやアメリカから見ると、自分たちの価値観として重
　要なデモクラティックが、日本の建築に突き詰めた形で実現してしまっていると思うわ
　けですね。

もしくは、「こんな民主主義もありなのか?」みたいな、彼らが想像もしなかったデモクラシーを見た、みたいな感じかもしれません。

ただ、ぼくは日本社会に対して本当にデモクラティックという言葉がふさわしいかどうかは、疑問

金沢21世紀美術館　SANAA

があります。ヨーロッパを旅する日本人の多くは、ヨーロッパのデモクラシーの素晴らしさをあちこちで見るのです。公園で、駅やカフェで、路上のデモで、これがデモクラシーかというのを見る。それらは成熟した市民社会が獲得した風景で、日本では見ることができないものです。

社会主義

日本でも格差社会、下流化社会と言われつつありますが、元々階級社会でハイカルチャーが強い欧米では、文化の大衆化を目指して、ポンピドゥー・センターやMoMAがつくられてきました。そのような彼らが目指してきたものが、日本にあったと短絡しそうですが、デモクラティックではないと言われるのはどういうことですか?

日本は、民主主義的というよりは、大衆的とか民衆的と言った方がよいのかなと思います。微妙な違いに聞こえるかもしれませんが、決定的な違いで、近代と中世くらいの違いがあると思う。

ヨーロッパの民主主義には、歴史の厚みを感じます。民主主義はこの一〇〇年のことではなくて、彼らは二千年以上、民主主義について考えてきたのではないかと思います。ローマ時代のパンテオンが円形平面になって奥行きがなくなって、神様が対等に並んで、神殿が多目的空間化するというところですでに、市民社会の到来を感じます。西洋は長い時間を掛けて市民社会を築き上げてきた歴史があり、日本の市民社会はまだ始まったばかりです。日本の民主主義が思想と呼べるものになるのはこれからだと思います。

日本のことを社会主義の奇跡的な成功例という人がいます。ヨーロッパでは、法律によって社会主義を実現しようとして失敗するのですが、法律をつくるということは、逆に言えば、強制しない限り維持できないということでもあって、ところが日本では法律なしに自然に、というか自発的に社会主義をやっている、と。それは日本においては思想ではなくて、自然なのではないかと思います。

ヨーロッパで言う社会主義とも違って、何か江戸時代的な社会にも感じます。

それもあるし、あと他にも、村主義的なところが日本には元々あるかもしれない。共同体中心というか。ヨーロッパでは、デモクラシーと個人主義は一体のものとして出てきている。デモクラシーの中心に、強い人間の力、個人主義があると思うのです。

ヨーロッパは戦争の歴史で、みんな老成しているというか、顔が厳しい。彼らは爆笑しないし、心の底からなかなか笑わない。みな武装している感じなのです。小林秀雄がイタリア旅行記の中で、いろいろ面白いことを書いているんですが、彼はローマで、ラファエロ・サンティの絵を見て驚くんです。そこに赤ちゃんが描かれているのですが、筋骨隆々の赤ちゃんで、赤ちゃんのくせにたくましいわけです。顔なんかまるでローマ法王のような威厳のある顔をしていると(笑)。「ヨーロッパでは、人間は生まれたからには責任があると言わんばかりだ」と彼は記しています。その通りで、日本の赤ちゃんの、むきたてのゆで卵みたいなかわいらしさとはえらい違う。

以前、SANAA事務所のドイツ人のスタッフが夏休みで帰省する時に、「母親にインバイトされたのよ」と言って、喜んで実家に帰っていくのを見て、ぼくは驚きました。我々の感覚では、実家に帰る時に招待状なんかいらないのです。ドイツでは母娘であっても人間vs人間、というのでしょうか。親と子の間には社会が介在しているのだな、と感じました。

話は変わるのですが、この前、日系アメリカ人ビジネスマンに批判されたのですが、日本のダメなところは、すぐ「うちは違う」「日本は他と違う」と、違いを主張するところだ、と彼は言うのです。パティキュラリズム(個別主義)とユニバーサリズム(普遍主義)の対比で言えば、日本人はすぐにパティキュラーなものに行ってしまう。日本は世界とどこが違うかをすぐ考えてしまうのがまずい、と。アメリカは多民族国家なので、黄色い人とか赤い人とかいろんな人がいて、個々が違うのは当たり前で、だからこそ民族を超えて共通するところはどこか、何であればみなで共有できるか、というふうに、各民族が共有できるユニバーサルなものを考えようとする。ところが日本人はすぐに「日本は他と違うから」ってなっちゃって、他民族が共感する商品をつくるという発想がない。それじゃいつまでたっても日本が世界のビジネスで成功することはないよ、と言われました。この連載の今回の話なんかまさに「日本は他と違う」という内容で、つくづく発想が日本人なんです。

だから今、外国人観光客が急増しているんでしょうか。ヨーロッパの人がわざわざ日本のハロウィンに来て楽しそうですよね。

まあ、観光にはなりますよね。見るぶんには面白いですからね。しかし、世界の人が面白がって見にきてくれるのと、世界に通用するのとは、えらい違いなのです。

多様な時間・歴史

現代は多様性を重視する時代なんて言われるわけですが、日本はあまりに均質的過ぎる。今のお話を聞くと、大陸のデモクラシーの歴史は、つまるところ多様性の共存の問題なのではと感じます。

大陸はすべてが地続きなので、壁をつくらないと敵を防げないから大変です。大陸の人はみんなそういう潜在的恐怖みたいな歴史的感覚を、今も持っているのではないかしら。むかし中国の友人に、中国で最初に全国統一を成し遂げたのは誰かと聞いたことがありました。そしたら、「全国ってどの範囲？」と返されました。日本であれば全国の範囲は、だいたい定まっているわけですが、中国ではそうじゃない。中国にとって国境は動くもので、どんどん変わっていく。大陸において国境は自然ではなくて、政治的に引いた暫定的なものです。ともかく中国の皇帝は毎回全国統一はしているわけです。中国の歴史の教科書を見ると面白くて、中国の伝統建築の位置が地図上に点でプロットされているのですが、時々、点が中国の外に飛び出してるんです。よく見ると法隆寺とか唐招提寺とかだったりする。それらは中国建築なのですね。たまたま現在の国境の外に位置しているだけで。

日本は、この列島がずっと日本という国だったと思っているけれど、中国史から見たら、七世紀頃まで中国の辺境みたいな感じだったかもしれない。

歴史上、国家はすぐ滅びると思うんです。あれほど大きかったローマ帝国も、ハプスブルク帝国も消えました。でも国が消えても、都市とか地域は残ります。ローマ帝国が滅んでもローマは残ったし、イスタンブールはさまざまな帝国に支配された歴史で、ビザンチウムとかコンスタンチノープルとか、何度か名前を変えつつも、今も健在です。つまり都市とか地域は、国家よりも古いのです。国家よりも動かし難いもので、頼れるというか、我々が建築をつくる上で根拠にできるものだと思います。また、我々が生きる上での、我々の根拠にもなっているとも思う。

本物と猿真似の違い

日本の近代化する歴史を見ると、基本的に西洋化なわけですが、同時に日本的なものが追求される。そこから、丹下健三といった世界と渡り合う個人が生まれたわけです。磯崎新さんや二川幸夫の世代は、そのように欧米に対抗できる個人の建築家がどんどん出てくるのではと考えていました。

アートの世界でも建築の世界でも、丹下健三や葛飾北斎のように、個人が出てくることは今後もあるでしょう。

それはヨーロッパ的に個人を目指した結果ですか。

ヨーロッパ的個人を日本人が身につけるって、本当に可能なのかしらと思います。もうさすがに慣れましたが、若い頃はヨーロッパの夕食やイベントで、「今、ハッピーか？ エンジョイしているか？」と盛んに聞かれて、答えに困ったことがよくありました。むかしバレンシアで、スペインの友人と食事していた時、コーヒーかエスプレッソか聞かれて、「うう〜ん？・？」と迷って。実は、ぼくはメインを選ぶ時も「うう〜ん？・？」となってしまっていて、そしたら友人に、日本人は「自分がないな〜！」と笑われ

イスタンブール。スレイマン・モスク(左)とリュステム・パシャ・モスク(右)

ました(笑)。ヨーロッパの人生はとにかく選択肢が多くて、日本人は疲れる。気を許しているとすぐに「コーヒーか？ ティーか？」と聞かれてうろたえるのですが、ほとんどの場合日本人は、コーヒーだってティーだってどっちだっていいのです。前菜からメインからデザートからお茶までとにかく選び続けなければヨーロッパでは生きていけないのですが、「Are you happy?」と聞かれても、そんなの我々は考えていないわけです。でも西洋化が進んで、個人主義化が進んで、これから日本人も、自分は幸福かどうか？ を自らに問いかける時代になった。これからの若者は大変だと思います。日本はこれからさらに、西洋の個人とか個人主義とかを学んでいって、苦しむと思います。

日本は昔からあまり変わっていなくて、西洋に追随して真似をする時代も終わったという見方もあります。建築史家の土居義岳さんも、西洋の枠組の中で与えられた役割を演じる日本的なるものは既に無効だと断言しています。彼はその後にくるものを、おそらく学びの時代は終わり、混沌とした実践の地としての日本での「新たな野蛮」と言うのですが、これは西沢さんの言うヨーロッパの野蛮とは全く違っている。

学びの時代が終わることはないのでは。古来から日本人は舶来ものが好きだし、ずっと学び続けるのではないかと思います。

ただ日本人の「学ぶ」っていうのは、本物とか実物がやってきて圧倒されたり洗脳されたり、っていうのとちょっと違う気がします。日本は外国から思想を輸入する時、実物そのものを受け入れるのでなく、文物として受け入れる。外来物の受容の仕方が物的でなく、なにか知的です。Computerをそのまま日本語に組み込むのは生々しいので、コンピューターってカタカナに置き換えて、使いやすい言葉に置き換えてから日本語に入れる、みたいな感じです。リアリズムの欠如というか、物質主義的じゃないというか。

磯崎さんの言う和様化かもしれません。

それもあるし、日本人は物に圧倒された経験があまりないと思うんです。アルフォンス・ドーデの小説では、フランス人が今日この日をもって公用語のフランス語を捨てないといけないシーンが出てきますが、日本ではそういうことは起きていません。海外との交流が、直接的じゃないんです。

第二次世界大戦では占領されたわけですが、そう思われていないですよね。

あの時はどうだったんでしょうか。アメリカの豊かな物が怒涛のごとく入ってきて、人生が変わったという人も多いし、軍国主義が終わって突然自由が到来して、相当のインパクトだったでしょうね。

磯崎さんたち戦後の若手世代は、その洗礼を受けている。

個人的な見解ですが、戦前の日本人と戦後の日本人は、凄く違う気がします。昭和一桁生まれや大正生まれと、昭和十年生まれ以降の世代は違っている。彼らが同じモダニズムという言葉を使っても、意味が違っている気がする。そのあたりのことは、とても興味があります。

あと最近、日本についてぼくが感じるのは、宗教的なものです。以前は、ヨーロッパでお前は何教だと聞かれるたびに、仏教か神道かキリスト教か答えに困って、自分も日本も無宗教なのだとずっと思っていたんです。けれど、ヨーロッパやアメリカに通ううちに徐々に、無宗教というとちょっと違うのかも、と思うようになってきました。

それは自然崇拝的な精神として?

ヨーロッパやアメリカで、着工時にやる地鎮祭に出ると感じるのですが、西洋の地鎮祭ってすごく即物的なんです。地鎮祭のことをground breakingと言うのですが、物質的な表現です。オハイオ州で地鎮祭に出たら、劇場を借り切って、シャベルとハンマーを抱えた労働者風の大男が数人、新品の労働服とヘルメット姿でステージに登場して「うおー」と雄叫びをあげて、ショーになっていました。日本ではどれだけ即物的なビジネスマンでも、みんな本気で祈ります。本気でたたりが怖いのです。

日本人は、どこでも掃除するじゃないですか。海外の人が日本に来てまず驚くのは、街が清潔で衛生的だということです。日本人の掃除好きは最近ますますエスカレートしてきて、若者なんか一日二回お風呂に入る勢いです。掃除って、どこか宗教的なところがあって、床を雑巾掛けしていると無心になって、何も考えなくなる。梅棹忠夫が、「インドでは神仏が輝いている」と言いましたが、人々が毎日仏像を磨くので、輝くのです。日本の街に行くと、新幹線もホテルも路上もいつもぴかぴかで、ゴミひとつ落ちていない。それは特定の神様がいるわけではないんだけど、ある種の宗教心のようなものがあると感じます。東京は経済原則と資本主義の論理だけでできた街だとずっと思っていたけど、今は、資本主義とグローバリズムの論理だけではこうはならないのではないか、と思うようになりました。世界の中で日本の建築と都市が目立つとしたら、いつも掃除して、光り輝いているというところじゃないかと思います。

唐招提寺金堂

大学で教えること

Y-GSA始まりの頃

今日は、大学のこと、教育のことを伺えればと思います。そもそもいつ頃から教え始めたのですか？

「ウィークエンドハウス」(一九九八年)ができた頃、本杉省三さんが日本大学の理工学部に呼んでくださったのが最初です。その後、ぼくの恩師である山田弘康先生と北山恒先生に声を掛けていただいて、横浜国立大学で非常勤講師を始めました。何年か後に常勤になり、その後二〇〇七年、Y-GSAが始まった時に立場がさらに変わって、プロフェッサー・アーキテクトという、北山さんがつくった新しいポジションがあるのですが、それになりました。それは、社会で設計の実務をやりながら大学で教えるという立場です。

そもそもご自身としては、大学で設計を学んだという意識はありましたか。

設計をどこで学んだかと聞かれたら、妹島さんのところで学んだというのが実感です。設計を学んだっていうか、建築をどう組み立てるかを学んだと思います。大学では、そういう具体的なものづくりよりも、もう少し広く、基礎的なことを学んだという感じがします。建築ってすごいんだっていうことは、ぼくは大学で学んだと思います。

三〇になってひさしぶりに大学に戻って、すごく新鮮に感じたのは、大学には「すごい建築をつくる」という価値観が中心にないことでした。ぼくが二〇代を過ごした妹島事務所は、すごい建築を目指すということがすべてだったんです。いろんな大変なことがあったけど、すべてはすごい建築をつくるというゴールに向かっていて、それがあるから多少の苦労は頑張れた。設計事務所ってそういうものだし、職人の世界というか、モノで勝負の世界ですね。ところが大学に行って驚いたのは、「モノで勝負」でないことでした。そもそも実際の建築をつくらない。建築史も都市計画学も、環境工学も、すごい建築をつくることがゴールじゃないのです。こういうところで建築を学んでいたんだなということを、あらためて実感しました。

建築とは何か、あるいは建築の考え方についてですか？

考え方もそうだし、もう少しベーシックな、考え方の基礎みたいなものでしょうか。

建築家というのは職業っていうより、存在なんじゃないかと思うんですね。ある日いきなり建築家になれるわけじゃなく、長い時間かけて、徐々になっていくと思うんです。学部と院の六年間は、そんな人間になっていく期間の始まりだったのかなと思います。

大学のキャンパスはのんびりしていて、ある自由さ、豊かさを感じます。ビジネスライクな設計事

Y-GSAでの講評会風景

務所とはすごく違うところです。「研究の場」の豊かさかなと思ったりします。ぼくは今もこの雰囲気が好きで通い続けているところがあります。

ただ、三〇代の頃のぼくは、建築家として頑張るぞという思いがすごすぎて、大学はバイトくらいの位置付けでした。もちろん大学も面白いと当時から思ってはいましたが、メインはあくまでも自分の事務所です。そうこうするうちに、北山さんのY-GSA構想が始まって、自分の意識もずいぶん変わっていきました。北山さんからの影響は計り知れないと思います。北山さんがいなかったら、ぼくは大学を今のようには思えなかったのではないかなと思います。

Y-GSAが始まった時は、単純におもしろいと思いました。山本理顕さんと飯田善彦さんが来て先生が倍になり、生徒も倍になって、人数が増えてパワーも増した。校長の山本さんが「皆、落とすかも」みたいなことを言ったりして、学生も緊張状態です(笑)。今まで建築を一緒に学んでこなかった建築家同士が議論するから、批評があり、先生も緊張していたと思います。大学というところは皆が学ぶところなのだと、ぼくは思いました。

大学で建築を考える面白さ

Y-GSAが始まる前と後ではかなり違うということですか。

山本さんが来てくださったことで、横浜国大はすごく変わったと思います。山本さんがY-GSAの大きな思想的方向性みたいなものをつくったと思います。

ただ他方で、大学のカラーというか、横国の伝統みたいなものは、そのまま引き継がれているとも思います。そこはやはり、アカデミズム的なものなのでしょう。

Y-GSAは実務的な方向にかなり振った設計専門の大学院というイメージがあるのですが、それでも実務的ではないと。

スタジオ制ですから実務的ではあるんですけど、でも大学なので、専門学校や資格取得学校のように技術に特化して教えるわけではないんです。やはり大学は、知というか、建築を理念的に考えるところだと思います。アインシュタインが「教育とは、国語とか算数とか理科とかのすべてを学んで、それらすべてを忘れてしまった後に、自分の中に残っているもののことだ」と言いましたが、建築学科もそういうところがあります。具体的にどんな技術を覚えたとか、こんな知識を獲得したというような個々のことより、もう少し大きな基礎というか骨格みたいなものを学ぶのだと思います。

今のY‐GSAの教師陣は、乾久美子さん、大西麻貴さん、妹島さん、あと藤原徹平さんと寺田真理子さんです。また若手建築家の設計助手が四人と南俊充さんがいます。先生が何人もいると、多元性みたいなものが出てくるというか、建築についていろんな考え方が共存しているという感じになって、面白く思います。学生一人ひとり、先生一人ひとりが、違う建築を思い求めるし、まったく違う問題を背負っているという多様性がある。そういう多元主義的なものは、Y‐GSA創設時よりも今の方がより顕著になってきたと思います。大学にいろんな人が出入りして、発表したり議論したりする、批評と討論の場所になるといいのかなと思います。

批評と討論は、従来の大学にはなかった要素かもしれませんね。建築家が四人も五人もいて、設計助手まで入れたら建築家だらけ。そんな建築学科は他にはないわけだから。

Y-GSAは最初から、批評的な雰囲気がありました。講評会にしてもエスキスにしても、そこで発言することは、自分を批評に晒すことだった。設計事務所は批評しあうよりはむしろ協同しあって、ひとつのものをつくり上げるところなので、批評の言葉ってあまり育たないのです。むしろ所内の方言というか、共同体内でしか伝わらないような言葉が多い。かわいいとか、きらいとか、ドーンとかバーンとか、すごいか、原始社会なんです。あまりに退化した言語世界で、外の人が聞いたらわけがわからないと思います。

するとと大学で批評、議論する時は、通常のリアルな設計の環境からは外れた文脈で話をするのですか。

Y-GSAでの講評会風景

西沢スタジオの課題は「新しい時代の建築」"Shape of Architecture to Come"というものです。完全にオーネット・コールマンのパクリなのですが、それは一応、自分の事務所で課題にしていることでもあります。事務所の活動も大学も、なるべく近い価値観でやりたいなと思っています。

西沢スタジオは、ほぼ何をやってもよいという課題で、敷地もプログラムも自由なので、自分が重要だと思う問題に向かう学生が多いんです。みんな自分の興味ごとに取り組むから、彼らの話を聞くのは面白い。日本にそんな町があったのかと思うような、興味深い場所を持ってきて、建築と歴史の関係をあらためて考えさせられたり、ぼくが知らなかったような本を読んできて、感心したり。興味の展開の仕方も、「そんな風に展開するの」と感心することもある。ぼくはいろいろ影響されている気がします。

大学というところが彼らにとって、自分の生涯をかけて取り組む建築的問題を見つけられるような、その始まりになってくれるといいなと思いますね。建築家っていう仕事はなかなか大変で、今日は住宅を設計し、明日はまちづくりをやって、翌週はリノベをやってと、てんでばらばらで、仕事にまるで一貫性がないんです。そんなことでいいのかと、建築家は本当に言われたことをこなすだけの便利屋なのかと、建築家であればみな日々の仕事を通して自問しています。住宅とかコンペとか、そういう仕事の違いを超えて連続する建築的問題はあるのか？　自分が生涯をかけて取り組む問題って何なのか？　ということは、建築家をやっていれば誰もが考えることです。建築家という職業がそもそもこんなふうに、毎日違う注文を受けて取り組むようなやり方だからこそ、みな逆に自分の物語みたいなものを求めるのだと思います。

大学の外でも、西沢さんに重要な批評をしてもらったという若手建築家の話をよく聞きます。大西さんと百田有希さんとか中川エリカさんとか。とても影響力がある。影響力はそんなにないと思うけど、大西さんと百田さん、中川さんは、よく話すことがあるし、Y-GSAにとっては身内というか、近い関係ですね。彼らのような力のある若手建築家が出入りする場所になるといいなと思います。

スクールカラー

西沢さんがいまだに大学から刺激を受けて学んでいるのは、興味深いです。よく二川幸夫が建築家に「大学の先生になるな」と言っていました。教えるばかりで自分が学べることはない、レベルが落ちるばかりだと。そういう教育の場のイメージとは随分違うようですね。Y-GSAの設計助手になる若手建築家も「自分が成長できる」と言っていました。一方で学生はどう考えているのでしょうか。実際、活躍されている卒業生も増えています。

Y-GSAの学生は忙しいので、彼らはもう少し暇なほうがいいと思っているかも(笑)。以前、教育プログラムをどうするか議論している時に、小嶋一浩さんが「横浜国大は放任主義だけど、いろいろ面白い建築家が出て来ている。ということは、野放しでもいいのかも」と言って、皆で納得したことがありました。確かにぼくも、大学時代あんまり忙しかった記憶はないんです。学生の学び方は多様で、ぼーっとしている時間も、意外に無意味ではないのかもと思います。

「学ぶ」ってすごいと思います。学生を見ていると、「教える」よりも「学ぶ」方がすごいという気がする。「教える」って、どこか計画的というか、プログラム的で、でも「学ぶ」は動物的で、生命的です。人間はなんでも学んじゃう。何歳になっても何事かに感心しちゃう。人間は死ぬ直前まで学ぶのではないかと思います。

西沢さんは、「設計自体は妹島さんにしか学んでない、大学では学ばなかった」と以前から言われていました。Y-GSAの建築家がそれぞれいろんなことを批評しあう状態は、今の学生にとっては設計も学べる環境になっているように見えます。

三〇代の頃は、自分は独創的な存在だと思っていました。自分が建築を学んだのは妹島さんだけであって、他の何からも影響を受けていない、自分は単独的な人間だと、本気で信じていました。ましてや大学からの影響などないと(笑)。ところが最近は、年を取ってきたせいもあると思うけど、大学に戻って話を聞いていると、やっぱりここで育ったのだなと、いろんな場面で思わされます。ぼくが歴史に興味があるのも、大学の影響なのかなと。

ぼくが学生の時の横浜国大は第一から第八講座まで、八つの講座があって、第八講座が設計意匠なんです。北山さんにずっと「第八講座が一番偉い。設計意匠を中心に組織をつくっているのが横浜国大の良いところだ」と言われて、ずっとそう思ってきたのですが、冷静に見たら、第八っていちばん最後だなと(笑)。現在は防災の第九講座が加わって計九講座です。九つある講座のうち、一番最初の第一講座が歴史なんです。大学のストラクチャーがすでに、歴史が第一なのです。ぼくが歴史を重要だと思うのも、初めて建築に出会った横浜国大というところがそういうストラクチャーになっているわけだから、やはりすごい影響を受けているのです。

ぼくは最近レクチャーやエッセイで、中間領域に見る唐招提寺の素晴らしさを言ったり書いたりしてて、それは、唐招提寺へのアプローチを通して、建築空間がどう変化していくか、という話なんです。それは自分としては、自慢というか、「唐招提寺すごいだろ、どうだ！」みたいな、すごいこと発見してしまったみたいなところがあるのです。ところがこの前、横浜国大の歴史の菅野裕子先生に、「西沢さんのこの前の文章読みました。関口欣也先生の教えをちゃんと覚えてらっしゃって、うれしいです」と言われて、「えっ、何のこと？」と驚きました。歴史演習という授業で、学部生はみんな京都、奈良に一、二週間くらい旅行に行くのですが、関口先生は学生を唐招提寺の前に立たせて、唐招提寺へのアプローチの話をしていたというのです。

独創的なわけじゃなかった（笑）。忘れていたのですね。

独創どころか、完全なコピペです（笑）。ショックでしたね。影響を受けているなんてもんじゃない。もちろんぼくにも反論があって、その歴史演習は関口先生と吉田鋼市先生が隔年交代で引率をやってくださっていた授業で、ぼくの年は吉田先生が引率でした（笑）。だからぼくは関口先生のそのレクチャーは聞いていないんです。

しかし、聞いていないのに同じことを言っているとしたら、それこそ大変な影響だという気もします。トーマス・エリオットの『伝統と個人の才能』は、今もぼくにとってもっとも重要な本のひとつですが、それも今思えば、元々は秋元馨先生に紹介されて読んだ本でした。コーリン・ロウやロバート・ベンチューリに関心があるのも、秋元先生の影響じゃないかと思います。大学の影響は、もはや動かしがたい事実です。大学は何しろ初めて建築を知る場ですから、それを美大でやるか、工学部でやるか、東京か京都かで、決定的に違います。その後を左右することですので、高校生の皆さんには、その辺を注意して大学を選んで欲しいなと思います（笑）。

ポスト小嶋の新時代

西沢さんがY-GSAの校長になられた経緯は、どうしても小嶋さんの逝去なしに考えられないところがあります。西沢さんは小嶋さんのやろうとしていたことを分析し、半ば受け継ごうとされているんじゃないかと。

小嶋さんの後任をどうしようか考え始めて、すぐ気づいたのは、小嶋さんに代わりはないということでした。小嶋さんを代理できる人って、なかなかいないんですね。

皆でいろいろ考えた結果、思い切って人数を増やそうということになりました。たまたま山本さんが連続レクチャーをやってくださることになったのも追い風となって、山本さん、妹島さん、大西さんに来ていただいて、乾さんと藤原さんとぼくで六人体制になりました。小嶋さんのやろうとしたことを引き継ぐのは不可能なことだけど、でも、小嶋さんが参加したくなるような集団でありたい、とはずっと考えています。

大学は教育機関でもあるとは思うけど、それ以前に、単に「場」みたいなものではないかと思うんです。建築を重要だと思う人間が集まって議論する場というのでしょうか。あまり教育機関みたいになりたくないなと思います。

ルイス・カーンは、大学を自分の中の最高の場とみなしていたようですね。彼の中心は大学にあったと、香山壽夫さんが書かれていて、なるほどと思いました。日本の建築家は、大学で教えるのは副業でしかないという人が多いけど、ルイス・カーンはそうじゃなかったようです。よく考えてみたら、エコール・デ・ボザールは学校だし、カーンが大学の場を大切にしていたのは、彼のキャリアからして当たり前のことですね。カーンが当時のモダニズムと一線を画するような精神性というか、内省的な深みを持っていたのは、カーンそのひとの素質もさることながら、彼がアカデミズムにつながっていたことも大きかったのかなと想像します。ポストモダニズムが盛んになり、アメリカの建築がビジネス化していく潮流の中で、カーンは急速に忘れられていったと、磯崎さんが書かれていましたが、大学を職業訓練学校とみなしたミースとか、アカデミズムと完全に決別したコルビュジエとか、そういうモデルとは対比的に、カーンも建築家と大学の関係というものを象徴的に示したと思います。

大学には、我々建築家が建築の条件だと思っていたほとんどがないんです。具体的なプロジェクトがないし、現場がないし、クライアントがいないし、実施設計がないし、予算がない。構造・設備事務所との協働もありません。我々が建築をリアルに考える上でこれは重要と思ってきたものが、何一つないんです。それなのに建築はある。重要と思っていた建築のリアリティのほぼすべてを捨て去ってもまだ建築はあるということを知ってぼくは、建築って一体何なんだろうな、ということを、大学であらためて考えるようになりました。

大学というところは、わかりきったことを教えるのでなく、自分でもよくわからないことを教える場だと思います。建築って何だと言われても、先生も知らない、そのようなことを教えるのです。大学という場で教える時、建築家は自分を相当な危険に晒しているような気がします。それはぼく自身大学に関わっていて、すごいと思うことのひとつです。大学は、学問を学び探求するということの、ある種の理想状態というか、ユートピアみたいなところなのだなと、今さらながら思います。大学がこれから実戦的とか資格とか、即戦力とか言い出したら、日本はさらにまずいことになると思います。

宮城県迫桜高等学校　C+A

小嶋一浩さんのこと

生きたモダニズム精神のパワー　戦略家で計画家

若くして亡くなられた小嶋一浩さんが、建築で大勢の人の離合集散や都市性を考えられていたことは、西沢さんや妹島さんと通じるところがあるようにも思います。例えば、前者はプランニングの問題とも言えるでしょうし、後者は環境の問題に関わる。当然、表れ方は随分違うと思うので、その対比も含めて小嶋さんの可能性をどのように考えておられるか伺いたいと思います。小嶋さんの言葉を聞いていると、建築をストレートに表すというよりも、イメージや方向性に対する熱量を感じるのですが。

ぼくらと近いところもあるし、全く違うところも多いですね。小嶋さんは戦略家ですから、いきなりものをつくるというよりは、作戦を立てる。ぼくらみたいに素朴に建築をつくるというよりは、もうひとつメタレベルで考えている。そこは、ぼくらと決定的に違っているかな。計画家、あるいは企画家の目線がありました。ただ、企画と言ってもいわゆるプロデューサーやアート・ディレクターとは全然違っていて、小嶋さんはやはり「もの」として勝負という面があったと思う。建築の強さを愛していて、「すごい建築をつくる」というのがあったと思います。

小嶋さんの建築のどういうところが気になりますか。

色々思うことはあるけれど、やはりひとつは、ある種のダイナミズムがあると思います。スタイルを打ち立てることを目指すのではない、つまり、建築スタイルが目標というより、スタイルは何かの副産物のひとつみたいなところがあった。特に初期の建築はそんな感じがすごくありました。すごい昔の話ですが、シーラカンスに遊びに行った時に「ビッグハート出雲」(二〇〇〇年)の模型を見て、楽しそうだったな。何かいろんな戦略や実験がわっと起こっていて、小嶋さんがものづくりを凄く楽しんでいるという感じがしました。ぼくらの建築とは全然異なるタイプの開放感がありました。最近の小嶋さんの建築は昔に比べたら多少洗練というか、スタイル的に整ってきたと思うけど、でも小嶋さんの作品は今後も変わっていくだろうとぼくは思っていました。

小嶋さんの学校建築を見ていて思うのは、建築が「使えるかどうか」ということは、小嶋さんにとってすごく大きな、重要な価値観なのではないか、ということです。ただそれは、「音響がちゃんとしているか」とか、「廊下の幅は適切か」とか、そういう各論的な機能性ではなくて、例えば「三〇年くらいしておもろい人材がそこから出てきたかどうか」、そんな感じの機能性を大きく考えていたのではないか。大学で一緒に教えていても、そのような雰囲気をぼくはたまに感じました。

ビッグハート出雲の模型

売れる合理性の精神

ぼくが小嶋さんを最初に認識したのは、八〇年代後半のSDレビューでした。当時、ぼんやりとだけど、妹島さんと小嶋さんは同じ恵比寿にいたせいもあり、両者は「対」というか、この二人は将来ライバルになるのではないかという気がしていました。ぼくにとって、あの時代の建築界はポストモダニズムの成れの果てみたいな時代でした。バブルという時代も、暗さを助長していたと思うんですが、そういう時代の中で出てきた妹島さんと小嶋さんに、ぼくはまるでロケットが発射するような明るさとワイルドさを感じていました。当時のシーラカンスの建築にも多少記号操作的な、当時の時代の雰囲気はもちろんちょっとあったけど、でもそれよりも、アロンアルファで辛うじて形を保っているという感じの雑な模型と若々しい表現で、パワーを感じました。

小嶋さんにはある種の生きたモダニズム精神というものがあると思うのです。それは建築をつくる創作論だけでなく、そこに向かっていくための組織づくりや設計料の取り方まで含むトータルな合理主義精神のようなものです。そこには、作品主義を超えるパワーがありました。また、売れなきゃ意味がないという、商人魂というか、戦闘的経済主義と言うべきか、そういうのが小嶋さんのモダニズム精神の根幹にあり、東京生まれのぼくにはそれも新鮮だった。グループで活動することも、単に仲が良いから一緒にやるというわけではなく、売れるための作戦だったと小嶋さんは言っていましたが、小嶋さんは非常にホットなところとクールなところをいつも同時に持っていた。「いくさびと」的

氷室アパートメント　小嶋一浩

な熱さと、ものすごい計算力のあるクールさが一緒にあるんですね。

小嶋さんを思う時に出てくるキーワードのひとつに、「したたか」というものがあると思います。強いというのかな、タフな男だった。肉体的には意外に繊細で、よく風邪をひいていましたが、そういうのを超えて、人間としてタフでした。頭がいいというだけでなく、頭が強いというのかな。タフさは、小嶋さんの一番魅力的なイメージのひとつだと思うな。

最初の「氷室アパートメント」(一九八七年)はとても混沌とした印象だったけど、その後徐々に、「スペースブロック」や「黒と白」などのような、ダイアグラム的な、整理されたものが出てきました。実は正直に言えば、「スペースブロック」も「黒と白」も、ぼくは建築理論としてそれほど大きな創造性は感じていなかったのです。しかしそこにすら、ある種のタフさがあった。審美的判断を超える割り切りがありました。

「黒と白」や「スペースブロック」などの理論が、

氷室アパートメントのスタディ模型

誰でも使えそうということでヒットする。先ほど、副産物と同時に「もの」としての勝負と言われましたが、建築家・小嶋一浩の実践としてそこはどういうものだったと思いますか。

小嶋さんは理論的活動を重んじていましたが、しかしそうは言っても、小嶋さんと話していて、理論的なものについての雑談をした記憶はそんなに多くありません。それよりもむしろすごい建築を見た時に、「あれがすごい」という話が一番多かった気がします。やっぱり小嶋さんは、すごい建築に出会って燃える、いわば建築少年的な部分が少なからずあったのではないかなと思います。もちろんぼくもそういう人間ではあるけど、でも小嶋さんは大阪人だから、ものすごいリアリズムと経済感覚があって、芸術としての建築とは相当違っていたと思います。「売れる」というのはつまり、理論の汎用性でもあると思います。小嶋さんの中では「すごい

Y-GSAで一緒に教えていた小嶋氏と西沢氏

建築」と「売れる」というのは、そんなに矛盾することではなかったのではないかな。

革命と建国

いろいろな意味での「売れる」ですよね。学生たちが影響を受けることも、実際に仕事がくることも「売れる」。

そうですね。今の若い人や学生には上昇志向をあまり感じないけれど、小嶋さんにとっては「生きる」イコール「上昇する」だったと思う。学生時代から大海に出ていく意識があったのではないか。大阪や京都にいた頃から、世界を見つつ勝負しようとしていて、当時から世界的な考え方を持っていたのではないかと想像します。大阪的かつグローバルというか、小嶋さんの中では地域主義とグローバリズムが一直線につながっていた。両者は対立するものではなくて、ひとつのことなのです。そういういわば生きたモダニズム精神というものがあったと思います。

小嶋さんが学生に「建築家は儲かるよ」と言っているのをぼくは目撃しました(笑)。建築家になったらポルシェに乗れるぞ、みたいな(笑)。むしろ現在の建築家のイメージが、社会に相手にされない売れない芸術家みたいな、何かそんな感じのイメージだから、若者が建築家になりたがらないんだと、建築業界もつまらなくなっていくんだと。それはある意味で一理ある。建築家も、いつまでも地味な小さいことばかりじゃなくて、デカイことをやらないとダメだと。気持ちいいくらい単純で明快でした。先生としても素晴らしい先生で、小嶋さんの全身が、行動のすべてが、言葉の一つひとつがそんな調子で、若い学生や若手建築家を鼓舞するのですね。

小嶋さんは、現代にモダニズムの精神で何かを組み立て上げようとしている。ちゃんと作戦を考えないと、到達できないターゲットを持っていたと思いますか？

どうなんでしょうか、わかりません。小嶋さんにそれを質問したら、面白い返事が返ってきそうな気もしますね。すごい建築をつくるというのはひとつのターゲットだと思いますが、わかりません。
小嶋さんの広範な諸活動は、どこか「建国」とか「国づくり」みたいなところがあったと思うんです。手下を率いて被災地に出ていったり、皆で建築やったり、大学で制度改革とか、国づくりしている「王様」みたいな感じです。集団を率いて何か大きなことをやるということも、好きだったのではないかな。

ひとつつくったら、次にまた新しくつくろうとすると言われましたよね。資料集成に出てくるようなダイアグラムでなくて、どんどん書き直していく。

建築計画の世界は、すごく小嶋さんに合っていると思うんです。物事を定量的に捉えるというのでしょうか。建築は多様で、いろんな質があるけど、それを評価するためにも、多様な質というものを量に置き換えてみる。プランニングなどに転換できる一種のセオリーをつくる。そういう小嶋的唯物論は、建築計画がずっとやってきたことでもあるように思うのです。実際の建築計画はつまらないけど、でも小嶋さんみたいな人間がやると、建築計画ってほんと面白いんだな、ということになると思います。建築計画の歴史の中で小嶋さんは、救世主の一人なのではないかなあと思います。

原広司を越えて

小嶋さんの人生を、面白い意味でややこしくしたのは、原広司さんの存在だと思います。原さんのように大きく生きたいと思う一方で、金額や計画が気になる小嶋さんがいる。その葛藤や二重性があったと思う。原さんとの出会いが、小嶋さんの人生をさらにややこしくかつ豊かなものにしたと思うのです。

原さんのシュルレアリスム的な世界に対して、小嶋さんはリアリズムですから、それはもう全然違うわけです。すごいところに弟子入りしたもんだなと感心します。そんな状況だから、小嶋さんの大学院時代は、非常に実りのあるものだったんだろうと想像します。自分の人生で決して出会わなかったようなタイプの師で、しかしその師は大変大きく、魅力があって、この人が好きだと、しかし自分と全然違うと。原さんが提示する世界と自分の価値観とのギャップ、これはどうしたものか？みたいな葛藤は、小嶋さんにとっては最高に創造的な問題だったのではないかと思う。いつも、すごいものに出会って興奮する小嶋さんですから、原さんと過ごした日々はさぞや幸せだったと思います。

言われたように、小嶋さんは合理的でちゃんとした建築をつくられますが、同時に「矢印の群れ」や「風の動き」、「雑木林」といったイメージがあって、学校でも建築自体は印象から消えてもいいと言っていました。

それはどこまで本当に思っていたのかわからないですけどね。それもぼくは、小嶋さんはいずれ展開して、違うことを言い出すだろうなと思っていた部分でもあります。消える建築というよりも、強い建築を目指したような気はします。

ひとつ思うのは、原さんの「様相論」において、「様相」と「機能」は対比されるものでした。原さんは「機能から様相へ」と言ったのです。しかし小嶋さんにとってその二つは、ひとつのものでした。機能主義を超えるという形で原さんが提示した「様相」が、小嶋さんにとっては、「機能」を得て初めて実現できるものだったのです。それを、「矢印の群れ」とか「雑木林」と呼んだ。それらは要するに「様相」のことなんですが、でも単に建物の雰囲気ということではなく、小嶋さんにとって「矢印の群れ」や「雑木林」は、極めて機能的な状態を言う言葉でした。事物が十分に機能できている状態をそう呼んだ。
小嶋さんの建築においては、「使えるかどうか」が重要です。そういう建築について小嶋さんが「矢印」とか「雑木林」とか言い出すというのはつまり、機能的事物は様相的なものだ、ということです。使える建築は定量化してみると、すごく面白い現れ方をする、ということです。小嶋さんはかつて「機能」を「アクティビティ」と呼び変えましたが、あれも、機能の様相論的側面を言おうとしたのだと思います。様相の外に機能をみるのでなく、様相の中心に機能を置くというのは、とても小嶋さん的だし、ある真実のひとつを言ったと思います。
そういう小嶋さんと原さんの関係、原さんの天才性から小嶋さんが学んでいくその流れは、歴史なのだと思います。もちろんそれは完成したものではなくて、あくまでも過程であって、小嶋さんにはその次があったと思う。「矢印」や「雑木林」、「風」には、本当に機能と様相がひとつのことだと言えるような、その次のステップがあったと思うんです。

「その次」とは、どのようなものだと思われていますか。

色々思うことはありますが……。それこそ小嶋さんに聞くべきことでしたね。でも、機能イコール様相というような流れは、初期の頃からぼくは感じていました。「氷室」にも「出雲」にも、その後の学校建築でも、機能と様相を一緒に捉えようとする小嶋さんの方向性は、すごく現れていると思います。

小嶋さんは大阪の精神性を受け継ぎながら、原さんと出会い、その出会いが消化されて、新しく小嶋さん的なものになった。小嶋さんは、妹島さんのように鮮やかな図形は描かないけれど、むしろ全く違った形で、機能と様相が統合された建築に向かっていったように思うのです。原さんの我々への影響は計り知れないものですが、小嶋さんはその中でも特に核心的な部分を受け継ぎ、小嶋さんでなければやれないような形で、それを広げようとしたんじゃないかと思います。

トーレ・デ・サテリテ
ルイス・バラガン，マティアス・ゲーリッツ

バラガンとモダニズム

ルイス・バラガンの話

先日、西沢さんがメキシコに行かれてフェリックス・キャンデラの「つくる喜び」などについて話をされた時に、「ルイス・バラガンの建築が好きじゃないんだけど、何度も行ってしまう」とも言われていました。だから今回は、敢えて「どうして好きじゃなかったのか」というところから始めてみましょう。

「バラガン自邸」には一〇回くらい行っています。今年の春メキシコで時間が余った時に、どこに行きたいかと聞かれて、「じゃあバラガン邸」と思わず言ったのですが、でもぼくはもう一〇回行っているんです。それで、「もしかしたら好きなのか?」と思うようになりました。

ぼくは学生時代、バラガンを本で知って、これはモダニズムとちょっと違うと思いました。モダニズム建築が持っているパワーと開放感、瑞々しさのようなものを、あまり感じなかったのです。近代はいわば思想革命と産業革命の時代で、人口爆発と都市集中が起き、労働者住宅やソーシャルハウジング、超高層ビル、近代都市、高速道路、それまで世の中に存在しなかったような新機能の建造物が次々に創造された時代です。例えば、ル・コルビュジエは「ユニテ・ダビタシオン」で、新しい人間の住まいの形を考え、「ヴェネツィア病院」で近代病院の新しい姿を提案しました。近代という時代はある意味で、つくるもの全てが新しい実験になってしまうというような、とんでもない時代です。ぼくにとってバラガンは、そういう変革の時代のダイナミズムから背を向けて、静かに自分の世界にとどまる人に見えました。バラガンの作品集を見ると、お金持ちの大邸宅や厩舎が並んでいました。彼の代表作である「バラガン自邸」は、通りに対して小さな窓がひとつあるだけでした。しかし庭側には逆に大きく開いて、たいへん豊かな世界が広がっていた。それは当時のぼくには、社会変革の荒波からなるべく距離をとろうとする、私的な建築に見えた。近代以前と何も変わらない、変化を望まない建築に見えたのです。

前に少し話してくださった時には、「数寄屋的」という言葉も使われていました。

バラガンの建築は、構造的な革新性というものはあまりなくて、極めて伝統的な、普通の方法でつくられています。キャンデラの激しさとは非常に対照的です。今はそれも、バラガンの素晴らしさのひとつと思うようになったのですが、しかし若い頃の、血気盛んなぼくにはそれも気になった。バラガンに興味を持てなかった理由のひとつだったと思います。

興味が持てないと言いつつも、かなり多くの建物を見られたようですね。

うん、ほぼ全部見る勢いです(笑)。グアダラハラの初期の住宅群やメキシコシティ郊外の住宅地の都

バラガン自邸　ルイス・バラガン

市計画から、「オルテガ邸」、「ヒラルディ邸」、「サン・クリストバル」……。要するに興味あるんです(笑)。嫌いといいながら、実は好きなんじゃないでしょうか。

何がきっかけだったんでしょうか?

なんでしょうか。「バラガン自邸」ですかね。グアダラハラに行った時、バラガンがデベロッパーでもあったことを知りました。リアリズムがあるんだと、意外に思いました。彼なりに、その時代でできる面白いことを考えていて、悠々と大農場で馬に乗っているだけじゃないと知った。あとは十五年くらい前に「トーレ・デ・サテリテ」を見ました。郊外住宅地から来る高速道路の、メキシコシティの入り口に建つタワーですが、「おー」っと思った。そのあたりからですかね。

非構造性の豊かさ

最初に感じた、「変わることを望まない、伝統的なバラガン」とは矛盾していますよね。

そうです。ただまあ、モニュメンタルなもの、カトリック的なものという意味では、連続していると言えなくもない。構造もほとんど普通というところもバラガン的ですね。

ぼくが今まで見てきたバラガン建築の中で一番好きなのは、「バラガン自邸」です。「自邸」に行くと、その度に迷うんです。迷宮みたいになっていて、ぼくはあの建物のプランを全然覚えていない。建築創造の起源にプランがない建築だと思うのです。

「バラガン自邸」は、いろんな場所があることの豊かさを感じる建築ですね。いろんな場所があって、おのおのの場所が有機的につながっていて、その連続感は素晴らしいと思います。いろいろな場所、いろいろな部屋、いろいろなドア、いろいろな空間が、家の中にある。家って、普通の部屋と廊下だけで、こんなに豊かになるのか、という驚きがあります。


多様な場所やそのつながりは、西沢さんや妹島和世さんもよく言われていると思います。


ぼくらとはアプローチが全然違うんです。ぼくらも迷宮をつくろうとすればつくると思うのですが、でもそれはバラガンに比べたらすごくモダンというか、システム的・構造的なものになってしまう気がする。

最初に「いろいろな場所」を感じたのは、彼の寝室でした。真っ暗で、枕元に十字架が掛けられているのですが、血だらけのイエスが磔られたおそろしい十字架が、真っ暗な闇にバーンとあって、蝋燭台があって、こわいです。まるで霊安室か死の空間かという感じで、日本人はあんなところで安眠できないと思いました。またアトリエは、光溢れるシンプルな空間で、光がきれいで、あそこもいいな。庭も好きです。バラガンの建築は、廊下とか洗面所とか、どうってことない空間もいいんです。いいというか、考えているなあと思います。「廊下一本をこんなに考えるのか……」と感心します。

ぼくは「バラガン自邸」を見て、自分のためだけの場所をつくるって、素晴らしいことだなと思いました。社会の真っ只中でつくられた建築の豊かさは、いろいろな事例を知っていましたが、個のためだけに建築をつくるということが、あんなふうに豊かなものになることは驚きでした。

つまり、タワーや住宅地といったソーシャルに見えるものと、個人の豊かさという両極のものにおいて、同時に気付きがあった。

結局、バラガンの中でその二つは一緒だったんだと思う。メキシコの階級社会のことと、自分という個のこと。あるいは、街のことと自分の家ということ。それは一緒だった。

みんなと同じ、だけど独創的

最初は伝統的だと感じたけれど、単なる伝統そのままとも違うということでしょうか。

バラガン自邸　ルイス・バラガン

バラガンを見に、メキシコシティに行ったほとんどの人が驚くと思うけど、バラガンの建築って、メキシコの街並みとほとんど一緒なんです。街はどの建物も四角くて、ファサードが鮮やかな赤や青で彩られ、どれも同じ工法、同じ仕上げでつくられている。コカ・コーラのお店がコーラの赤い看板を出して、ついでにファサードを真っ赤に塗ってかわいいのですが、バラガンの建築もそういう色鮮やかな街の中で、それらとまったく連続して立っている。彼の建築はこれこそバラガンだというような、独創的なものなのに、周りの街並みに完全に埋没している。言われなければ前を素通りしてしまうくらいです。その連続感は驚くべきものだなと思います。大衆的と言っていいかわかりませんが、「過去の多くの人間が何も申し合わせなくつくったらそれになる」というものを、バラガンもやっているだけなのです。

もう少し分析していただけますか？

バラガンの建築ってある意味で、本当に普通だと思います。キャンデラの逆噴射ぶりとはえらい違いです。そこには、普通の壁と天井、普通の窓とドアがあるだけなんです。バラガンはそれだけですごい空間をつくるんですね。「すごい建築をつくるのに必要なのは、普通の開口と普通の床・壁・屋根、それだけで十分なのだ、奇抜なものなんかひとつも要らないのだ」ということを、彼の建築は宣言しています。

建築家とか芸術家って、独創的なものを目指すんです。しかし同時に、無名性も目指す。名もない職人が今までやってきたことをそのまま続けているだけだ、という仕事を目指すんです。独創的なものと無名なものを同時に目指すということは、モダニズムに限った話ではないと思います。T・S・エリオットは、「独創的な詩人というものは、そこに個性はまったくない」と言いましたが、自分を表現することは詩の主題ではないのです。それは建築も同じです。図書館とか美術館とかをつくって、自分を表現しましたっていうのは、変なわけですね。詩は、基本的に使っている言葉は全て、一般的なもの、みんなが使っているものです。「美しい」とか「桜」とか、誰もが使うような、いわば当たり前の素材を使うんです。歌う内容も「春は美しい」みたいな、普通のことを歌う。

そういう意味でも、バラガンの建築は独創的ではあるけれども、個人表現にとどまらないことになっていると思います。

現代の日本を考えると、アノニマスなものに憧れて、作家性という言葉に過敏に抵抗する傾向があると思います。かつ、非常に成熟した産業システムの中で、半分諦めのように、今あるものを自分なりに編集して使うことを主題にしたりする。バラガンについて言われたことと似ているように聞こえるかもしれませんが、全く違いますよね。

バラガン自邸　ルイス・バラガン

そうですね。バラガンの建築は、それほど「編集的」ではないと思います。そんなに多言語的ではなくて、相当、限定してやっている。編集って、なにかひとつのことだけ好きっていうのでは、できないと思うんですよね。なんでも飲み込む雑食性が必要で、でもバラガンって相当偏ってる人だと思う。「バラガン好み」っていうのが強烈にあって、ドアにしても壁にしても、植物にしても絵画にしても、書物にしても、「おれが好きなドアはこれだ、壁はこれだ」という感じです。自分が愛するものだけで建築をつくっている。

文化や言葉を、自分自身そのものになるくらいに生きて、使いながら、この人にしかできないものが生まれてくる……。

本当に好きって、重要だと思うんです。ベートーヴェンは生涯に三二曲のピアノソナタを書いているのですが、最後から二番目のソナタ第三一番の、最終楽章がフーガなんです。その最終楽章は、「この人はバッハのフーガを死ぬほど弾いたのだろうな」と感じる曲です。バッハがもう乗り移っているような曲で、しかしその上でベートーヴェンそのものでもあって、両方を感じてしまうという不思議なものです。後期三曲のうちのひとつで、自身の頂点の一角をなすような曲です。いわば自分の最高峰のひとつみたいな曲において、それが起きている。あれは歴史だなと思います。ベートーヴェンのいくつかの曲は、独創性とは何か、歴史とは何か、ということを、すごく考えさせられます。

あと、バラガンっていうひとは、すごくメキシコ的ですけど、でも同時に、ただの地元のひとではなくて、どこか外側から見ているというか、ちょっと醒めているところがありますよね。それが階級社会なのか、ラテンアメリカだからなのか、よくわかりませんが。

自分が生きている場所であり、しかも外部的な醒めた視線も持っていて、でも本当に好き。二律背反的というか、近代化の下での共通テーマにも思えますが、個人の立ち方を客観的に見ているようで、しかし徹底できない。今の我々にとっても、創造に対する大事な投げ掛けがありそうです。

そうですね。編集というと、自分の意志でいろいろ選んでこれる感じがしますが、バラガンはそれほど自由でなかったと思う。彼は多分、他のことはできなかったのではないか。彼には、あのやり方しかなかったんじゃないかと思います。

バラガンが広げたモダニズムの幅

もうひとつ印象深いのは、「バラガン自邸」は現代の建築というよりもなにか、古いものを見るような、そういう印象があるんです。何世代にも引き継がれてきた古いヨーロッパのお屋敷とか、メキシコの田舎町の古い教会とか、そんな感じがします。ああいうのは、意外にすごいことなのではないかと思ったりします。近代建築の中でも、なかなかそういうものは多くないように思うんです。

ぼくらからすると、「そんなことをやってもいいのか」というようなことをいろいろやっています。構造がないというのもそうだし、他にも、リビングルームの大空間を適当にパーティションで仕切ったりしていますが、それ建築じゃないだろというようなことなんですが、それが建築の中心に置かれているのも、感心するというか、それで全体がうまく行っているわけだから、たいしたものだと思います。いろんな意味で、モダニズム的セオリーと違う人です。彼もやはり、モダニズムの幅を押し広げた建築家の一人と言えるのではないでしょうか。

ベートーヴェンの名前が挙がりましたが、建築家としてはあまり似たような人がいないということですか。

そんなことはないと思います。独創的かつ無名という意味では、アルヴァロ・シザ。彼の建築っていうのはものすごく独創的ですが、なにかポルトガルの街角に昔からあるみたいな感じがします。古いポルトガルを一身に背負っているというか。名も無い職人がやってきたことを彼もやっているだけ、みたいな古さがあります。ドナルド・ジャッドのような抽象芸術も、地球の外からやってきたかというくらい独創的だけど、同時に無名そのものでもあって、芸術として共通するところがあると思います。

先ほど「外から見ていた」と言われましたが、バラガンはヨーロッパを遊学したり、社会革命の波をかぶった地主階級の生まれであるなど、根っこに対する微妙な距離感もあったと思います。そのことと彼の独創性はどのように関係していると思われますか。

勝手な想像ですが、インターナショナルな人だったんじゃないでしょうか？

メキシコの色鮮やかな街並みは、地元の人からしたらきわめて当たり前の、普通の街並みだと思うんです。でもぼくらみたいなよそ者からしたらすごくメキシコ的に見えて、「すてき！」ってなる。バラガンもどこかそういう、外側からの視点があったのではないかなと思います。自分の街を眺める、いわばポストモダン的な見方を、彼はしていたのではないでしょうか。もちろん、当時のメキシコで近代建築をつくるには、たぶんいろいろな制約があって、工法や仕上げが限定されて、それしかやれなかったという現実的理由もあったとは思います。

中南米全体に感じることですが、北米にはありえないような、ある深さ、暗さがラテンアメリカにはありますね。ガブリエル・ガルシア＝マルケスの『百年の孤独』の世界は、ラテンアメリカが背負った独特のもので、独特な深さと同時に、喪失感というか、一種異様な深い影があります。ぼくはラテンアメリカ史をよく知らないのですが、ラテンアメリカはどこに行っても、人々がどれだけ明るくても、濃く深い影を感じます。

建築と根っこ

地域や場所の問題についてうかがいたいのですが……。レム・コールハースも最近、ローカリティの問題に注目しているようですが、従来、建築家は都市の問題を中心に考えてきたところがある。バラガンが好きかもしれないと言う西沢さんも、現代都市のグローバル資本主義の状況や、根無しのシステムに対して思うところがあるでしょうか。

ぼくが大学に入った時、不思議に思ったのは、建築史の授業で、歴史の教科書が近代建築史と古典建築史の、二冊に分かれていたことです。というか正確には、古建築史の方は西洋建築史図集と日本建築史図集にさらに分かれていたので、厳密にいうと三冊です。「建築の歴史が近代以前以降に分かれているのはどういうことだろうか？　地域史と世界史というのは、いったいどういう関係になっているのだろうか？　近代以前と以降はどういう関係なのだろうか？」という疑問は、大学一年のころからありました。

ぼくは設計をやっていてたまに思うんですが、ぼくとか妹島さんとかの建築というのは、いろいろ言い方はあると思うけど、ひとつはやはり、地域史と世界史をどのようにつないでいくかということを考えようとしているのではないか、ということです。たとえば、自分の建築を過去に遡っていくと、それは唐招提寺みたいな古建築に辿り着く、また逆に自分の建築の未来を考えていくと、世界史の建築につながっていく、そういうような連続を我々は想像しているのではないか。そしてそれはたぶん、ぼくらだけがそうなのではなくて、多くの建築家が、そういう仕事をしようとしているのではないかという気がします。

ヨーロッパの凄さは、モダニズムを自ら生み出したことです。それを自分たちの中から出したという強さが彼らにはある。ヨーロッパ以外の、モダニズムを輸入した国々というのは、モダニズムを新しい波として受容した。日本にとってモダニズムは、新しいものでした。しかしヨーロッパにとってモダニズムは、新古典主義から地続きのものです。それは古いものなんです。日本において歴史の断絶として登場したモダニズムは、ヨーロッパにおいては歴史的なものなのです。

そして、きわめて地域的なものなわけですね。

そうです。それは建築に限らず芸術、科学、政治、あらゆるところでのヨーロッパの強さだと思います。ヨーロッパの街は、記念碑が集まって街になっているんです。広場だったり橋だったり、建造物だったり、いろいろな記念碑があります。革命を記念したり、偉大な芸術家の生涯を記念したり、さまざまです。ヨーロッパにおいて建築は記念碑で、そういう記念碑が集まって街になる。そうすると、街を歩けば歴史がわかる。その街がどんな歴史が辿ったのか、どういう人間が過去にいたか、どんな事件があったのかがわかる。それを書物として学ぶのでなく、実物を目の前にして、都市から学ぶのです。歴史と場所、歴史と物が一体であって、情報に置き換えられる以前の受け取り方をするのです。

日本の社会や都市のあり方とはかなり違います。

違いますね。物としての街が現に目の前にあるわけだから、みんな建築と都市を情報としてでなく物として学ぶ。歴史地区の外、郊外は、日本もヨーロッパもどこも一緒だと言う人もいるけれど、あいう本物の建築と都市を毎日見て育った連中がつくる郊外や現代建築は、日本のそれとは全然違うと思う。

思想家のシモーヌ・ヴェイユは「人間はさまざまな根を必要としている」と言っていて(『根をもつこと』)、根のひとつに「場所」や「地域」を挙げています。彼女はユダヤ人だったし、ナチスの時代だったから、ディアスポラとなった人間の切実な感覚だったのかもしれません。プラトンは、「動物や植物と違い人間は天上に根を張っている」(『ティマイオス』)と言ったそうで、ヴェイユはそこに大地の重要性を付け加えたということです。ちなみにヴェイユは一九四〇年代、根を失いつつある国のひとつとして日本を挙げています。

植物も人間も、大地とつながって初めて生命だ、ということです。人間は裸で、単独で生きるのではなく、歴史と地域とつながっているものです。建築も単独で立つものではなく、歴史と地域と一体なのではないかと思います。

森山邸　西沢立衛

形式と場所

身の回りのこと

二〇一八年の新年号に掲載された「総括と展望」座談会(『GA JAPAN 150』)で、西沢さんが「ストラクチャーや形式性、俯瞰的な視点と、人間の居場所や等身大の生な視点の両方が建築に必要で、それがあるから、建築は芸術になり共感できるものになる」と言われていたことが、強く印象に残っているんです。そこに「せめぎ合い」があるとも言われていたので、両立する困難というか矛盾があるのかと思いました。一方で、最近はリノベーションがブームと言われて、それは身の回りの延長だから、自分の問題として取り組めるといった話も聞くわけです。西沢さんも、もちろんリノベーションにも取り組まれているので、この問題をどのように考えられているか伺いたいと思っていました。

建築の設計は、図面とか模型みたいなすごい小さいものでやるので、なんとなく身体感覚なしにやれちゃったりするんです。模型は小さくて中に入れないし、外側から見るだけなので、自由形状とか大屋根とか、シンメトリーとかグリッドとか、大きな形式のことに頭がいってしまって、人間の等身大の場所をつくるっていう感覚が抜け落ちてしまって、場所づくりになっていかないのです。建築家の多くには、形式性と身体性の乖離というか、身体性なしに建築をつくってしまうことへの反省ってあるんじゃないでしょうか。しかし、じゃあ身の回りのことを考えればいいのかというと、そういうことでもなくて、身の回りのことだけやっているとインテリア的になっちゃったり、今の気分だけになっちゃったりして、それこそ形式と身体の乖離です。

ル・コルビュジエの「サラバイ邸」は、印象的な建築でした。構造単位が反復するシステム的な構成で、きわめて形式性の強い建築です。ところが、実際にそこに行って我々が見るものは、人間の場所があるということです。どう見ても形式優先のやり方なのに、できあがったものはきわめて人間的なものになっている。形式性と身体性というものが、コルビュジエの建築においては一体なのです。

するとシステムみたいなものと場所性は、どのような関係だと考えていますか。

この前、ベトナム人の学生に聞いた話なのですが、ベトナムの古い村には必ず大きな大木があって、そこが村の寄り合い所のようなところになっているそうです。そこに行けば誰かしらいるので、都会から村に帰ってきた人はみんな、家に帰る前にまずその木の下に立ち寄るんだそうです。「家よりもまず木」というのを聞いて、ぼくはいたく感心しました。このベトナムの村の大木は、場所と形式が一体化した良い例だと思います。

この大木は、単にそこでじっと存在しているだけで、人々を集めようと目論んでいるわけではないと思うんです。しかしその形式の大きな力によって、人々や動物が自然に集まってくる。建築はこの大木にどこか似ている。この木は建築の原型のひとつと言えるのではないかなと思います。

ルイス・カーンは、「ルーム」という概念を出して、これを建築の元初とみなしました。「ルーム」というのは、部屋というか空間というか、空間として囲われた場所みたいな感じでしょうか。「建築はルームをつくることに始まる」と言っています。ちなみに彼は「道はルームだ」とも言っています。ぼくはそれを読んだときハッとしたんですが、そうか、道は移動経路と思ってたけど、「ルーム」なのかと……。そこは人間の場所なんだ、人間が出会い集うところだ、とカーンは言ったのだと、ぼくは理解しました。カーンはこの「ルーム」を、建築の始まりとした。形式主義のトップバッターみたいに見えるルイス・カーンが、建築の始まりとして場所を考えていたというのは、システムと場所の関係について、形式と身体の関係について、きわめて示唆的だと思います。

ジェイン・ジェイコブスは、様々な建物が混ざり合い、多くの人が集まり、道は分節され、それぞれの場所は複数の用途を持つことが、都市の多様性にとって重要だと言いました。そのような機能主義的でない場所のイメージを、カーンも建築と都市をひとつながりのものとして持っていた?

カーンは持っていたんじゃないでしょうか。「ルーム」のアイディアは、彼が育ったフィラデルフィアの通りから来ているという話です。

「ルーム」を説明するカーンのスケッチがあって、そこには書斎のような小部屋の風景が描かれています。クロスヴォールトの天井があって、暖炉があって、人が窓際に座っていて、外に木が見えていま す。彼の向かいに、机越しにもう一人座っていて、なにか二人で対話しているような感じです。「ルーム」という閉じた空間単位の中に、他者と外界が基本要素のひとつとして描かれている。なので「ルーム」は、単に閉じた空間ではなくて、外とつながったものだと思います。

こういう「ルーム」を建築の基底に置く考え方は、無限定空間をつくろうとしたミースのまったく逆、正反対に見えて、面白いですね。ミースの無限定空間っていうのは、例えば、「バルセロナ・パヴィリオン」でその片鱗を見せたような、どこまでも続いてゆくような流動空間だったり、またはMITの「クラウン・ホール」のような、ここととあそこが同じというような均質空間のことです。ミースとカーンのこの差は大きい。「ルーム」的視点からしたら、「ここととあそこが同じとか、どこまでも際限なく流れていく無限空間とか、そんなのでは人間の場所がいつまでたってもつくれないではないか？」というくらいの差です。

でも、ミースの建築を訪れるたびに感じるのですが、彼の建築には特別な場所があります。まさに建築でなければやれないような、堂々とした場所があります。今も覚えているのは、トロントの「ドミニオン・センター」の会議室なんですが、長い矩形の部屋で、まあ言ってみればふつうの部屋で、そこにミースは家具を並べるんですが、それがあまりに素晴らしくて、ぼくは写真を撮り忘れました(笑)。家具だけですごい場所をつくれてしまう人です。

コルビュジエも、彼の「近代建築の五原則」を読むと、「自由な平面」とか「自由な立面」とか、「ピロテ

トロント＝ドミニオン・センター
ミース・ファン・デル・ローエ，J・B・パーキン，ベーグマン&ハマン

ィ」とか、それらはすべて固有の場のことというより、あくまでも形式、システムです。しかし実際にでき上がった彼の建築を見ると、ここはイヤだなという場所がほとんどないんです。

「サラバイ邸」には、例えばカタルーニャヴォールトの反復があり、うんメートル厚という分厚い屋上庭園があって、巨大なブリーズソレイユ的ベランダがあって、プールと滑り台があって、大きなものがバンバンバンと組み合わされていく暴力的かつ言語的なところがあります。これが、生命感あふれる人間の場所になっている。形式とか言語って、ものの登場のしかたが、たいへん暴力的かつ開放的で、そこにもコルビュジエの野人を感じるんだと思います。そんな感じで、彼の場合は形式と肉体が一致しているという気がする。

形式の起源

西沢さんが「豊島美術館」の設計の初期段階で言われた話を思い出しました。アートが置かれる場をつくるんだけど、無限遠の空間をイメージされていて、それはコンクリートという物質によって、厳然たるストラクチャーとして生み出される。機能空間と場所、ストラクチャーの関係として、必ずしも直結しているわけではないと感じます。

サラバイ邸　ル・コルビュジエ

建築は、機能とか形とかいろいろ重要なことがあるけど、なによりもまず、その存在感がすごいじゃないですか。建築ってまず存在だと思うんですよね。ところが机上でプランを描いたりしていると、それがとんでもなく巨大で凶暴な物体であることを気持ちよく忘却して設計しちゃう我々がいる。建築は存在で、とんでもなくでかいもんがデーンと存在していて、それは犬猫でもわかるようなわかりやすい巨大物なんですが、それを設計者はしばしば忘れる。

建築がつくり出す場所は、建築の大きさと無関係ではないような気がします。その存在の大きさとか力とかが、建築的場所につながるのではないかなと思う。

最初に「矛盾」と言ってしまったんですが、形式と場所の問題は分かちがたくあって、それこそが建築の本質に関わっているとも言えそうです。

形式の起源ってなんだろうかと考えてみると、たとえば神社とか神殿は、丁寧につくって、神様を祀っています。神様が中にいるので、あんまりいいかげんなつくりの建物だとまずくて、まず基壇をつくってその上に柱を立てて、屋根と下屋を架けて、というふうに、特別な感じでつくる。お墓のつくりも近いところがあって、「どうでもいいや」という感じではなくて、やはり個人を悼む気持ちというか、中身の特別性、大切さということがわかるようなつくりにします。「この中身は特別なものなのだ」という気持ちが形になるんです。それは、建築の形式の起源ではないかと思います。

また、中身の大切さとか特別さが形になったと言っても、それは宗教建築に限った話でなくて、集会所だって庶民の家だって、「これは特別な場所なんだぞ」という、物事を記念する気持ちが建築になるのだと思います。そういう意味では、建築形式の起源に「祝福」というか、「大切だ」というのがあると思います。

逆に言えば、建築をつくる人たちや社会が、何を大切なものと考えているかを示すものが建築とも言える。

そうです。東日本大震災の後に、宮城県の宮戸島にボランティアで通ったのですが、あの地域には縄文時代の貝塚が沢山あるんです。地元の人と話していて、弥生時代は低地で稲作を始めたので、弥生時代の貝塚は津波で被災してもうほとんど残っていないけど、縄文時代の貝塚は山の中だから今も残っているんですね、とぼくが言ったら、それは違うと言われた。縄文人は、木ノ実と山菜だけじゃなくて魚や貝を採ったし稲作もしたから、低地にも貝塚はいっぱいあると。つまり、縄文貝塚も津波被害を受けているんだそうです。縄文時代は長いので、高いところから徐々に海に下がっていって、津波で被災するとまた上にあがって、というふうに、貝塚の位置が変遷する歴史なのだそうです。なぜ縄文人のそういう動向がわかるかというと、貝塚は埋葬の場所でもあって、津波で被災していない貝塚では、赤子のように膝を抱いた体勢で埋葬されているらしい。体が丸まった形で埋葬されるので、骨になってもその形で残っているのだそうです。でも被災した貝塚では、体が大の字に広がってしまって、骨がバラバラになっていて、破壊されているのだそうです。大切に埋葬された状態か、または破壊された／遺棄された状態かは、決定的な違いで、一万年後の我々でもわかるくらいに明瞭な違いなのです。形式っていうものは、誰でもわかるものであるばかりでなく、大切なものか、遺棄されたものかの差異を、一万年後にだって伝えるものだと思います。建築は、この差異に関わるものです。

「金沢」の頃、プログラムを契機にして、形式とも言えるプランニングで建築をつくることが、西沢さんと妹島さんのテーマのひとつだったと思います。機能を超えるという意味でも、ただの道具性でもなく、しかしそれも含み込んだ全体としての人間の居場所の問題について、西沢さんが考え出したきっかけはなんだったのでしょうか。

それはあまり覚えていないのですが、いろんなきっかけがあったと思います。最初は「機能」を考えていて、一九九〇年代は妹島さんもぼくも、「機能」とか「プログラム」にすごく可能性を感じていました。建築の「道具としての側面」に興味がありました。もちろん今もですが、当時の入れ込みぶりは相当のものでした。当時ぼくらは、「使いやすい建築」よりは「使いたくなる建築」を、という言い方をしていました。「使いやすい建築」は、建築に特に興味がなくても使えるような建築で、「使いたくなる建築」は、逆に建築への興味が育っていくような建築です。機能を効率性と考えるのでなく、快楽だと考えた。愛着とか興味というような特別な人と物の関係性と捉えた。たとえば「かんな」っていうのは、すごい道具ではありますが、誰でも使える道具ではない。かんなが道具たりうるためには、まずそれを使う人間がある技術を習得していなければいけない。人間の側もある程度道具化されていないと、かんなは道具たりえない。人馬一体という言葉がありますが、機能性、道具性っていうのは、かんなと人間の両方にまたがる形式性のことだとも言えて、機能というのは人と物の特別な関係性のことではないか、と思ってみた。

そこで「使いたくなる建築」とか「使いたくなる台所」というような発想から、「場所」に関心が移っていくんですが、でもやはり九〇年代の我々のやり方は、外観がなかったような気がします。ダイアグラム的というか、もっともっとやれるという反省がありました。

場所に関心を持ち始めたもうひとつは、住宅の仕事を続けてこれたことは大きいと思います。住宅の設計をやっているとダイレクトに、「いい場所かどうか」っていう問題にぶちあたる。「森山邸」のコンセプトは当時は「ぎゅうぎゅう詰め」とか「ばらばら」とか、いろいろ言っていましたが、要するに「いろんな場所がある」っていう状態をやりたかったんだと思う。

現場で考えること

「森山邸」は、分棟になっている構成にまず目が行くわけですが、人間の居場所について、実際にどのように考えられたのでしょうか。

ひとつは、小さい空間をいろんなバリエーションでやろうとしていて、それは洋服とは言わないけど、すごく体に近い小さい空間をつくろうとしていたと思います。それと、庭付きの部屋です。室内はやたらと小さいけど、庭とのつながりと広がりがあるようなものです。「森山邸」で今も覚えているのは、スタディ模型が巨大化したことです。一／二〇とか一／一〇がスタディの中心になって、家具や仕上げなども模型化できる大きさになりました。「ぎゅうぎゅう詰め」状態を目指していたので、敷地全域に小さい部屋とか狭い路地とかがあるプロジェクトですが、これで部屋も路地も全部うっとうしい場所になっちゃったらどうしようという焦りがあり、スタディ模型が巨大化しました。

まだ現実にはない空間が、実際にどういう場所になるかを、どれだけ考えられるかということになるんですね。

そうです。あと、構造が「森山邸」は鉄板造なのですが、その箱を壊そうとして、いろいろ試行錯誤しました。しかしやはり鉄板造なので、まだまだ箱が強すぎたように思い、次の「House A」では箱をやめて、軸組と箱の中間みたいな感じでやることにしました。軸組をベースに、一部鉄板の壁にしたり、または石膏ボードで一面壁にしたりして、箱か軸組みかよくわからん的な、どっちつかずの適当感が出た。それは、当時、妹島さんに批判されました。今思えば拙かったとは思うけど、形式と場所つくりは一体ということは、当時なんとなくわかってはいたのだと思います、

あと思うのですが、模型をいくら巨大化しても、現場のリアリティにはかなわないなと思います。建築が上棟したら、「いったいどんな感じにできているのだろうか」という期待感と不安感で、現場にいそいそと行って、でき上がった構造体を見て、「おおー！」と喜んだり悲しんだりしますが、それって要するに、どんな物体を設計したのかよくわかってないのです。上棟時は、「それをオレは初めて見た！」レベルの驚きがあります。建設現場は、建築設計のもっとも創造的な瞬間のひとつだと思います。

考えなしのぬるさ

特に近年は、計画通りに進めることが求められる傾向が強いと思いますが、本当は現場でないと考えられないことが沢山ある。それをどうやっていけばいいのか、みんな考え

House A　西沢立衛

ていると思います。

日本の建築家がつくるもので、アイディアがそのまま巨大化したようなものがけっこうありますよね。そういうものがあってもいいけれど、ちょっと建築ではないというか、これは全般的に言えることかもしれませんが、日本の現代建築って、じゅうぶんに物質的でなく、しかし理念的なわけでもなく、物質も理念もどっちもない感じがする。なにか独特のぬるさがありますよね。

大学で、学生のプロジェクトを見ていてたまに感じるんですが、彼らは模型でスタディするんです。模型って、いちばん安直というか、見た目で建築を考えられるから、やりやすいわけですね。軒の出とか仕上げとか、窓の位置とか、見た目で足したり減らしたりできるわけです。見た目重視の雰囲気づくりの世界で、かわいいものをつくるならこのやり方だ、という感じです。これは日本の伝統もあるかもしれないけど、コンピュータの影響はすごく大きいと思います。この調子で模型スタディを続けていくと、どんどん建築から外れていくのではないか。

アイディアだけが真似をされて、あるいはそれが巨大化しただけのような現実の都市を見ると、才能のある建築家だけがサラッと自然に場所を生み出せているような気持ちになってしまいます。

図面や模型を通して考えてつくるって、けっこう忍耐とか労働、持続力が要ることで、それって建築の厚みみたいなものにつながることだと思うんです。そういう労働っていうのは、場合によっては才能よりも、建築を左右するのではないかとすら思う。東京の街を歩いているとよく、天才の建築ではないけど、これはいいなという建築があります。それは特にドラマチックなものではないし、建築雑誌に取り上げてもらえるものではないかもしれないけど、しっかり設計していて、考えて組み立てているな、というのが街にある。そういう建築のおかげで、通りの雰囲気もよくなっていたりします。ちゃんと考えて建築をつくったかどうかっていうのは大きくて、それは派手な表現とか、すごいアイディアやひらめきなんかよりも、都市にとって貴重だと思います。

費やした時間と作業量が結果につながるっていうのは、設計だけじゃなくて、住み続けた家とか、使い続けた居間とかも、近いところがあるように思います。昨日つくった新品の場所よりも、長年使われ続けた場所のほうが、なにか厚みがあるように感じることがありますが、人間の長い労働の蓄積は、場所の質に関わるのではないか。日本の古い民家を見ていて、やはりすごいなと思うのですが、何世代にもわたって考え続け、使い続けてきた迫力があります。雨がふり込むので下屋の高さを下げたり、光が入りすぎるから土間の窓の位置を変えたりと、改造するうちに徐々に揺るぎないものになっていく。土間や柱が一〇〇年以上使い続けて黒光りしたりして、何世代にもわたって考え続け、使い続けることで、民家は大地のように動かしがたいものになっていくのではないかと思う。都市も、考えなしにいきなりつくっていきなり壊すのではなくて、何世代にもわたって使い続けて考え続けるという蓄積があるべきで、それは都市の豊かさをすごく左右するのではないかと思います。

アクロポリス

旅の意味

旅から見えてくる「世界」

建築家によっては、仕事で移動はしていても、旅はしない、好きではないという方もおられます。西沢さんにとっては、旅はどういうものでしょうか。

確かに旅をしない人はいますよね。レヴィ＝ストロースも旅は嫌いで、『悲しき熱帯』の冒頭で、旅は嫌いと書いていています。そうは言ってもレヴィ＝ストロースの旅の話は面白いですが。

一方で、西沢さんはどうですか？　世界中を旅されていると思いますが。

ぼくは旅が好きです。ただ、自覚的に旅をしているかはわかりません。最初の海外は学部の時で、パリでした。まさに観光旅行(笑)。

それは「建築の聖地」を見ようという意識でしたか。あるいは街や他に対する関心でしょうか。

両面があったと思います。まずヨーロッパを見ねば、というのがあったと思うし、コルビュジエの建築がパリに集まっていたし。パリに着いて、そこから南に下って、スペイン、イタリア、ギリシャを回りました。寒いのが苦手で、またアクロポリスに行ってみたいというので南下していきました。

その時の旅は、本当は友達と一緒に行く予定だったのですが、彼が単位を落としてしまい、突然一人旅になってしまいました。パリに着いたのは夜中の十一時頃で、バスで入って、セーヌ川沿いで降ろされました。たぶんルーヴル宮の目の前だったと思います。寒い冬の夜で、誰もおらず、街は美しく感じられました。翌日から街じゅうを歩きまくりました。パリはどこも美しかった。暗い裏通りですら美しかった。東京で育ったぼくは、それまで街が美しいかどうかなんてことを一度も考えたことがなかったから、パリの美しさはたいへん印象的でした。美しいといっても、実際は汚れていてくさかったり、治安が悪かったりでしたが、でも、街には気品のようなものがありました。

当時は一九八〇年代で、日本はバブルの真っ只中で、東京はすべてが新品でした。成田エクスプレスが開通して、自動改札ができ、街にはピカピカの自販機が並んだ。お札もカミソリのような新一万円札(笑)。ところがパリに行くと、街は古く静かで、貧しかった。お札も鼻紙みたいなくしゃくしゃのフラン札で、電車も十九世紀の乗り物みたいに手で扉を開ける。東京の新しさとパリの古さのギャップがすごかった。パリに限らず、当時のヨーロッパの街の古さ、静けさは印象的で、ある豊かさのようなものを感じました。

ミッテランの都市改造前だったのですか?

ポンピドゥ・センター　レンゾ・ピアノ+リチャード・ロジャース

アラブ世界研究所　ジャン・ヌヴェル

ちょうど始まった頃だと思います。ルーヴル美術館の「ガラス・ピラミッド」（I・M・ペイ設計、一九八九年）ができたかどうかくらいで、ジャン・ヌヴェルの「アラブ世界研究所」（一九八七年）はできていて、雲の動きと共に、シャッターが音を立てて動いて、感動しました。

パリでは、いろいろなものを見ました。コルビュジエの住宅、オーギュスト・ペレのノートルダム・デュ・ランシー、エッフェル塔……。どれも素晴らしかった。中でも「ポンピドゥ・センター」は、感動というかなんというか、すごいと思いました。美しいパリの街並みの中に、突然あのようなむき出しの建築が出てきて、驚きました。考え方しかないというか、理念そのものが打ち立てられているように感じました。これは永遠の建築だと思った。でも今思えばそれも、パリの街の豊かさではないかという気もします。パリはいつ行っても、素晴らしいですね。オスマンの街並みはよく考えられているなと思います。

どのように感じられましたか？

オスマンが計画したパリの街のファサードはうまく分節されていて、二フロア分上がったところ、三階の床レベルに、バルコニーを設けてファサードを分節していますよね。モダニズム建築のピロティは一層分だけなのに対して、オスマンのファサードは低層部に二層分取っている。うまいなと思ったのは、二層分の高さというのは、建物の目の前を歩いてて感じられる都市空間の大きさに寸法的にけっこう合っているように思ったことです。通りを歩くと、目の前の二層分のファサードを感じ、遠望するとファサード全体を感じる。よく考えられた人間的かつ都市空間的な割付、単位だと思いました。

モダニズム建築はしばしばピロティを使うけれど、通りを歩く側からしたら低すぎて、また一階が凹んでいるので暗く見えて、あれは中の機能要請からするといいのかもしれませんが、街並みとしてはどうなのかと、パリに行って感じるようになりました。

最初の旅行でインパクトを感じたもうひとつの街はローマです。ローマは当時のぼくにとって、というか今も、ヨーロッパの中で一番印象深い街です。映画の影響で、ローマはぼくにとっていわば聖地だったのですが、実際のローマはとにかく怖い街でした(笑)。後にミレニアム事業で建物をずいぶん綺麗にしましたが、ぼくが行った八〇年代当時は、ボロミーニもパンテオンも排気ガスで真っ黒でした。ローマの黒さは印象的でした。通りにジプシーや浮浪者があふれ、子供たちは飛びかかってくるし、ローマ遺跡が街の中にまるで遺棄された死体みたいにごろんと放置されて、退廃的というか終末的というか。黒いローマはパリと全く別世界で、同じヨーロッパかと思うくらいでした。でも、建築の力、街の力というものは、他のどの街よりも感じたと思います。

当時、イタリアからギリシャに行くには、ブリンディジから船で行くルートが「地球の歩き方」に出ていました。それで南下して、船でギリシャに行き、アテネでアクロポリスを見ました。本当はそこでコルビュジエみたいに感動すべきなのですが、当時のぼくは無学で、そこまで感動しませんでした

フォロ・ロマーノ，ローマ

パルテノン神殿，アテネ

（笑）。ただ、退廃的なローマの後だったので、アクロポリスの輝き、明るさは印象深かった。大理石の丘が彫刻されてそのまま建築になって、空は青く大地は白く、みんな岩に張り付いてただ佇むというか、拝むというか。アテネの下町は、どこかアジア的でグチャグチャしていたので、光り輝く丘と建築は印象的でした。そのあとギリシャでは、サントリーニやミコノスといった島々を廻りました。こう話していると本当にただの観光旅行ですね（笑）。

コルビュジエを追っているようにも思えますが、それぞれあまり反応が良くないのが面白いですね。

うん、無知でした。最初の旅では、マルセイユの「ユニテ・ダビタシオン」の存在を知りませんでしたから。「ロンシャンの教会」も「ラ・トゥーレットの修道院」も見ずに素通りでした（笑）。ヴェネツィアもパラーディオも知らず、これはヤバイということで二年後に、今度は車で南フランス、イタリア、北アフリカを回ることにしました。

北アフリカはサハラ砂漠を見たくて、行きました。アルジェリアの観光ビザの関係で十四日間という制約があり、その中でチュニジア、アルジェリア、モロッコをバスと車で回りました。いろいろ面白いものを見ましたが、中でもガルダイアが素晴らしかった。ムザップの谷に、ベニ＝イスガンなど五、六個の集落があって、一番見事な形をした集落がガルダイアです。オアシスはどこもそうでしたが、谷に深く沈んでいるのです。三六〇度地平線の土漠を延々と走って行くと、谷が出てきて、その中に緑と水があり、オアシスがある。ガルダイアに着いたのは夕方で、バス停を降りて遠くを見ると、砂埃で煙った先にガルダイアが見えて、その威容に驚きました。

夜明けに上からガルダイアを見ようと、谷を這い上がって、土漠まで登っていきました。夜明け前の、まだ真っ暗なときです。必死に這い上がっていったら、なにかを踏んじゃって、「ギャー！」と(笑)。人が寝そべっていて、驚きました。太陽が上がって明るくなってくると、沢山の人が斜面に寝そべってガルダイアを眺めていました。街に向かって祈っているんだと思いますが。街も凄いけど、地形全体が、祈りの空間になっていると感じました。一日に何度も、ミナレットにくくりつけられた拡声器からアザーンの歌が流れてきて、礼拝に行こうと呼びかけるのですが、それが谷にこだまします。

砂漠のオアシスのモスクは本当に素晴らしくて、アザーンの歌が、迷路状の街の路地づたいに広がっていって、砂漠の地平線に吸い込まれていくのです。拡声器の声が谷からあふれて、荒野に広がっていくその風景の美しさは、今もはっきり覚えています。ヨーロッパや日本の鐘の音も素晴らしいけれど、イスラム教世界のそれは、環境と風土と宗教が完全に調和した、忘れがたいものでした。

北アフリカにはアルジェに飛行機で入ったのですが、飛行機だとまず空港に入る。郊外の体育館みたいなぼろい施設に着くんです。そこから郊外を通って高速みたいな道路で街に入るので、それほどアルジェの街の第一印象は覚えていません。「望郷」で見た街とこれほんと一緒なのかなー？ と。ところが、帰りはマルセイユに行くために、船で港から出るのですが、甲板に出てなんとなく振り返った

ガルダイア

ら、あの白いアルジェ、アーチが何連にも重なる美しいアルジェが見えて、ああこれがアルジェかと。そこでようやく、街への入り方を間違えたことに気付きました。古い街なので、海から近づくようにできている。地中海から見るアルジェは凄く綺麗でした。

見なくてはいけないと思った、コルビュジエの建築はいかがでしたか?

「ユニテ」には感動しました。「こんなに凄いものはない!」くらいに思いました。獰猛というか、豊かというか。周りにはひどいコピー建築がずらっと並んでいて、空間構成は一緒なのに、ユニテはまったく違っていました。コルビュジエがいかに天才以上の人かということを強く感じました。

その後レンタカーで「ラ・トゥーレット」や「ロンシャン」、それからフィルミニにも行きました。「ラ・トゥーレット」には泊まり、その後二回くらい行きました。素晴らしい建築で、見るたびに学びますが、当時はよくわからなかった。というか今も(笑)。「ユニテ」は圧倒的で凄いと思ったけど、「ラ・トゥーレット」はなにか、つかみようのない建築でした。実際に行くと、ディテールから何から写真を撮りまくって、建物が回廊式で、ずっと撮り続けてぐるぐる歩き続けるから、やはり凄い建築なんだろうな。

インドに行かれた時も、似た話をされていました。凄い建物を、興奮して撮り続けてしまう。

あ、それは「サラバイ邸」ですね。ぼくは、行く前は「サラバイ邸」って、想像できると思っていたんです。たいしたことないとは言わないけど、こういうのはわかると。システム的な建築だし。システムの反復の中を、壁がランダムに配置されたりして。それで、こんなのチョロいと（笑）。ところが実際に行ったら、どこも本当に豊かな空間で、システムからこんなの出てくるのかと、それは本当に驚いたな。この建築をコルビュジエはいったいどうやってスタディしたのか、全然わからなかった。平面のシステムから考えてあれにはならないと思うのです。まさに生きた空間で、たいへん有機的なつながりがあり、本当に感心しました。

ヴォールトの最初のベイは車庫なんですが、サラバイさんはそこを外のリビングとして使っていて、それも良かった。あそこが居間空間になるこ

サラバイ邸　ル・コルビュジエ

とで、中と外との連続感がより素晴らしくなっている。コルビュジエもすごいけど、サラバイさんの建築を使う力も、素晴らしく思いました。

インドのコルビュジエでいちばん凄いと思ったのは、シャンディガールの全体の伽藍です。ヨーロッパで見たどのコルビュジエとも違うものでした。建築三つだけで空間をつくっていて、また呆れるくらい大きいのにまったく間延びしておらず、スケール感の素晴らしさを感じました。天文学的といったらあれですが、人類が滅びた後も残るっていうのかな。かつてこういう人間というのがいて、このような技術を持っていたと伝える建築だと思いました。

しかしインドは、コルビュジエもさることながら、道がすごかった。道に圧倒されてしまって、他は覚えていないくらいです。人間だけでない、あらゆる生き物の坩堝のような道。牛が人間のために物を運んでいるのでなく、散歩している。ラクダ、象、猿、犬、そこに人間のバイクと車が怒涛のように流れ込み、ものすごい多様性です。あんな無茶苦茶な交差点でぼくは絶対右折できないと思いました(笑)。そんな激流のような道のど真ん中に、菩提樹がバーンと立っていて、車も動物も避けていく。まるでブッダが、いろいろな動物や人間を引き連れて歩いて、菩提樹の下で休む、それと同じことを今もやっている。インドの道は、ブッダの時代がそのまま近代化してしまったような、そんな道でした。

インドの街にはある種の神々しさがあって、あれだけやかましい街なのに、不思議な静けさを感じます。生き物が行き交い、道で生きて死ぬその風景を見ていると、インドの街ほど、尊さとか尊厳というものを感じる街は、他にないように思います。これまでの旅から、ひとつだけ挙げろと言われた

インド，アーメダバードの道の風景

アーメダバード。牛の散歩

ら、インドかヨーロッパかどちらかだと思います。

インドで凄いと思ったもうひとつは、ヒンズー教です。アーメダバードはイスラム教徒が多いので、モスクがあるのです。厳しく静謐な長方形の中庭で、真ん中に身を清める泉があり、人々が床に張り付いて大理石を一生懸命磨いている。その禁欲的な中庭の向こうに、ゴミの山みたいなバラック群がわっと溢れかえっていて、ギョッとします。まさにカオスで、あの迫力は本当にすごいと思いました。ヒンズー教寺院に行ったら、礼拝する人々はみなエキサイトして祈っていて、興奮が頂点に達した頃にお坊さんが出てきて、扉を開けると、神様の像が出てくる。神様は、神々しいというよりもなにか、適当といったら失礼ですが、今さっき裏でつくったようなツヤツヤの神像で、ピカピカに光っていて、皆iPadとか携帯でバシャバシャ写真を撮るんです(笑)。神様にそんなことしてバチが当たらないのかと思うんだけど、皆撮りたくてしかたないのです。たぶん最高のヒーローとは、そういうものなんだろうと思いました。

民族学者の梅棹忠夫が言っていましたが、その国で一番大切なものが磨かれ、輝いている。だから、何が輝いているか見れば、その国で何が一番尊ばれているかわかると。すると、インドでは神仏が輝いている。日本では、自販機が輝いていると言うのです。お寺などが苔むして良いというけど、あれは単に打ち捨てられているだけで、本当に大切なものであれば、皆で掃除してピカピカに輝くものだと。それを思い出しました。神様の像のつくり自体は、実にいい加減で、顔なんてぼくが描いた方が上手いくらいです。でも、まさに毎日磨かれてピカピカで、その輝きはすごかった。いろんな神様がいっぱいいて、どれもピカピカに光っている。ヒンズー教っていうのはなんていうか、街も神様も、なんでも飲み込んでいく、恐ろしいほど開放的な、多様性の世界です。ヒンズー教があるから、インドの近代化は今の形になったのだと思いました。

インド体験以降、人間の街はインドであってもヨーロッパであっても、宗教というのがいかに大きいかということを、思うようになりました。東京ですら、ある種の宗教がベースになっていると感じるようになりました。

西沢さんの旅の目的地には、人間や物質を含めたあらゆるものの豊饒さがあるようです。

確かに、ヨーロッパに惹かれる理由のひとつには、それがあると思います。ヨーロッパの豊かさは特別なもので、たまに行くと、いいなと思います。それは歴史地区でなくても、どれだけ新しい空港でも、電車の小さいコンパートメントでも、街角のどうということはない喫茶店でも、ある豊かさがある。人間のための場所をつくっている感じがする。オランダ、イタリア、スペイン、スウェーデン……ヨーロッパはどこも、人間の環境づくりが上手いと思います。英語で「luxury」と言いますが、これは日本語に訳しづらい言葉のひとつで、日本では「贅沢」とか「おごり」とか「高級品」とか訳されたりするけど、ちょっとそれは違う。湯水のようにお金を使うような「luxury」もあるけど、けしてそれだけではなくて、「luxury」というのは、人間にふさわしい場の豊かさを言う言葉で、それは貧富の差を超えて、どの階級でも持つべき環境です。そういった環境の豊かさがヨーロッパの街にはあって、素晴らしいと思います。それは、日本の街にはあまり感じないものです。

西沢さんは、旅から多くのことを得てきたと思います。それは、設計のための刺激になっていますか？　あるいは、もう少し違うものでしょうか？

旅は最初は、とりあえずはただの興味からだと思います。でも、自分の仕事に大きく影響していると思います。いろんな街や建築を見ることは、ぼくのものの見方、考えかたを壊し、つくり直したと思います。

旅に出ると、ぼくらと同じ人間が、ぼくらと同じ生活ってものをやっているのに、道具立てが全然違う。やり方が違うので、感心します。ぼくらがいま建築創造のテーマのひとつとしている、街と建築が一体とか、調和とか、そういうことは、異文化を見ていろんな街と建築を見て、思うようになったのではないかとも思います。

旅を通していろいろなものを得たし、失ったと思います。旅は人間をダメにもするし、再生もさせる。凄く貧しくなることもあるし、凄く豊かになることもある。

「豊かになる」とは多くの人が言うと思いますが、「貧しくなる」とは？

いろいろあると思いますが、今はもう学生時代ほどは、動物的というか自由にものを見ていないのだろうなと思います。学習することで失っているものは大きいと思う。街は素晴らしいものだと思って街を見ているわけだから、素晴らしく見えるのは当たり前というか。

あと、旅はそれほど守られていないので、孤独があると思うし、どんどん個人主義になる。環境から切り離された存在になるというか。どれだけヴェニスやパリが素晴らしくても、自分は常に外にいる。でも、ぼくは旅行は好きですね。一人になってしまうことも含めて、得たり失ったりも含めて、豊かなものにつながっていくと信じています。

これまでの話は、文化の違いがあるところへの旅でしたが、日本国内についてはどうですか。

国内への関心を持ったのは、外国に行ってからです。若い頃は家でも学校でも、周りがみんな日本人だったから、日本なんて意識しなかったんです。でも、外国に行くと、日本から来たのか、お前は日本的だ、と言われる。ローザンヌの「ROLEXラーニングセンター」を、ヘルツォーク&ド・ムーロンのパートナーだったハリー・グッガーが見て、「日本だね、これは縁側だね」と言われました。いろいろな形で日本だ日本だと言われるうちに、日本ってなんだろうと思うようになる。少なくともぼくの場合はそのような流れで、最初に外国について考えるようになって、次に日本を考えるようになりました。日本に関心を持つようになって、いろいろなところへ行くようになりました。この前ようやく高山に行きました。吉島家住宅を見て、感動しました。街との調和も素晴らしかった。行って初めて知ったのですが、高山は、下呂温泉よりもさらに上、山の奥にあるのですね。下呂温泉がすでに人里離れたような山の奥だから、さらにその上にあんな街があるとは、さすが高山と呼ばれるだけあると思いました。高山は、ほとんどあの世というか、理想郷みたいな場所だと思いました。ものすごく濃密な物語が街にあるように感じて、駅前はすでに新しい建物が立ち並んでいますが、それでもなお昔の町屋の風景を見た気になりました。吉島家は凄い建築で、まさに記念碑ですが、しかし完全に街に消え入るようにあって、その調和も印象的でした。吉島家や日下部家をみんなが忘れない理由は、けして建築だけではなく、通りや街の存在と一体となった物語があるからだと思います。

日本の旅は素人なので、これからいろいろなところに行きたいですね。仕事に関係なくても行きたいと思います。三〇代の頃はそれを見に行くなんて少しも思わなかったから、歳を取ったのです(笑)。

ヨーロッパやインドで感じる豊かさ、多様さを、日本でも少しずつ感じるようになってきたのでしょうか。

それはもちろんあるでしょうね。地方にいくとたまに思うのですが、むかしお国柄って言っていたじ

吉島家住宅

ゃないですか、ああいうような、地域文化を感じるときには、そこの流儀というものを感じるし、同時に、地域差、段差というものを感じますね。

そういう「地域の段差」をいろいろなところを旅する中から感じると。

そうですね。その地域に固有の歴史、文化があって、その地域固有の時空間があって、皆それに従って生きている感じがします。

この前、小豆島で見た醤油蔵は、たいへん印象深い建築でした。梁の一本一本に菌が住んでいて捨てられないので、小屋組の上に新しい小屋組を加えていくんです。複雑化した小屋組から、様々な菌が降り注ぐ。その中を、時々人間が入ってきて、窓を開け閉めしたり樽をかき回したりする。人間と菌が、まるで建築に住み着く生き物のようで、各々の仕事がもう決まっているというのかな。それはなにか、蔵全体がひとつの生命体のようでした。「建築はいずれこうなる」と言われているようでした。その生命感はまさに未来の建築というべきものなのですが、でも同時にものすごく地域的なものでもある。その蔵は、小豆島の歴史が形になったような建築なのです。

凄く伝統的でも、同時に未来的でもある。

そうです。ぼくは建築をやっていてたまに思うのですが、自分たちは建築を考えつくるということを通して、世界史と、自分たちの地域史をどのようにつなげるかということをやろうとしているのかなと。近代化を経た後で、いまぼくだけでなくいろんな人々が、どうやって世界史と地域史をつなげるかを考えているように思うのです。

知らない土地に行って感動することのひとつは、世界史というものがいかに多様なものか、ということがあります。その土地でずっと続いてきた伝統的なものがあって、それが示す未来というものが、ぼくらの世界で知っている未来と違うものだったり、またはその逆に、未来的なものに歴史を感じたり。知らない土地や知らない文化に出会って感動することのひとつに、そういうものがあると思います。

ラ・ロッシュ=ジャンヌレ邸　ル・コルビュジエ

ル・コルビュジエの話 1

生命的な建築

ル・コルビュジエについて話すのは、ぼくには多少荷が重く、また一回では無理そうなので、今回は「サヴォア邸」について考えてみたいと思います。ＧＡからも出ていた『ル・コルビュジエ全作品集』（ウィリ・ボジガー編ほか、Girberger、Artemisほか、一九三〇～七〇年）は素晴らしい本ですね。コルビュジエの説明を受けているような、コルビュジエの建築に直接出会っているような気分になってくる本です。「コルビュジエがなぜ近代建築最大の巨人なのか？」については、いろんな意見があると思いますが、この作品集でもわかるように、都市計画、建築、家具、文筆活動と書籍出版、絵画と彫刻という活動の幅の広さ・深さによって、また、独創的な建築言語と建築スタイルをいくつも生み出したことによって、自身の思想を世界史的運動に拡大した、ということがまずあると思います。いまどこかの国に行くと、だいたいコルビュジエの影響がなんらかの形で、その地域の近代建築史の一翼を担っているのがわかります。それは、コルビュジエがいかに世界建築史、または各地域の近代建築史に大きな方針を与えたかということを、物語っているように思えます。

今回、『建築をめざして』（初版はG. Crès et Cie、一九二三年。吉阪隆正による抄訳日本語版は鹿島出版会、一九六七年。以下同書からの引用はこの版による）を久しぶりに読み返したのですが、あらためて感心しました。建築の普遍的な側面についてストレートに書いていて、これを三十代半ばに書いたというのは驚くべきことだなと思います。また、これは「サヴォア邸」の前に書かれたようですが、来たるべき「サヴォア邸」

について書いているかのような内容でもあり、それも感心しました。『建築をめざして』では、最初の千年にフィディアス(フェイディアス)がいて、次の千年がミケランジェロで、その次の千年に来るのがこの私(ル・コルビュジエ)と言わんばかりの書きっぷりです。コルビュジエの建築のどこがそんなにすごいのか?

ぼくが挙げたいのはまず、建築を生命的なものにした、ということです。コルビュジエは、彼以前にはなかったような形で、建築の中心に人間を置いた。それによって建築に生命というものをもたらした。フィディアスもミケランジェロも、建築は神を賛美するためのものでしたが、コルビュジエにおいて建築は、人間の生を賛美するものです。もちろんコルビュジエ以前も以降も、人間を中心に置こうとした建築家はいますが、彼のような形で、人間の力を建築の命にした人は、他にいないのではないかという気がします。コルビュジエが建築の中心に置いた人間とは、レオナルド・ダ・ヴィンチが描いたような理性的・標準的な人間ではなくて、いわば野人のような、野蛮で官能的な人間でした。モデュロールで描写したような筋肉もりもりの、ぐわっと歪んだ、左右非対称的な、荒々しい人間です。コルビュジエは建築や都市計画の中に、よくスポーツができる場所をつくりましたが、コルビュジエの建築において人間というものは、規格品のような存在ではなくて、生きて戦う個人であり、生命力溢れる人間でした。

そこに全てのイメージがある

「サヴォア邸」には、当時コルビュジエが思い描いていた、あらゆる建築的イメージがあります。ピロティ、屋上庭園、自由な平面、自由な立面、水平連続窓の五原則やドミノはもちろんのこと、初等幾何学形態があり、東方の旅で出会った、集落の街並みがあります。ピュリスムの静物画のような立体群と色彩群があり、地中海の日光浴場、ローマのお風呂、トルコの避難所が出てきます。「ラ・ロッシュ＝ジャンヌレ邸」で挑戦したスロープが、今度は本格的な形で登場します。「建築は気圧が調和されたシャボン玉だ」(『建築をめざして』、日本語版p.140)のイメージが全体像として採用され、アラブ建築のイメージが出てきます。また、まるでパラーディオのような、四面正面と三段構成があり、古典主義の列柱があり、機械と宮殿のコントラスト、船舶のイメージがあります。他にもあると思うのですが、当時思い描いていたさまざまなイメージを、彼はこの住宅に持ち込んでいます。それらがどれも引用でなく、つまりどこかから借りてきたみたいな感じではなく、完全に自分の言語となって、じゅうぶんに抽象化されて建築に置き換えられているのは素晴らしいことです。また、それらの多くが『建築をめざして』ですでに予言されていることに気づきます。「これはまるで『建築をめざして』が建築になったものではないか？」という錯覚を感じるくらいです。

「すべてのイメージがそこにある」は別の言い方をすれば、当時の彼にとっての理想の建築とも言えるかと思います。「思いつくイメージをかたっぱしから、ひとつの建築にぶちこむって果たして可能なのだろうか？」と思うと、ぼくだったら、二つや三つならいけそうだけど、全部はさすがに建築としては破綻するのではないかと思うんですが、「サヴォア邸」ではそれが、まるで未来の船のような統一感でもって建築になっています。このことだけで、この住宅の特別さがわかるのではないかと思います。

サヴォア邸の原動力

「建築は秩序をつくる」（前掲、p.145あるいは『住宅と宮殿』一九二八年、井田安弘訳、一九七九年、鹿島出版会、p.39）とコルビュジエは言っていますが、それに倣えば「サヴォア邸」における秩序は二つあります。ひとつはドミノ（ドム・イノ型骨組）、もうひとつは建築的散策路です。ドミノとは、間仕切り壁の改変が自由にできる、本人が言うところの「自由な平面」が積層されて、独立柱で支えられるという有名な形式（図1）です。これはある意味でミースのユニバーサルスペースにもつながるような、フレキシブルなスペース、均質で反復的なストラクチャーです。かたや建築

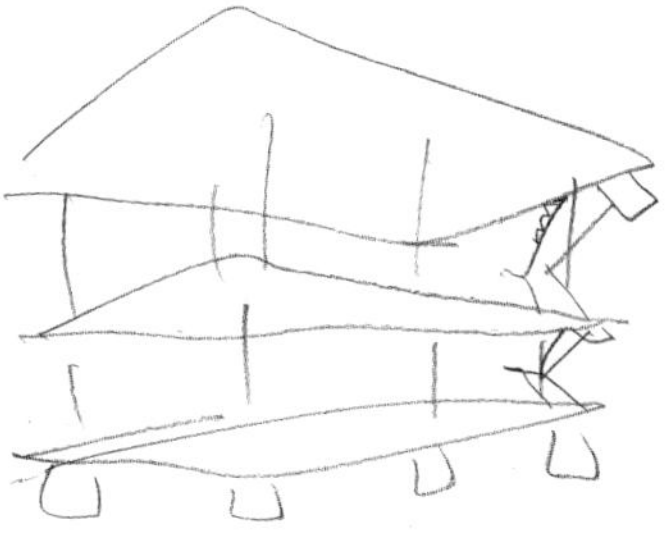

図1

的散策路の方は、簡単に言えば場所から場所へ、という移動空間のことです。サヴォア邸では、このふたつの秩序、ドミノ形式と建築的散策路の二つが、お互いにぶつかりあうような支えあうような、なんともいえない破壊と創造の源泉になっています。

スロープが床を打ち抜く

「サヴォア邸」の平面を見て誰もが不思議に思うのは、ドミノ平面のど真ん中に、建物の大きさに似つかわしくないくらい巨大なスロープが、どかんと置かれていることです。「ラ・ロッシュ＝ジャンヌレ邸」では、スロープは空間の端の方に、邪魔にならないように置かれていて、またそれは二階と三階をつなぐ部分的な存在だったのですが、「サヴォア邸」では本格的に建築のど中心に来て、全フロアを貫く中心となります(図2)。スロープは平面の大きさに比してあまりに大きく、ドミノの命といえる平面の自由さを打ち壊してしまっているかのようです。ここにぼくは、ある破壊的な力を感じます。平面の自由さを言い

図2

たいのであれば、階段とかスロープとかはもっと端っこに、隅の方に寄せて、自由な平面を大きく良い形で確保すべきです。事実、ドミノを説明するスケッチでコルビュジエは、階段を建物の端っこ、床の外につけて、ドミノ平面の床に穴を開けないように注意しています（図1）。この巨大スロープの中央配置によって、列柱の配置も大きく乱れます（図3）。柱数は、xy両軸方向とも五本ずつで、奇数ですから、柱がセンターにくるので、スロープをセンターに置いたらうまくいかないのは当たり前というか、梁を架けられなくなるので、スロープのところだけは柱をスロープ左右にまたぐように置いて、ここだけ柱が増えてしまっています。またこのスロープはきれいに二スパンに納まる長さにぴったり設計されているのに、あえて二スパンからちょっとずらして配置していて、これで主寝室の形と柱配置が歪んでしまっています（図4）。これらのことは、うっかりそうなったというよりも、やりたくてやっていると思います。コルビュジエは自由な平面をつくるだけでなく、壊したいのだと思います。

他方で、これはただの破壊工作ともいえなくて、このセンター配置は、自由な平面の邪魔をしているという意味では確かにマイナスなの

図3

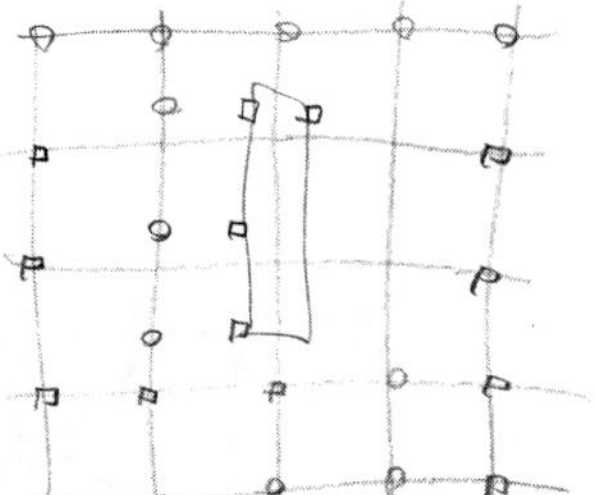
図4

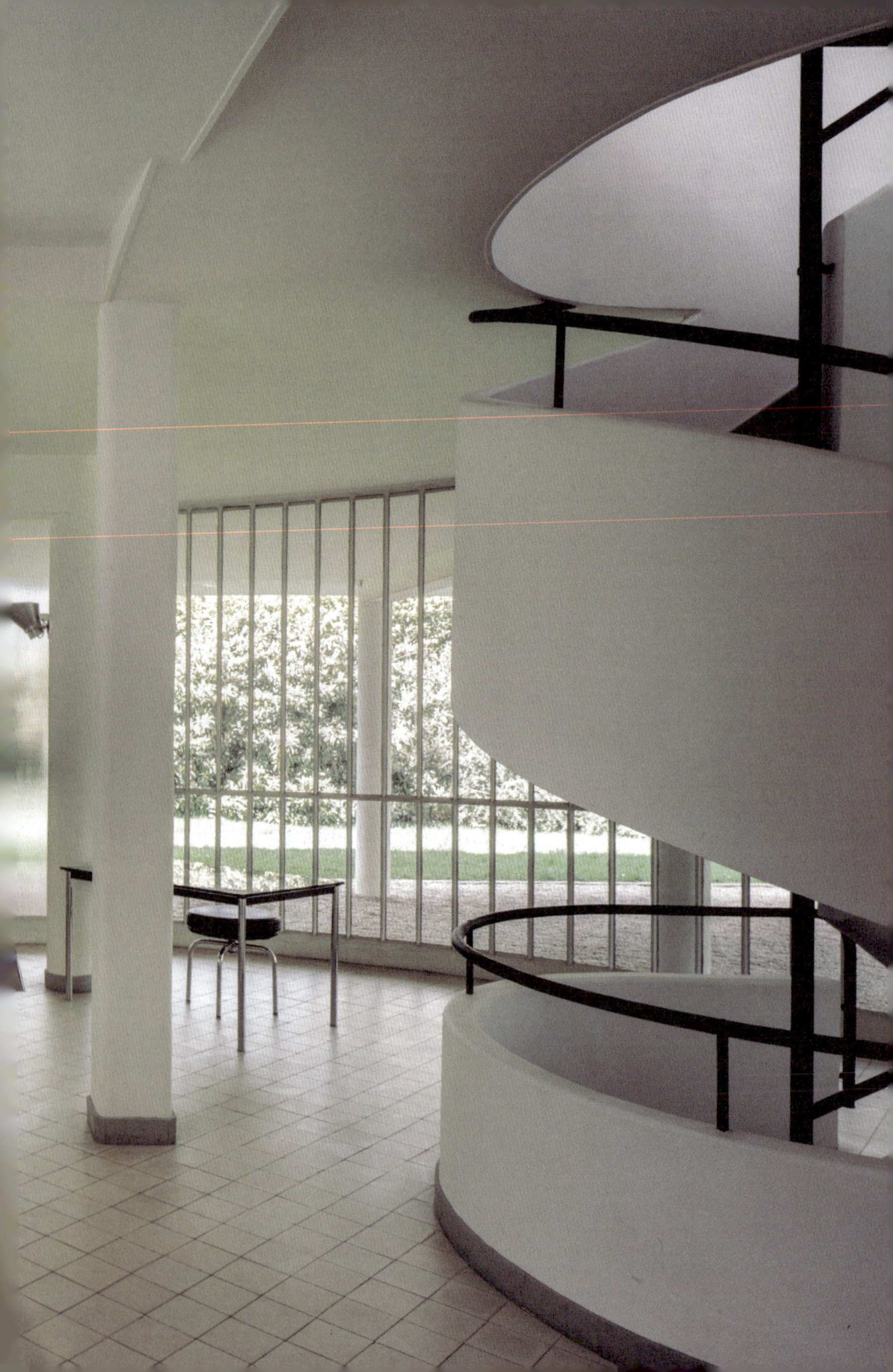

サヴォア邸　ル・コルビュジエ

ですが、しかし各階が驚くほどスムーズにつながって、各階平面同士がつながっていく連続感が生まれます。その連続感は、建築的散策路が目指したことでもありますが、自由な平面が目指していたことでもあるとも言える。だから単なる破壊というよりは、より高次のものを創造しているとも言えます。

もうひとつ「サヴォア邸」のスロープで面白いなと思うのは、「ラ・ロッシュ＝ジャンヌレ邸」ではスロープは室内移動のためのものでしたが、「サヴォア邸」では中と外を結ぶ装置、もしくは中に外を導入する装置になっていることです。このスロープはど真ん中にある割には、常に外部空間につながっている。一階でピロティに囲まれ、二階では中庭、三階では屋上庭園と、外部が室内に入り込むようなところに登場します。自動車でピロティに来て、そのままスロープで屋上庭園へという一連の流れは、外から始まって外に終わるというもので、やはりこのスロープは潜在的には、白いキューブという建築の閉鎖的で静的な箱を壊し、つくり直す意図があるように思えます。

生命的秩序

二つの秩序のうちのひとつ、建築的散策路は、「人間が動く」ということから出てきたものです。「サヴォア邸」を紹介する文章の中でコルビュジエは、アラブ建築とバロック建築を比較していて（コルビュジエ作品集第2巻、p.14）、アラブの建築は、人間は動くものという前提で考えられた建築であり、「人間が移動することで、建築のつくられ方が展開していく」が、バロックの建築は図的で、紙の上に描いた楕円でしかない固定的なもので、人間を考慮に入れていないので、自分はアラブの建築の方から学びたい、と言っています。紙の上に描いただけの、図形として見た目が美しい建築ではなくて、中を歩いて魅力を感じる建築を目指す、ということです。アラブとバロックを比較するこの言葉は、「サヴォア邸」をもっとも美しく言葉にしたもののひとつですが、ここで注意したいのは「（人が）移動することで、建築のつくられ方が展開していく」のところで、人は動きながら、場面転換を眺めるだけでなく、ストラクチャーを理解していく、ということです。ストラクチャーが一挙に出てくるのでなく、時間をかけて現れてくる。ここから、コルビュジエが建築をいわば時空間として認識していることがわかります。建築的散策路はスロープや廊下だけにとどまらず、部屋もその一部となっています。ほぼすべての部屋が出入口を二つ以上持ち、行き止まりの空間がほとんどなく、それによって複数の回遊性が生まれて、建築全体が建築的散策路になるという、動的イメージが生まれます。

もうひとつの秩序、ドミノ形式の方は、規則的列柱の平面が積層されたもので、一見、形式主義的な、または工業的な建築に見えますが、コルビュジエの場合はこれも、生命的なものとして捉えているふうなのが面白いと思います。彼は「建築は比例だ」と言い、また、「平面はリズム」と言っています（前掲『建築をめざして』、pp.52-53, p.32）。「リズムは人間の挙動から生まれる」（前掲、p.68）とも言っています。建築は比例で、リズムで、それらは人間の挙動、生命の動きから出てくるということです。平面、比例、プロポーションという形式主義的なものが生命的、というイメージは、さっきのバロックのような図的建築の世界からすればわかりづらい発想ですが、しかし例えば音楽とか詩とかをイメージすれば、比例が人間の躍動、生命のリズム、というのは自然なことです。俳句の五七五は、詩の一形式ですが、それは感情の動きや言葉の力から出てきたリズムです。コルビュジエにとって、建築の平面とはいわばリズムそのもので、それは音楽や詩の形式と同じように、生命感に由来するものなのです。

そういう意味では、「サヴォア邸」におけるドミノと建築的散策路の、二つの秩序のぶつかりあいは、形式主義的・工業的なものと人間的・生命的なものの二つのぶつかりあいではなくて、どちらも生命的で人間的なものだという位置づけだと思います。

破壊と創造

「サヴォア邸」における破壊と創造は、スロープだけでなく、建築全体で起きています。たとえば、建築の中の多くが屋外空間化しています。特に主階は、三分の一くらい外部空間になってしまっていて、廃墟の

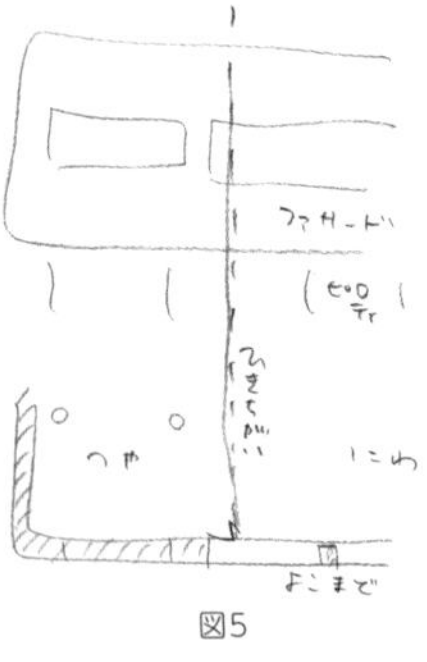

図5

イメージが現れています。パラーディオを我々に想起させる四面立面も、各立面でおかしなことが起きていて、四面の同一性が微妙に壊れています。その中でも特にぼくが好きなのは、中庭の大きなサッシュが南西側立面の水平連続窓にずれて達してしまっているところで(図5)、こういうのは野蛮だなと思います。このような納まりがあちこちで起きていることも、建築にどこか非完結的な、生命的なイメージを与えているような気がします。なにか今もつくっている途中という感じの、現在進行形の創造の最中のような、もしくは創造のパワーがそのまま建築になってしまったような感じで、それはパラーディオ、またはドミノの、クラシカルなパターンが持つ比例と生命感・リズム感では出せないような動的感覚です。

全体を統率する柱グリッドは、スロープ以外のところでも、あちこちで歪められています。一階の玄関周りの柱は、玄関の外では一本、中では左右に二本という変則配置です(図6)。座標からすると直通階段の南側に置かれるはずの柱は逆側に移動しています(図7)。主寝室では柱を一本ずらして、ベッドをセンターとして柱を左右対称に置いています(図8)。このあたりは無茶苦茶というかなんというか、面白い

図6

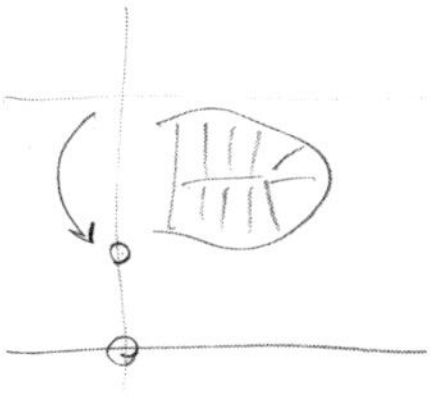
図7

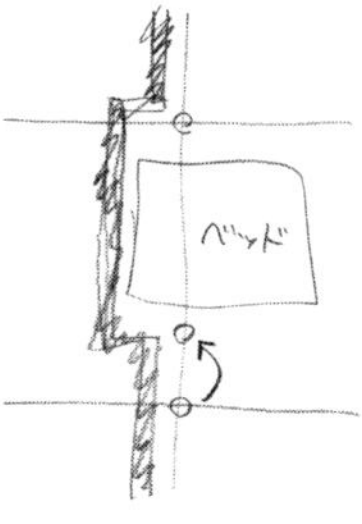

図8

ですね。でもいいなと思うのは、不思議なダイナミズムがあることです。個々の場所が、全体のストラクチャーに従ってつくられるのでなく、逆に、個々の場所を中心に捉え直すことで、全体ストラクチャーの方が変形する、というイメージです。これは場所中心主義の一例といってもいいのかもしれません。玄関ホールの内外で柱の規則が違うのも、グリッド全体からすれば変だけど、「場所をつくる」という意味では意外に理にかなっているというか、つまり玄関ホールを外とは違う領域にするという意味では、ありうる解法だと思います。この玄関ホールはいろんな手法が駆使されて複雑で、いろいろ気になることがあるのですが、先ほど述べた柱位置変更と、あと、ガラスのカーブで柱を二本外に追い出して、柱群は変則的というか、座標グリッドに乗らない感じになっていて、離散配置された諸家具とともに、なんとなく浮遊感のようなものが生まれています（図9）。彼の絵画のようなピュリスム的空間になっており、そのすぐ外でピロティが車路に使われているのとは、かなり様相の異なる空間です。

　コルビュジエの建築ですごいと思うことはいろいろありますが、ひとつは、彼の建築には人間の場所があるということです。それはどん

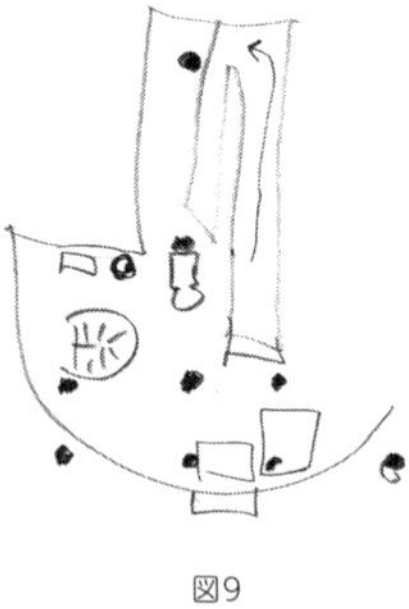

図9

なところだって、「サヴォア邸」のキッチンだってそうで、豊かな場所があり、喜びを感じる場所になっています。キッチン、主寝室、屋上庭園、どこであっても、人間にふさわしい場所になっている。単に快適とか気持ちいいという以上に、「ふさわしい」という感覚があります。これはコルビュジエの建築の素晴らしい点のひとつです。

遠望する

あともうひとつ、「サヴォア邸」は平面が、こう言ってはなんだけどごちゃごちゃというか、整理されていなくて、しかし水平連続窓は全周ぐるっと統一的に回っていて、平面を無視しているかのようで、たいへん気になります。コルビュジエは「外部は常に内部である」(『建築をめざして』、p.149)の章で、人間は遠くも近くもきょろきょろ見て、周りに見えている風景を容量や密度として感じ取り、問題は一挙に周囲に広がると言っています。アクロポリスの伽藍配置は、そこだけで決められたのではなくて、周囲も含めた環境全体の中で、近いものや遠いものの様々な容量を持ったヴォリュームの中で決まったと言っていますが、「サヴォア邸」の水平連続窓もそれに近いところがある気がします。室内の間取りがどうなっていようが構わず窓が一周するその透明感には、環境全体を遠望しようという強い意思が表明されているような気がします。水平連続窓は、「外部は常に内部である」の理念が具現化したもの

ではないかと思うのです。

　コルビュジエはよく遠望します。アクロポリスの伽藍配置について、以下のように言っています。

「均衡は安っぽいものではない。それらはピレウスからペンテリコン山へ伸びる名高い風景の中に決められている。この平面は遠望を考慮してある。（中略）アクロポリスは、その岩と擁壁の上に、遠くから眺められ、ひとつの塊として捉えられる。諸建築物はそれぞれの平面に従ってひとつの塊となっている」（前掲、p.53）。

　ここからコルビュジエが、各神殿の平面とアクロポリス周辺の風景全体を、同時に把握しようとしているのがわかります。コルビュジエは建築をスケッチする際に、必ず遠景のスケッチを描きましたが、彼は建築を、中から眺めるだけでなく、ものすごく遠くから、突き放して眺めるのです。この遠望の視点は、彼がアクロポリスやポンペイ、ローマ、もしくはさらにその前に会得したものと思われますが、それは「外部は常に内部である」という認識となって、サヴォア邸において結実して、その後シャンディガールの「キャピトール」にまでなっていく。この建築を遠望する力、建築と環境を同時把握す

シャンディガール　ル・コルビュジエ

る力、またそれを実作に転化していく力は、まさに人間の構想力という感じがして、コルビュジエの中でももっとも偉大な才能のひとつだと、ぼくは思います。

生命とはなにか

コルビュジエの建築には、「だいたいコレくらいでいい」という感覚があって、大きなところでだいたいつくるというか、あまり神経症的でなく、その荒々しさはいかにも野人的なのですが、それも生命的な建築にとっては重要な気がします。また、荒々しくまとめるからこそ逆に、ある種の正確さみたいなものも感じます。「サヴォア邸」にしろ、後期のブルータリズムの建築にしろ、本当に雑なだけだったら、単に雑な建築になると思うのです。そういう意味でも「サヴォア邸」は、というかコルビュジエの建築は、荒々しいのですが、正確さがあると思います。

どこで読んだか忘れてしまったのですが、むかし生命科学の本を読んでいた時に、「生命とは何か?」という議論のところで、「生きる」というのは要するに、個々の細胞同士の交流があるだけでなく、その上位概念との交流があるかどうかが、生きるか死ぬかの違いだと書いてあって、なるほどと思いました。例えば軍隊や企業のような組織を考えると、個々の構成員が会社とか軍隊という上位概念に意見を言わなくなった時、または、下部構成員が上位の構成員に意見を言わなくなった時、それは死の状態だということで、逆に、上位概念と下位概念の相互交流がある状態が、生命的ということです。建築で言えば、住宅がずらっと並んでいて、住宅の上位概念として例えば界隈とか通りがあるとすると、各住宅が通りに意見を言わない、関心を示さない、となると、それは通りとしては死んでいる、という感じです。この生命の定義は、今回述べてきたような「サヴォア邸」の破壊と創造を、的確に言ったような言葉だなとぼくは思いました。中央スロープがドミノの均質的な秩序の世界、中心主義的世界を覆していくところや、場所と場所をつなぐスロープが場所になってしまうところ、主寝室のベッドを始めとして様々なところで、下位と上位の交流が起き、そのようなことの一つひとつが、「サヴォア邸」を今もなお生命感あふれる建築にしていると思います。

『建築をめざして』は、いろいろな読み方の可能性をぼくらに与える本ですが、今回の流れに即していえば、「サヴォア邸」と『建築をめざして』は、反復関係にあると言えます。「サヴォア邸」をつくってから『建築をめざして』を書いたのでなくその逆だというのは、素晴らしいことです。建築をつくって、それを見て「こういうことか」と思って文章を書くなら比較的楽というか、ぼくでもできる。でも、最初に「サヴォア邸」はこうなるというようなことを書き、それに倣ってつくった建築がそこで書かれた以上のものになっているという、「サヴォア邸」は『建築をめざして』のリプリゼンテーションではなく、まさに初めての建築になる。これと同型の関係が、近代五原則と「サヴォア邸」についても指摘できるのでは、と思います。

スタイン邸（ガルシュの家）　ル・コルビュジエ

ル・コルビュジエの話 2

なぜコルビュジエか

西沢　この連載でル・コルビュジエについて考えてみようと思ったのですが、一回というよりは何回かに分けることになるのかなと考えています。コルビュジエは巨人なのですが、モダニズム以降のポストモダンの歴史の中で、一時代の人に収められた側面もあるように思います。コルビュジエがモダニズムを先導し、その可能性を大きく押し広げた人であるのは間違いないので、モダニズムの巨匠という位置付けは全く異論がないのですが、他方で、コルビュジエの建築を見たり、著作を読んでいると、モダニズム運動という一時代を超えて、建築の普遍的な側面に迫った人なんだな、ということを強く感じるのも事実です。ぼくとしてはコルビュジエの可能性みたいなものを、モダニズムとの関わりの中で、またはそれを超える形で、考えてみたいと思っています。

何回かに分けてコルビュジエを考えるという中で、最初に思い浮かんだのが富永譲さんへのインタヴューです。コルビュジエに関する富永さんの著作を拝読したり、お話をうかがう中で、非常に大事なことを論理立てて考えてこられたと感じます。富永さんが論述する内容もさることながら、そのやりかた、論理立てて秩序をつくっていくその組み立てかたが、富永さんがコルビュジエから学び実践していることのようにも感じられ、コルビュジエから影響を受けた多くの建築家とはまた異なるコルビュジエへの接近を感じました。

今回のインタヴューにあたって、幾つか富永さんへの質問を事前にお送りしたのですが、それはたとえば、現代の人はコルビュジエからどのように影響を受けるべきかとか、同時代の他の建築家と比べてどのように独創性だったかとか、コルビュジエ研究でわかったことは?などでしたが、それにこだわらずに自由にお話をうかがえればと思います。

富永　西沢さんから投げ掛けられて、自分でも若い頃を振り返ってみました。一九六〇年代前半、東京大学の教養過程で、生田勉先生に学んだことがひとつのきっかけだったと思います。生田先生はコルビュジエの『伽藍が白かったとき』を翻訳されていたし、フランスにかぶれていた当時のぼくにはとても魅力的でした。

当時買った美術出版社版の『モデュロール』は今もあるけれど、コルビュジエの本は読みにくかった。同じことを繰り返し言ったり、詩的な文章

対談風景

があったかと思うと自己宣伝があり、理論的なことも書く。だから、まともに文章を読むことができなくて、読み通せなかったんです。どれもどこかで読んだことがあるような気がするし、独断的で目立ちたがり屋。ドロドロした人間だろうと感じて、あまり好きになれない印象でした。

実は、兄がローマで映画制作に携わっていました。当時はまだ日本では洋書を手に入れるのに苦労しましたが、ローマではdomusなんて街角のキオスクでも売っている。それを数ヶ月分まとめて、航空便で送ってもらっていたんです。コルビュジエは六五年に亡くなるので、誌面ではチャンディーガルなど晩年のプロジェクトが大きく取り上げられていました。写真もカラーになってきた頃で、荒々しいというくらいの色彩や形の象徴性が印象的だったんです。だからぼくの中では、現代建築をつくった理論家、文章の論理性と、実際にできている建築の象徴性の間に大きな違和感がありました。

西沢　六〇年代に、富永さんがコルビュジエを研究し始めた動機はどういうものだったでしょうか。

富永　直接のきっかけは忘れましたが、先ほど言った違和感、判らなさが大きかったと思います。菊竹清訓事務所から独立したけど、仕事がないからコルビュジエの作品集を見ていたんだけど、やっぱり判らない。普通は、作品集を見ればプランや写真が出ていて、だいたい様子がわかる。でも、コルビュジエの作品集は、文章はやはり読む気にならないけど、目を通すと図面・写真・手紙、雑誌の記事などが奔放に編集されていて、文章同様に謎掛けがあって何度見ても面白い。

『モデュロール』で彼が建築を定義して、「家屋、宮殿ないし社寺、船舶、自動車、車両、飛行機などを築く術」、「家庭または生産または交換に関する設備をすること」、「新聞、雑誌または書籍の印刷の術」と言っています。つまり、作品集も自分の考えを伝達するものでなく、ひとつの建築だと考えて構成したようなので、資料に不整合があったり、不足がある。作品集から模型をつくってみたのですが、「お前、考えてみろよ」というような投げ掛けがあるんです。だから、「ここはどう考えたんだろう」と思いながら模型をつくっていくことになる。つくった模型やそこでの研究を雑誌『SD』で連載させてもらったけれど、内容にはかなりぼくの創作が入っていました(笑)。いずれにしても、難しい詰め将棋のようなものですが、コルビュジエをわかるようにしたい。コルビュジエの言っていることの感触を、自分の手を動かすことで内面化して、どういうことに興味のある人間だったのか、どういう建築をつくろうとしたのか、近寄ってみたいという気持ちで引き込まれていきました。

西沢　考えを理解するために模型をつくってみる、というのは面白いですね。

富永　非常に明晰な人だけど、複雑でドロドロしていそうだと思っていたわけですが……。最初に模型をつくっていた時はわからなかったけれど、やはり作品集に向き合う中で、彼の建築と同じように書籍も「人間に対してどのような効果を与える機械として考えているか」というところで通じていると気付いてきたんです。

何が独特なのか

富永　後にベアトリス・コロミーナがメディアの空間、虚の空間と言ったけれど（『マスメディアとしての近代建築』、一九八八年）、コルビュジエは書物を敷地として、そのレイアウトの中から浮かび上がってくるような空間、あるいは写真を含めた虚の空間も設計者として扱っている。同時に、唯一無二の場所である実際の実空間も扱う、二股を掛けていた人だと理解できてきたんです。まさに彼の作品集を見ることは、建築的散策路のようだと思った。

コロミーナが書いたように、近代建築のスタイルは、カメラのフレームのような虚の場所において増殖し、確立したと言えます。実際に現地に行き、体験することからでなく、写真情報として世界中に流通していった。だから、実物を見たことのない日本でもどんどんつくられたし、前川國男も本で見たくらいでパリに行ってしまう（笑）。かなりの意味で、そのような特質が近代建築をグローバルなものにしたわけです。

現在はその延長線上にあって、さらに行き過ぎていると言えると思います。今や、写真だけ見て建築をわかったような気になっている人、虚の空間だけでやっているような人がけっこう多いと感じる。本当は、実なる経験と合わせて、何らかの価値が生まれると思います。ザハ・ハディドの初期のドローイングのように、虚の空間なら論理的には何でも可能なわけですから。

西沢　二〇世紀はバウハウスにしても未来派にしても、ロシア構成主義にしても、ドローイングなどの建築表現が多く、紙媒体は相当重要な表現活動だった感じがします。ミースも、実作のチャンスがあまりないこともあったのだろうと思いますが、「ガラスの摩天楼」も「煉瓦造の住宅」もドローイングのプロジェクトでした。

ちなみに時代は違いますがパラーディオも、図面と著作、紙媒体を非常に重視していました。パラーディオは、ドローイングを単なる設計意図伝達の図面というだけでなく、メッセージや思想を広く流布させていくメディアとして捉えていたところがあったと思います。

富永　確かに、パラーディオはコルビュジエと似た感じがありますね。古典建築を実測し、プランを描き、批評をした。メディアをやって、実作もつくる。彼の理論をまとめた『建築四書』（一五七〇年）でも、古い建築を自分なりに解釈して、歪みを直したり理想化した姿で描く。遺跡だから今ではそれが事実だったと思われてしまっているくらいです。

西沢さんから「コルビュジエが同時代の他の建築家と比べて、どこが独創的だったか」という問いをいただきましたね。そのことと関係しますが、機械文明の時代に生きたコルビュジエも、『建築をめざして』の中で古典建築を引っ張ってきたり、産業建築のサイロや自動車の中に建築があると言いながら、白の時代の小住宅をつくる。スローガンと現実の空間を同時につくっていったところは、パラーディオと似ているかもしれない。

一方、コルビュジエの同時代の建築家たち、フランスで言えば、アンドレ・リュルサやロベール・マレ＝ステヴァンス、あるいは近代主義と言われるヴァルター・グロピウス、ペーター・ベーレンスといった人たちは、実なる空間の問題を扱っていたと思います。彼らは、機能的な場を現代の技術でどのように生産するかを考えていた。そこがコルビュジエとは大きく異なる。

コルビュジエにとっては「人間がどのように生きて、物事を把握しているのか」が大きな問題としてあった。ある意味で、近代とかそういう問題ではなく、とても普遍的な考え方です。その時に、建築の中に印刷術が出てくるように、今や人間が置かれている環境の中で、建築を認識する広がりは実なるものも虚なるものもある「メディアの時代」が来ていると。あくまでそれを捉える一人の人間がいるところが面白い。

言ってみれば、金本位制と似ているかもしれません。金があるからこそ、その価値の代わりとして貨幣がつくられる。金がなければ、価値は保障されずに偽物になってしまうわけです。それに対して現代の管理通貨制は虚なる情報が管理されたものかもしれない。いずれにしても、コルビュジエの建築にとって、人間性というドロドロしたものが金として含まれている。虚と実、理論と実体など、両面的なものの全体として建築をつくっていったと思います。

西沢　コルビュジエの文章も建築も、論理的なところももちろんありますが、片方で、野人的というか快楽的というか、人間の喜びや怒りが全体に溢れ出ています。

富永　だから今読むと、凄く普遍的なところから始まっていることがよくわかります。例えば、人間、そして生物は空間を占めることで成立していると言う。そんなことは、グロピウスは言わないでしょ(笑)。

コルビュジエが実際に見たもの

富永　ぼくは一九一一年、彼が二三才の時の東方旅行を中心に研究しています。その時のテキストはコルビュジエにとって、もの凄く本質的だと思う。そこからは、彼がいかに人間の蓄積である歴史を尊敬していたか判ります。いろいろな場所を渡り歩き、人間がどのように空間を把握したり、つくり出すものなのか非常に綿密に分析している。そして、昔にこんな素晴らしいものがつくられたと驚嘆し、現代に文明が進んでいくと、人間はなぜ汚辱にまみれてダメになるのかと言うわけです。一九二〇〜三〇年代に「これからは機械の時代」と言うけれど、コルビュジエは一般に言われる近代主義的なスタンスと違い、人間と建築の関係として歴史への尊敬は一貫している。

西沢　機械という言葉も、実際の工業機械というよりは、文学的な比喩のように感じます。正確な働きをする全体、正確に作動する関係性から成る物体、それを機械というイメージで言っているように思えます。

富永 そうですね。科学研究費助成事業の研究費をもらい、三年かけてコルビュジエが東方旅行で見たものを辿ったのですが、良いものばかり見ていることに驚きました。その選び方や見方も調べたのですが、ヨーロッパの旅行ガイドでは、かなり建築について詳しく書いてあり、建築家の名前はもちろん、スケールを当てたプランも載っていたりしますね。コルビュジエも、今で言うとミシュランのようなベデカー(Baedeker)というガイドを見て行き先を決めていたらしい。でも、それで訪れて、ダメだと思えばパッと離れているんです。「ベデカーが称賛する場所から遠く離れて書く」といった記述が出てきます。

西沢 ローマのことは、おしなべてボロクソに言っています(笑)。フィレンツェもあまり評価していない。一方、ピサについては良いと言っています。

富永 ピサやポンペイに感動していますね。ローマでも評価しているものは、カッコ書きで感想を書いています。例えば、サンタ・マリア・イン・コスメディン教会は、ビザンチン建築の素晴らしい建物ですが、『建築をめざして』でも何度も出てくる。コルビュジエの建築の見方を辿っていくと、生命的なもの、ヴィヴィッドなものをパッととらえる力があったと感じます。それは驚くべきことですが、普通の学校で学んでいないことが大きかったと思う。

西沢　独学は、独自な建築眼を養う面があり、自分の見方ができ上がっていくというか、他人の意見を鵜呑みにせずに、自分の目で建築の良し悪しを確かめるやり方が身につく。ただコルビュジエ自身は晩年に、もし若い人に聞かれたら私は独学は勧めない、と言っていましたが。

富永　ポール・ターナーがコルビュジエの蔵書を研究していますが、哲学を始め、偉人の伝記を読み、教養を養っていたようです。一九〇七年のレプラトニエからの献辞のある、エドゥアール・シュレの書物、『偉大な奥義を授かった者達』の中の、ピタゴラス、プラトン、イエスなど、八人の予言者の文章に注釈をつけながら読んでいる。少し神秘かかった話ですが、一〇〇年に一度くらい真実を知らしめるために神様から送り込まれる人がいて、そんな神に愛された人が新たな発見をすると。特に現代に関係が深いと思ったのだろう、ピタゴラスに線や注釈が集中しているといいます。「科学的」ということが、抽象的で先験的な数の秩序に結びつけられている。後の『モデュロール』への思考とも想わせる。東方旅行の記述を見ても、自らをそのような附託を受けた人間だと考えていた節があります。東方旅行は、美術史家のオーギュスト・クリプシュタインと一緒に行くのですが、念願のアクロポリスに着いて、クリプシュタインはすぐに見に行くけれど、そこで別れてコルビュジエは居酒屋で酒を飲んで、夕方になってから行く。朝方に行ったり、同行者がいるのに人付き合いが悪すぎる(笑)。

西沢 あれは面白いですよね。やっぱり他ならぬアクロポリスですから、然るべき時、然るべき状況で出会いというものを果たしたかったのではないでしょうか。コルビュジエの本を読んでいると、たまにカルヴァン主義的なところを感じるんですが、アクロポリスとの出会いも「天が決めた」みたいなのを望んでいたような気もします。

富永 自分の中にイメージがあったのでしょう。手帖を見ても、自分が見たものを描くだけでなく、自分を歴史の登場人物のように外から見る視点を感じます。実際に、一〇〇年に一人の人間になったから凄いけど、いかなる困難や妨害にあっても、神の使徒に与えられた苦しみであるようにアピールした。

お母さんからの「ひとつのことをやり通しなさい」、「自分のやっていることを理解しなさい」という教訓があったそうですが、近代主義者でありながら古典を貫いている。『建築をめざして』にも何度も出てくるフェイディアスのような古典の建築家に連続していく意識だと思います。その意味で、近代主義者ではなく、歴史をずっと貫く建築と人間の関係について考え続けたパラーディオ以来のユマニスト(humaniste)の建築家。このことが、コルビュジエ研究はつまらないものも含めて今まで大量になされてきたけれど、今ではどんどんクローズアップされてきていると思う。

ピュリスム、そしてその後の変化

富永　コルビュジエが古典的だと言う時に、先ほど少し出てきたけれど、彼の求めていたものは、必ずしもギリシャ・ローマではないんです。パルテノンはもの凄く美しく、厳密で完璧な芸術だけど冷たいものとして受け止めている。一方、イスタンブールは温かく迎えてくれると。

西沢　トルコは相当気に入ったようですね。全体的にも部分的にも、非常に好意的な感じがします。トルコ北西部の町、ブルッスにある緑のモスクについて書くくだりは、「小さい人間的なドアから入って振り返ると……」みたいに、かなり具体的に追憶しています。建築的散策路を始めとして、さまざまな建築的イメージをトルコやギリシャで得たようにも思います。

富永　動線の順序やスケールの感じ方など、物的問題でなく人間固有の問題。人間という経験する主体があって、心にヴィヴィッドに伝わる構築物とは何なのか。生命的な部分が関係しているところに、コルビュジエの主眼があったと思います。『東方への旅』には、それしか書いていない。

例えば、ヴィラ・アドリアーナを見たスケッチのひとつに、コーテーション付きで「アルキテクトニック」と書いている。「建築的」という意味ですが、スケールなども含めて人間の心に訴えかけてくる構築で、表面的な図像の問題でなく、厳密な存在の中にヴィヴィッドなものを埋め込むテクニックとして考えられていると思います。有名な「住宅は住むための機械である」という言葉もあって、機械的構築や機能主義の代表人物みたいにとらえられたけど、彼の本質は、人間という主体が建築をどう把握するかという問題に集中していました。そこから、初期の「白の時代」に現れてくるピュリスムにつながっていくわけです。

西沢　元々、ピュリスムは画家のアメデ・オザンファンの発案ですね。富永さんの本でも書かれていたと思いますが、コルビュジエはピュリスムとも言い切れないところがあるような気がしますが。

富永　国立西洋美術館のコルビュジエ展でも展示されていましたが、オザンファンの絵とコルビュジエの絵はぜんぜん違います。もちろん、同じような対象物を描いているけれど、同時代のファン・グリスやピカソ、ブラックの絵とも、やはりそれぞれ違う。やはり建築家の絵画です。

コルビュジエの絵は、彼の文章や作品集と同じように、多角的で謎掛けのようです。部分のモチーフがあるようで、見ているうちに他の部分と結びつく。つまり、ある対象物を描こうとしているのでなく、図形による知覚のネットワークを描こうとしているのだと思います。

西沢　「暖炉」(一九一八年)はコルビュジエの最初の絵画作品として有名ですが、その割には何を描いているのか今ひとつよくわからない絵です。あれも、暖炉自体がテーマでなく、関係性を描こうとしたということですね。

富永 建築も、暖炉や花瓶といったモチーフで見せるものではないですよね。コルビュジエの絵も、建築的プロムナードのような知覚的ネットワークを設計しようとしたんじゃないでしょうか。その図形的なネットワークが、見ていくと全体として経験される。建築と同様に考えていることがわかります。その意味で、やはりピュリスムの絵は重要だと思う。

西沢 ブルータリズム的な要素は、いつ頃にどういうふうに出てきたのでしょうか。

富永 建築は実現するのに時間が掛かるので、変化は絵画から起きてくる傾向があります。具体的には、「サヴォア邸」(一九三一年)の設計が終わる一九二九年くらいから、絵画ではだらしない線や見るに堪えないカーブが出てくる。コルビュジエの身体的でヴィヴィッドな感覚の中では変化が起こり始めているわけです。固定されたテーブルや生活物品の静物のネットワークから、生物や植物の形、手や女性などが参照される。「サヴォア邸」に結実するピュリスム的なものから、さらにシフトしていこうと考えたと思います。

実際には、絵画から住宅、そして公共建築と、大きさや技術的な難しさによって変化の傾向が現れるのに時間差があります。一九三二年完成の「スイス学生会館」は工業技術的なアプローチですが、既に一階のエントランスでは曲面の石の壁が入ってきているし、「マテの家」(一九三五年)では「サヴォア邸」からかなり離れた土着的な形態になっている。

西沢　モノル型住宅や石や木を用いたバタフライ屋根のプロジェクトですね。

富永　変化の背景は幾つかあると思うけど、ひとつは美術の世界の動向で、コルビュジエは一九二九年にアルジェに行って、娼婦のヌードを描きます。ピカソもアヴィニヨンで同じようなことをやっていて、ピカソを尊敬していたコルビュジエは自分も試みてみようと思ったかもしれない。その頃、海辺に打ち上げられた木とか骨といった物品を、形のコレクションとして集めていました。

また、世界恐慌が起こり、建築を巡る状況が悪化したことも大きかったと思います。建設物価が上がってしまい、予算は超過するし、施工者も悪くなってしまう。ガルシュの「スタイン邸」(一九二七年)は今もちゃんと建っていますが、船大工がつくったので技術も凄いし、水仕舞いもちゃんとしている。お金のことだけを調べた研究者がいますが、「スタイン邸」のクライアントは画商で、設計料も平米単価も非常に高く、同時期の「オザンファン邸」や「テルニジアン邸」(共に一九二六年)の三〇倍近い。それに対して、「サヴォア邸」のクライアントも裕福だけど、生命保険会社勤めのサラリーマンで、値段は全然違います。依頼の中心は奥さんで、夫は興味がなく住んだ形跡がないし、不況下で施工状況も悪く、住む前から水が溜まったということで訴訟になってしまいます。

西沢　設計プロセスでも、減額で三階建てが二階になったり、プランを変更したり、苦労しています。

富永　だから、彼自身の興味も、建築とは現代的な高度な技術でつくるものでなく、その土地の材料や技術を使う、有機的なものに推移していく。同時に、そういうものでしか成り立たない社会状況も生まれてきていた。基本的に一九三〇年代は「白い住宅」はつくられない。そういう意味では、現代の状況と似ているところもあるかもしれません。

スタディ方法

富永　「白の時代」の抽象的な図形のネットワークをやり尽くして、もっと広い外の世界と交流する建築をつくろうとして拡張していったと思います。コルビュジエは最初の東方旅行の頃から、一般的な近代主義者が持つ、機械や技術、合理性への信仰に対して疑問があったと思う。機械文明やメディア文明の勃興期に、非常にクリアに振る舞う能力があったし、言葉の世界では大成功したとも言えます。でも、自分の本質的な人間性の問題を追及することで、「ロンシャンの礼拝堂」（一九五五年）や「ラ・トゥーレットの修道院」（一九五九年）が生まれた。

一九五六年にコルビュジエは「すべてがあまりに早く進んでいる。今やもう私は地面の下に入るべき時だ」とチーフのクセナキスに語ったといいます。スローガンを打ち出し、自分のやったものも含めて、いろいろなところでその結果が建ち上がってきたけれど、目指した社会や建築は実現されていない。むしろスローガン通りつくるとろくなことはない。モダニズムという子どもをつくった責任を問われるけれど、子どもは勝手に成長するのだから、責任なんて取れないと。

古典から一貫する、人間に対する建築の価値が重要だから、忍耐強い探求が必要で、時間を掛けないとダメだとも言っていますね。時間を掛けずに早くやろうとすること自体が間違っていると、特に晩年強調する。

西沢 チャンディーガルのコルビュジエ資料館で、彼が何十回もインドに通って現場を見ていたことを知り、感心しました。あの時代インドに足繁く通うのはさぞや大変だったろうと思います。労働、持続的努力というものが、建築にとってどれだけ重要かということは、コルビュジエの文章や行動によく出てきます。

富永 今、あらためてコルビュジエから学ぶべきこと、若い人たちに伝えたいことは、建築は時間が掛かるということ。今の日本の社会は、時間を掛けないことが良いとされるけれど、建築性から言うと正反対です。建築は、土地や施主、予算、施工者、環境条件など、様々なものに取り囲まれてできるわけだから、同じものはほとんどあり得ない。そういうものに、枠組み、建設の秩序の中で整合性を与えていく仕事が建築だから容易なことではありません。コルビュジエだって、すべてが上手くいっているわけではない。そこを省略すると、目的も結果も単一化してしまう。それが必要な場合もあると思うけど、今の超高層建築なんて、一見洒落ていても金儲けのために札束を積み上げているようにしか見えません。でも、人間はそういうものではないということが、コルビュジエの前提となる考えだと思います。

西沢　コルビュジエの建築を見ていると、人間の技と力が建築になったという感じがすごくするんです。人間の技と力、知性と体力、労働というものを、建築に置き換えていくことは、みんなやっていることだけど、コルビュジエほど見事にそれをやれた人はそんなにいないと思います。また近代主義者でありながら、地域的なもの、土着的なものを普遍的な建築言語に置き換えてゆくところもすごいと思います。引用というのでなく、完全に自身の言語に置き換えて、普遍化して建築に持ってきている。コルビュジエの設計プロセスは、どんな感じだったのでしょうか。

富永　かつて研究して、雑誌で連載もしましたが、ぼくらは輝かしい建築を見て、「コルビュジエは才能がある」と思いがちです。でも、全然そんなことはなくて、最初は普通の案をつくるところから始めるんです。固有な答えをあぶり出す前提として、施主の要求や必要な機能、地形の処理や方位、法規制や資金、技術などを踏まえて、普通に考えられる案を検討している。もちろん、所員がやっていたかもしれないけれど、その作業をかなり細かく、成立する案が見えるくらいまでする。それこそ、忍耐強い探求の試験体のように条件を探査しています。そこから、施主との対話も反映しながらバリエーションを展開し、最後にやはりジャンプがある。そこには才能を感じます。最初は駄作でも、最後に一気に整理されることも多い。ただ、模型はあまり使わず、平面と断面が多い。空間は頭の中にあったと思います。ともかく、たやすく到達しているわけでなく、それは極めて一般的なプロセスだと思います。

西沢　実は、ぼくは学生の頃、「マルセイユのユニテ」を図面で見ていて、それほどすごいとは気づいていなかったんです。でも実際に見にいったら、とんでもないものだった。創造的というかなんというか、生命感あふれる建築で、構成が力強く、ディテールが豊かで、圧倒されました。周りにはユニテのコピーみたいな、近代五原則でつくっただけみたいなつまらない建物がたくさんあって、その差もすごかった。図面的なものというか架空のものを現実のものに置き換えてゆくコルビュジエの力は、本当にすごいですね。

「輝く都市」(「三〇〇万人の現代都市」)のような都市計画は、非人間的だとか、近代主義的だとか批判されるし、確かにそうだと思うのですが、しかしもしコルビュジエ本人があれを実現したら、凄いことになっていたんじゃないか、とたまに思います。

富永　ディテールも大きいけれど、スケールの設定が非常に上手くできているのだと思います。だから、ぼくも「輝く都市」を彼がやったらちゃんとしたと思う。
　東方旅行に出掛ける時に、これから行くところには、古代ギリシャの彫刻家フェイディアスから何千年、有名無名の人たちの知恵の蓄積、砂金が埋まっていると言っています。それに対して、自分一人は限りある人間で、造形の秘密は自分の外側にあるものだから、スケッチを繰り返したり、学ばなくてはいけないと。そういうことの結果として、「ユニテ」のあれだけのヴォリュームを、見事な建築的セレブレーションとしてつくり上げることができたと思います。

問いと答え

西沢　ロンシャンについての文章で、二四時間のたゆまぬ努力がなされたか、気力は十分か、規則的で恒常的な努力をしたか、正確さときめ細やかさで行動したか、と書いていて、コルビュジエの本質的な部分を見た気がしました。決してあきらめない人間の魂的な部分や、持続的な頑張りや労働というものを、コルビュジエの根底に感じます。

ロンシャンの礼拝堂　ル・コルビュジエ

富永　そのエネルギーがものに投影され、見る人に伝達していく。つまり、建築は媒体《メディア》でもある。そのことが忘れ去られて、早くつくったものは早くつまらなくなり、早く滅びると思う。ロマネスクの教会も桂離宮も、増築を重ね、建築が置かれる固有の条件と対話した痕跡=労苦が伝わってくる。その時間だけがものに反映する。そこが建築の深さだと感じます。

西沢　確かに建築をやっていると、建築って色々な人が押し合いへし合いしてつくっていく大事業なので、人間の力が試されるというか、自分の力量がすべてさらけ出されるように思います。建築はそれに関わる人間の労働がものに置き換わる世界で、コルビュジエにはそんな力を強く感じますよね。

富永　そこがコルビュジエの根本だと思います。形という結晶物の中に全部が投影されて、次の人間に伝達されてくるということ。つまり、ものを見ればわかる。その問題こそ建築の歴史だし、彼が東方旅行で実感したことだった。そのような建築のスピリットを追い求めていたと思います。彼は死ぬ前に慌てて東方旅行を本にしようとするけど、そこでまとめられたものより、元のスケッチブックに描かれたその場で見たものの記述から、彼の本質、「建築というメディアに何を託していたか」がよくわかると思います。

コルビュジエが、若い頃からスローガンを出していく。そして、作品という解答がある。そこは直結していなくて、スローガン=問いに対して試行錯誤していくわけですが、フォロワーの人たちの多くは、スピリットが不在で回答だけでつくってしまったのではないでしょうか。

西沢 問いがなくて答えだけがある。ルイス・カーンは「偉大な問いは偉大な答えより上だ」と言っています。

富永 それは事実だと思います。しかし、GAもそうだけどメディアは新しい答えを売りにしなくてはいけないところもある。それをカンニングしなさいと(笑)。

西沢 さきほどの文章、コルビュジエが「たゆまぬ努力」を発言するところは、ロンシャンの教会が出てくるコルビュジエ作品集第六巻の序文のところで、「エスパス・インディシブル」(espace indicible、えも言われぬ空間)の説明をする箇所なんです。エスパス・インディシブルについて富永さんは、「色々な空間群が交響楽的に呼応しあって光を放つ」と仰っていましたが、それはどのあたりに出てくるのでしょうか。

富永 『モデュロールII』には既にありますが、確かロンシャンについて書いた文章ですね。コルビュジエは、一般的にいかに言葉が流通するか、メディア的な虚の空間が求めれているか、よくわかっていたと思います。建築にとって言葉の重要性もよくわかっていた、でも、建築というものは、言葉と正反対の領域、言葉で追い切れない領域と関わって成立している。そのことを、最後に「エスパス・インディシブル」と言わざるを得なくなったのだと思います。それをスローガンとして言ってしまうと、もう広がらない。スローガンにはならない。

建築教育を考えても思うのですが、今は考えを言葉で説明することを重視するし、学生も含めみんな上手くなっている。何もかも説明を求める社会になってきているけど、言葉で説明できないことに価値がないというようになってくると、建築は堕落する一途と言わざるを得ません。

西沢　「ユニテ・ダビタシオン」は、一通り近代五原則が採用されていますが、しかしでき上がった建築はまったく別物というか、言葉の再現とは思えないもので、そのダイナミックさにみな驚きます。でも、「ユニテ」と五原則は全く無関係ではなく、このような形に転化するのかという納得というか、必然性もある。言葉と建築は別だけど、お互いに批評し合う驚きの関係があると思います。これも「エスパス・インディシブル」の一例でもあるかもしれませんが。

富永　それは、どちらが先でどちらが後という問題ではないと思います。五原則から「ユニテ」ができたと言ってしまうと、五原則をやればいいという話になってしまう。でも、そうではない。建築は言葉で覆い尽くせない領域にあることを、若い人には教えなくてはいけない。言葉は、建築を生み出す仮説になる力を持っているけれど、そこを接続する、あるいは飛躍させるのは、人間の才覚や才能だと思います。あるいは、直感力や自然とどれだけ付き合ってきたかということかもしれません。

富永 讓

1943年台北市生まれ
東京大学工学部建築学科卒業
1972年富永讓+フォルムシステム建築研究所設立
現在，法政大学名誉教授

富永讓さんと話して

富永讓さんへのインタヴューは二〇一九年三月二十九日、富永事務所にて行われた。富永事務所は本郷の丘の上の、上質なマンションの一室にあって、今回お伺いするのは初めてである。建築家のスタジオへの訪問は、自分たちとの違いや共通点なども感じられてなかなか面白い。ぼくは富永事務所の室内に一歩入って、これは建築家の空間だと感じた。そういえばかつてフィレンツェで、現地の建築家のアトリエを訪れた時のことを思い出した。廊下にパラーディオの大きなドローイングが貼ってあり、本棚に見事な蔵書が並び、什器類は部屋に合うようにつくられていた。製図室の天井が面白く工夫されて、かつて彼が手がけた様々な建築プロジェクトの図面のケースが、ひしめくように吊られていた。ここで図面を描き、建築を構想しているのだなという、建築家の現場の雰囲気がそこにあって、考え労働する人間の空間の濃密さを見た気がしたのだが、富永事務所にはそれと共通するものがあった。

富永さんのコルビュジエ研究について、最初にぼくが面白く感じたことは、コルビュジエ作品を模型でつくり始めたというところであった。「建築模型をつくってみる」という試みはつまり、建築を受け取る側の視点でなく、建築をつくり出す側の視点で建築を考えるという意味であり、建築家の立場で建築を考えてみるということだ。それは、建築物の見えるところを体験するだけでなく、建築の成り立ちを体験するということでもある。富永さんの場合それと並行して、実際にコルビュジエ建築を訪れて実物を体験することと、コルビュジエの著書を読解すること、また東方の旅のリサーチが、並行的に起きているのも面白い。それらの諸活動、「実物を経験する」、「模型をつくる」、「著作を読む」、「東方の旅を再現する」によって、実物を眺めるだけではなかなか獲得できないような、立体的なコルビュジエ理解がつくり上げられているように、ぼくには感じられた。富永さんはコルビュジエについて、様々な注目すべき指摘をしているが、それらのすべてに共通することは、コルビュジエの建築の根幹に人間の技と力を見ている点であろう。そこには、建築は人間の技と力が最大限に発揮された芸術であるべきだという認識がある。そこはぼくがもっとも共感する点でもあるが、そのことは、今回のインタヴューであらためて感じたことでもあった。

富永さんと話していてしばしば感じるのは、コルビュジエの作品と言説を分析することが、コルビュジエ研究になるだけでなく、そこから建築的ストラクチャーというものを学び、それが富永さん自身の建築や文章、発言として実践されているように思えることだ。富永さんのコルビュジエ研究は、コルビュジエ論でありながら同時に、ジェネラルな建築論としても読めるものでもあると思う。今回のインタヴューも、コルビュジエの議論でありつつ、建築一般についての議論でもあるなと感じさせられる場面が、多々あった。かくいうぼくも、というかぼくでなくても誰であっても、偉大な建築について発言するとき、そういう状況になることはある。自身が敬愛する建築家の仕事について考え、発言するとき、その言葉はその偉大な建築を讃えつつも、それを超えて、「建築はこれだけすごいのだ」ということを述べることになる。それはしばしば、すべての建築についての建築賛歌という形になるのではないだろうか。（西沢立衛）

繊維業者協会会館　ル・コルビュジエ

ル・コルビュジエの話 3

建築言語──ファンクションと民族

西沢　最近また、ル・コルビュジエの建築を見たり著作を再読するようになり、あらためてコルビュジエの巨人性に触れるというか、いろいろなことを学んでいます。そこでGAのこの連載で、コルビュジエについて考えてみようと思いまして、何回かにわたってコルビュジエを取り上げています。今回、原広司さんのところにお伺いしましたのは、単刀直入に、原さんはコルビュジエをどのように見ていらっしゃるか、ということをお聞きしたかったからです。ぼくは原さんの建築と言葉に大きな影響を受けてきたのですが、原さんは均質空間を出発点と位置付けておられ、ミース・ファン・デル・ローエについては多くの論考がありますが、他方でコルビュジエについてはそれほど論じられてないように思うので、原さんがコルビュジエをどう考えておられるか伺いたいと思ったのです。

原　確かにコルビュジエについては、あまり論じていないですね。昔、「ガラスの箱のなかのロンシャン」(「均質空間論」、一九七五年、『空間〈機能から様相へ〉』一九八七年所収)と言いましたが、近代建築の正統な方向として、あらゆる民族的なものを廃棄しようとした均質空間をリアライズする流れをミースが出す。その普遍主義がひとつあって、ぼくはコルビュジエは均質空間の中に実際に座標を取ってグラフを描いた人だと言ったわけです。ぼくは均質空間を問題にしたけれど、コルビュジエはミースとは正反対のことを実践して、近代を過ごした。そういう人がいたことは、現在の時点から考えると、本当の意味で希望だと言えます。

西沢　原さんがコルビュジエについて書かれた、ぼくが知るものとしては、かなり以前のものですが、『ル・コルビュジエ全作品集　第四巻』（日本語版、一九七八年）の表紙カバー袖の文章があります。それは、コルビュジエはいろいろなところで自分の言葉を普遍化して世界的に影響を与えた人だったという趣旨で、具体的には、建築のテクスチャーに関わる問題と、もうひとつストラクチャー・キュービクルの問題の二つを挙げられていました。ストラクチャーはいわばドミノシステムであり、テクスチャーの方はブリーズソレイユなどです。

原　そこで書いたことは、集落調査に行って気付いたことです。調査で最初に行かなくてはいけないと思ったのが、コルビュジエも訪れた、アルジ

対談風景

エリアのムザップの谷にあるガルダイアです。ムザップの谷はサハラの端、地中海から六〇〇キロほど内陸に入った高原にあり、オアシスにつくられた都市が五つほど残っている。九、一〇世紀頃につくられたイスラムの宗派争いからの避難者の町で、城壁で囲まれた中の山の上に砦をつくり、真ん中にひとつ孔が開いたモスクの塔を建て、年輪的に周りの町が広がっている。実際に町の成長の表れでもあるし、どの家からも塔が見える集落の配列原理でもあるわけです。

その町に、コルビュジエの使った建築的言語が沢山ある。例えば、ロンシャンの窓やブリーズソレイユ、ピロティ、チャンディーガルの開いた手（ファティマの手）……。きっと、コルビュジエが建築言語に注意を払っていた若い頃にここで出会ったものをいろいろなことに応用してみようと考えたのだと思います。

西沢　そうですか。トルコやギリシャ、イタリアの建築言語に彼が注目していたことは「東方の旅」他で書かれていますが、アフリカやガルダイアについては知りませんでした。

あと、先ほどの第四巻の文章なのですが、そこでぼくが面白いと思ったことは、テクスチャーと、あともうひとつ、キュービクルなどのユニットと支持体を組み合わせて、ストラクチャーの問題にも取り組んだ。つまり、テクスチャーとストラクチャーの両方で、普遍的な言語を確立したというご指摘でした。

原　そうです。コルビュジエは空間構造も追求したけれど、その構造にかかわらず、建築をコルビュジエ風にしてしまうテクスチャー＝ヴォキャブラリーの普遍性を示した。

近代のヴィジョンのひとつに、ファンクショナリズムがあると言えます。つまり、ものの諸部分がいかに一体化してある効用を発揮するか。ものとものの関係とも言えます。その時に、合目的性、機能的な関係によって連結すると。先ほど例に挙げた建築言語（言い換えれば記号）とは、建築の様々な諸部分で、それを組み合わせて文章に相当するような建築をつくり上げていく。コルビュジエは、そのために形式が必要だとも言っていますね。それが、ドミノや近代建築の五原則といったものだと。また、コルビュジエはコミュニティに関心があり、モデュロールなどによって、人間の身体と建築、都市を結びつけていく。

しかし単なる機械論でなく、言葉として伝統的に存在したものを使ったことが面白い。もちろん、それだけでなく他の言葉も一杯あるけれど、民族的なものを否定するミースとは全く違う。コミュニティや都市といった概念に対しても、コルビュジエは民族的なるものを普遍的なものとして活用しなくてはいけないと考えたと思う。

西沢　コルビュジエは歴史のことをゴールデンダストと呼びましたが、歴史や伝統に対する深い敬意が彼の建築のベースになっていると感じます。また、コルビュジエは環境、あるいは地域に着目していて、ヴァナキュラーなもの、地域的なものから普遍的なものを導き出してゆく、というやり方をしていた。サラバイ邸は、目の前に池を置いて、ブリーズソレイユをつけ、涼しい風が抜けてという、建築全体が環境装置になっています。東方の旅でも、地域的なものに大変注目しています。

コルビュジエがすごいと思うのは、ブリーズソレイユにしても建築的散策路にしても、確かにいろんなところを参照して学んで、自分の建築に持ち込んでくるけれど、引用という形ではない。それらを完全に消化して、自身の言葉に置き換えて、使っているのが素晴らしいと思います。

原 その通りですね。引用でなくシンボルでもない。また、かたくなな体系というわけでもありません。それは、ぼくも本の題にしたけど、「教え」ではないか。

西沢 グロピウスのような、機能論や工業主義でモダニズムを推し進めていくと、今の超高層ビルとか工場、ショッピングモールとかにつながっていくと思うのですが、一方、コルビュジエやミースの建物は、官能的と言うか、肉体と精神があるというか、工業にはそのまま置き換えられない過剰さがあるような気がします。今の建築にあまり感じられない生命感みたいなものを感じるのです。

原 同感です。ミースについて補足しておくと、やはりファシズムの問題があります。六〇〇万人の虐殺に帰結したことを考えると、非常に強固な信念を持って、民族の普遍性を否定しなくてはいけなかったのだと思う。そこから、ルネサンス以降、三、四〇〇年経って出てきた、デカルト《カルテジアン》のグリッドの延長のような普遍的な世界をつくり上げる。

　同じように原理に還るけれど、その方法がコルビュジエとミースは大きく異なります。ミースは空間そのものだけど、コルビュジエは近代の文化全体の意味の流れを追っていく。まずそれは言語、ソシュールが言い出した記号であるし、さらに単なるファンクショナルな言語を超えた、抽象や構成という概念そのものを使い、建築全体の形式としてまとめ上げた。そのテーマは、美学的、芸術的なアプローチであるピュリスムに始まります。つまり、コミュニケーション可能な造形言語。空間に対して「もの」と言えるか分からないけれど、ミースよりコルビュジエの方が、「建築をどのようにしてつくっていくのか」という問題に対して、非常に身近であることは確かでしょう。その意味で、コルビュジエの建築は本当に良いお手本だし、これからもずっと残っていくんじゃないかと思う。他に例のない重い存在としての建築家であるところだと思います。

身体と意識――相対論の出現

原　近代建築の流れは、建築を「身体」の上で捉えるというところにありました。コルビュジエにしても、「モデュロール」に代表されるような寸法、特に人間の寸法を基礎にして、寸法のシステムを都市まで拡張するわけで、それは、「機械の美学」とも符合している。しかし、一方美術ではデュシャンのように、あるいは文学ではジョイスのように、「意識」が問われており、「意識」の時代だといった認識がありました。この「身体と意識」という図式に対して、特に意識に関しては、建築が関わっていくのは大変難しい。

ピュリスムの時代のコルビュジエは、「建築言語」のように、この事態を十分に認識していたと思われるのですが、理論の上では、あるいは建築の形式を通しても、意識に関わっていくことは難しかった。例えば、ロシアフォルマリズムやシュルレアリスムに対しても、さしたる関心を示さなかったのではないでしょうか。

「意識」については、例えば心理学では、フロイトやユングが、さまざまな実験を通して、科学としての心理学をめざしもしました。例えば、ユングは、意識の底にある「アーキタイプ」を描出しようとしました。この考えは、極めて優れていますが、物理学のような実証的な科学ではなかった。「アーキタイプ」は、それを表示する過程を含めて、どうやら科学ではなく、物語であるように思われるのです。例えば、民話のような。

コルビュジエのつくった建築の数々は、実に堂々としており、普通の理解からしても、デカルトの申し子のようなところがあります。つまりコギト(Cogito ergo sum 我思う、ゆえに我あり)の生き写しのような風格が漂っている。実際には、コルビュジエが若い時に、アインシュタインの特殊相対性理論が出現して、あれこれとアタフタしそうな筈なのに、また、コギトが意識を指し示しており、相対論のような世界の成り立ち方が示されているのに、私がコギトであるといった揺るぎのなさです。コルビュジエが建築だけでなく都市の在り方を示し、もし世間の人々や歴史家たちが、建築の文化的なはたらきをよく理解していたなら、この時代における知の代表者として認識されていた筈です。

西沢　コルビュジエがコギト的な風格があるというのは、まさにそうだなと思います。相対性理論の登場にあわてなかったのは、なぜでしょうか?

原　コルビュジエがあわてなかった理由は、ひとつには、自らが「道具」あるいは技術に関わっていることを、時代の中で常に認識していたこと。そして、通常のモダニストとは違って、ものを、単純に、あるいは機能に合わせて配列するのではなく、要素に愛らしい魅力を与え、またそれらの配列も固有の美学を伴っていたことにあるように思えます。ここで、「道具」をもち出すのは、例えば、ハイデッガーが、記号と同じような意味合いで、「道具」(手許存在)を採用したような時代背景を指しています。「意識」は、今日のようにメディアやコンピュータ、あるいはインターネットの時代になっても、それらの道具類が、「意識」の乱雑な表現であることが明らかになってきても、依然として明確な把握ができない。コギトが揺れているようにも思えるが、それに代わる人間の定義もできないでいる……。とにかくにも、コルビュジエに戻れば、活動の全体は知的だった。

西沢　コルビュジエがつくり出した道具は、いわゆる世の中で普通に言われる道具とちょっと違って、空間的というか、環境的というか、物が空間を伴っている感じがします。

原　建築や都市の「道具」としてのはたらきは、領域分割する機能に関わります。端的に言えば、コルビュジエが示したのは、パブリックな領域とパーソナルな領域との単純ではない分割法です。これは、形式を支えもします。建築言語＝記号は、分割の「道具」です。建築や都市に関わる作業は、ほとんど領域分割図Dの作成ですが、コルビュジエの作品が親自然的であるのは、これらの「道具」が環境論的であるからです。例えば、ブリーズソレイユのように。

と同時に、それらは単なるパーティション（領域の細分）ではなく、現代幾何学（例えば、トポロジー）を予告する道具であったりする。その好例が、ロンシャンの礼拝堂の壁面です。これは、Σn（シグマエヌ）という形体の予告とも言えます（Σnは、数学者たちが、n人浮き輪と呼んでいるハンドル体。私は有孔体と呼んでいたが）。

明るさ——ストゥディウムとプンクトゥム

原　十五世紀の哲学者ニコラス・クザヌスは、矛盾する世界に向きあいながら、否定神学はダメで、肯定神学でなくてはならない、と書き残しています。否定神学の系譜に属する「非《あら》ず非《あら》ず」については、後に言及しますが、このクザヌスの言葉は、デカルトのコギトより先にあって、コルビュジエを思わせる記述です。神学は、宗教的な概念かもしれないが、自然であるとか、宇宙であると、言い換えてよいでしょう。単純に図式化すれば、否定神学はぼんやりとしてやや暗く、肯定神学は輝いて明るい。ついでにもうひとつ引用しますと、現象している自然において、不変なるものが本質で、変化するのは様相であると規定したのは、デカルトと同時代のスピノザです。このスピノザの規定は明解で、コルビュジエが、親自然的、環境論的な装置、「道具」の表現者である限り、宇宙の成り立ちの本質と様相を、同時に示していることになりますが、様相はそれほど明らかでなく、建築や都市はものであって、出来事ではなさそうです。そこで、CIAMの都市像の批判ないしは補足として、「動き」、「変化」が、チームXやメタボリズムから提起されるという経緯があるのでしょう。

西沢 確かにコルビュジエとミースの後の運動は、たとえばギーディオンやコーリン・ロウなど、時間や文脈的なものが、課題のひとつになっていたというのはあるかもしれません。

原 形而上学的な流れから言えば、時間、つまり持続はどうなっているのか、という問いが起こってきます。つまり、コルビュジエの建築は、サハラ砂漠の北端に近いムザップの谷を起源とする建築言語が照明する恒常的な輝きのそれであって、砂漠では欠如態である「緑」を、あふれんばかりに盛り込んだユートピアであって、本当はフィクションだけど、コルビュジエはこれが現実であることを示し得た、と言えるでしょう。

先程のクザヌスは、この世はまことに矛盾に満ちているにもかかわらず、やはり肯定的に捉えなく

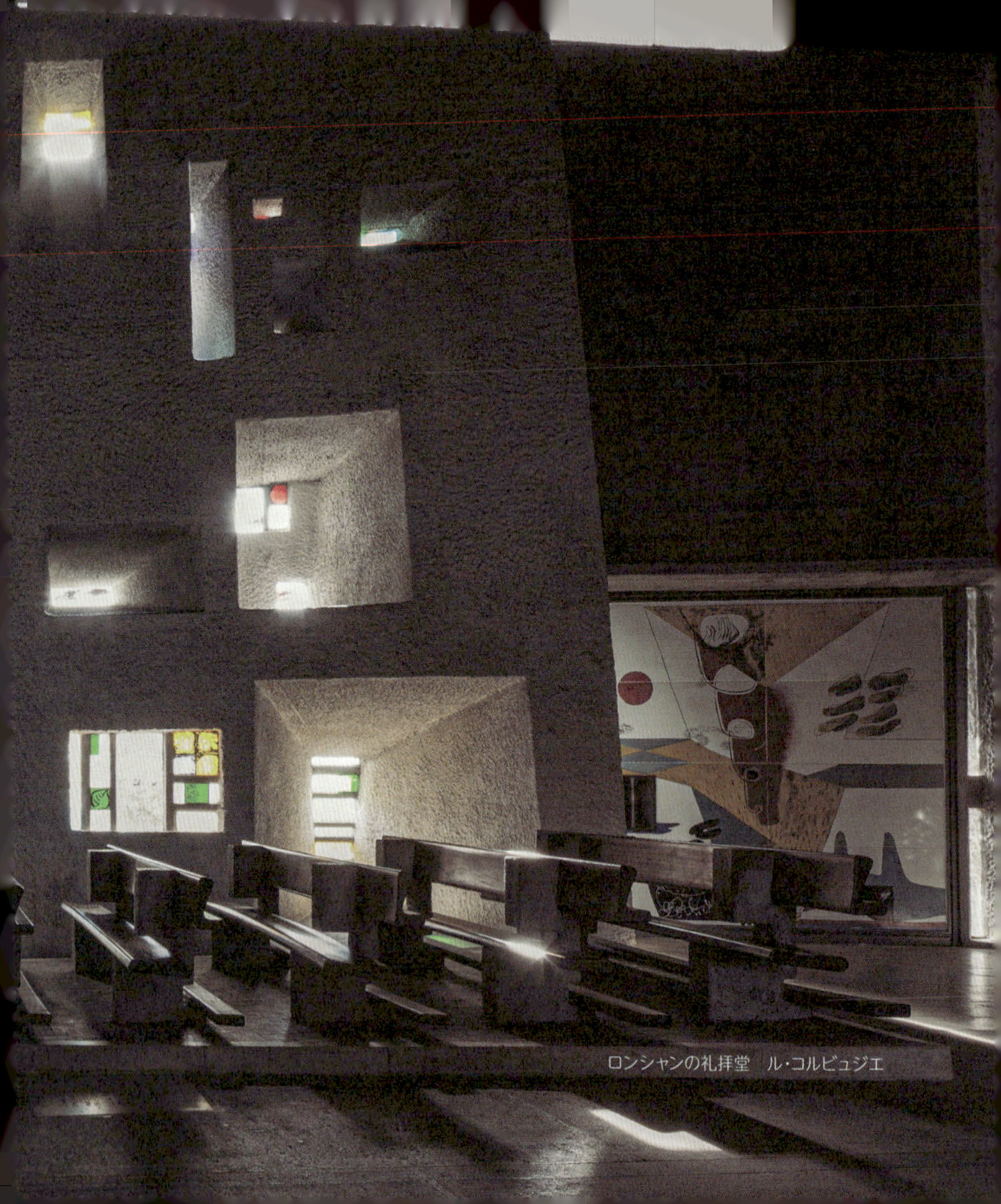

ロンシャンの礼拝堂　ル・コルビュジエ

てはならない、理念的に断定してゆかねばならないとしましたが、コルビュジエは、ヨーロッパの輝かしい建築の系列、歴史を背景として、クザヌスの主張を建築や都市の上で実現しました。ここでは説明する余裕がありませんので、読者の方々は、「緑」ひとつをとっても、田園都市論などのイメージとコルビュジエのそれとの差異を検討してみて下さい。

西沢　確かに……。緑だけでも、コルビュジエの知的な鋭さが分かりますね。

原　コルビュジエを巡る用語集のようになってしまい、引用語だらけになりますが、ここでは、コルビュジエ論というより、将来コルビュジエ論を書くであろう人々に向けてのメッセージ、つまり視点を挙げておきたい。彼のコミュニティの恒常的明るさの言葉尻を捉えて、ロラン・バルトの『明るい部屋』からの言葉で、ストゥディウムとプンクトゥム。前者は好きであるの意で、後者は特別に好きである、愛するの意。この対概念は、好きであることの強度を、初めて明らかにした秀逸な概念で、バルトはこの両者が見出される写真を優作としました。先程のロンシャンの礼拝堂の例で言えば、全体としてのロンシャン(ストゥディウム)があり、ムザップの谷の窓が並ぶ壁面(プンクトゥム)がある。つまり部分と全体の論理が、美学的に備えられているわけで、コルビュジエのいずれの作品も、バルト流に説明できると思われます。個人の好みを超えて、コルビュジエは、今までも、これからも圧倒的に支持されるだろうと推測されます。

理論──弁証法と非ず非ず

原　コルビュジエとミースがやったことは何かと考えると、近代初期における建築の形而上学を築き上げたことだと思います。つまり、建築に対して純粋な理論を立てていき、それを実際の建物として見せた。

近代を推し進めてきた先端＝アヴァンギャルドを考えると、ぼくは幾つかの大きい理論的な間違いがあったと考えています。そのひとつはマルキシズムであり、もうひとつは先ほどミースに関わる形で触れたナチズム。どちらにも思想はあったけれど、今から振り返ると、誤りがあった歴史をよく認識できます。

西沢　誤りのある歴史というのは、具体的に言うとどのようなものでしょうか。

原　詳しくは省きますが、結局、問題は弁証法の読み間違いにあったと考えています。これには決定論と非決定論の再検討が必要で、弁証法というのは否定なんです。つまり、AとAでないもの＝not Aをよく睨んでいると、何かその二つとは違うアウフヘーベン(止揚)されたものが出てくると。しかし、このnotの使い方が実は違うんじゃないか。比喩的に言うと、not＝非ということで、今ではみんな「普遍的にない」ことだと思っている。つまり、「ない」ことは否定なんだと。しかし、言葉に対して作用を考えると、「行かない」と言っても、躊躇してこれから行こうかと思っているかもしれない。notにはnot1もnot2、not3もあって一意ではないんじゃないか。我々は、科学を踏まえた決定論が当たり前だと考えています。もう一回実験してみると、同じ結果が起こると言える科学。それがニュートン以来の因果律的な世界です。しかし、そうではない世界もあるのではないか。それをぼくは「〈非ず非ず〉と日本の空間的伝統」などで記しました。いわば、「あらずあらず」とは、Aとnot Aを見ていると、同じように見えるという非決定論とも言えます。しかしながら、弁証法と「あらずあらず」は、共に時間軸で展開していく様態について述べる論理で、展開の方向を示しているわけではない。

面白いのは、まさにコルビュジエやミースが活動し始めた頃、一九二〇年代にヴェルナー・ハイゼンベルクから始まる量子力学の不確定性に関する議論や、異なる状態の重ね合わせに対する解釈が追求されていること。その後、「シュレディンガーの猫」や「エヴェレットの多世界解釈」など様々な解釈が示されたけど、その展開はぼくには理解しきれない。しかし、ニュートン以来の決定論的な科学も、大きく動いていることは確かです。コルビュジエやミースがどれだけそういう同時代の動きを感じていたかわからないけど、世界像を組み立てる時に基本的にそういうことがあると思うかどうかは大きい。コルビュジエたちも偶然の作用みたいなことは何となく思っていたかもしれないけれど、その論理、言葉は、やはり未だ決定論的ですよね。

西沢　not1、not2というのは、なんとなくわかります。一種類のnotじゃない。最近の若い人と話していると、「微妙」と言ったりしますが、それは要するにnot的なものですが、いわゆるNOではなかったりして、いろんなnotのうちのひとつという感じがします。

ロンシャンをつくっている時にコルビュジエは、エスパス・インディシブル＝言葉に置き換えられない空間と言っています。建築をモデュロールで分割して、モデュロールで説明していくのですが、その果てに、寸法が消える、説明しようのない領域に入る、と言っていたように思います。非デジタル的というか、論理構造や言語システムに置き換えられないところを、建築の根本的なところとして感じていたのかなと思います。

原　コルビュジエは機械という言葉を使ったし、ファンクショナリズムの代表とも思われていますが、そうでない部分ですね。実際にコルビュジエの建築を見ると、ピロティと言っても、普通のピロティと彼がつくるものはえらく違う。凄い力を感じるもので、単に機械論的に語ることのできない、体験や現象を誘起すると言うか……。都市についてもモデュロールについても、実際は大きな幅がある。コルビュジエは極めて視界が広い。文化のフィールド全域、歴史の流れを見渡している。だから、おおらかな建築にかかわる肯定の世界が出現してくる。

西沢　本当にその通りだと思います。

原　そういうことを言葉で語れると言ったのが現象学です。フッサールを始め、多くの人が追求していったのですが、結論的には「幾ら言葉を言っても、実際の建築を見て感じることと同じことを書けるはずがない」ということだったと思う。コルビュジエもそう呟いたのだろうし、ぼくもそう考えています。

高度な not

原　ぼくが「あらずあらず」と言った時に、竹山聖が「プラトンも同じようなことを言っている」と教えてくれました。プラトンがイデアの概念を言う時に、世の中には理想型があり、それに対してみんながいろいろやるけれど全てイデアとは違う。全部否定というわけです。そのように、何千年の昔から、哲学や仏教などで、高度な意味での not の意味を考えてきた。そのことを考えないと、世界の実相、本当のものの姿は見えないのではないか。

そう言えば、アルゼンチンの作家ホルヘ・ルイス・ボルヘスが、タンゴについて同様のことを言っています。彼はアストル・ピアソラと一緒にタンゴをつくっているんです（「エル・タンゴ」一九六五年）。もっとも、ピアソラはその出来に非常に不満があり、すぐ後にモンテビデオの建築学科を出た詩人のオラシオ・フェレールの詩でやるのですが。ともかく、タンゴにもイデアがあり、次々と名作が出てくるけれど、ことごとくダメだと。全否定なんだけど、それは凄く良いけどダメみたいなものなんです。

西沢　建築の形而上学という意味で、原さんの世界とコルビュジエやミースの世界はすごくつながっていると思います。実際の建物もそうですが、「人間とはどういうものか」、人間の全容を議論しているように感じます。コルビュジエの住宅は、今実際に人が住んでいなくても、生きる歓びのようなものが伝わってくる。建築が人間の生を提示している感じがします。それは住宅なので、すごく現実的で分かりやすいものですが、同時にきわめて理念的でもあるというか。

原　そうそう。思想的には、日常性を知的にちゃんと捉えようという試みは、今日でもユルゲン・ハバーマスらのフランクフルト学派に引き継がれているけれど、理論と日常をつなげる意味では、もうちょっとシャープでなくてはいけない気もします。同じようなことを言っていても、コルビュジエが建てるとやはり他の人には真似のできないものが建ち上がった凄さがある。

建築もその都度建ち上がるわけですが、やはりあれはどうもおかしいということ、否定すべきものが多いわけですよね。ただ、それを全部否定するかというとそうではなく、それは努力が足りなかったとか許しを請うているとも思える。そういうこと自体が、人間学的と言うこともできるかもしれません。

西沢　日常性を知的にちゃんと捉えるというのは、重要なことですね。コルビュジエの建築をそういうふうに見たことはなかったけど、まさにそうですね。

原　ぼくは科学技術を肯定するけれど、建築にとって非常に重要な仲間であると同時に、情報の伝達、履歴でつくり上げられる、サイバー空間的な世界は、建築の力を失わせ、都市を破壊したものだと思う。それ自体が、都市の現象を直接どうこうした感じはしないけど、先ほどの話で言えば、その論理にインチキくさいところがないでしょうか。

西沢　コルビュジエは建築をつくって、また自身の作品集をつくってと、虚と実の両面で活躍しましたが、彼の場合は、実のイメージと虚のイメージが一致していた、あるいは支え合っていたと思います。しかし今、サイバー技術やバーチャルリアリティの進歩は虚だけというか、もう実と虚は支え合う関係でなく、モノが不要になっている感じがしてくる。近年ますます、建築がどんどん無表情になっているような気がすごくします。

原　それは、この場合適切な指摘ですね。私たちは、建築が失ったものは簡単には取り返せないけれど、輝かしい建築的世界はあると信じてはいます。コルビュジエのように本当に輝いているような世界。というのも、集落調査をした経験から言うと、様々な技術レベルの違いがあるけれど、人々がつくり出し、住んでいるところは素晴らしいから。地道に積み上げていき、でき上がったものに驚くということはあると思う。
その意味では、コルビュジエの建物はイデアそのものではないとは思うけど、やはり圧倒的に魅力的であり、その良さは非常に建築的なものです。つまり、ちゃんと知的に構築されたもの。それをきちんと言葉にしないと、俗流なものと区別がつかない。俗流とはポップなどの構えの問題でなく、みんなが良いんじゃないかと言いそうな、知的判断のないものです。易しい世界で、そんなに悪くはないのですが、そういったことを区別、排斥しておかないと、ちゃんとしたものを構築できないんじゃないか。それは少しの知的態度で充分であって、サッカーやテニスなどでも言えることなんです。この意味で、大学の役割はますます重要になっている。

西沢　そうですね。近年、危機的状況だと思うのは、大学が職業訓練学校のようになってきていることです。技術習得とか即戦力とか、そういう感じになってきている。

コルビュジエに並ぶ人

原　やはり建築には、世界観が現れ出るのではないでしょうか。ものの価値観や西沢さんが言うような人間をどう考えるのかということ。世の中というのは、きっといつも俗的なものが広がっていくわけですが、そういう中でコルビュジエのような人がいたことは本当に希望です。ただ、同じような技量の人はほとんどいない。もしかすると、ルイス・カーンはコルビュジエに比肩する人だったのかもしれません。

西沢　全く同感です。あの人は全然違いますね。

原　建築の知的な部分の構造がかなり違いますね。

西沢　カーンみたいな建築は、彼以前にはなかったというか、あまり類例がないですね。いったいどんな歴史、どんな経緯でああいうひとが出てきたのかというのは非常に気になります。

カーンはコルビュジエを自身の師とみなしていたようですが、実質上の師であるポール・クレはボザールで、だからカーンは、コルビュジエが激しく批判したボザールの歴史から出てきていると言うこともできる。また、カーンは大学というものをものすごく重視していて、大学は自分にとっての修道院だ、と言っていました。

原　大学の悪口になってしまうけど、カーンほどの凄い人がいたのに、アメリカの大学ではそれほど受け継がれていないことは不思議です。たとえば、フィラデルフィアの町中でもカーンはいろいろプロジェクトを提示したにもかかわらず、建てていない。それはどういうことなのか。

西沢　アメリカにたまにいくと感じるのですが、アメリカ的な大衆主義、普遍主義があって、アメリカの建築家の条件として、「大衆にむかってうまく話せない人はダメ」というのがある気がするんです。スピーチとかプレゼンテーションとか、皆の心をつかむ話術が、アメリカの建築家には必須です。ほとんど政治家や大統領候補者、企業のCEOと同じです。一方、カーンのレクチャーは難解で、ほとんど何を言っているのか分からないというか(笑)。ぼくであれば、たとえばレクチャーをして、あまり届かなかったなと感じるといろいろ反省して、どうしたら分かりやすく言えるかと、「分かりやすさ」をベースに考えていってしまうんですが、カーンはそうではなくて、難解な、おそらく聴衆のほぼ誰も理解できないようなレクチャーをして、その次のレクチャーも同じ難解さです。啓示的な、凄いことを言うのでみんなハッとなるのですが、しかし全体としては、カーンの言葉は流通しない言葉だったし、大衆主義とは無縁でした。磯崎新さんが『ルイス・カーン建築論集』の序文で、スターシステムやビジネスとしての建築が広がっていく中で、反復されようのないカーンの難しい言葉は忘れ去られていったと書かれていました(「あらたに読解の光があてられる」磯崎新、『ルイス・カーン建築論集』、前田忠直編訳、一九九二年)。

原　カーンが活躍した一九五〇～六〇年代は、ポストモダンの動きが起こり、アメリカの大都市は新しい建物がつくられどんどん変化していました。でも、カーンは全然違った世界にいたというか、追いやられていたのかもしれません。

以前、ポストモダンについてインタヴューを受けたことがあります。その時に、あらためてあらゆる本を読んでみたのですが、あまりの酷さに呆れてしまいました。時間的には、均質空間の時代に対してどう対応するかという理論のはずですよね。ぼくたち以降の世代は、必然的にポストモダンが言おうとしている時点から出発せざるを得ない。我々はミースやコルビュジエがつくり上げた近代建築の形而上学に敬意を表せざるを得ないと同時に、それとは違う世界に行きたいと考えている。コルビュジエやミースとの連続性を認め、我々はその延長線上にいることを認識した上での取り組みです。つまり、自分で均質空間を乗り越える空間を展開させていけるかは別にして、均質空間の多くのことに妥協しつつ参加していかなくてはいけない。その時に、ポストモダンの理論はどうも怪しい。あまりに調子が良すぎる(笑)。近代の理論的間違いが気がかりな時に、それを建築が乗り越えるとすれば、イデオロギーの廃棄などではなく、やはり建築の形而上学をつくっていくことではないか。それは、コルビュジエやミースのものとは異なるはずだと思います。現在の文化的状況をみると、弁証法や「あらずあらず」のような話題は場ちがいのような感じを受けるかもしれませんが、この先もう少し時間が経ちますと、科学的認識の上でも、単純な因果律の世界は崩れ、新しい視界が開けてくるのは確実で、建築が生気をとりもどすのではないでしょうか。

原 広司
1936年神奈川県生まれ
東京大学工学部建築学科卒業，同大学大学院修了
1970年よりアトリエ・ファイ建築研究所と協同で設計活動開始
現在，東京大学名誉教授

原広司さんと話して

ひさしぶりに原さんのところにおうかがいした。原さんが最近お考えのことをお聞きしたかったというのもあるし、ル・コルビュジエについて率直にどのように語られるか？という興味があった。アトリエ・ファイの建物は、緑を抜ける階段を登っていくと、日陰の中でガラスの向こうに室内空間が見える。それは、原さんの世界そのもののような空間である。原さんはいつもそこで、まるで暮らすように仕事をされている。そこで感じられる様相論的空間と原さんの存在とはよく合うというと失礼だが、一致していて、まさにこの空間と原さんは一体なのだと感じる。インタヴュー中、原さんはしばし考えたり、うーんとなったりし、最後に、これで全部話したのかなあ……とひとことおっしゃった。その後、校正の段階になって、少なくない分量の追加があり、内容がさらに発展した。今回連載のチャンスを借りてル・コルビュジエについて直接お話をお伺いできたのは、本当によかった。気づかなかった視点を伺うことができた。ぼく自身はっとすることがあったが、ぼくだけでなくむしろこれからコルビュジエ論を書く人々にとって、いくつかの予告的な視点が語られているようなインタヴューになったと思う。

（西沢立衛）

トレントンのバス・ハウス　ルイス・カーン

ルイス・カーン 1

カーンとの出会い

今回は、ル・コルビュジエの話をいったん中断して、ルイス・カーンについてのお話です。コルビュジエについては、若い頃に出会っていたと思いますが、カーンについて話題に上がるようになったのは、比較的最近ではないでしょうか。

そうなんです。実はカーンについては、学生時代はほとんど知りませんでした。最初にカーンに注目したのは、「ニューミュージアム」(二〇〇七年)の仕事でニューヨークに通い始めた頃、二〇〇一年とか〇二年とかなので、三〇代の中頃です。その頃ぼくはプリンストン大学で教えていて、ワーキングビザか社会保障か何かの手続きで、隣町のトレントンというところの役場に行く必要があり、SANAAで「ニューミュージアム」の担当の一人だったフロリアン・アイデンバーグという、今ニューヨークで建築家として頑張っていますが、彼に連れて行ってもらったんです。トレントンにカーンの建築があるということで、じゃあ行ってみようかとなって、「トレントンのバス・ハウス」(一九五五年)に行きました。「バス・ハウス」は当時は廃墟同然の状態で、閉鎖されていた気がします。

建物の中に入ったら、屋根が大きくスパンして、おおらかで、これはいいなと思いました。平面は確かシンメトリーな感じの、古典主義的なもので、それも爽やかに感じられました。カーンの建築ってこんなにいいんだと思った。三〇半ばになって遅まきながらの最初のカーン体験ですね。

同時代的、現代的で新しいものというより、時間を超えた古典的なものとして出会ったと。

まあ、そうですね。それが二〇〇二年頃とすると、竣工後半世紀近く経っているわけです。他にもカーンの建築が近くにあるぞということで、今度はニューヘイヴンに行きました。プリンストンの先生の一人が、カーンの最初の公共建築である「イェール大学アートギャラリー」(一九五三年)は絶対見ろということで行ったのですが、あいにくそこは改装工事中で入れませんでした。しかし向かいにある、カーン晩年の「イェール大学英国美術研究センター」(一九七四年)は入れました。この建物はすごいと思った。グリッドのおばけのような立体格子の建築ですが、グリッドがとんでもなく扁平で、まるで押しつぶされるようでした。中に入るのが角から入るんですね。グリッドの真ん中部分を縦にくり抜いて上に抜けていく所も素晴らしいですが、まずエントランスが、グリッドを角からばんと壊して中に入る。そこでもう、うわっと思いました。この建築で、これは特別な人だとぼくは理解しました。

インドやバングラデシュなども含めた、他の建築については?

バングラデシュのものは見ていません。写真で見ると相当重々しいですが、行くといいのではないでしょうか?　ぜひ一度行ってみたいですね。アーメダバードの「インド経営大学」(一九七四年)は行きま

イェール大学英国美術研究センター　ルイス・カーン

した。しかし、「ソーク生物学研究所」も「リチャーズ医学研究所」（共に一九六五年）も見ていないので、カーン建築を語る資格は、実はぼくはあまりないんです。

イエールの後、「キンベル美術館」（一九七二年）に行きました。この建物も中に入るときに、エントランスのところで、はいもう十分ですというか（笑）、中に入らなくてもすごいってことはもうよくわかりました。いくつかのすごい建築って、中なんか入らなくても、いちいち細かく見なくても、もうすごいですよね。「キンベル」はぼくにはそういう建築でした。エントランスで、ヴォールト屋根が左から右までばーんと飛んで、首を左から右まで回転させたのを覚えています。

「キンベル」は遠くから外観を見た時に、なんだろうこれは、と思いました。古さを感じないし、新しさも感じないし……時間を感じないというのかしら。四十度を越す勢いの、うだるような暑さの砂漠の中で、周りと全然違う温度と湿度を身にまといながら立っているように感じました。それは「インド経営大学」でも感じました。

カーンについてはぼくは、建築とは別に、言葉でのカーン体験というものが少なからずあります。ぼくは若い頃、シンポジウムとか飲み会とかで、カーンがこういうことを言っていると誰かに聞く度に、へーと感心して聞いていて、カーンがしばしば心に残ることを言う人だということは知っていました。どこで聞いたか忘れましたが、「街角の古い教会は、中で祈る信者たちを支えるだけでなく、建物の前を歩く人々をも支えるのだ」という、言い方は相当違って記憶しているかもしれませんが、その言葉には共感しました。また、「ひとりの人間のもっとも優れた価値は、その人が所有権を要求できない

キンベル美術館　ルイス・カーン

領域にある」という言葉も、まるでエリオットの再来のようだと思いました。カーンの言葉で共感したものは、数え切れないほどあります。ぼくにとってカーンの言葉はどれも、いわゆるモダニズムとは別種の言葉のように感じられました。カーンは、それ以前のモダニズム運動が決してやらなかったようなやり方で、建築と人間の根源的関係を説明しようとしていて、それは建築工学を大きく超え出るものでした。これについては、話すというより、いずれ書いてみたいと思っています。

言葉の力

アメリカの建築界にとっては、カーンは自国の巨匠ですが、あまり現代では語られていないのではないでしょうか。

そうかもしれません。でもアメリカ人建築家の多くは、忘れていないのではないかしら。当時アメリカにいて、ごくたまにカーンを引き合いに出す人がいました。それはなにか、大切なものを出す時のような感じが多かった気がします。

カーンの言葉は一種独特な力があって、建築を見るより前に言葉を聞いて、言葉としてカーンを認識していた期間がけっこう長かったかもしれません。大学院の頃、建築の本はあまり読まなかったけれど、ロバート・ヴェンチューリの本は面白くて読んでいたのですが、ヴェンチューリがカーンのもとで教鞭を取っていたことを後に知り、大学でのカーンの活動を知った。大学とカーンの関係は、またこれはなんというか、ぼくは影響を受けた気がします。

カーンは、講義録や講演録が残されていますね。

そうですね。講義や講演は日本語訳もいくつか出ています。香山壽夫さんのレクチャーを聴き、本も読みました。カーンの言葉に影響を受けつつあった当時のぼくにとって、香山さんの言葉にはたいへん説得力を感じました。遠く難しいカーンが、人間として近づいてきたような気がしました。他にもカーンに関する訳本や研究をいくつか読みました。とりわけ、前田忠直さんの『ルイス・カーン建築論集』には感銘を受けました。

前田さんのカーン研究は周知の通り、ハイデッガーの存在論を通してカーンを捉え直すというものですが、『ルイス・カーン建築論集』は、平易さと難解さが同居する本で、何度も読み返さざるをえないものだった。この本は、カーンの講義録の和訳なのですが、ただの訳ではない、編者の意志のようなものを強く感じる本でした。

前田さんは注釈を大量に付けています。本文、つまりカーンの言葉が進むのに並行して、おびただしい量の注釈が欄外で展開していくのですが、本文と注釈の、どちらもが面白いのですね。確かに忠実な訳ではあるんだけど、カーンはこう言っているに違いないという強い信念があって、「こう言っているに違いない」を超えて「建築はこうあるべきだ」という強い思いとなって、伝わってきます。カーンの言葉は難解かつ平易ですが、その難解さと平易さが、前田さんの訳になると、さらに難解かつ平易になるのです。香山さんの訳はあんなに分かりやすく、なるほどと思うのに、前田さんのそれは、精密な注釈が付いて、すごく分かりやすくなり、さらに難しくなる。日本語の中にとどまる限りこれ以上は進めないという地点を見せる。面白いなと思いました。カーンの思想は、ｂｅ動詞が連発するので、日本語で描きづらい世界です。かたや存在論というものも、そもそも「存在」なんて日本には存在しなかったものですから、存在論自体が日本語で言えないような世界ですが、カーン思想を説明するのには良い道具なのだと思います。前田さんはカーンの文章に注釈を付けたわけですが、前田さんのこの注釈に、いずれ誰かが注釈を付けるのではないでしょうか。それほど面白いと思います。

前田さんがあとがきで、カーン由来の概念は基本的にカタカナで、ハイデッガーと重なる概念については、ハイデッガー研究の用語に訳したと書いています。たとえば「街路はルームである」と訳すのは、ルーム *room* がカーンの概念だからで、ビギニングス *beginnings* については「元初」と漢字に置き換える。カーンだけをそのまま和訳するのでなく、それが拠って立つ思想的バックグラウンドを示そうとしています。その意味でも、ただの訳とは言えない、編者の意志がよく表れたものになっていると思います。

カーンの言説は難解で、またすべてがクリアなわけではないので、いろんな研究がありえるようで、たとえばアレクサンドラ・ティンは、カーンをユングに重ねて書いたり、また陰陽思想との共通性を指摘しています。ハイデッガーとの類縁性については、クリスチャン・ノルベルグ＝シュルツがカーンとハイデッガーを論じており、カーン本人も、最晩年のインタビューでハイデッガー存在論との共通性を認めています。

前田さんの思考は、ある期間に京都大学で集中的に蓄積された増田友也などによる存在論的な建築論の一翼という面がありますね。その中で、個別の建築家の営みに対してさらに独自に論を展開した。

そういう、京大の歴史を継承しているところも素晴らしいですね。前田さんの研究は、関西の建築と関東の建築の違い、文化の差異を今に伝えるものでもあると思います。いずれにしても、香山さんの本と前田さんの本は、日本におけるカーン研究の大きな基礎を築いた。カーンを知ろうとする日本人はすべてそこを通るというものになったと思います。

測り得るものと測り得ないもの

カーンの独創性は、いろんな点で指摘できると思うのですが、ぼくがまずこれは重要だと思う第一点は、「意志」です。カーンは、建築の根底に人間の意志を置いた。とぼくは理解しています。カーンにとって建築物とは、人間の思いが物化したものなのではないか？　そう簡単に要約してはいけないのですが、カーンは「沈黙と光」の説明のところで、建築を生み出そうとする人間の意志と、あと自然の摂理、この二つの出会いと交流を、繰り返し述べています。

カーンの重要語の中に「測り得ないもの」というのがあります。「測り得るもの」は建築物とか石とかレンガとか、自然など、計量が可能な物のことで、「測り得ないもの」は、こころとか感覚、発想、夢など、計量できないもののことです。カーンはこの「測り得ないもの」への敬意を建築理論の中心に据えており、こういうのはモダニズムの時代において異色だったのではないかと思います。

またカーンは、「建築は自分が知っている最高の宗教的行為だ」と言っています。これも、カーンの建築を理解する上で、もっとも重要な言葉のひとつだと思います。モダニズム理論は基本的に、神仏がなくても成り立つというか、宗教は特に要らないのです。それに対してカーンの建築と言葉は、宗教的です。彼がよく言う「光」「元初」「サイキ」「審査されている」「測り得ないもの」などは、ほとんど宗教用語に聞こえるのです。

特にぼくは、カーンが「建築は捧げものでしかない」という時に、たいへん心動かされます。いまの日本で、というか世界で、捧げもののようにつくられない建築のいかに多いことか、を思います。「宗教的」という意味は、アラーとかブッダといった特定の神を信仰するという意味ではなく、建築家の態度が、宗教に向かう人間のそれと同種だということです。

それは、カーンの言葉を辿っていく中で、そう思われたのでしょうか。

言葉もそうですし、建築体験もあると思います。カーンの思想は、建築学に収まらない広大さがあると思います。カーンの本を読んでいてぼくはたまに、これは建築の世界のすべての人間が読むべきなのはもちろん、建築外の別のジャンルの人にも読まれるべきではないか、と思ったりします。建築の世界だけで収まらない建築の話だという気がします。

西沢さんが、前回、『ルイス・カーン建築論集』の磯崎新さんの序文について言われていました。カーンの抽象的で難解な言葉は、ビジネス化、ショー化する建築の中で忘れ去られていった。

磯崎さんの序文は素晴らしかったですね。文体が素晴らしく、目が覚めるような序文でした。カーンの位置を明晰に示しています。そこで磯崎さんは確かに「忘却されていった」と書いており、当時それはその通りだったのでしょう。しかし今日カーンは、忘れられていないと思う。単に皆、口に出して言わないだけで、アメリカやヨーロッパ、日本で建築を真剣にやっている人間の多くは、カーンを自分の中で特別な位置に置いているのではないでしょうか。

カーンの言葉って、理念的であると同時に、非常にプラクティカルなところがあると思うんです。設計の現場の言葉であり、やはりこの人は自分で設計している建築家だなと思わされる言葉が、いっぱいあります。有名な言葉のひとつである「ジョイントが装飾の始まりだと私は固く信じている」と言ったのもそうだし、「劇場は俳優の家であるべきだ」と言うところ、「階段の踊り場はルームだ」というところ、それらはすべて、設計の現場から出てきた言葉だと思います。そういう現場主義みたいなものがカーンにはあるからより、この人は信頼できるというか。カーンがどれほど抽象的なことを言っても、それは設計の苦闘から出てきた言葉なので、難解と言いつつ建築家にはかなり分かる。

モダニズム的人間との違い

カーンが理念から現実をつなげて建築をつくる時に、オーダー*order*、フォーム*form*、シェイプ*shape*という言葉を使ったりしますよね。深読みかもしれませんが、西沢さんと妹島さんが、図式からそれを超えていくく空間を考えていくところが、カーンの問題意識と重ねられるところではないでしょうか。理念型に徹底的にこだわりながら、最終的なものの勝負になるというか。

そうなんです。まったく似てないと周りには思われていますが、ぼくがカーンに共感するところのひとつはそこなんです。確かにぼくらはフォームなんて言わないし、オーダーなんて言わないし、背負っている文化が違うけど、この人の言葉の多くは、聞いてあっ!と思う、そのあっは、自分が素朴に感じていたことをまったく異文化の人が言葉にした驚きです。

ちなみにフォームというと、なにか建築の型というか、きわめて象徴的で完結的な、建築型のイメージがありますが、その後カーンはフォームという言い方を、インスティテューション institution に変えてゆく。これは、ぼくは凄いと思いました。

フォームという、建築単体の言葉を、インスティテューションと言い替えることで、建築単体の構成論ではなくなって、都市的・環境的広がりを獲得する。建築が都市や世界の一部になるという、ある種の世界性が獲得される。カーンの歩みというか、オーダー、フォーム、インスティテューションと徐々に展開していくそのプロセスは、本当に素晴らしいですね。

インスティテューションは、制度という意味の他に、より広く成り立ちとも言えます。

カーンは、「インスティテューションはインスピレーションの家だ」とも言っています。これもなんていうか、言い方がいいというか、創造的だと思います。こういう言い方をできる人になりたいなと思います。普通、インスティテューションってなにか、日本語にしたら制度じゃないですか。人を縛る道具ですよ。それが、カーンにとっては、それはインスピレーションの家なんだ、という驚きがそこにある。インスピレーションと言えば、それは人間にとってもっとも重要な個性のひとつで、それを可能にする場としてインスティテューションがあると。「街路は都市における最初のインスティテューションだ」と言っていますが、フィラデルフィアの路上で遊んで育ったカーンにとって、街路は人間成長の最高の舞台だったのかもしれません。「インスティテューションはインスピレーションの家だ」には、人間の意志的なものと、都市計画を結びつけようとする姿勢があると思います。

二川幸夫はカーンを非常に評価していました。カーンによって、モダニズムはもうちょっと違う形で展開できたと考えていたと思う。アメリカで、カーンの可能性を何とか展開しようとしてポストモダンと言って失敗したかもしれないけど、あれはモダンの展開のはずだったと言えます。

そうだと思います。カーンは、それまでのモダニズムが提示しなかったものをいろんな形で出した人だと思います。例えば、彼が「人間」と言うとき、それはモダニズム理論の「人間」と、すごく違っていたと思うんです。モダニズム建築が考えてきた「人間」って、量的というか、フィジカルな人間だと思うんですね。両大戦や大恐慌で家を失った人だけ数えても何千万という、とんでもない数です。大量に住宅群を供給しようという時、この人はこんなキャラとか、各々の個性によってケアの仕方を変えましょうとか、心の問題も考慮しようとか、建築理論はそういうふうにはならない。モダニズム建築は人間を、内容的というよりも外形的なものとして捉えることで成り立っていて、つまりモダニズムにおいて人間は「測りうるもの」なんです。しかしカーンが人間という時、それは意志ですから、「測り得ないもの」です。五体満足でなくても、ボクシングできなくても、意志があることが人間なのです。モダニズム建築が人間の外形的形式に向かう、フィジカルな人間、計量可能な人間に向かうのに対して、カーンは、こころ、意志、測り得ないもの、に向かう。この違いは決定的だと思います。人間の内容に迫るということの姿勢も、モダニズム建築になかった部分と言えると思う。また、そこはカーンの宗教的態度を感じる部分でもあります。ここだけについて言えば、ユダヤ教的なものというよりもキリスト教的なものをぼくは感じます。

物と光

カーンがもっと長生きして「沈黙と光」を展開させていたら、モダニズムの幅は変わっていたかもしれないと思います。同じアメリカ建築でもライトの建築って、大地につながるというか、大地から生えてくるというか、アメリカ大陸の雄大な大地を感じますが、カーンの建築には、光を感じます。カーンの建築ってすごい物質的なのに、物質文明的じゃないのです。物の意味が、他の人と全然違っていたのではないかと思います。

唯物論と唯心論は対立的なところがあって、たとえば建築は物ですが、それは詩人から見たら、贅沢品なわけですね。人間が生きるためには、場所が要る、服が要る、家が要る、街が要る、とわれわれ建築の人間は考える。ところがある種の詩というものは、家は要らない。むしろ、家を出て、故郷を追われて、砂漠に出て、財産を失って裸になって、はじめて人間の魂の問題が出てくる、という感じです。物を失ってはじめて何が重要で何が重要でないかがわかる、と詩は言う。西行は財産を捨てて吉野山に籠もり、いくつもの素晴らしい歌を歌いましたが、そういう世界からすると、建築なんてただの贅沢品にすぎないわけです。そんなふうに物に囲まれてぬくぬく生きていたら、いつまで経っても魂の問題になんかならないじゃないかと。実際に建築を勉強しようと、建築王国たるヨーロッパにいくと、なんか建築がやたらと派手なわけですね(笑)。仰々しいというか、贅沢三昧というか、特にカソリックなんかは、コルビュジエがローマについて、露天のバザールと酷いことを言っていますが、コテコテ建築です。

物と非―物はそれほど相容れないのですが、カーンは建築家なので、基本は物の世界の話をよくします。レンガはアーチになりたいと欲している……みたいな物の世界の話をするのですが、でも彼は必ず、人間の意志と、あと光、そこに戻っていく。面白いと思うのは、カーンの場合、物を否定することで光に向かうのでなく、物の話をすることが、光に向かっていく過程なのです。つまり物と光は同じ世界です。カーンは「物は使い尽くされた光だ」と言っていますが、それだけ聞くとなんのことやら、難しいのですが、しかし彼の建築を訪れると、その意味は感覚的に分かる。もの凄く重々しく、物質感の塊みたいな建築ですが、それは光の結果だということです。カーンは晩年において、ガラスのない建築をコルビュジエとは違う形でやろうとしていたと思うんですが、その行く末を見たかった、とたまに思いますね。

先ほど、カーンは一線を画した存在で、みんな言わないけど好きだと思っていると言われました。でも今回、西沢さんが話してくれたように、言わないと分からなくなることもありそうです。

カーンは歴史上、何度も再評価される必要がある建築家の一人だと思います。今なお、カーンのことを多少話しづらいひとつは、カーンはモダニズムの歴史にもポストモダニズムにも分類しづらいというのが、あるのかもしれません。しかしぼくが感動するのは、カーンの歴史上の分類よりも、歴史との連続性です。カーンが「オーダーはある」と言う時、彼の歴史性は明らかです。カーンはコルビュジエの言葉を借りて、ゴールデンダストと言いましたが、そこからも、カーンの歴史への敬意が分かると思います。

カーンはモダニズムと新古典主義の両方を背負っていて、かつ、アメリカンボザールとアメリカ近現代建築の黄金時代を背負っていて、つまり西洋建築の歴史の中で自分が背負える全部を背負って、その上で、歴史上前例のない建築と思想を打ち立てたのだから、それはすごいことだと思います。

同じ言葉を繰り返す

どうしても言葉自体も様式化して、我々は表面的な意味にとらわれがちです。カーンの平易の言葉も上手く補足する必要があると感じます。


カーンの概念の多くは、日本語では言いづらいことなんですね。例えばカーンは、existenceとpresenceを分けるのですが、日本語の世界だとなんのこっちゃです。しかし、英語の世界でそれは、感覚的にすんなり分かることだと思います。

カーンの講義「私は元初を愛する」を原文で読んだことがあるのですが、そこで書かれている英語はストレートで、簡潔で、英語とはなんて豊かな言葉だろうか、と思うようなものでした。原文が感覚的に分かる英語圏の人がうらやましいですね。

『カーン建築論集』を読むと、あちこちで同じ言葉、同じ問題が出てきます。いろんなレクチャーで、同じことを繰り返し言うカーンがいる。カーンは大学で教えるとき、教える自分も学んでいるというようなことを言いましたが、たぶん授業で彼は、学生に語りかける自分の言葉を、自分で聞いて、そこから学んでいたのではないかと思います。『カーン建築論集』では、言う順番や展開をいろいろ試みつつ、同じ言葉が繰り返されるさまが全体として描かれています。その繰り返しは、この本の中で最も感動的なことのひとつです。

だいたいみんなそうだと思いますが、年を取ってくると、そんないろいろ言えなくなってくる。若い頃は、華麗にいろいろうまいこと言いたいし言っちゃいますが、年を取ってくると、言うことはひとつになってくる。体力がなくなってくるし、変な野心がなくなってくるというのもあるけど、やっぱり一番は、自分にとって本当に重要なことしか、結局自分には残らないのです。カーンは天才的に面白い人だし若い頃はさぞやいろいろ言ったのだと思いますが、結局自分が言うべきことはひとつしかなかったということに、徐々になっていったのではないかなと思います。

フィッシャー邸　ルイス・カーン

ルイス・カーン　2　私は元初を愛する

私は元初を愛する I love beginnings

ルイス・カーンは、自身の思想を展開させてゆく各局面で、さまざまな概念やイメージを提示した。それらはどれも興味深いものであり、私はいくつかの感想や質問を持っている。そこで今回は、カーンの諸概念の中でも特に「元初」に注目して、それらを書いてみたい。元初をまず取り上げる論理的な、説得力のある理由はあまりないのだが、強いて言えばこの元初が、カーンの思想を推進させる動力機関のような役割を果たしたのではないだろうか？と私が勝手に想像した、ということはある。

カーンは最晩年の一九七二年、コロラド州アスペンで開催された国際デザイン会議で講演を行なったことが、記録に残っている。講演の標題は「私は元初を愛する」〈I love beginnings〉というものである。この講演はその後、活字となって世界中で出版され、たいへん知られるところとなった。私がこの講演の存在を知ったのは、「ルイス・カーン——その全貌」（『A+U臨時増刊』、一九七五年）に掲載された和訳（横山正訳）を九〇年代か八〇年代後半に読み、さらにその後四〇才台後半になって、『ルイス・カーン建築論集』（鹿島出版会、前田忠直編訳、一九九二年）において、再び接する機会を持った。全部で二回接したわけだが、この二回は私にとってまったく異なる読書体験であった。それらの間にかれこれ三〇年近い年月が流れている。当時の私はまだ若く、その講演内容自体も決して親しみやすいものではなかったし、その内容が示唆することについて深く注意できなかったのは、残念なことだった。

ちなみに本講演「私は元初を愛する」は、元初についての講演であろうと誰もが思うような標題だが、実際は元初以外にも例えばフォーム、オーダー、デザイン、ルーム、インスピレーション、沈黙と光など、カーンの諸概念の多くが登場し、元初についてだけの講演ではないことがわかる。カーンの他の講演を見ても、それら諸概念は緊密につながったものとして登場することが多く、元初のみを取り出して議論することには、少なからず問題があるかもしれない。しかし今回は、話を広げずなるべく元初に絞って書いたほうが、わかりやすいのではないかと考えた。

具体的な書き方としては、元初についてカーンが語った幾つかの発言を、主に本講演から引用してきて、それへの意見または解説をおのおの試みるという形で書き進めていきたい。日本語訳については『ルイス・カーン建築論集』の前田訳を、原文はLOUIS I. KAHN Writings, Lectures, Interviews (Alessandra Latour, リッツォーリ社)を参照した。

＊

■「私は元初を愛する。私は元初に驚嘆する。」(p.28)
I love beginnings. I marvel at beginnings. (p.285)

講演は、「私は元初を愛する」という発言で唐突に始まっている。その後すぐに話題が「沈黙と光」に移行しており、カーンの思想に馴染みがない人間にとっては、たいへんわかりづらい導入部だったのではないか、と想像する。

カーンが述べる「元初」beginningsとはなにか？『ルイス・カーン建築論集』編者である前田氏は、「beginningsはただの開始(start)ではない」と注釈を付けて、beginningsとstartを明確に区別し(『ルイス・カーン建築論集』p.23)、ハイデッガーの言葉を引用して以下のように説明している。

「始まりは、始まるやいなやただちに置き去りにされ、出来事が進行するうちに消え去ってしまう。それに対して元初、根源は、出来事が終わるときにようやくその全き姿を現すのである。」(p.23)

ただのスタート、出来事の開始地点というものは、事態が進展していくに従って、過去の一出来事として、遠い過去のかなたに置き去られてゆくのだが、元初・根源はむしろ逆に、事態が進展していくに従って、その本当の姿を現していくものだ、というような意味だろうか。

たとえば、建築設計を例に考えてみると、Aさんの家を設計する場合、Aさんの具体的な要望や、Aさんの敷地の特徴などの具体的なことに基づいて、Aさんの家を設計し始めるが、スタディを進めていくうちに徐々に、そもそも家ってなんだろう、もともと家ってどんなものだったんだろう、ということを考えるようになっていく。スタディ最初期のスタート時点では、何ひとつ決まっておらず、ほとんど白紙の状態だったのに、徐々に、「Aさんの家はどんなものであるべきか？」を考えるようになっていき、さらに、「家とは何か？」を考えるようになる。Aさんの家という個別の家を通して、もっと根源的な「家」の存在に思いを巡らす自分がいることに気づく。このことは、建築家であればおそらく誰でも経験することだ。ハイデッガーが「元初は出来事が終わるときにようやくその姿をあらわす」と言う時、我々は元初から遠く離れていくのではなく、むしろ逆にそこに向かってゆく、と言える。つまり元初はスタートというよりも、ゴールという方が近いと言えるかもしれない。

■「(英国史全集を読む)私のただひとつの真の目的は、いまだ書かれざる第零巻を読むことにあります。ひとにこのようなものを探させる心とはなんと不思議なものでしょうか。このような(元初の)イメージが心というものの出現を示唆しているのではないでしょうか。」(p.30)
Of course my only real purpose is to read Volume 0 (zero), you see, which has yet not been written. And it's a strange kind of mind that causes one to look for this kind of thing. I would say that such an image suggests the emergence of a mind. (p.286)

この発言はいろんな点で面白い。この英国史全集の喩えは、カーンが「元初」を説明する時にしばしば用いる例である。カーンは英国史が好きで、全集を所有しているが、全八巻のうち実は第一巻の最初の部分しか読んだことがなく、それだけでなく彼はそもそも存在しない第〇巻の方に興味がある、という発言である。ここで元初は、第一巻でなく第〇巻の方であることが示唆される。つまり元初とは、記録された歴史よりもさらに前ということだ。「いまだ書かれざる第〇巻」〈Volume 0 which has yet not been written〉という言い方に注意したい。もし考古学がさらに進歩して、現在記録されている歴史の最初よりもさらに古い最初が発掘された時のことを仮に考えると、それは第〇巻としてではなく、第一巻を改訂するという形で英国史全集に記録されるであろう。とすると、いまだ書かれざる第〇巻という意味は、単に「今書かれていないもの」というだけでなく、永遠に書かれざるもの、発掘調査によっては決して見つからない「最初」のことを指している、と理解できる。つまり元初とは、調査によってではなく人間の想像力によってのみ現れてくるもの、ということだ。

　後段の、「ひとにこのようなものを探させる心とはなんと不思議なものでしょうか」の発言も興味深い。ここには、元初を探求したいカーンがいると同時に、そういう自分になっていった理由をも同時に探ろうとして「こころ」を見出すカーンがいる。これは超越論的と呼んで良い部分ではないだろうか。このような態度をカーンは日常的に持っていた。カーンのこの態度は、彼の思想と建築創造の両面に決定的な独創性を与えた、と私は考えている。

■「私はこう言いたい。元初はすべての人間にとって本来的なものであると。元初は人間の「本性」を露呈する。」(p.53)
I would say the beginning, then, is natural to all humans. The beginning reveals the nature of the human. (p.301)

■「元初は人間にとって何が本来的なことかを露呈する啓示なのです。」(p.53)
Beginning is a revelation which reveals what is natural to man. (p.301)

この発言から理解できることは、元初というものは、建築の本来的なありようを露呈するだけでなく、我々人間の本来の姿をも露呈する、いうことだ。元初を考えようとするその人間の活動自身が、その人間を変える、本来的なものに戻してゆく、とカーンが言っているように読める。

私自身の話になってしまうが、大学で教えているとたまに、これに近いことを感じることがある。大学の授業か何かで、マイクの前に立って、皆に向かって建築について何かを言わねばならなくなった時、私は何を言うべきか、咄嗟にいろいろ考える。その時自分はたぶん、建築についての重要でない、どうでもいいような枝葉はどんどん捨てて、建築の重要な部分について、本来的なことについて、話したがっている。つまり自分が無意識のうちに、元初に触れようとしていることに気づく。もしマイクを渡されて話す状況にならなかったら、そんなことを私は考えようとしただろうか？　とも思うと、皆の前で話すという具体的な機会が、自分の中で何が枝葉で何が幹か、何が根か、をふるいにかけることを可能にしているのではないか、と思う。また、そういうふるいにかける行為というものが、その人が持つその人らしさを露わにしてゆく過程でもある。というのも、そういう状況で人が発言する言葉というものは、うまくいった場合は、その人ならではの発言になっていることが多い。話そうとする本人が、その人ならではの言葉を選ぶ方向に進んでしまいがちだし、また聴く側も、誰でも言えるような発言よりも、その人らしい発言が出た時に、たいへん感心したり、説得力を感じたりする。その意味で、元初に向かうことは、その人らしさが現れてゆく過程でもある、と言えないだろうか。

そのように考えてゆくと元初は、人によって違う、多様なものなのだろうか？ またはあくまでも唯一的なものだろうか？ という質問はありうる。カーンの、どこかユダヤ的な世界の中で、多様な元初ということが果たしてありうるのかはわからない。ちなみに講演の標題の原文〈I love beginnings〉をあらためて見ると、元初が複数形になっていることがわかる。その理由としてまず思いつくのは、建築や英国史、自動車や煉瓦、万物にはおのおのの元初がある、ということだろう。ただもうひとつ、建築の元初はひとつではないという意味も、考えられなくはない。

startとbeginningsに再び戻ると、両者の違いを考えるのはいろいろな意味で興味深い。繰り返しになるが建築の始まりstartは、歴史上最初の建築物のことで、それは誰にとっても同じものであり、客観的かつ外形的事実と言える。それに対して元初のほうは、英国史第○巻のような、客観的には存在していない、人間の想像によってのみもたらされるものだ。元初は自分の内側を探求することでしか出てこない、ということはつまり、建築創造というものは自分の外にある客観的事実たとえば都市とか敷地、要求条件や法律といった、客観的事実から生まれてくるのではなくて、自分の内側から生まれてくるものだ、とカーンは言っているのではないだろうか。

英国史、または建築というような、もっとも万人向けのもの、きわめて社会的なものを探求してゆくうちに、自分の内側の問題が現れてくるということの逆転は、たいへん印象的なことだ。このことも、カーンの態度全体に私が宗教性を感じる理由のひとつかもしれない。

■どのように遡ったとしても、歴史の始まりを見つけることはできません。はかりしれないものが歴史に先立ってあったはずです。ただ記録に残されていないだけなのです。元初はわれわれの作品の美であり、その作品のなかで、元初はいまだ言われざるもの、いまだつくられざるものが生じる心の奥底に関わります。それはすべての人にとって重要です。なぜなら、願望というものは必要よりも明らかに重要だからです。(p.23)

History could not have started at those places. History was much, much preceded. It just isn't recorded. And that is the beauty of our work in that it deals with the recesses of the mind from which what is not yet said and what is not yet made comes. And I think it's important to everybody, because desire is infinitely more important than need. (p.329)

これも英国史全集に関する発言で、この言葉からも、歴史の始まりのところに「記録に残されていない」もの、「いまだ言われざるもの」、「いまだつくられざるもの」を置いていることがわかる。

カーンはしばしば、「測り得ないもの」unmeasurableと「測り得るもの」measurableの対比に言及する(p.6, 30, 34, 50, 88, 107, 118, 132, 190)。世の中を大きく「測り得るもの」と「測り得ないもの」の二つに分け、「測り得るもの」は計量可能なもの(建築物やレンガ、光、自然現象など)のことで、「測り得ないもの」は計量できないもの(例えば意思、夢、感覚、インスピレーションなど)を指す。カーンはこの「測り得ないもの」を、「測り得るもの」に先行するものとして位置付けている(p.6, 34, 88, 118)。物体と非物体を区別するのはよくわかるとしても、それらに時間的順序をつけるところが面白い。カーンの元初を探求する旅は基本的に、空間的な遠くの方、たとえば地平線のかなたに向かっていくイメージではなくて、歴史の始まりに戻っていくというイメージがある。つまり元初というものが、空間的のみならず時間的な概念でもあることが暗示されている。このことは元初だけでなく、カーンの思想と建築のほぼ全域において見られる、と私は個人的に感じている。

■「デザインはオーダーが理解されることを望んでいる。」(p.34)
Design demands that one understand the order. (p.288)

この発言は、カーンの諸発言の中で恐らくもっとも有名な言葉であろう「煉瓦はアーチになろうと欲している」という言葉を、違う形で言い換えたものだと言える。煉瓦という組積的な材料でもって、何メートルも水平にスパンする梁をつくろうとするのは無理があり、煉瓦であればやはりその物性からいってアーチを形成するべきだ、という旨の発言を、カーンは様々な場面でしている(p.35など)。煉瓦なり鉄骨なりの、具体的な素材で何かをデザインしようと考え始めたら、素材の本性であるオーダーにたどり着くべきだ、というような意味である。カーンのさまざまな発言がたいへんわかりやすいことのひとつ（とはいっても多くはわかりやすくないが）は、測り得ないものにしてもフォームにしても、元初にしても、日常的なごく当たり前のことから始まって、元初的なものに遡行していくことだ。理念的なもの、観念的なものが、我々の身の回りのことと地続きであることが、様々な場面で示される。

ちなみにオーダーは、カーンの独創性と歴史性を鮮やかに示す言葉でもある。オーダーはギリシャ時代以来の、もっとも古典的な建築概念のひとつである。ル・コルビュジエは古典建築から多くを学んで、比例という言葉を好んで用いたが、オーダーに関する発言については、私には記憶がない。新しい世界を志向するモダニズム建築運動において、それはほとんど破棄された概念だったと言える。しかしカーンはオーダーに言及した。言及したというよりも、自身の理論の中核に据えたと言ってもよいくらいだ。このことからも、モダニズムと古典主義をはっきり分けたモダニズム建築運動の趨勢とは逆に、カーンはモダニズムと古典主義を連続したものとして考えていたことがわかる。

■「我々が建築を理解しようと試みる時のもっともインスピレーションに満ちた観点は、ルーム、つまりシンプルルームを建築の元初とみなすことだと思います。」(p.41)
I think the most inspirational point from which we might try to understand architecture is to regard the room, the simple room, as the beginning of architecture. (p.291)

エシュリック邸　ルイス・カーン

H

フィッシャー邸　ルイス・カーン

■「ルームは建築の元初です。」(p.77)
The room is the beginning of architecture. (p.263)

ルームは、カーンが繰り返し言及するもののひとつで、ルームの概念を説明するカーン本人による有名なスケッチがある。それは、クーポラのような天井高の高い部屋に、暖炉があって、窓があって、窓辺に人が座っていて、窓越しに外の景色が見え、光が入ってくる、という絵である。カーンはこのルームなるものを建築の元初とみなした。ルームのスケッチをよく見ると、座っているのは二人で、窓際で向かい合って話しているのがわかる。なのでルームは必ずしも、一人になれる閉じた個室という意味だけではなく、他者と出会い語り合う場所でもある。ルームのありようによって、人の出会い方や、人が話す内容は変わる、という趣旨のことをカーンは様々なところで発言している(p.11, 14, 78)。確かに人前で話す時、たとえシナリオを頭に入れていても、小さい部屋で一人に向かって話すか、大講堂で五百人に向かって話すかで、話す内容はずいぶん違うものになるし、その演説が聴く者に与える影響もずいぶん違うものになるだろう。建築の形や大きさが、いかに機能を変容させるか、いかに人間の心への影響の度合いを変えるかという、建築と人間の密接な関係についての、カーンの考え方がわかる。

カーンは「ルームは建築の元初です。それは心の場所です。」(p.77)とも言っている。これらの発言には、「建築はそもそも人間の居場所づくりから始まるのだ」という考え方があると理解できる。ルームを建築の元初としたこと、人間の居場所をつくることを建築のおおもとに置いたことは、カーンの建築を理解する上で、また建築一般を理解する上で、無視できないことだろう。

＊

カーンは、「元初を見出そうと求めるのは私の性格だと思う」(p.29) と自ら述べている。英国史全集から第〇巻を見出すカーンがおり、デザインからオーダーを見出すカーンがいる。あらゆる場面におけるカーンの活動の源泉に、元初に向かおうとする態度がある。かつ、元初に向かう自分自身の活動を眺めるカーンがいる。そのような意味で元初は、彼の思想展開の大きな推進力となった、と私は感じている。またそれが、最終的に彼自身を沈黙と光にまで連れて行くこととなったのではないか。

エシュリック邸　ルイス・カーン

ルイス・カーン3　ルーム（時空間）

ルーム（時空間）

ルイス・カーンが提示した概念群の中に、ルームroomというものがある。このルームは、いろいろな意味で興味深いものだ。カーンのルームへの言及が増えるのは一九六〇年代後半以降のことで、一九七一年のＡＩＡゴールドメダル受賞記念講演会「ルーム、街路、そして人間の合意」は、ルームについて語った講演会として広く知られている。本稿では主にこの講演会の記録を参照しながら、ルームへの私なりの興味を書いてみたい。本稿も前稿と同じく、和訳は前田忠直編訳『ルイス・カーン建築論集』(鹿島出版会)を、原文はAlessandra Latour編「LOUIS I. KAHN Writings, Lectures, Interviews」(リッツォーリ社)を参照した。

＊

ルームとは何だろうか？「ルーム、街路、そして人間の合意」の講演会の冒頭で、カーンは以下のように述べている。

■「ルームは建築の元初です。それは心の場所です。」(p.77)
The room is the beginning of architecture. It is the place of the mind. (p.263)

この発言で、ルームが「建築の元初」と位置付けられていることがわかる(元初については前稿を参照されたい)。ルームについて、カーン自身が一九七一年に描いた有名なスケッチがある。クーポラのような天井高の高い一室に、暖炉があって、大きな窓があって、窓際に二人の人間が座って語らっているというスケッチである。窓の外には大きな木があり、光が溢れている。このスケッチから、外がよく見える窓辺で友人と語り合う空間がルームの一例であることがわかる。またこのスケッチに添えて、"Architecture comes from The Making of a Room"「建築はルームをつくることから生じる」と書かれている。カーンが建築の始まりに居場所づくりを置いていることがわかる言葉だ。

■「踊り場はルームであらんとします」(p.80)
The landing wants to be a room. (p.265)

この発言から、ルームがいわゆる字義通りの「部屋」だけでは必ずしもないことがわかる。前田氏がroomをあえて「部屋」と訳さず、カタカナ表記で「ルーム」とした意味もここにあると想像できる。この発言で多くの人が面白く思うであろう点は「あらんとする」の表現だろう。それはまるで踊り場自身が、自ら変わろうと望む主体であるかのようだ。

カーンがここで言及している「踊り場」は、階段の中腹に設けられた平場のことで、昇降するとき人はたいがい踊り場で一休みしたり、またはスピードが落ちたりすることから、カーンはそこに窓とベンチ、または本棚を置くとよいという趣旨の提案もしている(p.43, 80)。つまりルームは必ずしも四方

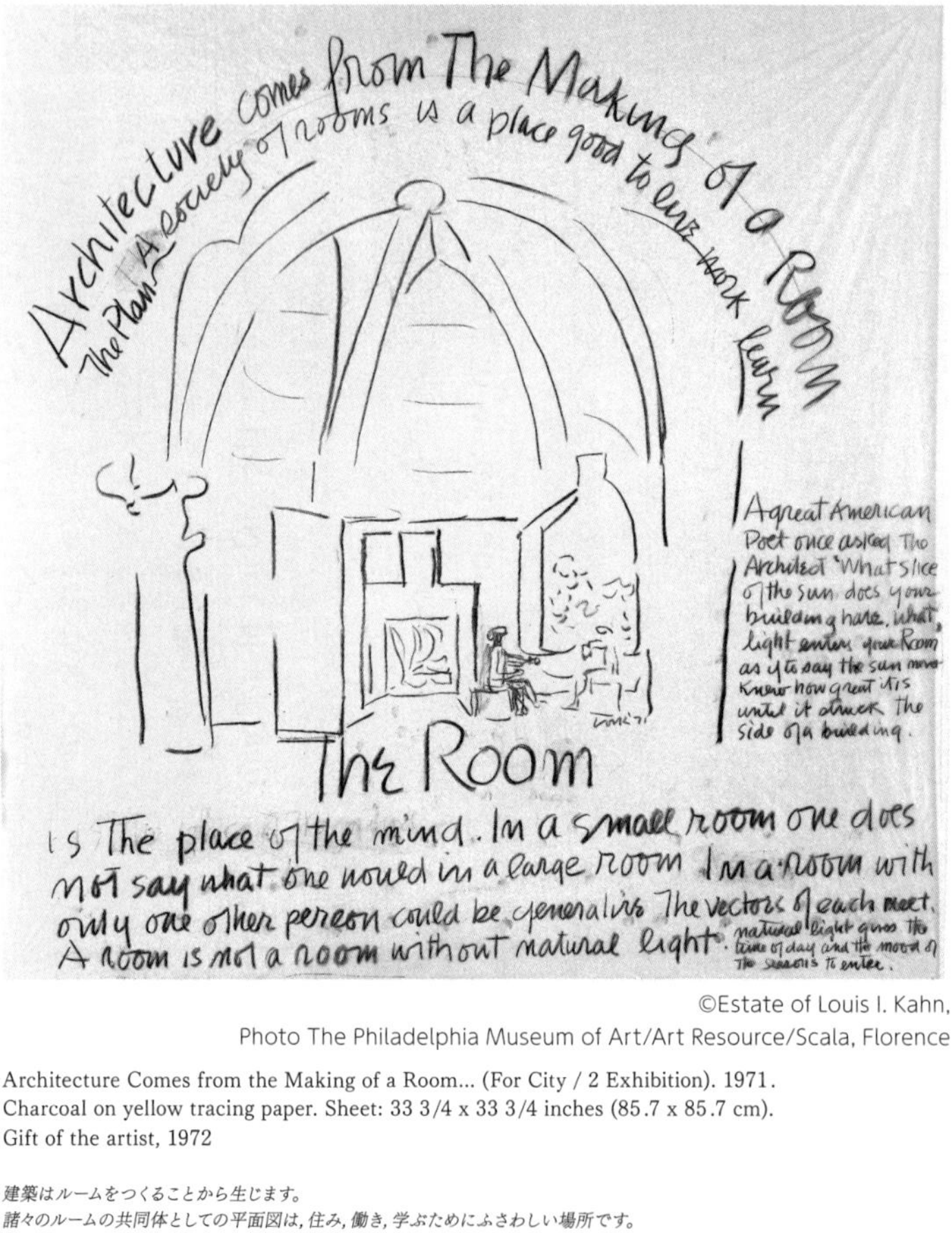

Architecture Comes from the Making of a Room... (For City / 2 Exhibition). 1971.
Charcoal on yellow tracing paper. Sheet: 33 3/4 x 33 3/4 inches (85.7 x 85.7 cm).
Gift of the artist, 1972

建築はルームをつくることから生じます。
諸々のルームの共同体としての平面図は，住み，働き，学ぶためにふさわしい場所です。

かつてアメリカの偉大な詩人は建築課にこう問いかけました。
「あなたの建物は，どのような太陽のかけらをもっていますか。
あなたのルームに訪れるのは，どのような光でしょうか」と。
この文節は，あなたにこう言っているかのようです。
太陽は建物の側面に射すときはじめて自らの素晴らしさに気づくのだと。

ルームは心の場所です。小さなルームでは，人は大きなルームにいるときと同じことを話しません。たったひとりの他人とルームにいるとき，人は発生的になります。それぞれのベクトルが出会います。もしルームに自然光がなければ，ルームとはいえません。自然光は一日の時間と季節のムードを教えます。(前田忠直『ルイス・カーン研究』鹿島出版会，p.12)

を壁で区画された密室である必要はなく、階段の踊り場のような、床しかないような場所であっても、または部屋のコーナーのようなものであってもよい。逆に言えば、壁で囲われた部屋すべてがルームであるわけでもない。カーンは先のスケッチの添え書きに続いて、「ルームは住み、働き、学ぶのにふさわしい場所だ」The plan, A society of rooms is a place good to live, work, learn と書いている。つまりその場所が人間にふさわしい居場所となれている場合、人が滞在したくなるような場所性を獲得できている場合、そこはルームと呼ばれる。

ルームが居場所であるということは、別の角度から考えると、ルームは単に空間というより、それは時空間ということでもある。つまり平面図上や地図上の空間のような、全てが同時に現れる空間ではなくて、一定の時間をかけて現れてくる空間ということだ。

ルームがスケールにとらわれないものであることが表明されている点も興味深い。「ベイウィンドウ(出窓)はルームの中の私的なルームになる(p.80)」A bay window can be the private room within a room. (p.265)などの発言もあるように、ベイウィンドウや踊り場のような極小の空間にルームが見出される。また逆に、都市空間のような、たいへん大きな空間にもルームは見出される。ルームが、スケールの大小に関わらず登場してくる。

■「街路は合意のルームです。」(p.81)

The street is a room of agreement. (p.265)

ルームが都市空間スケールのものに適用されている。短い発言だが、街路は人々が集まり、出会う場所だ、という指摘だ。自動車社会の到来によって道路は人々を分ける存在に変わってしまったが、人類の歴史では、もともと道は人が出会う場所であった。都市空間のような巨大なものであっても人間の居場所であるべきという点は、ルーム概念を都市スケールに拡大することで明快に言えた成果のひとつであろう。

この発言が面白く感じられるもう一点は、インフラストラクチャーが「合意による」とされる点だ。たしかに街路は、人々の合意がなければそもそも街路にはならない。公共空間やインフラストラクチャーとは自分たちがつくるものでなく政府がつくるもの、という受け身感覚が今も根強い日本では、公的インフラストラクチャーが人々の合意によるものだという主体的感覚は、いまだに理解しづらいことかもしれない。

ところで、ルームがスケールを超えて、都市空間や家具空間など大小の空間に適用されるところを見るたびに、私はフォーム *form* とルームの著しい類似性を感じ、また同時に差異を感じている。フォームは、カーンの思想の中核をなすものとしてよく知られる概念で、フォームについてここで長く語る誌面はないが、それは一言で言ってしまえば「不可分な構成要素の実体化(p.34)」a realization of inseparable components (p.288)のことだ。例えばスプーンがスプーンたりうる形態的条件を考えてみると、手に持つ柄部分があって、物をすくう窪んだ皿状部分がある、というその二要素構成は、スプーンをスプーンたらしめる不可分構成要素と言える。不可分なのは、それらを分離したらそれはもはやスプーンではなく柄と皿になる、という意味だ。このフォームという概念、各パーツの不可分な関係の構成は、スプーンだけでなく音楽の楽曲や礼拝堂、住宅、学校、家具、都市など、ほぼあらゆる物に見出すことができる、というカーンの考え方がある(p.8, 54, 147, 157, 165, 191)。各パーツが不可分な関係を持って調和をつくるという部分は、ルームとの共通性と言える点だろう。他方で両者の差異のひとつは、フォームは人間が含まれない概念であることだ。ルームの方は、それを居場所と考えれば、その中心には人間がいる。つまりルームとフォームの違いのひとつに、人間が含まれているかいないかという差がある。

■「平面図は諸々のルームの共同体です。」(p.42)
The plan is a society of rooms. (p.264)

ここで前田氏が訳語として使った「共同体」は、原文ではsocietyとなっている。つまり、平面図はルーム群がつくり出す社会でなければならない、とカーンは述べている。建築物の平面図(たとえば学校や研究所の間取りなど)を思い浮かべてみると、部屋が幾つもずらりと並ぶシーンが目に浮かぶが、そのように単に羅列されるだけでは十分ではない、という発言である。突然話が飛んで、不燃ゴミ箱の中を想像してみると、ゴミ同士は「不燃」という共通性のみによって自動的に集められており、お互いに影響関係を取り結ぶ意思はない。しかし人間社会では、社会の構成員はお互いに関係しあい影響しあう。平面図の中に並ぶ部屋群は、後者の方に近く、部屋群は各々関係しあい影響しあって、各々のありようが変容せねばならない、という感じの意味が、この共同体societyの語から伝わってくる。ゴミ箱の中のような、類似物を自動的に集めた機械的集合か、もしくは人間社会のような、個々が影響しあって変容しあう生物的集合か、の違いがある。ここでもまた各部屋、各居場所が、まるで周りから学びつつ生きる、意思をもった生命であるかのようだ。

■「諸々のルームは名称がなくてもそれらの用途を指示しなければなりません。」(p.81)
Rooms must suggest their use without name. (p.265)

建築は、室名を書くことでその使い方を示すのでなく、空間それ自身が使い方を示していないとだめ、という意味で、たとえば廊下を例に考えると、四角い閉じた部屋が仮にあるとして、その室名を「廊下」と名付けたとしても、その四角い空間がいくつもの部屋を連結する空間でない限り廊下としては使いようがない。その空間が、部屋から部屋への移動ができるようなつくりになっていない限り、いくら「廊下」と名付けても廊下にはなりようがないという、当たり前と言えば当たり前の意見である。スプーンには取扱説明書は特に付いておらず、誰もがそのフォームを見て使い方を了解し、そのように使うことができる。建物もそうなっている必要がある、ということだ。私たち建築家は自身が設計した建物について、しばしば設計主旨を書いて、こういうことを目指した、こういう意図があると、設計の意図を書くが、しかしどれだけ立派な設計主旨が書けたとしても、建物がその通りにできているかはまた別の話だ。むしろ設計主旨の方は、設計上あまりうまくいかなかった部屋や、うまく納まらない諸設備をぶちこんだ地下室など、都合がよくない部分についてはあまり触れたがらないので、設計主旨とか取扱説明書というものがどこまで建物の全容と一致しているかは不明だ。そういう怪しげな取扱説明書を建物に付けるよりも、単純に建物が、スプーンがやっているように自らの使い方を空間として表明できていれば、どう使って欲しいかは一目瞭然ではないか?ということで、建築家にとって耳が痛い発言である。

■「ルームはただちに建築ではなく、自己の延長であるということです。」(p.3
The room wasn't just architecture, but was an extension of self. (p.321)

■「あなたのルームに入ってごらんなさい。ルームの親しみ深さとその生命感にあらためて気づくはずです。」(p.78)
Enter your room and know how personal it is, how much you feel its life. (p.264)

ルームそのものは建築というより、それ以前であり、むしろ「自分の延長」という位置付けである。「自分の延長」という言い方から、ルームがただのハコではなく、それが自分の一部であるという、人間とルームとの一体性・連続性をカーンが見ていることがわかる。自分を取り巻くルーム的空間が自分の一部であることは、私たちの生活を振り返ると、感覚的には理解しやすい。他者がいきなりこちらの懐に飛び込んでくれば誰でも驚くように、誰もが自分の周りに自分の延長のような空間をまとっている。居場所が私たちの身体の延長なのは、私たちにとって普通の状態といえる。

二番目の発言でカーンはlifeという表現を使って、人はルームに生命性を感じるものだ、と言っている。カーンがルームに、というより建築に生命と意思を見出そうとしていることがわかる発言のひとつである。

■「小さなルームで他のひとりといるとき、あなたはそれまでに決して話さなかったことを話す。」(p.78)

In a small room with just another person, what you say may never have been said before. (p.264)

■「ルームについて考えるとき、あなたはつぎのことを自覚します。つまり小さなルームでは、大きなルームにいるときと同じことを話さないと。」(p.11)

If you think about it, you realize that you don't say the same thing in a small room as you do in a large room. (p.324)

部屋のありようが変われば、そこにいる人間の心のありようも変わるという意見である。建築と私たちの心がいかに深く関係しあっているかを、わかりやすく述べている。冒頭の発言「ルームは心の場所だ」の次に来ても違和感がない発言である。カーンがルームについて語るときに印象深いことのひとつは、ルームはただの冷たい箱ではなく、それは心の場所だという指摘だ。建築と心のつながりを誰にでも理解できるような言い方で描写しており、カーンの数々の印象深い言葉の中でも、特に記憶に残るもののひとつだ。

またこの発言は、寸法についての意見と読むこともできる。サッカー競技においてフィールドの大きさを半分にすれば、サッカーはまったく別の競技になってしまうであろう。それほどルームと人間の活動は、密接に関係し合っている。カーンがスケールと寸法を生業とする建築家であることを感じさせる言葉でもある。

■「ルームは素晴らしい。それは世界の中の世界です。」
A room is a marvelous thing, a world within a world. (p.294)
■「建物は世界の中の世界です。」(p.147)
A building is a world within a world. (p.165)

ルームは入れ子構造になっている、という発言である。ルームは周りから切り離された独立的存在ではなく、大きな世界の中の小さな世界、つまりコンテクストにつながった小世界だ、という意味に理解できる。冒頭で触れたルームについてのカーンのスケッチをよく見ると、部屋の中で会話する二人の人間を、衝立と窓、暖炉といった家具が囲んでいるのがわかる。つまり彼らは部屋の地べたにいきなり座るのでなく、家具などの設えによってより小さな空間を身の回りにつくって、居場所としている。この入れ子構造によってルームは「世界の中の世界」になるが、これは部屋の中だけのことではなく、地域の中の街、街の中の界隈、界隈の中の建築、建築の中の部屋、部屋の中の踊り場、踊り場の中のソファ、といった階層的連続をも示唆している。

ちなみにカーンは、各街区・各建築がてんでばらばらに設計される現代都市の現実を批判して、以下のように発言している。

■「建築家はそのプロフェッションをアーバン・デザイン、シティ・プランニング、そして建築というようにまるでそれらが三つの異なるプロフェッションであるかのように見なすコマーシャルな区分を受け入れてはなりません。建築家はもっとも小さな家からもっとも大きな複合体である都市までを取り扱うことができます。不可分な諸要素を持ち、ひとつの存在としてのみ自覚されるフォームという啓示のもっとも大切な部分が、専門化することによって破壊されるのです。」(p.89)
Architects must not accept the commercial divisions of their profession into urban design, city planning, and architecture as though they were three different professions. The architect can turn from the smallest house to the greatest complex, or the city. Specializing ruins the essence of the revelation of the form with its inseparable parts realized only as an entity. (p.269)

フォーム概念を使って、都市と建築の一体性の重要さを指摘した発言である。カーンは講演会でルームの話をするときしばしば、ルームの繊細さの描写をし、同時に街路や街区といった都市空間に話が及ぶ(第一、二、四、七章)。フォームの概念が、そのようなスケールの横断の自由を約束しているが、フォーム概念ひとつで身の回りから世界全体に及ぶその広がりはたいへん印象的だ。

ところで私は個人的に、フォーム概念の意義は理解しつつも、余計なものの介入を許さないその純粋性と完全性、ひいては排他性が、多少気になっている。そういう私にとって、ルームを入れ子構造とする発想は興味深い。まず第一に、入れ子構造がもたらす階層的連続は、世界全体を階層化・秩序化し、フォームをより完全なものにするようにも思えるし、しかし逆に、無限に向かう開放感をつくり出すようにも思える、という点だ。また第二に、カーンはしばしばルームにおける窓の重要性に言及して、ルームは窓があることで室内に外界が現れるという主旨のことを述べている(p.12, 80, 94, 196)。「私が他のひとりの人とルームの中にいるとき、山々や木々や風や雨は心の中のものになり、ルームはそれ自体でひとつの世界になります」(p.94) How marvelous that when I am in a room with another the mountains, trees, wind and rain leaves us for the mind and the room becomes a world in itself.(p.249) これも入れ子構造のひとつで、自然が窓から入ってくることでルームは世界として成立する、と言っており、つまりこの発言に見られる入れ子構造の面白さは、中に外があるという逆転構造をつくろうとしているところだ。考え過ぎかもしれないが、これもカーンがフォームの完全性を何とかしようと試みる活動のひとつにも思える。「世界の中の世界」をめぐるこれらの試行錯誤は、フォームに可能性を感じてのことかまたは限界を感じてなのか、またはまったく別の動機があるのか、私にはわからない。このことでフォームの完全性が消えるとも思えない。しかしもしこれが自身の思想の中核概念への挑戦なのであれば、素晴らしいことだ。

■「窓はルームを構成するエレメントの中でももっとも素晴らしいものです。」(p.78)
Of the elements of a room, the window is the most marvelous. (p.264)
■「あなたのルームに入ってくるのは、太陽のいかなるかけらでしょうか？」(p.78)
What slice of the sun enters your room? (p.264)

カーンはアメリカの詩人ウォレス・スティーヴンスの詩「あなたの建物には太陽のいかなるかけらがありますか」What slice of the sun does your building have? に感激して、ルームを説明するときしばしばこの詩を引用しているが、その際にbuildingをroomと読み替えて、What slice of the sun enters your room? として紹介している(p.41-42, 78)。尊敬する詩人の詩に手を加えねばならないほど、ルームには光が不可欠なのだ。この詩には、太陽光の美しさの種類が多いことへの驚きと、それがルームの多様さにもなるという驚きの二つが同時に歌われている。カーンが窓を特に重視したことは、カーンの建築を訪れることでも確認できる。有名な言葉である「光なしに建築は存在しない」(p.12) Without light there is no architecture. (p.324) は、カーンにとって比喩というよりも、設計手法に直結した建築的現実なのだ。

インド経営大学　ルイス・カーン

■「朝から夜へ、日毎に、季節から季節へ、そして年々歳々、太陽の光は何と様々なムードを与えてくれるのでしょうか。」(p.78)

What range of mood does the light offer from morning to night, from day to day, from season to season and all through the years? (p.264)

移り変わる太陽光の変化によってルームの様相も変化するという発言である。カーンは様々なところで、光とルームの動的な関係性について語っている(p.12, 42, 77, 78, 95, 96, 128, 196)。これらからも、ルームが時空間として捉えられていることがわかる。フォームが時間を持たない概念であることを考えると、フォームとルームの形式上の違いがわかる。つまりフォーム=空間的、ルーム=時空間的、という違いがある。

＊

以上のように、ルームについての発言をまとめると、ルームは人間の居場所であること、それは時空間であること、ルームには生命(意思)のイメージがあるということ、それは心の場所であること、ルームと環境は一体、ルームと人は一体、そして、ルームは光なしに存在しない、など。

ところで冒頭に引用したArchitecture comes from The Making of a Roomは気になる表現である。The Making of a Roomは、ルームをつくっていくプロセスのことだから、これは「建築はルームから生まれる」のではなく「ルームをつくる過程から生まれてくる」という意味だ。居場所をつくる試行錯誤から建築が生まれてくるということは、設計を生業にする人間からするとわかる話だ。しかし私がこの一文に惹きつけられるのは、文意よりも文章全体の雰囲気に、まるで動詞のような持続的な運動の感覚があることと、また、人間の意思が感じられることだ。簡潔かつ平明な短文ではあるがこの一文は、沈黙と光を違う角度から述べているものでもあるように、私には思える。

ギザのピラミッド

ルイス・カーン　4　沈黙と光

沈黙と光 Silence and Light

1 測り得ないもの／測り得るもの

ルイス・カーンの思想世界でもっとも印象深いことのひとつは二元論である。世界が真っ二つに分けられる。どちらにも属さない例外はない。たとえば、この世のあらゆるものは「測り得ないもの」と「測り得るもの」のどちらかに属する。「測り得ないもの」は、物理的に計量できないもののことである。「測り得るもの」は、物理的な計量が可能なもののことである。人間の意志や夢、感情といったものはおよそ計量不能なので、「測り得ないもの」であり、例えば煉瓦や石、大地や海などは、何らかの形で計量可能であることから、「測り得るもの」である。人間そのものは？ というと、その肉体は物質なので「測り得るもの」だが、カーンはしばしば精神や心、個性などの内面を含めた全体を人間とみなして話す場合があり、その場合人間は「測り得るもの」と「測り得ないもの」の両方からできている、となる。建築も二つに分けられる。カーンがwork of architectureと呼ぶもの（つまり建築物。前田忠直訳では建築作品と訳される）とspirit of architectureと呼ぶもの（前田訳では建築のスピリットと訳される）の二つである。前者は物質としての建築であり、これは「測り得るもの」である。後者は建築概念や、心の中の建築などであり、これは「測り得ないもの」である。

測り得ないもの＝意思、夢、感情
測り得るもの＝建築物、煉瓦、石、大地、海

こう書くと、「測り得ないもの／測り得るもの」の二元論は、物質か非-物質か？ が基準になっていることがわかるだろう。物質であれば、例え光や酸素、匂いのような不可視のものであっても、それらは何らかの形で計量可能であり、「測り得るもの」である。物であるかないかが、「測り得ないもの／測り得るもの」を分ける大きな基準となっている。カーンが世界を二分する時のその態度が、きわめて唯物論的、物質主義的であることがわかるだろう。

「測り得ないもの／測り得るもの」の分類は万物に及ぶ。カーン思想を理解する上で欠かせない概念のひとつに「存在」というものがあるが、これも二分される。つまり、存在にはエグジスタンス *existence* とプレゼンス *presence* の二つがある。プレゼンスの方は、物として存在している場合の存在のことである。プレゼンテーションという言葉があるが、それは自身の考えをスライドショウであれば映像に、演説であれば言葉に、なんらかの形に置き換えて提示することと理解されている。なので「プレゼンス＝物として存在させること」というプレゼンスの意味は、日本語の世界でもある程度わかりやすい。かたやエグジスタンスは、物でなくても存在しているような、形がなくても存在しているような存在のことだ。「測り得ないもの／測り得るもの」に照らすならば、エグジスタンスは「測り得ないもの」であり、プレゼンスは「測り得るもの」である。

このエグジスタンスとプレゼンスが興味深いのは、両者の差異は単に「物かどうか」だけでなく、「意志があるかないか」の違いでもあることだ。プレゼンスは、例えば「石ころがそこに転がっている状態」といったような、そこに存在しようとする特別な意思なしに存在している状態のことだ。それに対してエグジスタンスの方は、意思を持って存在している状態を言う。道端に転がっている石には、そこに存在しようとする意思はなく、それはいわば自然にそうなっているのだが、しかし例えば、街角に教会が建っている場合を想像すると、それは物質としてあるという意味でプレゼンスでありつつ同時に、そこに建っているのは自然現象によるものではなく、何らかの意図によるという意味で、それはエグジスタンスである。つまりエグジスタンスとプレゼンスの違いには、「非‐物か物か」の区別と共に、「意志か非‐意志か」の区別が同時にある。ここで面白いのは、カーンが世界を二分するその唯物論的態度は、そのまま唯心論的態度でもあることだ。物質を尊重する態度が、そのまま人間の精神や意思を称える態度になっている。また、もうひとつここで重要と思われるのは、「意思か非‐意思か」の二つはそのまま「意思か自然か」の対立にもなっているという点だ。この「意思／非‐意思」と「意思／自然」はともに、「測り得ないもの／測り得るもの」と同型であると考えることができる。

カーンが最晩年にたどり着いた概念である「沈黙と光」は、この「測り得ないもの／測り得るもの」の二元論からやってきた、と私は考えている。「沈黙と光」のうち後者の方の光は、計量できる物質なので「測り得るもの」である。沈黙は、これは一言でこれと言えないような概念だが、沈黙とは存在しようとする願望、表現しようとする願望のことだとカーンは発言しており(1)、その言葉だけ見ても、沈黙が「いまだ存在していないが存在に至ろうとしている何か」であるということ、つまりそれはエグジスタンスでありまた「測り得ないもの」であることがわかるだろう。整理すると、

測り得ないもの　測り得るもの
エグジスタンス　プレゼンス
非–物　物
意思　非–意思
意思　自然現象
沈黙　光

2　建築：沈黙と光

カーンは一九七〇年に「建築：沈黙と光」というエッセイを執筆し、「沈黙と光」と建築との関係について語った(2、3)。コロンの一般的意味を考えつつこのエッセイの表題を素直に読むと、「建築は沈黙と光からできている」と読める。

「沈黙と光」とは何か？　これについて書き始めると話がたいへん長くなってしまう。最初に結論を

言ってしまうと、カーンの様々な発言を総合すれば、沈黙とは「存在しようとする願望」のことであり、光とは「太陽光に代表される自然全般」のことであると理解できる。つまり「建築：沈黙と光」は、「建築は、存在しようとする願望と自然界との出会いからやってくる」という意味になる。カーンがそう明言した記録は多分ない。単に、カーンの諸発言から私が勝手にそう理解しているだけだ。そこには誤解がいくつもあろう。以下、「測り得ないもの／測り得るもの」をベースに、沈黙と光のおのおのについて述べてみたい。

2-1 沈黙

まず沈黙から始めると、カーンが述べた沈黙の定義は以下である。

■「私は〈存在しようとする／表現しようとする願望〉を沈黙と名付け、他方を光と名付けた図式を描くことからはじめました。」(4)

I began by putting up a diagram calling the desire to be/to express silence; the other, light. (5)

つまり沈黙とは、desire to be(存在しようとする願望)もしくはdesire to express(表現しようとする願望)だ、とある(スラッシュをorの意味に解している)。ここで読者がまず疑問に感じるであろうことは、なぜ「存在しようとする願望」と「表現しようとする願望」が同じことなのか(スラッシュで並べられてしまうのか)、よくわからない。しかし他方で、「測り得ないもの/測り得るもの」の図式を思いおこせば、両者がともに「測り得ないもの」の側に属しているという共通性があることはわかる。「存在しようとする願望desire to be」も「表現しようとする願望desire to express」も、物というよりは意思(願望)であり、まだ物として存在できていない様子なので、それはエグジスタンスであり「測り得ないもの」である。カーンは上の発言に続けて、以下のように言っている。

■「〈存在しようとする/表現しようとする〉願望は、生きることの真の動機です。その他に動機はないと思います。」(6)
The desire to be/to express is the real motivation for living. I believe there is no other.(7)

この発言は、「沈黙こそが生きることの真の動機です」という意味に読めるが、ここは読者にとってさらに理解しづらい部分である。「存在しようとする願望が生きる動機だ」はまだしも、「表現する願望以外に生きる動機はない」は、日本語ではなかなか理解しづらい極端さがあるからだ。日本では、「表現」は必ずしも良い意味で用いられない、という文化的背景もあるだろう。例えば「表現的だ」は日本では褒め言葉ではない。「自己表現する」が「自分をアピールする」というような意味にしばしばなってしまったり、極端な場合には表現イコール「飾り付けをする」というような、表面的なニュアンスをしばしば持ったりもする。そういう日本語の世界からすれば、自分をアピールしたり飾り付けたりすることが生きることの動機とは、なかなか理解しがたいことだ。

しかし西洋語において「表現」は、決して表面的なものではない。「表現するexpress」は「ex外へpress押し出す」という意味であり、「人がその内に持っているものを外に押し出す力」のことである。イタリアのエスプレッソコーヒーは、コーヒー粉末を密閉して高圧蒸気で加圧し、エキスのように濃密なコーヒーを抽出する。expressすることで、より濃密なものが出てくる。この場合expressは、日本語でいえば「表現する」よりも「絞り出す」の方が近い。西洋語において表現とは、自身の内側から、もっとも重要な部分を絞り出すこと、と言える。「自分自身の表現はその人のかけがえのなさから生まれる」[8]とカーンが言うのは、表現とはどこか他所から借りてくるものでなく、自身のなかから出てくるものだというニュアンスがある。

また、「表現(ex外へpress押し出す)」とは「形がないもの(イメージやアイディア)を形あるもの(言葉、映像、作品など)として存在させること」と考えると、物的存在になること(to be)と表現すること(to express)は非常に近いことと言える。そのような意味で「存在しようとする願望」と「表現しようとする願望」が一体的に表記されるdesire to be/to expressは、理解できる表現である。つまりここで私が言いたいのは、

〈存在しようとする／表現しようとする願望〉desire to be/to expressという形で両者が繋がれることと、「それが生きる動機だ」The desire to be/to express is the real motivation for livingの部分は、日本語では難解であり西洋語では平易ということだ。

ところでカーンは、「沈黙＝表現しようとする願望／存在しようとする願望」のことを、「ピラミッドを見るときにすべての人が感じるそれだ」(9)とも言っている。

■「ピラミッドが建設されているときへ立ち帰ってみましょう。そしてその場所をしるすもうもうたる砂塵のなかの勤労に耳を傾けてみましょう。そしていまわれわれはピラミッドを完全なプレゼンスの中で見ます。そこには沈黙の感情がゆきわたり、その沈黙の感情の中に人間の表現せんとする願望が感じ取れます。最初の石が置かれる以前に、この願望は存在したのです。」(10)

Let us go back in time to the building of the pyramids. Hear the din of industry in a cloud of dust marking their place. Now we see the pyramids in full presence. There prevails the feeling of Silence, in which is felt man's desire to express. This existed before the first stone was laid.(11)

ピラミッドを建設するこのエピソードは謎めいているが、カーンが沈黙の説明をするときに必ずと言っていいほど使う例え話である。ピラミッド建設工事が終わり、砂煙が取り払われて、「完全なプレゼンス（ピラミッドの登場）」を我々が見て、そこに我々は沈黙の感情、人間の表現せんとする願望を感じ取る、とあり、その願望は着工前にすでに存在していたものだ、とある。つまりカーンによれば、人々はピラミッドというプレゼンスを見る時、その背後にある、ピラミッドを建立しようとした人間の、物を存在させようとする願望を見ている、ということだ。

確かに、ピラミッドは異形の形であり、物としての存在感がすごいので、それを見たときに多くの人々は、これはなんなのだという、素朴な感想を持つだろう。全員がそうかはわからないが、少なくとも初めてピラミッドを見た時の私の感想はそれであった。それはたぶん私だけでないと想像するが、多くの人が感じるであろうこの疑問に対して、「これは墓なんですよ」とツアーガイドに説明されると、ああ墓か、と、我々は一瞬納得する。しかしよく考えれば、墓というのはこの物体の機能のひとつでしかない。「これは墓です」はピラミッドの存在を自明なものとして認めた上での、その使い方についての説明であって、そもそもこの物体はなんなのだという、物自体への驚きについては、ほとんど答えていない。ピラミッドを見たときに人々が感じる、物自体への驚きについてカーンは、ピラミッドを建築した人間の、何事かを成し遂げんとする意思のようなものを見ている。その驚くべき物体の根源に、表現しようとする願望、物としてこの世に存在せんとする強烈なパッションを見ている。それが沈黙だ。ここで、カーン思想がまさに存在論であることが明らかになる。ピラミッドから墓に行くのは存在的であり、沈黙に行くことは存在論的と言えるからだ。

「存在しようとする願望」を、なぜ単純に願望と呼ばず、あえて沈黙と名付けるのか？ という疑問は当然あろう。その理由はいくつかあると思えるが、その背後にはやはり「測り得ないもの／測り得るもの」の二元論の世界がある。カーンは沈黙の用語について、アンドレ・マルローが使うそれと同じ意味で自分も使う、と発言している[12]。マルローは『沈黙の声』("The Voices of Silence" André Malraux, Princeton University Press)において、沈黙をunseen presenceという意味で使っている[13]。unseen presenceは、「いまだプレゼンスにならないもの」という意味だ。プレゼンス以前、つまりいまだ表現になっていない状態、形が与えられていない状態、を沈黙とマルローは呼んでいる。ちなみにマックス・ピカートは『沈黙の世界』の中で、「沈黙」に対立する概念として「言葉」を置いている[14]。ここにも、「いまだプレゼンスされていないもの／プレゼンスされたもの」の二分法があり、その背後に「測り得ないもの／測り得るもの」がある。言葉がプレゼンテーションされた世界の代表格とすれば、その対岸は言葉にならない状態、つまり沈黙である。

測り得ないもの	**測り得るもの**
unseen presence	**presence**
いまだプレゼンスにならないもの	**プレゼンスになったもの**
沈黙（言葉にならないもの）	**言葉（言葉になったもの）**

2-2 光

光とは何か？ についてカーンは、「光は全プレゼンスの賦与者」[15] Light, the giver of all Presences[16] と述べている。プレゼンス(物として存在すること)は光によって初めて可能になる、という意味に読める。まるで光が、全物質の創造主であるかのような言い方だ。カーンはまた「光は物質の生命」[19] Light is material life[20] とも言っており、物質としてこの世に存在するにあたって光はなくてはならないものだ、というニュアンスが読み取れる。それに近い意味として、「あるものにプレゼンスを与えようとするとき、あなたは自然の力を借りねばならない」[17] When you want to give something presence you have to consult nature.[18] とも述べている。これはある程度わかりやすい。自分の頭の中のイメージを、彫刻なり絵画なり建築物なりの物に置き換えるとき、その人は自然の掟に従ってそれをやらねばならない、という意味であろう。画家であれば水彩絵の具の性質や気温や湿度や紙の性質という物的法則の中で、自身の構想が物(絵)に置き換えられてゆき、建築であれば太陽光や重力、風力、温湿度といった、自然の摂理の中で、物として実現される。イメージはイメージのまま心の中にとどまっている限りは、自然に出会うことはないが、それがひとたび物になろうとするとき、必ず自然と出会うことになる、ということだ。これらから類推すると、光は自然の摂理のこと、と理解できる。

もしそうであれば、「物か非-物か」の唯物論的二元論はそのまま「光か非-光か」の二元論に展開されていることになる。「測り得るもの」つまり物質とは、「光の世界(つまり自然界)に存在するもの」という意味であり、「測り得ないもの」つまりエグジスタンス的存在は、「光のない世界に存在するもの」という意味になる。言うまでもないことだが、ここで言う「光のない世界」は、闇の世界ではない。カーンによれば闇は光のバリエーションのひとつであるから、「光のない世界」の意味は、光も闇もない世界という意味だ。

測り得ないもの	**測り得るもの**
非-物	**物**
非-光	**光**
意思	**非-意思**
沈黙	**光**

2-3 沈黙と光

カーンにとって重要なのは、沈黙と光の両者だけでなく、沈黙と光が出会い、交流する、という部分にある、と私は感じている。沈黙と光を描いたスケッチが残っており、そこには沈黙と光の間の行き来が描かれている。スケッチに添えて「沈黙は光へ、光は沈黙へ、それらが交差する閾は掛け替えのないものであり、それはインスピレーションだ」と書かれている(図1)。

■「沈黙の光への移行と、光の沈黙への移行には多くの閾があります。かぎりなく多くの閾があります。そしてそれぞれの閾が実はわれわれめいめいのかけがえのなさなのです。われわれめいめいは沈黙と光の出会いが宿る閾を持っています。この閾、この出会いの点がインスピレーションの場所です。インスピレーションは〈表現しようとする／存在しようとする〉願望が可能性に出会うところです。それはプレゼンスの形成者です。[21]

The movement of silence to light, light to silence, has many thresholds; many, many, many thresholds; and each threshold is actually a singularity. Each one of us has a threshold at which the meeting of light and silence lodges. And this threshold, this point of meeting, is the position of inspirations. Inspiration is where the desire to be/to express meets the possible. It is the maker of presences.[22]

この発言の中の「沈黙から光への移行と光から沈黙への移行」とは、今までの議論に従えば、「測り得ないもの」と「測り得るもの」の間の行き来であり、つまりイメージと物質の間の行き来、人間意思と

The Pyramids seem to want to tell
us of its motivations and its meeting
with Nature in order to be
I sense
Silence as the aura of the 'desire to be to express'
Light as the aura 'to be to be'
Material as 'Spent Light'
(The mountains the streams the atmosphere
and we are of spent light.)
Silence to Light
Light to Silence
The Threshold of Their crossing
is the Singularity
is Inspiration
(Where The desire to express meets the possible)
is the Sanctuary of Art
is The Treasury of the Shadows
(Material casts shadows shadows belongs to light)

図1　沈黙と光について描いたスケッチ。
左が沈黙，右が光と思われ，
両者の間を行き来する線が多数引かれて，
沈黙と光の行き来を示している。
またスケッチの下に，沈黙と光についての
詩が書かれている。

沈黙は光へ
光は沈黙へ
それらが交差する閾
は掛け替えのないもの
はインスピレーション
（そこで表現せんとする願望が可能性に出会う）
は芸術の聖域
は影の宝庫
（物質は影を投げかけ　影は光に属する）

自然界の間の行き来、と想像できる。たとえば建築の設計過程を例にすると、まず思いついたイメージを模型や図面にしてみる。これは、「測り得ないもの」(心の中のイメージやアイディア)を「測り得るもの」(模型や図面)に置き換えてみる行為と言える。つまり沈黙から光への移行である。しかしイメージの世界の中では素晴らしいアイディアだと思っていたのに、模型にしてみたらまったくダメなので失望し、考えをあらためる。「測り得るもの」(模型や図面の世界)でわかった反省が、「測り得ないもの」(イメージの世界)にフィードバックされる移行が起きる。これが光から沈黙への移行と言える。それによってイメージを修正して、再度模型にしてみる、つまり再び沈黙から光への移行が起きる。これはスタディとかエスキスと呼ばれる労働であり、この繰り返しは延々と続く。モーツアルトは「リンツ」をたった四日で書き上げ、それは他人が「リンツ」の楽譜を写譜するのに要する時間より早かったという逸話があるが、よほどの天才でない限り沈黙と光の往復を一回で終わらせられる建築家はおらず、誰もが無数の往復をする。沈黙から光へ、光から沈黙への行き来はたいへん多く、この行き来を何度も経ることで、徐々に建築は建築物になってゆく。頭の中のイメージが、徐々に確かな肉体を帯び、物としてこの世に存在し始めるこのプロセスは、建築家にとってもっとも重要な労働のひとつだ。画家や音楽家、数学者といった人々が、どんな創造のプロセスを取っているのか私は知らないが、少なくとも建築家は、沈黙と光の無数の往復によって建築を創造している。上の発言で「われわれめいめいが沈黙と光の出会いが宿る閾を持っている」とカーンが言うのは、イメージから物へ、物からイメージへの往復運動が、建築家個人という単独的領域(a singularity カーンがいうかけがえのなさ)で起きることだからだ。

まとめると、沈黙という「存在しようとする願望」と光という「自然の摂理」の、両者間の無数の往復によって建築物が創造されてゆく、という考え方が、冒頭の「建築：沈黙と光」という題名になっている、と考えられる。

＊

以上のような議論から沈黙と光はそれぞれ、精神と物質に対応し、またそれは人間意思と自然世界に対応していると考えられる。そしてそれは、人間と神に対応している、とも考えられる。西洋の大学を見た多くの日本人が不思議に思うことのひとつは、西洋の学問は、日本の学問のように文・理に二分されず、art and science に二分されていることだ。アートの方は、人間がつくったものを探求する学問であり、サイエンスの方は、神がつくったものを探求する学問である。アートの方には美術、音楽、歴史、文学などが属し、サイエンスの方には天文学、物理学、心理学などが属する。西洋世界はまさに、人間がつくったものと神がつくったものとに二分されている。西洋世界に二元論が登場するとき、そのほとんどの場合は、片方に個人があり、もう片方に神（自然）がある。「建築は私が知っているもっとも宗教的な行為だ」 Architecture is one of the highest religious acts that I know[23] とカーンが言う時、重要なことが少なくとも二つある。ひとつは、カーンは建築を存在論として見ている。これはモダニズム建築運動の中では類例がないことだった。そして二つ目は、カーンにとって建築創造（沈黙と光の行き来）は、人間と神（自然）の交流であることだ。沈黙と光は、アブラハムやモーゼのような単独的人間が神と対峙した、旧約聖書に描かれた砂漠の世界そのものなのだ。

出典

1 前田忠直編訳『ルイス・カーン建築論集』(鹿島出版会)、p.29, 67, 104, 196

2 『ルイス・カーン建築論集』、p.91~102

3 Alessandra Latour編『LOUIS I. KAHN Writing, Lectures, Interviews』(Rizzoli New York)、p.248~257

4 『ルイス・カーン建築論集』、p.29

5 『LOUIS I. KAHN Writing, Lectures, Interviews』、p.286

6 『ルイス・カーン建築論集』、p.29

7 『LOUIS I. KAHN Writing, Lectures, Interviews』、p.286

8 『ルイス・カーン建築論集』、p.71

9 『ルイス・カーン建築論集』、p.111

10 『ルイス・カーン建築論集』、p.91

11 『LOUIS I. KAHN Writing, Lectures, Interviews』、p.248

12 『ルイス・カーン建築論集』、p.67

13 André Malraux『The Voices of Silence』(Princeton University Press)、p.46

14 マックス・ピカート『沈黙の世界』(みすず書房)、p.33~35

15 『ルイス・カーン建築論集』、p.91, 104, 190

16 『LOUIS I. KAHN Writing, Lectures, Interviews』、p.235他

17 『ルイス・カーン建築論集』、p.8

18 『LOUIS I. KAHN Writing, Lectures, Interviews』、p.323
19 『ルイス・カーン建築論集』、p.88
20 『LOUIS I. KAHN Writing, Lectures, Interviews』、p.268
21 『ルイス・カーン建築論集』、p.29
22 『LOUIS I. KAHN Writing, Lectures, Interviews』、p.286
23 前田忠直『ルイス・カーン研究　建築へのオデュッセイア』(鹿島出版会)、p.4

ROLEXラーニングセンター　SANAA

ルイス・カーン 5

文章を書くこと

前号まで西沢さんに、ルイス・カーンの思想について三回にわたって書いていただきました。衝撃を受けたのが、とても分かりやすかったことです。大学の建築論の授業で聴いたカーンの思想は、全体を掴みづらくて非常に難解でしたが、これほどクリアに感じられるのかと驚いたんです。そこで、今回、文章を書く時に考えたこと、そして書いた結果、気付いたり思われたことについて伺いたいと考えたのです。

カーンについては、最初はインタヴュー形式で、話し言葉で一回やってみたのが始まりです。その次の号から、書き始めました。カーン本人の言葉と、あと前田忠直さんの『ルイス・カーン建築論集』をベースに、全部で三回書きました。第一回が「私は元初を愛する」、第二回が「ルーム(時空間)」、第三回が「沈黙と光」です。

「カーンについては書いてみたい」と言われたのですが、どのような理由だったのでしょうか。

一回話してみて思ったのは、話し言葉だとなにか流れていくだけで、とりとめもないというか、こういうやりかたではカーンの世界には近づけないと感じたんです。それで、書いてみようと。

言語の問題という意味では、英語の原文を一緒に書いて下さったことも大きかったです。やはり、断片的であっても明快に伝わる。

『ルイス・カーン建築論集』の前田さんの日本語訳を何度も読むうちに、原文はいったいどうなっているのだという気持ちになっていったのです。『ルイス・カーン建築論集』はカーンの講義やエッセイが本文になっていて、前田さんが和訳と注釈をつけるという形ですが、注釈を前田さんは存在論のアプローチで書いた。それはめっぽう面白いわけです。しかし本文、カーンの発言の方を見ると、カーンは存在論にもハイデッガーにも一言も触れていないわけですね。本文と注釈のこのギャップは一体何なのか。いったいカーン本人の言葉はどんなふうだったのかと。その辺りから原文に関心を持つようになりました。

カーンの英語はたいへん詩的で、心に残るものでした。また、うまく言えないんだけど、感覚的じゃないというのかしら。カーンが感受性の鋭い人なのはもちろんなのですが、しかし彼の話は感覚的なことの連なりではなくて、形式的に考えているという正確さがあり、あるわかりやすさがあった。

西沢さんは詩について言及されることも多いですが、同様の意識を感じます。話し言葉で現れる文化的な背景でなく、言葉としてアウトプットされたテンションは、他の言語で書いても伝わる。

わかりやすい文章という時の「わかりやすさ」っていうのは多くの場合、形式的に考えていったことについて書かれたもののことだと思うんです。それはけして、話し言葉のカジュアルさがわかりやすく感じるという、雰囲気の話ではないんです。

二川幸夫が建築の形式性を重視したことを思い出しました。一般的な意味での形式ではなく、構築に近い意味で、形式としてつくり上げられる必要がある。

ぼくも、形式の重要さというところは建築に似ているなと思いました。今回、原稿を書いていて、特に「沈黙と光」の原稿を書いていて思ったんですが、形式って、ものごとを称揚する最高の方法のひとつなのかもしれないなと思ったんです。そこも建築の形式に似てるかもしれない。

例えば、前田さんが存在論のアプローチで書くというのは、カーンにとっては驚きというか、全然違う形式性なのです。でもそれによって、カーンの思想を褒め称えることができたのだと思います。

存在論から書かない

カーンについて書くにあたってぼくが考えたのは、存在論という言葉を使わずに書いてみたいということでした。それほど「測り得ないもの／測り得るもの」の二元論は面白いとぼくは思った。計量できるかできないかだけで世界を二分するのです。

「測り得ないもの」は、計量できないもののことです。つまり物質でない存在全般ですね。これはいろんな意味で面白い概念なのですが、ぼくが一番驚いたのは、カーンがこの「測り得ないもの」を、かけがえのないものに展開させていったことでした。量に置き換えられないもの、交換不可能なもの、かけがえのないものです。このきわめて物質主義的二元論がまたたくまに人間の精神を賛美するものになるという驚きがありました。建築の世界で、物を扱う世界で、しかも量がすべてみたいなアメリカで、アメリカ最大の建築家がそれを言うことに、ある驚きを感じました。

今回の執筆前の計画では、「元初」と「沈黙と光」の二つの項目を挙げておられました。

そうでした。執筆前は、第一回「私は元初を愛する」と第二回「沈黙と光」の二部構成で書こうと思ってたんです。両方とも、「測り得ないもの／測り得るもの」を中心に書こうという漠然としたイメージがありました。ただその時は、「測り得ないもの／測り得るもの」を突き詰めてゆくと「沈黙と光」になるとどこまで思っていたか、たぶんそこまでは思っていなかったかもしれません。

「沈黙と光」はカーンでも後期の考え方ですが、二つの項目が初心と到達点になっているように感じていました。

そうとも言えるかもしれません。最初に書いた「私は元初を愛する」の文章は、今読み返すと、ずいぶん適当に書いているなというか、書きながら理解してる過程だったんだなという感じがします。まだ方針もそれほど定まっていなかったと思うのは、「私は元初を愛する」について書いてみたら、その次に「ルーム」について書くことになっちゃった。

その理由は?

「元初」の例として英国史第零巻という、現実に存在しようのない本の話が出てきます。カーンが持っている英国史全集は全八巻なのですが、英国史の元初はいまだ書かれざる第零巻だという話。「元初」を探ってゆく方向が、今現在からスタートして、第一巻の前の、さらに過去に向かうのです。「元初」のイメージが、地平線を越えてゆくとか、宇宙の果てに行くという空間的・距離的な遠くでなく、時間的な遠くへという形を取っており、これは時空間がテーマになっているんだと思い始めて、もしかして次に「沈黙と光」に入っていった時に、時空間を無視して書いたらとんでもない間違いをおかしてしまうのではと思い、急遠、「ルーム」について書くことにしたんです。「ルーム」は、カーンが提示した諸概念の中で、もっともわかりやすい時空間の例だったからです。

また別の問題として、カーンを論じながら「フォーム」は無視、というある意味で無茶苦茶な選択をぼくはしているわけですが、前田さんの文章を読めば、それがいかに問題かは明らかです。「フォーム」が重要なのはぼくも知っているのですが、しかし実は、この「フォーム」っていう概念をぼくはどうしても好きになれなくて(笑)。というのも「フォーム」はあまりに完璧というか、ダイナミックじゃないというか、カーンが都市について語る時のあの寛容さや官能性、開放感が、「フォーム」にはないように感じていたのです。しかし他方でカーンの思想の魅力のひとつに、家具から建築から都市空間までスケールを超えて広がっていくという面白さがあり、その広大な広がりがカーンの思想を世界観と言っていい大きさのものにしている一因にもなっていて、それは要するに「フォーム」の強みなわけです。「フォーム」は概念なので、スケールレスだから、スプーンにも都市にも適用できるわけですね。

どうやって「フォーム」は嫌いと言わずにフォーム的なものに触れるか。そこで「ルーム」です。「フォーム」と「ルーム」はすごく近いわけです。もちろん違いもあって、「フォーム」は空間的なもので、「ルーム」は時空間です。また「フォーム」はあくまでも概念だけど、「ルーム」は概念でありつつもうちょっと具体的な場所性でもある。「元初」も「沈黙と光」も語感が難しい響きだし、そこに「フォーム」なんかが来たらやたらといかめしくなってしまいそうで敬遠していたのですが、「ルーム」であれば、概念だけに終始することなく、なにか空間的なものを伴いつつわかりやすく書けるのではないかと。

想像力が敗れていく

そういうわけで第二回「ルーム」を、急遽書きました。「沈黙と光」は、両者が延々と交流しあうという時間のかかる話ですから、これを書くにあたって、カーン概念の時空間性を無視するわけにはいかないということで、「沈黙と光」に行く前に「ルーム」について書いた。

そういう作戦変更は他にも幾つかありました。一番ひどかったのは、ひどかったというか大きかったのは、存在論という言葉を使わずに書けるはずという全体コンセプトが、書いてくうちにどんどんダメになっていきました(笑)。いけると思ったイマジネーションがひっくり返されてゆくというのは、建築設計ではしばしばあることですが、文章ではあまりなかったかもしれません。

西沢さんも、カーンの建築は存在論的だと言われていましたが、それになるべく触れないで書くと聞き、やはり建築家だからこそだと思ったんです。「測り得るもの」の上に「測り得ないもの」があるというけど、思想やイメージ、理論があって、それをなんとかアウトプットしようとしている時に、その前後関係、上下関係は単純ではないですよね。「沈黙と光」で書かれたように、その間には往復運動があって、閾も揺れ動く。建築家として、常に思った通りにものが生まれてこない戦いはあるとしても、「測り得るもの」を必ずしも「測り得ないもの」の下に置いているわけではないと思いました。

おっしゃる通り、建築家だからこそ存在論から書かない、というのはあったかもしれません。カーンに共感するところのひとつは、彼が自身の実務を通してものを考えているというある種のマテリアリズムです。カーンの概念はどれほど神秘的な語感であったとしても、それは設計の現場から出てきたものなので、ある種の具体性と実感があり、そういう面白さもぜひとも書きたいわけです。それもあって存在論の言葉を使わずに書いてみたい、書ける、という思いが強かったのだと思います。

建築の世界で存在論といえば、まずは「建築とは何か」という問いです。カーンは「ホワットはハウに先駆する」(1)と言いましたが、それはホワットの問い(建築とは何か?)の方が、ハウの問い(建築はどうつくれるか?どう使えるか?)よりも重要だという意味で、この一言だけでカーンが存在論的であることがわかります。

ちなみにこの発言で、ホワットとハウが対置されています。これは前田さんが何度か引用しているハイデッガーの、「存在論的か、または存在的か」の対比と同型です。存在論的問いは「存在とは何か?」で、存在的問いは「その存在物はどうつくれるか?」という問いです。後者のハウの方、「どうつくれるか?」の方は、建築の仕組みとか機能とかを問題にする工学的世界なので、大きく言えば機械論、機能論です。ハウよりホワットが先だとカーンが言うのは、モダニズムがハウの方ばかり、つまり建築の仕組みや使い方の方ばかり研究・発展させていくことへの批判という面があると思います。側から見れば、建築が何なのか知らないくせに、その仕組みとか機能なんて考えられるのか?と言われてしまいそうですが、意外にそれができる。たとえば自動車屋さんは、「車とはなんぞや」なんて定義が定まっていなくても、どんどん車の性能を上げてくことができるし、お医者さんだって「人体とは何か」なんてわからないけど人体の仕組みはある程度わかっている。「建築とは何か?」を問わずに、建築の仕組みや機能は研究できるわけです。そのような状況で、「建築とは何か?」の問題の方が先だというカーンは、存在論的です。

そういうことが、ピラミッドの例え話に出てきます。ピラミッドの話はカーンが「沈黙」を説明するときによく出してくる話で、ピラミッドの背後に、それをつくろうとした人間の意志を見出すという、実話と寓話が混ざったような、なにかミステリアスな話なのですが、ぼくはその話のところまで来て、存在論で書くのがストレートだったんだと、ようやく悟りました。カーンは別のインタヴューで、「(重要なのは)ピラミッドがいかにつくられたかではなく、何がそれをあらしめたかということだ。つまりピラミッドの形成を引き起こした力がなんであったかということだ。それが沈黙の声だ」(2)と言っています。これもハウよりホワットが重要という言葉とほぼ同型ですし、存在的問いより存在論的問いの方が先だ、という意味です。ピラミッドというのは異形の物体で、それを初めて見た人の多くは「これ何?」みたいに思うのですが、それに対して「これはお墓です」と答えるのは、一見答えているように聞こえますが、しかしそれは「ピラミッドは何に使われているか?」への答えでしかない。それは存在的答えであって、存在論的問いには全然答えていない。「建築とは何か?」という問いに対してどうしても機能を答えてしまう、これはモダニズムがいかに存在論の言葉を持っていないかの証拠でもあるのですが、そういうことを書いているうちに、やっぱり存在論で書くのが筋なのだとなってきて、だめだー!となった(笑)。必死にいろいろ書き直そうとしたけれど、存在論から書くっていうのは根本的変更ですからそれはもう無理でした。

ただ、失敗したとはいえ、もう仕方ないというか、ある爽快さも感じました。つらつらと話している限り、こういう経験はできなかった。

モダニズム建築の新領域

ぼくは、けして失敗ではないと思いますが、この後の展開を読みたいと思いました。たぶん、西沢さんが言われた、「測り得るもの」と「測り得ないもの」が一体になっている部分だと思います。

「沈黙と光」の次の展開は、それこそカーンに聞いてみないとわからないことですが、「沈黙と光」によってモダニズム建築の存在論という未踏領域が予告されたと思うんです。モダニズムがカバーできなかった領域をカーンが押し広げようとしたのは間違いない。なので、もし他の人が継承して展開させるとしたら、建築存在論の探究ではないかと思います。モダニズム建築の存在論という学問領域が進展すれば、「沈黙と光」は入り口のひとつであって全貌ではない、ということがはっきりすると思います。

以前、西沢さんは、プログラムや機能を出発点にしながらも、最終的にはそれを超えたいと言われていました。

カーンだけでなく我々建築家は、意外と皆、存在論的問題を日々考えてはいるのです。ローザンヌの「ROLEXラーニングセンター」(二〇〇九年)は、大きな四角いワンルームの中に丸い穴(光庭)が幾つも開いている建物なのですが、その穴は正円でなく、フリーハンド的にカーブした自由曲線の、おまんじゅう形状の光庭です。その形は、四角形じゃ絶対だめで、正円でもだめなわけです。四角形ではなぜだめかというと、光庭(A)の機能だけを考えればそれは採光用ですから、面積が確保されていれば形は何でもいいのですが、中庭の外つまり室内側(B)から考えると、人が自由に移動する広場みたいな室内ですから、角があると邪魔なわけです(C)(3)。丸の方が移動がスムーズなので丸であるべきだ、と我々は主張する。これは光庭の形を機能、働きの面から説明しようとする、いわば存在的説明です。しかしこの説明ではまだ、なぜ我々は正円じゃだめで自由曲線の歪んだ丸じゃないとだめなのか、説明できていません。正円でだめなのは、場所によって機能が違うし、構造アーチのルートが違うから、各光庭は全部違う形に歪むのですが、それも存在的説明です。そもそもぼくらは、機能的にうまいから自由曲線をやるわけでは全然ないのですから、機能でそれを説明するのは論理的に変なのですが、自由曲線のアイデンティティを説明する言葉が機能以外に見つからない。そういううまく説明できないことのスタディに、我々はものすごい時間を費やしているわけですね。これはボザールで、立面の寸法について延々と悩んだとかいうのとほとんど同じではないか、と思ったりします。

「ファサードを石にするかレンガにするか」とか、「軒の出はどのくらいが良いか?」という問題は、あるところまでは機能で考えられるけど、あるところから先は、機能ではもう考えられない。軒の出が一メートルと一・五メートルどっちがいいかなんて、機能で考えれば、コストと性能、効率などを総合評価してどっちもどっち、差はあまり無しという結論になるのがオチと思うのですが、立面の豊かさから言ったら、優劣は決定的です。歴史的街並みの重要さ、街角の情景に関するスタディの多くは、機能では説明できない領域にあって、建築家はそこでもの

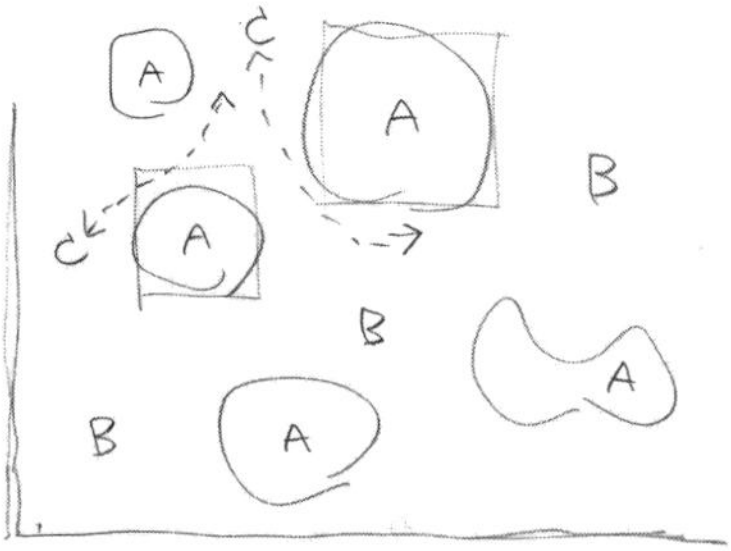

すごいエネルギーをかけてスタディしていたりする。たとえば建築と人間の関係や、都市が人間に与える影響などは、どこまで機能で説明してしまっていいのか疑問です。

カーンの開放性

執筆を終えた後、雑談の中で、設計者としてはカーンの世界に深く入り込みすぎると、何かを失って、ものをつくれなくなるような気がするというようなことを言われていましたよね。つくる喜びとモノ自体の素晴らしさが、ひとつに感じられるような思考だと感じるのですが、どういうことを思われたのでしょうか。

それをいつ言ったか、あまり覚えていないのです。しかし、カーンの世界は逃げ場がないという感じはある。コルビュジエとかミース、ライトは、開放感があったなと思います。

コルビュジエが描いた人間像、モデュロールマンは、外形だけグワッとしてて、形はあるけど、中身がないじゃないですか。ないというか、描いていない。開放感を感じるのは、中身は自由というところです。物だけ、寸法だけなので、その人の信条とか宗教とか思想とか、そういうことはなんでもいいと。人間の内面には立ち入らないのです。

もちろんカーンの思想だって、普遍的かつ開放的なものです。しかしカーンの世界に入っていくと脱出できなくなっていく。物質と非物質のすべてを傘下に収めた、もはや例外はあり得ないような、完全な世界なんです。コルビュジエはもっといい加減です。近代五原則は相当乱暴で、また物的だと思います。コルビュジエが人々に新法則を提示する時はいつでも、とんでもなく開放的なんです。いろんな人間が、「よっしゃオレもやったるでー！」となる。コルビュジエは水平連続窓で特許を取ったくらいです。カーンは「人間のもっとも優れた価値は、その人が所有権を要求できない領域にある」(4)と言いましたが、近代五原則はまさにそれです。つくったのはコルビュジエですが、それは皆の財産となった。そこで特許を取りに走るコルビュジエはある意味セコいという意見もありますが、ともかく彼はいつも、あらゆる人間が参入してくるような、開放的な土俵をつくるのです。ぼくにとってのミースは本当にそれでした。学生時代にミースを見た時、「なんてかっこいいんだ」と思った。「ぼくもやりたいやりたい！」状態でした(笑)。

「沈黙と光」は全く違うけれど、我々の文脈でも伝わってくる。それは建築創造の実際においても、通じる部分があるでしょうか。

それはすごくあるでしょう。カーンの思想には普遍性があります。人間が建築をつくるという、時代や地域差を超えて、みんなやっていることは同じで、カーンはそれについて話しているから、ぼくらに伝わってくるのだと思います。

自然と人間意思、その閾と往還を考えると、我々の文脈や場所ならではの想像の豊かさがありそうですが……。

そうですね。創造の豊かさって、ひとつはアプローチの面白さではないでしょうか。フラーは無茶苦茶で、建築を合理的につくるために、部材は一種類が一番いいと、それで建築の形が球形になってしまう。発想がすごいのです。日本で木造建築で育った我々は、砂漠の土の家を見て驚きます。全部を土だけでつくっちゃう発想のすごさに驚くんです。たぶん砂漠の人々も日本の軸組構造を見ると、そのアプローチの面白さに感心すると思います。

カーンの概念には、彼を育てた風土を感じるところが多くあります。「沈黙と光」などには、厳しい風土を感じます。日本やアジアのようなぬるい感じでは、あそこまで厳しく二分される世界は出てこないのではと思います。ぼくは死海に行った時、地平線がバーンとあって、天と地しかなくて驚きました。日の出と日没が圧倒的で、いたく感動しました。

「ルーム」についても、日本やアジアのような気候のところでは、「人間の場所」を言うのに「ルーム」とは言わない気もするんです。アジアのような気候では、人間の場所は外でも中でもあり得るし、特にカーンが言うように、道だって人間の居場所だ、と「ルーム」を都市空間にまで展開させてゆく作戦であれば、室内をモデルにしない方がアジア人にはストレートな気もします。だから「ルーム」にはアジアと異なる風土、なにか室内の暖かさとか優しさが心に染みるような、そういう風土を感じたりして、いいなと思います。

ちなみに先ほど、存在論的と存在的を対比させましたが、誤解がないように言っておくべきなのは、カーンが機能を軽んじたとか無視した、という意味ではありません。むしろ逆に、機能をより深いところで理解した人です。カーンは機能についての感覚がきわめて鋭い人だったことは、「ルーム」の原稿で書きたかったことのひとつです。「ルームは心の場所だ」(5)という言葉は素晴らしいと思う。普通「ルーム」って言ってしまうと、建築と機能が分離するというか、それこそハコモノ建築みたいに、「中身は入れ替え可能みたいになっちゃうのでは?」という気もするのですが、しかしカーンはそうじゃない。「ルーム」は心の場所だと言い、「小さなルームでは、あなたは大きなルームにいるときと同じことを話さない」(6)といった。部屋の大きさを変えたら機能も変わる、人間が話す内容まで変わると。建築と人間の親密な一体感を、機能によってわかりやすく示した。こういう形で機能を語るのは本当に素晴らしいと思う。

「ルーム」は建築の「元初」とも言っていますよね。単純な「沈黙」でも「光」でもない、その間で動く閾のようなものに思えます。

カーンは「建築はThe Making of a Roomから生じる」(7)とも言っていて、それは「建築は〈ルームづくり〉から生まれる」という意味です。映画でメイキングオブXXというと、制作過程をまとめた映画のことですが、「The Making of a Room」は、ルームをつくっていく製作過程のことです。ルームづくりの試行錯誤が建築の始まりだと言っている。これも、建築を設計する人間の言葉だなと思います。建築はいきなり出現するのでなく、居場所づくりを延々と、ああでもないこうでもない、という長々としたプロセスを経て生まれてくる。なので、この言葉は「沈黙と光」をわかりやすく説明した言葉でもあると思います。

「ルームは心の場所だ」も「建築は〈ルームづくり〉から生まれる」も、生命的なものがあって、ぼくはたいへん好きです。カーンは、建築と建築創造を時空間的なものと考え、またそれを通して、人間と建築の深い親愛を描いた。そのようなやり方で人間と建築を描いたのは、画期的なことだったと思います。

1 「ホワットはハウに先駆する」(p.86)

2 「(重要なのは)ピラミッドがいかに作られたかではなく、何がそれをあらしめたかということだ。つまりピラミッドの形成を引き起こした力がなんであったかということだ。それが沈黙の声だ」(p.67-68)

3 挿絵参照

4　「人間のもっとも優れた価値は、その人が所有権を要求できない領域にある」(p.1)
5　「ルームは心の場所だ」(p.77)
6　「小さなルームでは、あなたは大きなルームにいるときと同じことを話さない」(p.11)
7　「建築はThe Making of a Roomから生じる」(前号掲載の挿絵内)

金沢21世紀美術館　SANAA

今、建築について考えていること

建築を学ぶこと、建築家になること

今、世界中で、空間的な関係をとらえ直したり、自分たちの携わっているものの足元を見つめ直そうという時間が生まれていると感じます。西沢さんは、横浜国立大学のY-GSAで教えられていて、建築について若い人たちに話されることも多いと思います。今の社会状況は産業的な側面が重視され、建築も工学的に計画したものをスムーズに実現していくように教育することが求められているかもしれません。しかし、西沢さんは詩や音楽などについて話されることも多く、建築を構想する人間の力や、多くの人が共同してものをつくる素晴らしさに言及されることも多い。より広い視野で建築を見ておられると思います。そういうことは、何度も話されているかもしれませんが、西沢さんの思考を通じてアップデートされているのではないでしょうか。

今は、若い人たちに建築の喜びや楽しさ、また苦しさについてなかなか伝わりにくい部分もあるかもしれません。そこで西沢さんに二〇二〇年現在、ベーシックなことについて考えておられることを伺いたいと思いました。

前に講演会で「建築というのは一言で言うと何ですか」と聞かれて、一言でうまく答えられなかったことがありました。建築の歴史を振り返ると、古今東西あまりにいろいろな建築があって、共通点が見出しづらいのです。それで結局、建築はこんなにすごい、面白い、というような話しかできませんでした。

建築っていったい何だろうか。屋根があって柱と壁があって床があるのが建築なのかと思ったこともあったけど、でも外国に行って、バックミンスター・フラーみたいな、柱も壁も屋根もない建築があるのを知って、これも建築だなと。

または、建築は動かないシェルターのことだ、と定義してもよいと思ったりもしました。しかし、アーキグラムやセドリック・プライスのような、全部動くものがあって、これも建築だと我々は理解する。遊牧民のパオもたぶんみんな建築とみなすだろう。動かないことは、建築の形式的条件ではない。建築という領域に入っているものが多様すぎて、共通点がなかなか見出しづらい。「建築とは何か」は、多分まだ、形式として決まっていないのかもしれません。

自分が建築とはこういうものだと漠然と思っていたものと全然違う建築に出会った時、たぶん自分はそれが建築だと認識できると思うんです。そういう意味で、建築か建築でないかの違いは、やはりあるのだろうと思います。またその違いを、みんな大体わかっているのではないか？とも思います。

学生の時パリに行って「ポンピドゥ・センター」を見た時、ぼくは正直言って、「これが建築なのか」、そして「これも建築なんだ」という驚きを感じました。創造的な建築に出会う時はしばしば、「これも建築なのだ」という驚きがあります。と同時に思うのは、「建築っていったい何だ」ということです。創造的な建築のいくつかは、自分が「これが建築」と漠然と思っていた範囲におさまらないようなものだ

Hitchcock et l'art

ポンピドゥ・センター　レンゾ・ピアノ+リチャード・ロジャース

ったりして、「これが建築」と思っていたのが違うんだ、とわかる。建築がすごいと思うひとつには、今ぼくらがつくっている建築が、千年前の建築と単純に比較されてしまうという、同じ土俵に立っているということです。建築というだけで、時代も地域も機能も異なる二つの建築を、単純に比較できてしまう。そういう建築の大きさというものがあると思います。「建築とは何か」という問いは、我々にとってはすごい創造の源になっています。建築の可能性を考えさせる問いです。

それは、なかなか人から教わっていくものではなさそうです。

建築が何なのか知らないのに、大学で建築を教えているというのは、ある意味で驚異的なことだと思います。ただそれは、文学や物理学といった他のジャンルもほぼ同じです。

中学や高校までは、先生がわかっていることを教えるけれど、大学や大学院は先生が研究中のこと、つまり先生が答えを探しているようなことを教える。大学教育の面白さのひとつは、答えがわからないことを教えることです。だから教え方も、「問題はこれで解答はこれです」とはならない。もっと群というか、全体性として伝えてゆくことになる。答えがわからないのに教えられるのかというと、できてしまう。哲学とは?詩とは?法律とは?何でもよいのですが、すごい問いだけで教育はありうる。建築も、大学四年間の建築教育によってなにか建築の基礎みたいなものはいちおう学ぶことができきるし、設計事務所でも、実務の繰り返しを通して建築を学んでいく。人間同士のそういう伝達、コミュニケーションは面白いなと思います。

昔、アインシュタインがインタヴューで、「教育とは、学校で国語や数学、歴史、理科などを教えられて、そのすべてを忘れてしまった後に、その人の中に残っているもののことだ」というようなことを言っていました。建築教育にもそういうところがあって、曲げモーメントとか、建築協定とか、「ハギア・ソフィア」とか、「エフロレッセンス」とか、いろいろ教えるわけです。学生はそれらを全部覚えて、ほぼ全部忘れる。でも、その人は入学前のその人ではなくて、建築的価値観が理解できる人間になっているのです。教える細部はほぼ無限と言えるほどいっぱいあってきりがないんだけど、そういう細部の群によって全体が伝わっている。

他の分野も同じだろうと思いますが、建築は時間をかけて学んでゆくものだと思います。一日で建築的人間にはなれない。

形式と意味

以前言われていた、存在論的な問いは、ずっと続くわけですね。

そうですね。建築とは何か、それはずっと考えることなのだろうけど、今思うのは、建築は「構築への意志のこと」と言ってしまってよい、という気はします。組み上げ構築していく企て、意志です。でも、単に構築するだけではない。

建築は秩序を提示すると思います。建築においては、秩序が物の関係性で提示されます。数学であればひとつの数式で、絵画であれば一枚の絵で秩序を表すのですが、建築の場合は、秩序は物の構築によって、立体的に表される。物だから、空間的かつ時間的です。時空間を占拠するという形で秩序が現れる。なので、建築は世界の秩序を時空間というかたちで提示する、と言えるかな？

世界の秩序と一言で言っても、いろいろな秩序がありえます。世界中の人間がもつ価値観と同じ数だけの建築がありうる。無秩序という価値観だってありうる。ありうるけど、しかし、建築の世界ではどんな無秩序も、ある秩序として提示されてきた、というのは言えると思う。どれだけごちゃごちゃでカオスな世界だとしても、物として立体的に組み上げられる必要があるので、何らかの秩序になる。無秩序を秩序で示すというのは、いっけん矛盾して聞こえるようだけど、言葉の世界と同じで、形容し難いようなとんでもない混乱を無秩序と形容したりする。言葉の秩序でもって無秩序を言うわけです。これは形式化といってよいと思います。

「建築はものづくり」と言われるように、出来事の場ですが物質化しているところが重要です。人間との関係を考えると、人の動きに応じたものにも思えるけど、絶対的な異物、他者でもある。

そうなんです。物だから、意味ではないんです。情報と物はその点ですごく違っていて、情報は意味がひとつに決まってるけど、物は意味が多様で、いろんなふうに受け取れてしまうんです。建築は物なので、「これを意味する」というような情報とは違う存在で、実際に人々は建築をさまざまなふうに理解して、さまざまな使い方をしてきました。物や建築は、人間の寿命とか一時代の長さよりも長寿命だから、さらに意味の多様化が起きる。ある時代に闘技場としてつくられた建築は、その時代よりも長く存在し続けて、しかし次の時代には闘技場なんていう機能はなくなってしまって、コンサート会場になったりする。また例えば、ある時代に負の遺産だったものが、次の時代には世界遺産になったりすることもよくあります。建築の意味は変わる。では建築の何が変わらないかというと、形式は不変です。柱と梁で組み立てられた建築は、そうやすやすと壁構造には変われない。

建築の形式性については、前回も話題になったのですが、例えばモダニズムはボザールを念頭に、過去の形式からの脱却を目指しました。現代建築でも、その力は変わらずあると思われますか？

それはあると思いますが、新しい形式を発明するというのは、全体的なものについてはそう簡単にはできないかもしれません。新しい柱脚形式とか、ドアや窓、あるいは屋根とか、立面とか、部分的なものであれば、部分での新しい提案は技術の進展に伴って、今後もいっぱいあるのではないでしょうか。

確かに、それは建築を使う上で必須のエレメントだし、建築史で様式の例として挙げられる部分です。

建築の設計をやっていてたまに思うのは、特許を取るのは簡単ではないということです。設計上の発明品が、発明者の所有物ではない、というのはしばしばある。極端なことを言えば、形式はほぼ全部公共物みたいなところがありはしないでしょうか。「酸素は酸素を発見したひとのものではない」とカーンは言いましたが、それに近くて、柱とか屋根とか、ヴォールトやアーチは、誰が発明したのか知りませんが、それらは誰のものでもなく、誰でもただで使えます。ブルネレスキはダブル・クーポラでコンペに臨む時、誰かに知られてしまうとマネされてしまうので、審査の日まで模型を布で隠し続けたそうですが、形式というのはマネできるのです。良い言い方をすれば、それは皆のものだ、という開放性がある。建築は誰にでもつくれるものなのです。もちろん訓練はいるけど。

形式は、それがいかに天才的な発見だとしても、それでもなお「あなたでもできる」というメッセージを提示します。造形的天才性によって生み出された奇跡の造形が出てきたら、「これはぼくにはマネできないな」とみんな思うけど、形式は、発明した人がどれだけ天才であったとしても、「あなたでもやれる」というメッセージとともに登場する。コルビュジエの近代五原則は、「あなたでもやれる」というメッセージがあって普及しました。実際に近代五原則をやってみると、誰もがマルセイユの「ユニテ・ダビタシオン」のような大傑作をつくることができるわけでは全然ないことに気づくのですが、それでも、少なくとも原理原則としては、誰でもやれる。

形式が重要なのは、たぶん建築だけでなく、あらゆる分野でそうなのでは、と思います。ランプが発明された時、ランプが光るのを見た人は、これは再現できるものだと、みんな理解したのではないかと思うんです。また、ランプは瞬く間に、いろいろなことに使われ始めました。これで夜道が明るくなるとか、医療が変わるとか、映画が観られるとか、その爆発的な拡がりは発明者の想像を超えるものだったと思います。ランプの使い方が決まっていないからですが、それも形式の強さだと思います。

建築が物の集合である時、物がどう集まるかはたいへん重要で、物の集合が示す秩序はひとつの世界観と言ってもいいくらいです。建築にはいろいろな秩序があって、いろいろな世界がある。いろいろな建築家がいますから、ごちゃごちゃ、わいわいした雑多な世界がいいんだと考える人もいるし、全部がミニマルにびしっと納まっていないとダメだと言う人もいるし、それは人それぞれです。でも重要なのは、柱と梁と壁、屋根、畳、ガラス、装飾、家具といった、多様な物が集まって構築されて建築になるわけで、その集合の秩序が世界観みたいなものになる。どう集まったっていいやという建築家はあまりいなくて、「こう集まるべきだ」という意思がそこにあるのです。「物がどう集まるべきか」というのは、全体構成の問題でもあり、納まりやディテールの問題でもありますね。

マルセイユのユニテ・ダビタシオン　ル・コルビュジエ

ディテールと言っても、単体の建築の中というより、時間や場所に対するもっと広がりのある中で定まるように思います。

そうです。ひと昔前の建築、コンピュータ登場以前の建築を見ると安心するのは、人間が考えて工夫して組み立てているから、全体にディテールが感じられて、見ていてほっとするんですね。

適切な手が施されていることが大事だと。

そう、つまり工夫ですね。高いところに屋根を設けようと思ったら、工夫しない限り、落ちてきてしまうので、落ちてこないようにいろいろ工夫して、屋根を安定させる。でもやってみたら、雨が横から降り込んできて、まずいということで、下屋をつけたり、またはスクリーンを設けたりと、いろいろ工夫していく。いろいろな工夫が建築全体に現れる。建築全体に人間の考えというものが出る。ぼくは、建築の生命感、ダイナミズムというのは、形態的な造形力よりも、建築全体に現れる人間の考え、企てのことだろうと思います。

コンピュータで建築を考えるメリットはいっぱいあって、数えきれないくらいなのですが、マイナス部分もいっぱいあります。例えば、人間が考えたのか機械に考えさせたのかよくわからない建築ができたりする。また、建築がスケールを失うことも大きな問題だと思います。最近都内でよく見かける巨大ビルとか、またはある種の現代建築家の作品もそうだと思うのですが、ディテールがない建築ってあるんです。図式が巨大化したような建築があって、コンピュータや3Dプリンターの影響から出てきた感性ではないかと思うのですが、生々しいというか、抽象的じゃないのです。長さを二倍にすると面積は二乗になって容積は三乗になってしまうという物理問題、ガリレオ・ガリレイ以来の問題を学生時代に習いましたが、あれは建築創造に深く関わる問題で、原寸大の建築を縮小模型で再現して考える時、二分の一の模型をつくっても、容積も重量も二分の一にならず、寸法だけが二分の一になってしまう。原寸の世界でありうる寸法と重量の釣り合いが、二分の一の世界ではまったく別物になる。スケールを変えると、まったく別世界になってしまうのです。

建築は人間の技なので、どう組み立てるか、物がどう集まるかについて人間の考えがないと、また、スケール的な的確さがないと、それは恐るべきものになると思います。

人間の企てが現れる

建築で面白いことはいろいろあるけれど、やはり人間の世界が表れてくるところは面白いですね。

それは悪い側面も含めてですね。巨大さを嫌がる傾向が現れている超高層ビルとか。

カーンのルームについて書いた時、フォームとルームの違いに言及しました。フォームというのは、人間がその中に含まれていないんです。例えば椅子のフォームとは、背と座と脚の三つからなるのが椅子で、そこには人間が入っていない。かたやルームのほうは、人間がその中に含まれることで成り立つ形式のことでした。カーンは「ルームは自己の延長だ」と言い、つまり暖炉と火がある部屋があって、二人の人間が窓のところに座っていて、彼らを包むように衝立でさらに小さな空間をつくる、という図式です。ぼくは、あのルームのアイディア、つまり形式の中央に人間を置くというアイディアは、鋭いアプローチだなと感心したんです。形式について考える時、人間不在のものに向かっていくか、人間が介在するものに向かっていくかは、えらい違いです。

小嶋一浩さんが「金沢21世紀美術館」を訪れた時、「これは学校に使えるね」と言って、なるほどと思ったことがありました。さっきのランプの話ではないけど、形式的なものは、「おっ、これは使えるぞ」というふうに、人間の想像力を動かすところがある気がします。暑い地方の街角に、大きな屋根や大きな木があれば、自然とみんな下に集まってくる。形式と人間の想像力にはある連続性があるように思うんです。

原始的な物質化の技

人間の企てというと、とても普遍的です。共感するのですが、一方で非常に後ろ向きに捉えられる危険性もあると感じます。

人間が面白いのは、ほぼ毎日のように何事かを企てているからです。人間は物語をつくりながら生きていると思うんですね。例えば立派な人間になるぞとか、革命だ建国だというような大きなものもあれば、今日のごはんは何にしようかなとか、週末はあの映画を観ようといった日々の小さなことまで、大小さまざまな物語とともに我々は生きている。機械は物語をつくらないし、必要ともしない。コンピュータ麻雀が今ひとつ面白くないのは、向こうは物語を全然つくらないから、対戦していてつまらないんです。でも、人間同士の麻雀は面白い。三暗刻だとか平和だとか、おのおのがいつもいろいろ企んでいて、それでお互いにぶつかり合うから面白いんです。途中で妨害されて作戦を変えたり、また運命に左右されたりと、ダイナミックで生き生きとした戦いになります。人間は何をするにも「よしこうしてやろう」的な、物語といってもいいし、夢といってもいいし、方針といっても企画といっても良いのですが、いろいろいっぱい企てながら生きる。そういった大小さまざまな人間の企ての中でも、建築は最大規模の企てのひとつだと思います。

建築がさらに面白いのは、一人の独善的な企てではなく、複数の人間の企てだったりするところです。施主、設計者、施工者、三者とも「この建物は私がつくった」と言って、建物ひとつに何か創造主がいっぱいいるのですが、三者の意見は矛盾していないのです。絵画であれば、そういうことは起きないのではないかと思います。描いたのは画家で、お金を出した人とか企画した人が他にいたとしても、その人達は「私が描いた」とは言わない。「私が描かせた」というのが自然です。建築は根底で社会的、共同的なものなのだと思います。その誕生に深く加担した人々の多くが自分の企てだと思うような共同性がある。それは、建築の度量の大きさのひとつだと思います。

建築は文明

西沢さんと妹島さんにとって、建築を考えたりつくる時に、そのための道具が持っている性質みたいなものが重要だし、またスタディ方法も大きなこととしてありますね。

そうですね。技術は建築にとってすごく大切なもので、道具や方法いかんによって建築はぜんぜん違うものになると思います。ぼくらは一九九〇年代中頃にパソコンを実務で使うようになって、「岐阜県営住宅ハイタウン北方」ができました。それはまさに配列複製のような建築でした。二一世紀になって3Dモデルの時代になって、「ROLEXラーニングセンター」や「ルーヴル・ランス」のような、従来の

岐阜県営住宅ハイタウン北方　妹島和世　南側立面

岐阜県営住宅ハイタウン北方　妹島和世　北側立面

ＣＡＤの、平立断を描くみたいなやり方では描写できない立体が出てきました。安直と言ったら言い方が悪いのですが、人間はもっともやりやすいような、便利なやり方で仕事しようとするから、その道具でやりやすいことが出てくる。ぼくらの建築は軽く透明だとヨーロッパ人には言われるけど、それは視覚的に透明というだけでなく、紙でスタディ模型をいっぱいつくっているというスタディ方法もすごく関係している気がします。やっぱり建築にとって技術は大きいですよね。技術のありようが変わったら、建築は全然変わってしまうと思う。

ぼくは建築の仕事をしているからこそこういうふうな、建築に肯定的な見方をしてしまうのだとは思うのですが、建築は人類が生み出したもっとも基本的な技のひとつだと思うんです。それは文明的なものではないでしょうか。もちろん文化的なものでもあるのですが、それ以前にまず文明的所産だと思うんです。

文化というより文明ということは、今の模型のつくり方や西沢さんもよく言われる言語といった文化的な違いを超える普遍的なものを考えるということですよね。それは、建築がものとしてできてしまうことの驚き、時代を超えてあり続けることの驚きに繋がると思います。

ル・コルビュジエは『建築をめざして』の中で、「原始的な人間はいない。原始的な手段だけがある」と言いました。いろんな意味に理解できる言葉ですが、ぼくはたいへん好きな言葉なんです。コルビュジエはどこかで考古学の文献を見て、そこに原始時代の寺院の建設方法が載っており、それによると人々はまず計画を立てて、平面をつくり、工事用道路をつくって、杭を打って柱を立てて、というつくり方をやっていると。その平面図と建設の手順は、ルクソールの神殿やポンペイの家屋とほとんど変わりないものだ、とコルビュジエは言っています。原始的な手段というものはいつの時代も不変だと。「原始的」の意味は、未発達という意味ではなくて、基礎的とかまたは原理的というような意味かなと思います。コルビュジエの言葉の端々には、建築は人類の基礎的な技術だという認識があって、つまり建築を文明の利器と考えている。たとえば火を起こす技術とか、農耕技術とか、貨幣の発明、天文学、印刷技術といったレベルの、文明を象徴するレベルの技術です。

建築家的な見方と言われましたが、「全てが建築である」というわけではないですよね。以前、西沢さんは、「建築物より人間に影響を受けてきた」と言われていました。伊東豊雄さんや妹島さん、レム・コールハースをはじめ、その人が何を考えたか、人間力や構想力をエンジンとして建築を見ておられる。もちろん、建築は単なる個人のシグネチャーとしての表現でもない。

確かにぼくはもともと、建築物より人間に影響を受けてきたと思います。レム・コールハースを知った八〇年代後半、本人に会ったことなんかもちろんなかったし、彼がどんな人柄かなんて全然知らなかったけど、彼の精神には圧倒されたし、ものすごく影響を受けました。建築や展覧会、本などの諸作品を通して、彼の価値観、生き方みたいなものが伝わってきた。建築は人間の精神、生き方だということは、レム・コールハースや伊東豊雄さんなどの建築家から学んだと思います。

建築は志があるかどうか、それはぼくにとってはいちばん重要かもしれません。

表現は、人間が自分の外に意志をアウトプットしたもので、他者になるとも言えるし、人間の一瞬がカプセルされたようにも感じることが面白いです。表現はフィックスされるけど、人間は変わり続けるというか。

うん、自分がつくったものにその人の重要な部分が出るというのは、すごくあると思いますね。カーンは「自分自身の表現はそのひとのかけがえのなさから生まれる」と言ったけど、建築や芸術だけに限らず、会話とか、行動とか、あらゆる表現や活動にそれは言えるかもしれません。

機能は喜び、機能は環境

開放性に関係すると思うのですが、個人的に気になっているテーマに、建築をつくり出すことと使うことの関係があります。建築家がトータルに建築をつくり出す素晴らしさ、特権性が一方にあるけれど、西沢さんもよく言われるように、建築が使うことを喚起して、成長していく面もある。使うことは機能でなく、使いたくなる快楽や欲望と関係があると。今は、つくり出すことにエネルギーを掛けるより、使いやすい機能性こそ第一にして設計する人もいると思いますが。

物と人間の関係は不思議で、愛情とか友情と呼びたくなるような関係性が生まれることがあると思うんです。ぼくは自動車を運転するんですが、運転すればするほど、なにか親しみが増して、また一体感みたいなものが出てくる。自動車の車幅がまるで自分の身体の幅のように、はっきり正確に感じられるようになってくるんです。「ルームは自己の延長」というカーンの言葉を借りれば、車はぼくの延長という状態です(笑)。それはなにか、物と人間の愛情関係みたいなものじゃないかなと思います。職人は包丁とかカンナとかを使い続けて、道具が自分の体の延長みたいになっていって、道具と人間が一体的な関係を結ぶと思うんです。カンナは、使う技術がない人にとってはただの木の物体でしかない。カンナがカンナとして存在するためには、人間との連続性が必要なのです。これは形式の話に戻るような話かもしれません。先に出た、カーンのルームの話が鋭いとぼくが思ったのは、人間と建築の愛情のような関係を形式のレベルで説明しようとしたことです。

機能という概念はしばしば、物と人間の両方にまたがっていると言えるのではないでしょうか。「食べる」って言う時、箸とかスプーンで物を食べるし、「泳ぐ」のは水と水着があって初めてできるし、機能の多く、たぶん半分くらいは、物と人間の関係性のことではないかと思う。

工事現場に行くと、誰でもひと目で工事中だとわかるわけです。工事中という動的状態(機能)が、連続的かつ環境的な現れ方をしているからです。以前、静岡のお茶の街に行ったことがあって、それは東海道沿いに茶店や土産物屋が並んでいて、裏通りにはお茶関係の下請け・孫請け工場と倉庫、事務所が並んでいて、街の背後の山に茶畑があって、トロッコで街とつながっている。山の畑で摘まれた茶葉がトロッコで街に運ばれて、街の中で徐々にお茶になっていき、最終的に街道沿いの商店で売られる。通りを歩くと、茶葉の匂いが満ちていて、どんなふうに機能している街なのか、なにをどう生み出している街なのかすぐわかるのです。機能が都市計画的スケールで現れている例と思います。現代的なお茶工場は大量生産で、ひとつの大きな建物の中で全部やってしまうので、機能は室内の出来事なのですが、でも本来は、機能は室内外のこと、環境的なものだと思います。ちなみにどれだけ閉鎖的で室内的な巨大工場も、大量生産の工場であることは外から見ていてわかるので、それも機能が環境化していると言えなくもない。住宅はだいたい、人が中に住んでいるということが中に入らないでもわかりますが、それも建築全体に機能が現れていると言える。

ルーヴル・ランス　SANAA

機能といっても、水を一リットル計るとか一〇〇メートル一〇秒で動くといったミッションみたいなものもあれば、もっと広い意味での役割やあり方もある。今の社会では、単純な機能観が信じられがちですが、建築はそんなに単純ではないと思います。西沢さんは、機能をジョイjoyと言われましたが、槇文彦さんもウィトルウィウスの「用・強・美」の「美」は誤訳で、実は喜びだと言われていました。それは今も大事なことかもしれません。

機能って、つまり「食べる」とか「寝る」とか「読む」とかっていうものは、できればやりたくない労苦・負担ではなくて、喜びだと思うんです。最近話題になっている近未来の自動運転の自動車とかは、運転は「面倒臭いこと」という位置づけです。つまり機能なんてものは、機械か運転手に代行してほしいというような、いわば労働負荷でしかないわけで、もちろんそれは一面の真理です。でも住宅を設計する場合、住むのは機械にやってもらおう、とは我々は考えません。建築に興味がある人はみんなどこかで、機能はジョイだと考えているのではないでしょうか。

「用・強・美」と「喜び」っていう話に関連して思うのは、それらに加えて「聖」というか「宝」というか、どんな漢字がいいのかわかりませんが、そういうのもある気がします。たとえば神殿はどの国でも、投げやりな感じのボロ小屋ではなくて、大切な感じでつくられていると思うんですね。神社の始まりはどうだったかわかりませんが、高床にして、屋根をかけて、神様に鎮座して頂いてというように、丁重なしつらえにする。中身の貴重さに見合った造りにします。神社みたいな特別な建築でなくても、住宅も同じことで、これは大切なものなんだというような、宝物なんだという気持ちがどれだけ小さな家にもあって、それに見合ったしつらえになる。それは建築形式の起源のひとつではないかと思ったりもします。

現在と一体の歴史

建築が提示する自由は、不自由と表裏一体です。建築はどうしたって壁や柱があるから、自由か不自由かといえば、不自由なものです。でもある種の不自由はすごく説得力があるんです。ヴェネツィアは運河でできた街で、移動は船と徒歩だけですが、車が使えなくて不便だから、運河を埋め立てようということにはならない。そういうことを言う人もいるでしょうが、それをやったらもうヴェネツィアは台無しです。ヴェネツィアの自由とは、船と徒歩の街だという、その不自由さと機能性が一体になって、ヴェネツィアならではの自由を生み出しており、それはやはり、みんなに忘れられない都市の魅力や思い出を与えている。街に車が入れない、歩道と水路だけというのはある意味でとんでもない不自由でもあるけど、それは喜びでもあります。

即物的なものの意味を超えたあり方に通じそうです。

そうかもしれません。歴史都市では、自分が生まれた時、もうすでにそこに建築も街もあるわけです。建築とか街は、自分に合わせてつくるものではなくて、人間の方が建築と街に合わせて生きる。ヨーロッパの街を見ていて感心するのは、人間も建築もタフだということです。ローマ時代の建築物は、なんというか原始人みたいで、巨大かつ粗野なのですが、それに人間が挑んで、気楽に使っていて、階高一〇メートル近くあっても気にせず上り下りしている。ヨーロッパの人間はタフだなと思います。

建築にとって歴史は何よりも重要だと思います。あらゆる建築が歴史から出てくると言えるのではないでしょうか？　世の中には建築みたいな彫刻があり、また、彫刻みたいな建築がありますが、それらは同じなのか違うのかというと、全然違うと思うわけです。何が違うのか？　いろいろ違うところはあるのですが、まず言えるのは、それらは歴史が違うということです。建築の歴史を見ると、凄い建築は現代建築で言うとコレ、二〇世紀では、十九世紀では、といろいろ出てくるわけです。一方彫刻も、凄いものが歴史上いろいろ出てくる。でもたぶん、各時代全然違う作品群が各々の歴史上に並ぶのではないでしょうか。つまり両者は、帰属するものが違う。

もう少し、具体的に言うとどういうことでしょうか。

彫刻の歴史についてぼくは詳しくないのですが、アルベルト・ジャコメッティ(一九〇一〜六六年)のようなとんでもないものが出てきますが、建築の歴史にはああいうのはなかったなと思います。ヨーロッパの芸術って、粘土的というかレンガ的というか、建築も彫刻も、油絵も交響曲も、どんどん足していく感じじゃないですか。でもジャコメッティはどんどん減っていく一方で、まるで無に吸収されていく感じで、ああいう人って一体どういう流れで出てきたのか、彫刻の歴史の面白さですね。まるで彫刻の限界に挑んでいるかのようで、彫刻でこそやれることをやっているという感じがする。ああいった一見特殊な、類例を見ないようなものが、逆にそのジャンルの本質的な部分に迫るってあるんだろうなと思います。

ジャコメッティが彫刻の歴史の中で特別な意味を持つように、今、生まれる建築が、歴史でどのような位置にあるのか、どのような歴史に接続しているかはとても重要ですね。

そうなんです。

歴史と過去は別物です。過去というのは、もう終わったこと、昔のことです。でも歴史は、現在の我々を含みながら進行する現在進行形のものです。T・S・エリオットが、今あなたが書く詩はあなたが全く関心のない百年前に書かれた詩と一体だ、と言いました。これは詩に限らない話だと思うんです。自分はまったくゼロから、まったく新しい独創的な建築をつくったと考えるのは間違いで、いろんな歴史的連続性の末にそれがあると思います。

ぼくが建築の取材でエリオットの名前を聞いたことはほとんどありません。ただ、福田和也さんにお話を聞いた時に、エリオットの詩を同時代のエズラ・パウンドがひとつの形式として扱ったと言われていました。詩の言葉自体が、意味というより即物的な高精度の機械のように働くと。その即物性と形式性は建築を連想しますし、歴史の重層性を感じます。

エリオットはまた、本当に創造的な詩人は保守的なものだ、と言っています。その詩人がつくった新しい詩は、未来を変えるだけでなく過去をも変えてしまうということを、本人はよくわかっているからだ、と言っています。例えば、問題作と呼ばれるようなすごい建築ができて、みんなオオッと思う。その時、その建築の意味っていうのは、言ってみれば可能性の塊だから、まだ決まっていないわけです。みんなこれは問題作だとか、これはこんな意味があるんじゃないかとか、いろいろ議論するのですが、まだその問題作の意味はよくわかっていないし、たぶんまだ決まっていない。しかしその後しばらくして、その問題作の影響下でまったく別の作家による別の建築ができる。そういうことが続いて、ある時決定的な建築が出て、その時に最初の問題作の意味が決まる。あの時のあれはそういう意味があったのか、と皆が思うようになる。自分が今つくろうとしている建築は、過去や未来の建築と切り離せないのだと思います。

カーンは元初と言って、ひとつの原点に収束していくイメージを持っていましたが、歴史は逆に大きな山のような、広い裾野をもつもので、ひとつの原点に収束するというよりも、過去に遡っていけばいくほど広がっていくような感じがします。ぼくの実家にピアノがあって、バロック時代の楽譜が積んであるのですが、その中身を見ていて驚くのは、知らない作曲家がずらっと並んでいるんです。バッハとかテレマン、パーセルというようなメジャーな作家は氷山の一角のさらに一角で、ほとんど全員聞いたことがないような作曲家ばかりで、バロック時代の教会の前奏曲の裾野の巨大さにたじろぎます。ぼくも、影響を受けた建築家はいっぱいいるんですが、日本だけでなく古今東西にまたがっていて、また、ぼくに影響を与えた建築家一人ひとりが影響を受けたさらに過去の建築家や建築物を辿っていくとさらに広がって、たいへんな広がりになる。そういう広がりを我々が持っているということは歴史ですが、個々の建築家にとって誇りでもあります。そういうことに、ずいぶん支えられているんだろうなと思うのです。

東大寺南大門

最近の興味——生命的なものへ

作品単位から興味単位で考えてみると

二〇二〇年十一月にスペインの『El Croquis』から、SANAAを特集した最新刊が出ました。そこで大西麻貴さんが、妹島和世さん、西沢さんのお二人にインタヴューされています。西沢さんは「現象自体を追求したことはなく、自分にとって現象はストラクチャーだ」といった話もされていて面白かったのですが……。これまでのこの連載とも、環境や透明、ものの組み立てといったキーワードは一貫していますが、大西さんとの話は、より言語化され、意味合いが深まっていると感じました。

最近、レクチャーの仕方が変わってきました。これまでレクチャーでは自作の紹介をやっていて、作品単位で話していたのですが、次第に、設計趣旨を読み上げる繰り返しのようになっていき、これは本当に意義のある時間になっているのかと、疑問を感じるようになりました。「この建物はもともとプロポーザルで始まりました」とか、「こういう問題があったのでこう解決しました」みたいな話が、はたして本当に皆に伝えたいことなのか？　もっとダイレクトに言いたいことを言うべきではないか、という気がしてきたんです。

きっかけのひとつは、『GA ARCHITECT』のSANAA特集（SANAA 2011-2018）で巻頭文を書いたことかなと思います。何を書こうかという時に、作品単位で書くわけにもいかない。そこで自分の建築的な興味を具体的に項目分けして、書いてみようと考えた。

書いてみると、当たり前だけど、作品単位より自分の興味に近いなと(笑)。それで、これはレクチャーの時も、こういうやり方があるなと思い始めました。その後、吉阪隆正賞の受賞記念講演で、作品単位をやめて興味単位のレクチャーをやりました。

やってみていろいろ発見がありました。ひとつは、作品単位だと自分の作品だけが出てくるけど、興味単位で話すと、他の人の建築も出てくるようになるんです。自分の建築的興味についてのレクチャーなので、唐招提寺金堂とか東大寺南大門、厳島神社社殿といった、好きな建築が一緒に出てくるようになった。自作だけの話をしていた頃よりも、建築について自分がすごいと思うことを率直に話せるようになった気がしました。

その頃GAでカーンについて何回かにわたって書きました。あの経験も大きく、いろいろ学びました。書くということは、カジュアルに話すのと違う。それは構築に向かうんだと、あらためて思いました。とりとめもなく流れていくのでなく、何かを確かに築いてゆくのです。それも、延々と作品解説を繰り返すだけだった自分のレクチャーへの反省になったと思います。建築っていうのは構築しようとする意思のことなんだと、最近すごく思うようになりました。


「構築への意思」というと、西沢さんがよく言われることでは存在論的な問題ですよね。古典的というか、今時は大学でも教えないことをあらためて突き詰めるというか。

厳島神社

建築って、「自然現象で建ちました」っていう建築はないじゃないですか。そこには必ず意思がある。人間の企てが建築になるのです。建築をつくる時の企ての大きさや面白さを見て、ぼくらは感動したり敬服したり、または批判したりしているんです。

新しさと鮮やかさ

大西さんのテキストのタイトルに「生命的 *vital*」という言葉が含まれています。ある時から「いきいきした」という言葉が建築でも盛んに使われるようになったけれど、具体的に建築としてどういうことか曖昧だと思います。西沢さんの「変化」は、そういう関心を具体的に考え始めることにつながっているのではないでしょうか。

それはそうかもしれませんね。レクチャーでぼくが話すことについて、しばしば反省するのは、スクリーン上に映し出す建築に見合っていないようなすごいうまいことをぺらぺら言っちゃって(笑)、まずいと思う。うまいことを言うたびに、これは建築に見合ってない言葉だなと感じるのです。言葉にした時に、その言葉に見合う建築ってどんなものなのかしら、という関心というか反省がある。

以前から関係するキーワードとして、「新しさ」の問題があると思っていました。メディアでは「新しさ」を伝えやすいですが、むしろ建築家は「鮮やか」なものを気にしていると感じる。それも、ものの組み立てとしてどういうことを指すのか。

英語で「重要」をインポータント*important*と言いますが、あれは面白いですよね。インポートされたものは重要なものだ、という。輸入しないと手に入らないような、我々の所にはない新しいもの、それが「重要」です。「新しいものは重要」って感覚は、舶来品を有り難がってきた日本人だけでなく、英語をしゃべる人たちの間でも、自然に共有されている感覚だと思います。

でも、設計の実務の場では、アイディアが新しいかどうかは、あまり目標にならない気がします。新しいかどうかよりも、タフかどうかの方が、ぼくは気になります。新しいものはいずれ古くなる。「古くなってもなお価値があるアイディアかどうか？」が、タフさです。社会の荒波に耐えるタフさがそのアイディアにあるかどうか？　それは設計中にいちばん気にしていることのひとつかもしれません。

「鮮やかさ」は、ぼくは目標のひとつにしていると思います。鮮やかかどうかは、ものづくりにとって根本的なことだと思います。普通に物事を存在させることは誰にでもできるけど、でも鮮やかに存在させるっていうことは、誰でもできることじゃない。それは、その人間の仕事だと思う。

それはオリジナリティの問題に通じそうです。

うん、そのひとらしさがそこで出ると思います。「鮮やかさ」は、イメージをどのように物に置き換えられるかということで、そのひとの言語表現の問題なので、ひとによって全然違う。

我々はよく「いきいき」とか、「軽い」とか「静か」とか、形容詞を使って空間の雰囲気を説明しますが、形容詞は感覚的な、いわば比喩なんだけど、でも単に感覚的とか雰囲気的というだけじゃなくて、それはものの状態に置き換えられるとしたら、どんな状態なんだろうか？　それはどんな建築なのか？　そういう興味があります。

流れと透明性

「生命的」をものの状態で言うとすると、まず思い浮かぶのは、流れや透明性です。例えば川や池などの場合、水の流れが止まると、淀んで腐っていって、不透明になって、魚が住めない死んだ状態になる。逆に流れが復活すると、水がきれいになって酸素も増し、透明感が増してゆき、魚が帰ってきて、池が生き返る。流れがあってものの出入りがあって、生命的な状態が始まる。大西さんがそれについて書いていますね。

「透明」というと「向こうが見えている」といったことに思えるけど、そうではない。建築で言えば、建築自体ではないものが流動する開放性であり、その効果を生み出すものの組み立てが大事だというか。

透明は多様性ということですね。ヨーロッパ人が透明と言うのを聞く時、ぼくはしばしば、階級社会の感覚を感じるんです。かつては厚い壁に阻まれて窺い知れなかった別世界が、すぐ隣にあるということが、わかるようになっていく。もし透明という感覚が、階級社会を打破してゆく時の人間の自由からやってきたと考えると、それは民主主義の多様性を生み出してゆく言葉とも言えるのですが、でも建築界ではむしろ一様性を象徴する言葉で、イメージがあまりよくありません。そういう意味では、透明は建築の世界よりも都市とか、または大自然とか、そういうより大きな世界で使った方が、スムーズに多様性をイメージしやすいかもしれません。

吉阪隆正の住居学の本(『住居学汎論』、一九五〇年)で、日本語のスマイは、住み居る、あるいはスミの進行形スマヒ=住み続けることであり、またスムは澄むに通じると書いてありました。水が澄んだ状態=静かな状態をつくることが「住む」の始まりだとのことです。吉阪によればスは透明性や流れに関係していて、たとえば「すだれ」や「すのこ」、または「すきま」といった、光や風を通すもの、間隔を開けて風通しをよくしたものにしばしばスがついていると言っています。日本語の世界で「透ける」「澄む」「住む」が同根だというのは面白い指摘で、住むにあたって澄んだ状態がよいし、清らかな状態がよいし、風通しがよい状態がよい、という感覚でしょう。たぶんこれは日本だけじゃなくて東南アジア的な感覚ではないでしょうか。衛生状態を保つために風通しをよくする必要のある高温多湿の、アジアモンスーン地帯で生きる人間の感覚ではないかと思います。吉阪隆正は一方で、英語のマンションmansionやフランス語のメゾンmaisonの語源はラテン語のマーネレmanereで、こちらはマが重要と言っています。これはギリシャ語のメノ*μένω*あるいはサンスクリット語のマンmanがルーツだとのことで、マンには考える、落ち着くという意味があるそうです。沈思黙考のような状態の「住む」でしょうか、これも素晴らしいイメージですね。日本語の「住む＝澄む」とずいぶん違うなと思います。

以前、ヨーロッパの壁式の構造概念とアジアなどの軸組のストラクチャーは大きく違うと言われていました。今、言われたような流れや開放性の話を考えると、やはり西沢さんの建築的関心は軸組に向かうのでしょうか。

構造は、軸組でも壁式でも、どんなものでもよいと思うのです。ぼくらの建築は、光や風があちこちから入ってくるけど、人もあちこちから出たり入ったりするイメージがあります。中と外がつながるイメージです。でも、外とつながるだけじゃなくて、静かな落ち着いた室内をつくりたいというのもあるんです。流れる空間と閉じた空間は、どっちかを選ぶという二者択一ではなくて、両方なければいけないんだと思います。

風土が「風」と「土」の合体でできているのは面白いと思う。「土」は大地とか土地とか、その場所性のことで、「風」は外からやってくるもので、地域の中に収まるものではなく、地域を超えていく流れです。なので風土は、土地のものと外からやってくるものの二つ、両方とも必要ということだと思います。

動詞的なもの

以前は、平面的なダイアグラムから架構が立ち上がるイメージもあって、なかなか立体にならないとも言われていました。しかし最近は、軒下空間について言われることも多く、壁というより斜めの面になっているとも感じます。唐招提寺について言われていても、古い様式論の軒とは違う形を考えられているのではないか。


それはそうだと思いますね。コルビュジエについてもカーンについても、ぼくはそうとう自分勝手に解釈していると思います。「これは面白い！」と思っちゃうと、勝手に想像を膨らませちゃうってところが、ちょっとあるかもしれない。

例えばコルビュジエは比例について、いろいろ面白いことを言っていて、比例、プロポーション、オ

ーダーというものは、人間の挙動から生まれると。それは生命的なリズムだと言っています。当時コルビュジエが対立していたアカデミズムが、比例やオーダーを言うわけですが、それらは図的、形式的なわけですね。それに対して、比例は図の話ではないとコルビュジエは言った、というぼくの理解です。

コルビュジエはモデュロールをつくる際に、メートル法を批判しています。メートル法は、革命後のフランスから出てきた一種のグローバリズム運動で、コルビュジエは大

ROLEXラーニングセンター　SANAA

反対します。その言い方がおかしくて、そもそも身長一メートルの人間は存在しないだろうと言っています。メートル法は地球の円周を機械的に等分割して得られたもので、それは機械の尺度であって、人間と無関係のものだという批判です。こういうふうに機械的なものを批判するのは、ぼくは面白いと思った。

「ROLEXラーニングセンター」(二〇〇九年)や「豊島美術館」(二〇一〇年)のころ、動物的な動きに関心がありました。動物は真っ直ぐ歩かなくて、ゆらゆらしたり、大きくカーブしたりして歩く。それに対して、自動車や鉄道は真っ直ぐ進む。生き物のその非直線的な動きに合った建築ってどんなのだろうかという興味が、ああいった建築になっていったと思います。まっすぐ進まない人間の挙動に合う平面と空間です。そういう意味では、もともとはコルビュジエからの影響だと言ってもいいくらいですが、コルビュジエとは全然関係ないものになりました。

その続きかどうかわかりませんが、動的なもの、ダイナミックなものには、今も興味があります。機能に興味があるのも、それが動的だからです。でも、機能が建築でどう表現されるかというと、打ち合わせ室とか、寝室などで、たいへん静的な感じがします。言語に名詞と動詞ってあるじゃないですか。それで言うと「打ち合わせ室」ってきわめて名詞的というか、周りからすっぱり切れた単体的な独立性を感じます。動詞は運動そのもので、名詞のような単体性ではないので、機能もそもそも動的関係性なので、「動きのダイナミズムをそのまま物の関係に置き換えられないのかな?」と思います。

西沢さんと妹島さんは、現象そのものを追求しているわけではないけど、それを即物的なものの組み立てとして考えることは重視されていると思います。最初に言われたように、関心、主題があるわけですが、それに対して具体的な建築の方法として考えるというか。

そうです。我々は唯物論的だし、また建築的だと思います。どんなに抽象的なことであっても、物の関係に置き換えるとどうなるかを考えちゃう。

関心としては鮮やかや動的なものだったりで、そこに新しいも古いもないけれど、建築としてはそれを具体的な物質や形を通してしか考えられない。だから方法としては、新しいやり方を試行錯誤したりするのではないでしょうか？　西沢大良さんが、建築雑誌で作品を紹介する意味は、創造的なアイディアかどうかだけだと言われていましたが、写真として伝えられるのは、この即物的な方法の部分だけだということだと思えます。

写真は批評だと思うんです。無限の広がりじゃなくて、フレームに限定するじゃないですか。あの限定がすごくて、たしかに物の関係を伝えはするけど、それよりも前にまず建築の見方を伝えますよね。ここを見た、こう見るんだ、みたいに。

物の関係は写真の場合、限定されます。でも実際に建築を見に行く体験というのは、世界をフレーム越しに見るのでなく、世界の中に入る。庇と縁とか、風の流れと列柱とか、広がりのある関係性を一挙に感じるのだと思うんです。ちなみに唐招提寺は、写真や図面で見る限り、それほど動的という感じはしないんです。でも実際に訪れると、これは動詞だなと思う。動詞的な建築ってこういう方向があるのかなと思ったりします。

前が後に影響を与える

ぼくの修士論文は、反復と差異がテーマでした。これも「生命的」にいずれつながる問題なんですが、もちろん当時はそんなことは考えていませんでした。あの頃、反復と差異つまり「繰り返し」と「違い」が大問題だと思って、すごくこだわった自分がいました。まあ今も、多少そうかもしれませんが。

反復といってもいろいろな反復があるので、一言で言えないいんですが、ものづくりでいえば、例えば自動車を工場で大量生産する場合、自動車を二台つくったら、二台とも同じなわけですね。同質なものが繰り返される。もちろん個体差はあるけど、理念としては二台は同質です。他方で詩の場合、同じ内容を一行で歌う場合と、二行繰り返すのでは、質が変わる。一回歌うか二回繰り返して歌うかは、二倍という量的違いだけでなく、繰り返すことによって、情感も意味も豊かさも、違うものになります。自動車と詩の、両者のこの繰り返しの違いはなんだろうか。

まずひとつ思うのは、詩の反復の方は、二行めの登場が一行めの影響を受けて出てきている、ということです。過去が未来に影響を与えている。自動車の反復の方は、各々は影響を与え合わない。これらの違いは、人間的反復/機械的反復とか、文脈的/非文脈的とか、いろいろ言えるのでしょうが、いずれにしても、これは街や建築の問題でもあるのかなと思います。東京の路地はいろんな意味で素晴らしいですが、建物や街角一つひとつに個性があって、機械的な反復になっていない。多少曲がったり、ずれたりして建っていて、各々の影響関係があり、かつての時代との影響関係がある。ああいう建築群と路地を、全部同時に同じ人がつくると、さぞや不気味なものになるのだろうなと思います。

非人間的でなく、揺らぎがあって人間的になるということでしょうか。

揺らぎもあるかもしれないし、「その繰り返しに考えがあるかどうか?」は大きい気がします。何年か前に南米で見たファベーラは、住人が皆手づくりでレンガを積み上げて家をつくるので、基本はどれも同じような家なんですが、でも微妙に違う。デザインを差別化したいわけじゃなく、みんななるべく手を抜いて簡単に合理的につくりたいのですが、山の急斜面で、また高密度なので、同じ家を反復したくてもできない。二軒目三軒目をつくる時、考えざるを得ないんですね。自動車一万台を一挙につくる時は、一個一個どうしようかなんて考えてたら大変なので、考えない。どっちも合理主義なのですが、えらい違いです。

もうひとつ、自動車と詩の反復の違いで思うのは、自動車の量産の場合、一台目とか二台目の個性、アイデンティティが、全体の質に影響を与えていないことです。二台目がなくても、それは全体にとって量の変化でしかない。でも詩の場合は、二行目があるかないかは全体のアイデンティティを変える。つまり詩においては、個が全体に影響を与える。

サラバイ邸　ル・コルビュジエ

全体に意見があるか

吉本隆明は戦時中、軍国主義少年だったそうですが、日本が戦争に負けて、マッカーサーが占領軍として厚木に降り立った時に、マッカーサーがつれてきたアメリカ軍兵士の様子を見て、日米の力の差を思い知ったという話があります。アメリカ兵はみんなガム噛んでたりよそ見してたり、銃の持ち方もばらばらで、全然統率されていない。吉本はそれを見て「これは勝てない」と思った、という話です。日本軍の兵隊は右へ倣えでものすごい統率されていて、みんな同じ動きをしながら歩く。日本軍は兵隊が部品でしかないので、親分がやられたらもうダメですが、アメリカ軍は末端部分も意思があるから、親分が欠けても部分が育っていって全体を回復できる。吉本のこの話は、まさに生命の話だと思いました。

つまり生命とは、「上下概念に交流があるかどうか」と言えるのではないだろうか。会社で言えば、社員がいて、その上位に部課があって、さらにその上に会社があるとすると、「社員が上位概念である部課に対して発言しているかどうか?」です。会社に対して発言しない社員がずらっと並んだ会社は生きた状態でないということで、街の場合であれば、家がずらっと並んで通りになる時、通りに意見がない家が並ぶその通りはほぼ死んだ状態、ということです。

話はずれて、コルビュジエの「サラバイ邸」って、池が丸くなっていて、環境住宅であればすごいなと思うんです。風が流れる方向に向けて開かれた配置にして、前面にブリーズソレイユをつけて、屋上緑化してと、いわゆる環境住宅で、熱い風が水面上を滑って温度が下がって、室内に取り込まれる。そのコンセプトであれば、池はふつう長方形にして建物の端から端まで、ファサードのブリーズソレイユと同じ長さで、きれいに設置するのが普通と思うんです。もし日本人が設計者だったら絶対そうしてると思う。ところがコルビュジエは、あえて池を丸くして、四角い建物の前面にばんとくっつける。気化熱利用という意味では雑なんだけど、でも環境住宅に必要な基本構成が、たいへん物的に示されます。また、諸部分の巨大さ、強さがそのまま出る。コルビュジエが考えていた部分と全体のダイナミックな関係がよく伝わってきます。

コルビュジエの「建築の五原則」はどうとでも受け取れる開放性があり、建築としても様式のように固定化されたものでなく、とてもダイナミックなものなわけですね。

「自由な立面」という時、要するに構造が外壁からセットバックして中に入って、外壁が非構造壁になっていれば、他の細かいことは、乾式パネルだとかアルミカーテンウォールだとかは、どれだっていいのです。材料も、木でも鉄でも、なんでもいい。コルビュジエは近代建築五原則を、緻密な図面でなく落書きみたいな手描きスケッチで説明しました。ものすごい大雑把な説明で、落書きですから、大枠的な関係しか示せないわけです。だいたいこういう関係でやったらどうかという、「だいたいこんな感じ」だけを示す。そういうコルビュジエの乱暴さは、突出して個性的なものですが、しかし普遍主義です。

遊びと生命

その普遍性は、コルビュジエで言うと要素の自律性と一体性の関係ということになる。

そうですね。落書きの大雑把さで示せるレベルの、大きく物的な関係性。何語に翻訳されても伝わる単純さと明快さがあって、五原則が世界に普及した大きな要因になったと思います。

部分と全体の関係は、建築で生命的というテーマを考える時に、安直なハウツーのように考えられないから、まさに建築の具体的な方法として歴史的にも膨大な試行錯誤が行われたはずです。

そうかもしれません。吉阪隆正が「あそび」について文章を書いていて、「あそび」を人間の根本的なもの、いわば生命活動と位置付けています。彼が言うには「あそび」とは、システムの外に出ようとする意思です。冒険家は山登りをするけれど、冒険は社会システムの外に出ようとする行為で、システムの側から見たら「あそび」です。しかし同時に、地図の外に出ることは、世界地図を拡大させる運動でもあるから、結果的にシステムを再構築する働きも持つ。なので吉阪隆正は「あそび」には二つあると言っていて、ひとつは秩序に逆らおうとする活動であり、もうひとつは秩序を目指す活動、その二つとも「あそび」だと言っています。

古い話ですが、昭和の時代の野球で、王貞治がホームランをあまりに打ちすぎるのですが、王はだいたいライト側に打つので、野手がみんなライト側に移動して守備する「王シフト」というものが生まれた。王貞治という一個人が守備陣形を変えてしまう、いってみれば野球のルールを変えてしまうということで、これは一個人が全体に意見がある状態ですから、面白い時代だったんだなと思います。これは形式(野球)を壊す運動とも言えるし、創造的運動とも言える。そういうやりとりが野球を生きながらえさせると思うのです。野球についてぼくは全然詳しくないけど、野球の歴史を見ればたぶん、こんな感じの破壊と創造の繰り返しなのではないでしょうか。

ヴィラ・クゥクゥ　吉阪隆正

吉阪隆正賞記念講演

有形学からの影響

半年ほど前に、内藤廣さんから吉阪隆正賞の受賞についてお電話をいただいたのですが、偶然『吉阪隆正集』を読んでいた時だったので非常に驚きました。学生の頃読んでいた本ですが、最近とくに読み返すことが多くなってきた本です。吉阪さんはぼくにとっては影響を受けた建築家の一人で、最近とくにその影響を感じるようになってきていたのでこのような賞をいただき大変嬉しく思います。

吉阪さんからは、とくに有形学の影響を受けました。物がどんなかたちで人間に関わり、影響を与えるのか、その関係についての吉阪さんのお考えはたいへん示唆的で、ずいぶん影響を受けたと思います。

唐招提寺

唐招提寺はぼくが好きな建築のひとつです。時々そこを訪ねて新しいことを見出すこともあれば、自分が面白いと思ってやってきたことがほとんど実現されているなと思うこともあります。いろいろな点で自分にとっての教材になっています。

一言でこの建物を語ることはできませんが、興味がある点をいくつか挙げると、まず第一に「大自然のすぐ隣に建つ」ということです。第二に、「建築に中も外もない」ということです。ほとんどストラクチャーしかない状態です。第三に、「生命的な感覚」です。ヨーロッパの建築の彫刻的で造形的なダイナミズムとは異質の、構造や構法、平面計画やまたは自然とのつながりからくる力強さとダイナミズムがある、それを生命的なものととりあえず言ってみます。第四に「記念碑性」です。人間の思いが形になるということです。こうしたことを、整理がつかないままでも話してみます。

大自然のすぐ隣に建つ

唐招提寺は中国の様式で建てられた建築ですが、日本的だと感じる部分が多くあります。中国の場合は、大陸の広大な大地の中に基壇をつくってその上に建つという形で、まず敷地づくりから始まる。まず都市計画から始めるのです。世界全体を構築するような、構築的で人工的なつくり方です。日本は海に囲まれて、国土の九割以上が山で、建物を建てる場所がほとんどなく、大自然に直面した状態で、自然の中に建築が建つ。大自然から一歩も下がらないそういう建ち方に、ぼくは非常に感動してきました。それは自分にとって建築をつくるときの課題にもなっています。

唐招提寺に見られる自然と建築の関係で興味深い点は、緑のなかを進みだんだん建物に近づいていくのですが、このアプローチが面白いなと思います。まず門をくぐって金堂の屋根が見えます。この時点では建築の外にいます。さらに近づいていくと、あるところで瓦屋根が見えなくなって、代わりに軒裏が見えてくる。この段階で建築の傘下に入ったことがわかりますが、平面的にはまだ建築の外にいる。さらに進んで、庇の下の空間に入る段階で、屋根下に入りますが、しかしまだ室外です。いきなり外から中に入るのではなくて、徐々に中に入っていく、外から中に移行する際にいくつもの建築空間が現われてくるという面白さがあります。

「ROLEXラーニングセンター」(二〇〇九年)はSANAAで設計したスイスの図書館です。この建物の外側には玄関ドアがなく、人々はまず建物の下のオープンスペースに入り、エントランスの中庭に入って、エントランスに入って内部に入る。という唐招提寺のような、段階的に空間が展開してゆくアプローチをつくり、中と外が経験として連続することを考えました。それが、いろんな方向からできるようになっています。

「豊島美術館」(二〇一〇年)の場合も、敷地に入っていきなり内藤礼さんの作品にダイレクトに行くのではなくて、ぐるっと回ります。まず道路の向かいの見事な棚田を見て、海を見て、森を通って近づいていくというアプローチです。豊島美術館はドアもガラスも入っていませんが、入口をすごく狭くして、閉鎖的な内部空間をつくり、中に入ると空間が変わったように感じられるようにもしています。環境と建築の一体化という意味で、どういう風に建築に近づいていくかということは自分にとって非常に重要な課題になっています。

吉阪さんがコルビュジエのエスキスを紹介しているくだりがあります。まず都市の外側から都市を見て、街の外観を遠望する絵を描く。次に、通りに並ぶ周りの建物と自分の建物を同時に並べて描いて、その次に自分の建物のファサードを描く。街の外から建築まで連続しているのです。その発想方法もぼくとしては唐招提寺と同じものを感じます。建築にどう近づいていくかを考えることは、建築と都市の調和を考える重要なきっかけになるのではないかと思っています。

「森山邸」(二〇〇五年)は、集合住宅の状態からスタートして、ローンを返済していくに従って森山さんの住まいが広がり最終的には全体が森山さんの家になるというプロジェクトです。集合住宅として考えた時に、いろんなところから人が出入りできることが面白さではないかと思いました。普通の集合住宅のように必ず通らなければいけないエントランスや共用廊下があるのではなくて、商店街に行くか駅に行くかによって出入口が変わり、無関係の人が一緒に住む時に出入りを自由にできたらいいなと思いました。部屋と部屋の間に隙間があって、そこから横道に出ていくようなかたちで町とつながっています。

生命的なもの

「豊島美術館」の大きなテーマのひとつに自由曲線があります。自由曲線を使えば隣の山をカットすることなく、周りに合わせて建つことができます。また自由曲線によってつくられたワンルームの空間は、

House in Los Vilos　西沢立衛

中にいても、外との関係性が分かる。中があって外、外があって中がある、という中と外の一体感がわかる。建物の中にいても外が感じられるというのは重要なことで、美術館に限らずいろんなプロジェクトで考えていることです。「豊島」では大きな穴を開けて、光と風、空気が室内に入ってきます。閉じているけど開いている、ということが面白さではないかと思います。

佐々木睦朗さんに構造をお願いして、コンクリートシェルでつくりました。内藤礼さんの作品が床に展開するということで、あまり大空間ではなく天井高を低くしたいと考えました。シェルを低くすると足場を建てるよりも土で山をつくった方が楽なので、基礎をつくった時に出てきた土で山をつくり型枠にして、山の上に配筋してコンクリートを打つという方法でつくっています。この方法は型枠のジョイント線がないので表面に三×六の型枠の線が出ず、スケールのない世界が生まれます。それも自分の考え方にあった構法だと感じました。建物に開けた穴は、型枠となった土を掘り出すためにも必要でした。この穴は三カ所あって、二カ所は地面のすごく近いところに配置しています。穴を開けることで光や風、音や匂いが入ってきて、環境と建築、アートが一体になる、ということをイメージしていました。

中と外が一体ということで言うと、「House in Los Vilos」(二〇一八年)は、地形からつくった建築です。チリの太平洋に面した岬の突端のところにつくった住宅で、岬に沿ってアーチが反復するのですが、違う形に変化しながら反復するリズムをもったアーチです。工業生産だと一個つくっても一〇個つくっても量の差でしかありませんが、例えば詩の場合、一文だけと三文繰り返すのとでは意味がまったく変わります。量だけでなく質が変わるわけです。それは、機械的反復か、生命的反復かの違いです。建築の反復もそうなるべきと考えて、アーチが機能に合わせたり敷地に合わせたりしてリズムをつくり海に向かってどんどん大きくなるようにしています。このリズムによって有機的、生命的なものをつくり出そうとしています。構造は必ず反復しますが、機械的・工業的反復でなく、リズム的・生命的反復をどうつくるか、という課題です。

「生命的なもの」ということを言葉で考え始めたのが「森山邸」や「House A」（二〇〇七年）の頃からです。「House A」は住宅のプロジェクトです。敷地が東西南北に長い敷地で、外壁を敷地に沿って、凸凹にしています。南面に隣家が迫っていて非常に限定されていたので、採光を考えてということもありましたが、凸凹にすることで中と外が入り乱れるということを感じるようになりました。凹んだところをキッチンにしたり、凸凹にすることで中にも影響を与えていろんな場所が生まれて、同時に庭も生まれて、中と外がつながる雰囲気がつくれると思いました。

多中心

SANAAで妹島さんと一緒につくった「スタッドシアター・アルメラ」（二〇〇七年）という劇場があります。これは、大きな建物の中にいろんな場所をつくるということがひとつのテーマでした。要求条件としては大きい劇場二つと、小さいバイオリン教室やピアノ教室など、地域の人たちが学ぶ教室群の小さい部屋がいくつも並ぶ建築でした。普通にそれらを並べると一番大きな大劇場がいちばんえらく見えてしまうのですが、実際は大きい部屋も小さい部屋も同じように重要なのです。そこで大きい部屋が中心に見えないようなかたちを模索していました。ひとつの中心をもつ建築ではなく、どの部屋も中心になりうる、いわば多中心の建築です。

「森山邸」でも同じ問題を引き継いでいます。「森山邸」は最初の状態が集合住宅なのですが、敷地境界線沿いの部屋が、敷地の端っこに置かれた、道路に脅かされる部屋という感じにならないように、どうやってそこを快適な部屋にするか、という問題を考えていました。敷地の端っこでも、端っこ感覚というより中心にいるような感覚をつくろうと考えていて、当時何かを読んでいるときに出会ったのが、界隈という言葉です。例えば蒲田一丁目という領域は、人工的につくられたもので、中心と周辺が生まれます。一丁目と二丁目の境界近くに住んでいる人は、一丁目の端っこに住んでいると感じる。他方で界隈は、一丁目の端っこにいたとしても、界隈空間の中心に自分がいます。界隈は近所付き合いから生まれる空間なので、どこにいても自分中心の空間になるのです。界隈空間は自分中心の広がりを持ち、それは一丁目からあふれ出る。これをぼくは面白く感じました。一丁目という空間が政治的・人工的なものであり、界隈という空間が生命的・動物的なものという違いです。界隈には自分を中心とした生命的な広がりがある。「森山邸」に戻ると、道路に面して建つ家は、道路に面して大きな引き戸をつけて、路地に向かって大々的に開くように建てています。八百屋でもいいし、独立したばかりの若手建築家がここで住みながら働くのでもよい。建築家なら、道路にすぐ出られた方がスプレーも外で吹けて便利じゃないかなと。自分の場所が道路まではみ出して広がるような状況をつくることで、敷地の真ん中か端っこかを超えて自分の居場所がつくれるのでは、と考えました。そのため当時は、多中心というよりも、「敷地からはみ出る」という言い方で考えていました。

形のないファサード

吉阪さんの『有形学』からは、いろいろな影響を受けました。たとえば森林の地域と、大陸の砂漠またはスイスの山岳のような地域では、場所のつくり方がどう違うかを、足し算引き算で説明しています。砂漠や山岳は、雨が少なく木々が少なく、遠くまで見渡せます。自分の場所を示す目印として石を積む。山登りで使うケルンが例として挙げられています。目印をつくるとき、遠くから見えるように石を高く積む。これは城郭都市の原型で、何もないところに石を積む。いわば足し算です。一方で森のほうは、ケルンを積んでも遠くから見えないので、森では逆に木を切り倒す。そうすると切ったところに光が当たってそこだけ明るくなり、遠くから見てもその場所がわかる目印になる。これは引き算です。森と砂漠では、場所のつくり方が違うという話です。砂漠のケルンは物なので、彫刻的というか、外と中の領域がはっきりしています。でも木を切り倒した広場は物でなく空間なので、境界が曖昧で、森と広場がなんとなく連続しているわけですね。この目印のつくり方の違いはぼくにとってたいへん示唆的でした。

「ガーデン&ハウス」(二〇一二年)は、建物の壁と壁に挟まれた土地に建てた建物です。建主は女性二人で自宅兼仕事場にするということでした。これを家と考えて、ここに普通の切妻の家らしい家をつくるのは変だし、あまりオフィスらしいとか家らしいという形じゃないほうがいいなと考えた結果、「形がない」ということを考えるようになりました。仕事場でもあり家でもあるという、用途がはっきりしないあいまいな感じをそのまま形にできないかと考えました。具体的には、スラブを積層して、各階で部屋を囲むように庭を配置しました。敷地境界線から少しセットバックさせることで広がりも感じられます。積層させながらも高さや明るさなどが変わることで、いろいろな場所をつくろうとしています。構造体は三本のコンクリート柱で、その隙間にキッチンやお風呂を入れ込み、庭部分には打ち合わせスペースをつくっています。

建築の記念碑性

先ほどの吉阪さんの、森林と砂漠の話から、建築のアイデンティティは単独的なものではなくて、環境のなかで決まるということがわかります。冒頭に述べた「記念碑としての建築」に関わる部分ですが、パルテノン神殿に行くといつも面白く思うのが、それは人間のための建築ではないので、誰も中に入らない。入らないけど、十分に建築の経験ができる。建物に入ったかどうかではなくて、近寄っただけで建築の威力、空間の力を感じます。建築は、その中だけでなくその外にも空間をつくるものです。建築は環境的事物なのです。

中国の「済寧美術館」(二〇一九年)では、大きな軒空間をつくって、その軒で囲われた庭をつくっています。屋根の半分近くが外部で、夏場の日除け空間になっています。四角く閉じた展示室を回廊がつなぐというプランです。期待していたことのひとつとしては、中と外が反転するということと、ファサードが明るくなるということです。美術館が閉館していても軒下で市民が休めるような憩いの場所になる。中庭側からは美術館の回廊が見えて、その奥に公園が見えます。中庭は非常に大きくて屋根下から見ると明るく見えて建築が輝くというイメージがありました。中国の国宝を保存展示する建物だったので、宝物殿のような中に大切なものが入っているという感じが説明しなくてもわかるようにしたいと考えはじめて、レンガの建物にしました。レンガにしたのは、隣町の曲阜にある孔子の孔廟が見事なレンガだったこともあります。

「徳田邸」(二〇一六年)は、「豊島美術館」を一緒につくった学芸員の方の家です。この方が京都の二軒長屋の町家を改修して、家と集会場にしたいということでした。いろんな要望のなかで一番覚えているのは、宝物のような、持っていて嬉しいというものが欲しいと言われたことです。建物は昭和後期にモルタルが塗られていたり屋根も当初とは変わっていたりして、新しいものと古いものが混在していたので、まずは二軒長屋だったということが分かるように戻すことと、古い部分を磨いてきれいにするということを考えました。また、埋められてしまっていた通り庭の吹抜けを復活させました。平面計画的にはそれほど新しいことはしていませんが、新しい部材で戻していくというのは面白いなと思い、新旧混合の建物になっています。クライアントが言われた「宝もの」というのは、お金をかけるということではなくて、貴重なもの、大切なものをつくりたい、というふうに考えました。

吉阪さんの有形学をそうとう勝手に解釈していますが、自分自身は、ものと人間の関係、ものがどう人間に影響を及ぼすかという点で、有形学は建築を考えるうえで大きなテーマのひとつになっています。

武蔵野の集落

この一年に考える環境と建築のこと

ものを通して見える環境

この一年くらい、新型コロナウイルスの感染が広がり、世界中を巡っていた人の動きがほとんど止まっています。身近で直接的には換気しなくてはいけないとか、人間の高密な接触の回避が求められたりした。そのことをきっかけに、空間と人間の関係を考え直す人もいれば、地域性や気候風土、環境と建築の関係についてもあらためてフォーカスされたと感じます。

西沢さんと妹島さんは、環境との関係や閉じない空間のあり方を考えてこられたと思います。いつもお二人とお話ししていて思うのですが、倉庫を改修した事務所で、寒いと言いながら室内でもコートやマフラーをしていたり、多湿でちょっと蒸し暑い環境が心地よかったり、環境と暮らしがストレートに接している感じがします。西沢さんたちの建築には、そういう自分の根っこにある場所やアジアモンスーンの感覚が物質として表明されているところがあって、世界中で建築をつくる中で意識化されていったのではないでしょうか。そこから今、環境と建築、それを実現するテクノロジーや工夫の関係について、感じられていることをうかがいたいと思いました。

ぼくらの事務所が夏暑く冬寒いのは、事務所が倉庫建築なので仕方ないのですが、思えば一九九〇年代からずっと、工場とか倉庫みたいな建物を借りて、仕事をしてきました。天王洲アイルにいた時は倉庫で、次の辰巳ではもと工場だった建物を借りました。理由は単純に、倉庫や工場はオフィスビルより広い面積を安く借りられるということと、あと天井高が高いので大きな模型をつくれるという、その二点でした。オフィスビルだとスプレーも吹けないし窓も開かないし、大きな模型もつくれないし、ルールもいろいろ厳しくて、建築設計には向いてないと思っていました。ものづくりなんだから、やるなら工場みたいなラフなところだろうと。鉄工場にいくと、原寸大の鉄骨を組み上げる半屋外の大空間があって、その端っこに小さな作業部屋があってＣＡＤで鉄骨図を書いていて、ああいう空間構成は設計事務所にぴったりだなと思い、鉄工場を借りたいと思ったこともありました。ぼくらは機能から建築の形を考えるところがあると思うけど、自分たちの仕事場についても、自分たちの働き方に合った空間を求めてきました。でもおっしゃるように、機能から仕事場のあり方を求めてきたつもりだけど、環境から考えてこうなったとも言えるのかもしれません。

ヨーロッパの寒さに比べて日本の冬は温暖で、むかしSANAAに来たヨーロッパ人に、「日本の冬は暖かいでしょ?」と聞いたんです。そしたら彼は、「うん、そうね。外はね」と言った(笑)。「日本の冬は、外は寒くないけど、室内はめちゃめちゃ寒いよ」ということで、思わず笑ってしまいました。彼にとってSANAA事務所の寒さはSANAAの個性というよりも、そもそも日本建築すべて室内は寒い、と。ぼくらの事務所みたいな、中だか外だかわからないようなところで仕事するというやり方は、ベルリンではあり得ないことなので、アジアモンスーン地帯的な働き方なのでしょう。

近代建築の環境観は、冬の寒さが厳しい北ヨーロッパをルーツにしていると言われます。それに対して、様々な提案もされてきた。その意味で面白かったのは、期間限定でウェブでも公開されていた、ベカ＆ルモワンヌの映画『TOKYO RIDE』（二〇二〇年）です。雨の東京を一九七〇年代のアルファロメオ・ジュリアで走る時に、窓が曇るので開ける。道具を介して、暮らしている環境が感じられる。

あの映画でぼくがいちばん驚いたのは、雨が降ったことです。撮影は一昨年の春の一日だけでした。その頃ちょうど良い天気が続いていたので、ドライブ日和でいいねと言っていたら、撮影の日だけ大雨になっちゃった。でも、結果的に雨が映画の中でいちばん印象的なもののひとつになりました。あいうところで雨を降らせるのは、彼らの映画人としての才能じゃないかと思います。

映画の雨については、ぼくはいろいろ記憶に残っているものがあります。ジャン＝ピエール・メルヴィルの『リスボン特急』（一九七二年）冒頭の大雨のシーンとか、黒澤明の『七人の侍』（一九五四年）の豪雨の死闘は印象的でした。フランソワ・トリュフォーの『華氏４５１』（一九六六年）のラストシーンは大雪でした。『華氏４５１』は、レイ・ブラッドベリの近未来ＳＦ小説の映画化です。本が禁止された焚書の時代の話で、本を隠れて読んで丸暗記して、あとは燃やすんです。一人一冊違う本を暗記する任務があって、各々違う本を口承で後世に伝えていくんですね。ラストシーンは、みなが焚き火を囲んで暗記して、本を焚き火に投げ込んでゆく場面で、そこで雪が降る。雪の中、声に出して誦じるから、白い息がわーと出て、寒そうなんですね。その雪のシーンで、「雪→冬→焚き火→焚書」という連続したイメージができて、焚書の時代が冬の時代として示される。映画自体はそれほどの映画ではなかったけど、中学生の時にこの映画を見てすごく印象に残ったラストシーンで、ぼくはてっきりこのシーンを撮りたくて映画をつくったくらいに思っていたわけなんですね。ところが後でトリュフォーのインタヴューかなんかを読んでいたら、その撮影は出演俳優との契約の最終日で、やむなく雪の中撮影せざるを得なかったと知って、驚きました。

ベカとルモワンヌの『TOKYO RIDE』は、すべてのディテールが、雨が降ったことで生まれたという感じがした。左腕がずぶ濡れになるところとか、お経をあげるシーンとか、印象に残る場面はほとんど雨でした。

普段意識されないことが、目に見えるようになる。

窓開けたり、ガラス拭いたり、いろいろやってましたね。一九五〇〜七〇年代のアルファロメオはいろいろな意味で好きです。あの時代の車って、運転していて外を感じるんです。車体が小さく軽く、ボディ厚も薄くて、環境を感じながら走るのです。ドイツのポルシェは高速巡航の車で、アウトバーンを滑走する、いわばジェット機みたいな高回転の車ですが、アルファロメオは低回転でも元気だから、街を楽しく走れるんですね。車高が低くて、地形や路面も伝わってくる。運転しているとイタリアの街の狭い道や急坂を思い出します。ああいう街からこういう車が生まれてくるんだなと。街を楽しく走る、ああいう喜びって、本当にイタリアだなと思います。ぼくは最近講演会で、唐招提寺や厳島神社を引いて「外と中は一体」と言ったりしていますが、あれはそもそもは唐招提寺というより、アルファロメオのことかも(笑)。

最近流行りのSUV的な、二一世紀の自動車は乗っていて確かに快適です。しかし良くないなと思うのは、環境を感じないことです。中の人間を守るために重装備になって巨大化し、まるで要塞みたいになった。窓を開けて外気が入ってくると、もわーっと温風が入ってきて、なにか気持ちよくないんです。窓を開けて走るよりも、窓を閉めて空調した方が静かで快適です。「環境は敵」という感じなのか、アジアの熱風が汚染されたものであるかのような感じがします。最近の車は皆、気候のよい春の日ですら窓を閉めて運転しています。

完全空調のオフィス・ビルみたいですね。

似てますね。その点、二〇世紀の車はそこまで武装されておらず、気楽でいいなと思います。

中にいても、周りを感じる気持ちよさみたいなものが車にもあった。

そうです。自分がどの環境に属しているかってことが、肌でわかるのはいいですね。自分が属する環境がわからないって、こわいものですよ。

イタリア車は、内外に空間があるのも好きです。日本人はインテリアデザインって何をすればいいのかよくわからないから、日本車のインテリアってなんかエアコンみたいな室内ですよね。イタリア車に乗っていて思うのは、人間の空間がちゃんとあるということです。スケールの感覚が良くて、機能も飾りも、いろいろなものが的確な大きさと重量感で納まっている。そういう車に乗るたびに、イタリア人のインテリアの感覚に感心します。自動車ですら人間の場所なんだ、と。ヨーロッパで列車の旅をすると、ある豊かさを感じたりしますが、自動車にもそれがある。

イタリアはいろいろ問題のある国で、若者にチャンスがなく、イタリアの若者は大変だとは思いますが、しかしイタリアは、こと「楽しく生きる」ということに関しては最高です。素晴らしいオペラに素晴らしい料理、素晴らしい都市と建築で、通りが美しく、広場が美しく、あらゆる階級の人々が豊かに生きられる街がある。生きることを楽しむっていう意味では、アルファロメオはまさにそれですね。

快適は環境的、歴史的

前にエルサレムのホテルで朝ごはんを食べていた時に、水を飲もうと思って棚のところに行ってグラスを手に取ったら、食洗機で洗ったばかりのきれいなグラスで、もわーっと温かかったんです。そうしたらレストランの人が代わりに冷たいグラスを持ってきて、替えてくれました。その時に彼が、「ホラ、freshなやつだ」と言って、ぼくは感心しました。「これがfreshか」と。

西沢さんとしては、驚きがあった?

そうなんです。ぼくは、洗ったばかりのグラスの方がフレッシュだと思っていたのですが、そうではなく、冷たく乾いたものの方がfreshでした。

ヨーロッパにいて感じるのは、「快適さ」や「清浄さ」のイメージが、ぼくらとちょっと違うなということです。前にこの連載だったか、GAの他のインタヴューで、日本語には「ラグジュアリー」に当たる言葉がないという話題が出たと思うのですが、ヨーロッパ人が考える快適性はたいしたものだと思います。家だけでなくホテルやカフェ、駅や空港、美術館、劇場、いろんなところで「人間がくつろぐ」ということを考え、空間にしている。

ヨーロッパには「低温度・低湿度の方が清浄で衛生的、かつ快適」という感覚があって、あれもすごいと思います。すごすぎて、またたくまに全世界に普及して、もはや全人類の快適性になりました。でも本当は、快適性ってもっと多様なものだとも思います。高温多湿でも、清浄なものや気持ちよいものってある。アジアの熱風は素晴らしく、むし暑いタイの田園で、スコールがきてずぶ濡れになっちゃったみたいな快楽は、誰でもわかるものだと思うんです。

日本や韓国、台湾のような東アジア、あとタイ、ベトナム、ミャンマーなどの東南アジアって、ずっと稲作で生きてきて、水田とか沼のほとりで暮らしてきました。稲作地帯は、乾燥した砂漠地帯や高山地帯と比べるとジメッとしていて、いろんな生き物がぐちゃぐちゃいて、バイキン天国です。高緯度地域の春はひんやり冷たく爽やかですが、稲作地帯の春はもわーと、虫がうようよ湧き出てくる感じがある。湖沼や水田のほとりで生きる人々は、人間も猫も地域も微生物の集合体でしかない、という感覚だと思う。

これまでの衛生概念や気持ちよさも、無意識に環境を反映している。先ほど言われたように、人間が微生物も含めたバランスの上に存在しているとすれば、その場所ならではの成り立っている清潔さのバランスや心地よさはヒントを与えてくれるのかもしれません。

日本人は麻が好きですよね。麻のあの硬さに、ぼくらは潔さとか気持ちよさを感じます。麻の硬さが気持ちよいとぼくらが思うのは、環境から来ている気がする。アジアのジメジメ気候の中で培われた気持ちよさの感覚だと思うんです。だから「快適」は環境的なもので、それは室内的なことではないので、室内を空調したら快適になるという類の話ではないと思うんですね。

「快適さは環境的なもの」ということは、それは歴史的なものでもあるということだと思います。畳の上を素足で歩く気持ちよさは、日本人が何百年も感じてきた、歴史的な気持ちよさです。祖先がそれを快適だと感じてきた歴史がない人の場合、いきなり裸足で歩けと言われても、それを快適だと理解するのはちょっと時間がかかるのではないでしょうか。柳田國男は、綿の気持ちよさは機械紡績の普及によるかなり新しいもので、昔は麻のような硬いものの気持ちよさが普通だったと書いています(「木綿以前の事」一九六二年、各項の初出は一九一一〜三九年)。我々は麻の硬さを快適だと感じ、ふわふわの綿も快適だと感じますが、麻の肌触りの快適さは古く、綿のふわふわ感はなんとなく新しい最近のことだ、ということは、日本人であれば柳田を読まなくても感覚的にわかっていると思う。

個別の環境以外でも低温・低湿度の快適さを実現するために、様々な技術が発明されたりもしました。畳や着物の気持ちよさみたいなものも、普遍化するイメージがありますか?

それは難しいかもしれませんね。アラスカやアイスランドで畳や着物って、つらい気がします。

アメリカは、自分たちの価値観、自分たちのシステムを世界に広げていくのがうまいですね。ウィンドウズとかアップルとか、マクドナルド、コカコーラ、大学教育や弁護士制度、飛行機やマイレージ制度。マイレージってマイルだから言葉として決まるけど、キロメートルだとなんか、キロメーテージって字余りというか、いかにも普及しなさそうです。

iPhoneが出てきた時に、ガラスのイメージが全く変わって、ぼくは驚きました。ガラスの表面を指でさっとやると、ひゅんと動いて、画面が振り子のようにゆっくり振れて、もとに戻っていく。ガラスって、硬く冷たいものだったのに、まるで生命そのものみたいになった。割れて怪我するような、鋭利で危ない素材が、なでなでしたくなるような、すべすべ素材になってしまった。今、電車に乗ると、みんなスマホをいじっていますが、誰もニュース読んでないですよね。あれは単に画面をなでなでしていたいだけなのでは(笑)。ああいう快適性、ツルツルな面をなでなでするとそれに合わせて画面が揺らぎ、情報が展開する、まるで生命の一部のような感覚は、スティーブ・ジョブズの偉業の中では大したことではないかもしれませんが、iPhoneの根底に「快適さ」を置いたことは感心しました。

今や単なるガラスと言うより、情報に物質性を与えたとも言えないでしょうか？　つまり、昔の微妙に凸凹したガラスや厚く緑色のガラスでなく、あまりに平滑で薄いガラスが、情報のセンサーのようになっている。

そうかもしれない。単にすべすべなだけじゃなくて、情報とものが地続きになったかのようですね。

今はローカルな気持ちよさも、ちょっとした技術の使い方やものとの組み合わせで、明確なわかりやすさとして生まれ変わるのかもしれません。もしかしたら、変容しているのかもしれないけれど。

「低温度・低湿度イコール快適」のわかりやすさからすると、「高温多湿イコール快適」っていうのは、なかなかわかりづらいことだけど、アジアのビール会社とか化粧品会社、美容・健康ビジネスの人たちはもうちょっと頑張ってほしいと思います。高温多湿の方が美肌にいいのだし、新型コロナだってインフルエンザだって高温多湿の方が安全なのだから、美容・健康・衛生的に考えて高温多湿は良いのです。安全と衛生あってこその「快適さ」なわけだから、アジアにはもう少し普遍主義の思想を持ってほしいですね。

本当にローカルなものって、その地域にいてもしばしば気づかないけど、外に出て、外側から見ると、気づいたりしますよね。他県に行くと、自分の県の良いところや悪いところが見えたりする。瀬戸内海という名前は、フェノロサだったか、外国人が命名したとどこかで聞いたことがあります。本当かどうかわかりませんが、いかにもありそうな話です。

再発見ですよね。近代化では必ずその問題が指摘されますが、原型的なものも必ず変容していくわけです。SANAAの「ルーヴル・ランス」では、四角いヴォリュームの構成はモダニズムの極致とも言えるけど、どこからでも出入りできるエントランスホールは、フランス人が新しいデモクラシーの表現だと驚いた。それも「外人の視点」からアップデートされたものと言えます。

前にスペイン人の友達と瀬戸内海を旅行した時、フェリーの乗客が携帯見てたり、昼寝したりと、誰も風景を見ていなくて、彼は感心していました。島を見ると、沿岸部はまったく開発されておらず、田舎の風景がそのままある。彼は「もしスペインにこんな美しい島々と海があったら、あっというまに全部リゾート開発されてしまうぞ」と言っていました。東京のような都市部だと、日本人は建築にも道にも街区にも関心ないから、どんどん壊されていくんだけど、瀬戸内海の場合は、日本人が瀬戸内海に注目しないから逆に、瀬戸内海は今もまだ美しい場所として生き延びているのだ、という彼の面白い見解でした。

瀬戸内海

どう集まるか、どう離れるか

前回の吉阪隆正の話に通じるかもしれませんが、いろいろな場所で建築をつくることは、登山をして地図を広げることにも似ていると感じます。環境ごとの清浄さや気持ちよさを実践の中でテクニカルにも成立させることになり、そこから新たな発明が生まれてくる。例えば、高温多湿だけど、島国では水がすぐ流れていくので、その動きの中で気持ちよさと清浄さがつくられる。映画の中で西沢さんも、動詞的建築という言い方をされていました。

中国大陸は地平線が見えて、まっ平で、雄大なんです。中国には不動の大地がある。何年か前に厦門に行ったことがあるのですが、台湾並みに低緯度の南国なのに、冬は零下になるそうです。青島よりさらに南の日照に行った時にも、南国で海も近いのですが、冬はマイナス一〇度になることもあると言われ、驚きました。広大な大陸が生み出す寒気団の大きさを、あらためて感じました。大陸の厳しい寒さに比べると、日本は陸が小さく海に囲まれて、温暖です。また、天候が常に変わる。良くも悪くもせめぎあいの場所というか、しじゅう天候が変化している。日本の自然環境は、中国大陸の雄大な、母なる大地というものではなくて、移ろいゆくもの、動的なものなんだなと、それは中国大陸を巡っていて感じることです。ぼくにとっては機能も環境も、それは動くもの、変化するものです。建

蘇州の水路

築もそうです。我々は、建築は名詞ではなく、動詞だと考えているのではないでしょうか。

場所を根拠に建築を考えるべきだし、建築は場所から生まれてくる。でも建築は同時に、場所を超えてゆく。壁式構造はたぶん、壁の文化の地域から出てきたものだと思うけど、でも世界のどこであっても通用するものです。ミースは普遍主義で、近代建築の王道を行くようなものでしたが、しかしミースはドイツの風土と歴史を背負っていて、すごいなと思います。そのことが彼の建築に、他の誰も真似できないような厚みと重みを与えているとぼくは思う。普遍主義も近代主義も、根底に地域とか歴史がないと、ダメなのではないでしょうか。

ＩＴ革命やインターネットで、場所や空間は関係なく、どこでも仕事ができると言われていたけど、人間の快楽やコミュニケーションからすると、これまで気付かなかった面が浮かぶのかもしれません。

去年は、多くの打ち合わせをオンラインでやることになって、あらためて人間の会話能力の豊かさを感じます。オンラインでも意外に話し合えるなというのはもちろんあるけど、同時に、相手と同じ空間にいるだけで、相当いろいろわかりあえていたのだなと、オンライン会議をしていると感じます。

人間は物からそうとう複雑で多様な情報を受け取っているのではないでしょうか。大学のエスキスで学生の模型を見る時、オンラインでカメラ越しに見ても、ずいぶんきたない模型だなとか思っちゃうけど、実際に同じ空間で、ナマの模型を見ると、つくり手の意思とか、つくる時の逡巡とか、ラフなパワーとか、いろんなことが伝わってくる。人が物や人から直接受け取る情報の多さってすごいと思うし、空間を共有するだけでこんなにわかりあえるというのは、これも空間の力なのだなと思います。家の設計って主に、人々がどう集まりどう離れるかを考えるわけですが、家だけじゃなく事務所や学校や喫茶店、道路、地域で、どう集まりどう離れるかが去年は大きな問題になりました。アクリルパーティションだけでなく、それを空間的にどうやるか、これから皆で考えてゆく時代になるとよいなと思います。

ウィークエンドハウス　西沢立衛

家の話

脱箱、脱ワンルーム

今年、「SHOCHIKUCHO HOUSE」が完成しましたが、とても刺激的でした。施工中の現場も拝見しましたが、西沢さんが普段言われている環境やストラクチャー、あるいはカーンやコルビュジエを通じて、人間を語るようなことが、非常に説得力を持って感じられた。もう少し具体的に言うと、現代の京都という町の環境と重なるような家の建ち方が、建築単体の組み立てや架構の問題としても貫くように現れている。文字通り、現代的な町家だし、そういう環境的なあり方が、人間の住む家として大事だと考えられているでしょう。それで、家ということについて、これまでも話されていますが、あらためて今まで展開されてきたことを伺いたいと思いました。

どっち方向に展開していくべきか、難しい話ですね。

とても乱暴に言えば、ものの組み方は異なるけれど、ダイアグラム的に見れば、「House A」(二〇〇六年)や「大八木邸」(二〇一八年)とも似ている。それも何か家の存在論的に感じられて……。

それは空間構成という意味ですか？　立体化したというような。

流行りのようにワンルーム型の住宅がありますが、西沢さんの住宅はそれとは違うと思うんです。ワンルームは、メインのリビングなどの空間に、従属的に他の空間が位置づけられている。アルコーブのような感じです。「SHOCHIKUCHO」の前に「森山邸」（二〇〇五年）があると思いますが、全体がひとつというより、ブドウの房のようなイメージがある。原理的には、山本理顕さんたちが言った個室群住居のようでもあるけど、それがひとつの建築になるように追求されてきた。「House A」ができた時に、二川幸夫と話していて「宮殿のようだ」という言葉が出てきたんですが、単なる一時的な使い方を翻訳するプランなどではない、「SHOCHIKUCHO」ではこれまでの展開がいよいよはっきりしてきたと思いました。それを町家と説明するとわかった気になるけれど、確かにそこに接続しつつ、都市—建築をまたがるようなストラクチャーが発明され、個々の場所や仕上げなどが足し算されている。それは、西沢さんの住まい像や、もっと大きく言えば、人が生きていくためにどういう場所が必要かといった基本的なスタンスと通じているんじゃないかと。

いま山口さんがおっしゃったことは、「森山邸」か、その前に「船橋アパートメント」（二〇〇四年）という集合住宅をやったのですが、その頃まで遡る話か、もしかしたらさらに昔の、「ウィークエンドハウス」(一九九八年)の頃から始まる話かもしれません。「船橋アパートメント」で、ぼくはワンルームをやるのがイヤで、ワンルームを三つに割って三ルームにしたんです。そのアイディアは今も気に入っていて、ただ建築としては、話すと長くなるのですが、いろいろ反省のある建築となりました。

ワンルームがイヤだというのは、よくあるワンルーム・マンションという具体的なものに対してということだったのですか。あるいは、もう少し別の意味で?

両方ですね。ぼくが初めてつくった家は「ウィークエンドハウス」という週末住宅で、それはワンルーム的なものでした。でもよく見ると個室が三つあるんです。あるんだけど、ないかのように表現しようとしていた。個室があるのに、ワンルームであるかのように表現するって、ちょっと無理しているというか、ぼくは限界を感じました。

「ウィークエンドハウス」は正方形で、その箱感がすごかった。建築的にいろいろやったつもりだけど、要するに「箱」ってことが一番のインパクトであるような建築でした。箱の中でいろいろ頑張っても、全部箱の中の小技でしかないように感じられた。「船橋アパートメント」もそういうところがあったと思います。建築の外形は都市計画によって決まった巨大なワンボックスで、建築の中は三ルームのアイディアでつくられて、それはまるで二人の建築家が内外を別々に設計しているかのようでした。あの頃、ぼくは焦っていました。建築的な創造性があると思ってやったことが全部、インスタレーション的なものになり、インテリア的なものになってしまう。自分の建築創造がその程度でしかないということへの焦りや失望があったと思います。

巨大な建築ヴォリューム自体をばらばらに分解してしまったのが「森山邸」です。「ばらばら」について当時、いろいろな理屈をつけて話していましたが、要するに建築の大きなワンボックスを壊してしまいたかったのかな、という気もします。

家は街の出来事

「森山邸」に取り組むことで、どのような気づきがあったでしょうか。

設計中に森山さんが言ったことで今も覚えているのは、ローン返済が進むにつれて、賃貸部分の住人には徐々に出ていってもらって、森山さんの家を広げていき、最終的には全部を自分の家にしたい、ということでした。森山さんがどこまで本気で言ったかわかりませんが、ぼくはそれは面白いと思ったんです。それで、「家が広がっていく、そのムーブメントにふさわしい建築の形は何かな?」と考えるようになりました。いわゆる普通の、一〇一号室、一〇二号室、一〇三号室、と同じ部屋が反復して積層していくようなアパートだと、森山さんが一〇二号室を獲得し、次に一〇三号室を獲得し、と徐々に家を広げていっても、全部同じ部屋で、あまり楽しくないのですが、しかし一軒一軒個性が違うのであれば、家を広げてゆく面白さがあるなと。プロジェクトの名前も「XXアパートメント」ではなく、「森山邸」となりました。

プログラムは森山さんの家とご友人の家、あと賃貸アパートの三つで、この三つをひとつにまとめるとかなり大きく、圧迫感のあるものになるのですが、それに比べると「ばらばら案」は風通しがよくて、開放感を感じました。ばらばらって形がない感じがして、住むことが箱の中のことじゃなくて、街の出来事になると感じました。

家は、どれだけ閉鎖的な家であっても外から見ると、それが家だとみんながわかりますよね。人が住んでいるっていうのは、建築全体に表れ、街に表れるものだと思うんです。家は街の出来事なんだということを、「ばらばら案」はうまく言えているように思えました。

バラバラにすると、ある時点でのプログラムの組み合わせは関係なくなるし、ひとつの家の構成も見えない。そこに何人の人がいるかも分からないけれど、人の暮らしは感じられるものになりそうです

そうなんです。「森山邸」には複数の世帯が入っているんですが、何世帯入っているのかよくわからな

い。数えられなくて、それも面白いと感じていました。形がないっていうのかな。「数えられるもの」ではなく、「数えられないもの」をイメージしていたと思います。スタディ初期にやっていた三棟案、つまり森山さんの家と友人の家と賃貸アパートの三棟が並ぶ案は、三つとはっきり数えられちゃうのです。でも「ばらばら案」は全体の形が曖昧で、また中身が住戸だったり浴室だったり機械室だったりと色々で、全部で何世帯の集合なのか数えられない感じがありました。あの中のどこに森山さんが住んでいるのかも、はたから見るとよくわからない。「形がないもの」はどんな形かということを考えていって、「数えられないもの」になっていったのか、もしくはその逆だったか、はっきり覚えていませんが、その二つはかなり近いことでした。「ばらばら案」がスタディで出てきた時の最初の模型は、同じ大きさのヴォリュームが機械的に並ぶ、なにか味気ないものだったのですが、その後、大小いろんな大きさの家がぎゅうぎゅう詰めな案に発展していきました。ばらばら、ぎゅうぎゅう詰めという状態は、ワンボックスの案とか三棟案よりも、いろんな人が集まって暮らす風景という意味で、自然に感じたんです。

今思えば、当時のぼくなりに「人間の居場所」を考えようとしていたんだなと思います。「森山邸」ができた当時、どうやってお風呂に入るんだとか、どこで寝るんだとか、私は住めないとか、いろいろ言われました。そういう批判はもちろんあると思うのですが、ぼくとしては、箱の中に人の場所がある、というような形ではなくて、「私が住む範囲はだいたいこのくらい」みたいな、ぼんやりとした空間的なひとまとまりを、ぼんやりしたまま建築にしたかったのだと思います。棟の並べ方は、グリッド状に

森山邸　西沢立衛

並ぶとまさに数えられる状態になってしまうので、整頓されていないランダムなものにしていきました。通り沿いの立面をまっすぐに揃えず、でこぼこに前後させたのですが、それは多分、プロジェクト全体の輪郭をオープンエンドにしたかったというか、四角く完結させたくなかったのだと思います。

当時、ぼくは「建築が敷地から出る」という言い方をよくしていました。ものとしてはもちろん出ないのですが、「住む」「暮らす」ということを事態として、出来事として考えれば、敷地から出ているわけです。ゴミ出ししたり、ホームパーティで路地まで溢れ出たり、騒音で近隣から苦情が出たり、緑がはみ出したり。あと、家をものとして考えたとしても、ものの雰囲気、建築の存在感は、敷地境界線から出る。「森山邸」が竣工した時、近隣のひとで一人インパクトのある人がいて、彼は鋭い男で「この家を塀で囲め」とぼくに言いました。ぼくは驚いて、反発しました。彼とのやりとりで、ようするにぼくは塀を立てたくないんだと自覚しました。つまり、塀で囲ってその中がプライバシーですっていうのを、やりたくないのです。塀なんかで建築の存在感は止められないというのもあったし、塀で囲んで「家です」っていうのはいかにも物的というか強引というか、そうではなく、環境として家の存在を示したかった。

西沢さんは以前から建築を考える時に、機能から出発して、最終的には機能とは関係ないものにしたいと言われていました。その意味で言うと、ブドウ的というのは間違いなくプログラムからつくられているんでしょうけど、それが具体的な場所や環境の中で

組み立てられた時には、機能の表現ではなくなっているということでしょうか

ぼくの場合、建築の設計が機能から出発しているのは間違いないと思います。ただ、機能がゴールになるかというと、そうでもない気がする。なにかの原形をつくろうとしているのだと思うんです。

ローマのバシリカ形式はキリスト教会堂固有の形式と言われていますが、もともとは集会場の建築形式だったそうで、その後にキリスト教が広まって、キリスト教会堂に使われるようになったそうです。時代や社会は変わっていき、それに応じて機能も変わっていく。機能は確かに建築の出発点になるのですが、建築は原形的なものなので、その応用や活用は時代によって変わっていくのだと思います。

話は脱線しますが、機能は面白いですね。機能は、人間と物の愛情関係のことだと思うんです。自動車は運転しない人にとっては金属の塊でしかない。でも使う側がそれに興味を持って、練習し始めたら、それは道具としてたいへん便利なものになって、すごい機能してくれるし、人馬一体じゃないけど、人間と自動車は深く結びつくわけです。人間と物はそういう特別な関係を結ぶことがあって、それが機能の素晴らしいところだと思う。

地上の楽園

「森山邸」の頃、西沢さんも妹島さんも「にわ」という言葉を使うことが多くなってきたことも、強く記憶に残っています。最近は誰でも安直に「にわ」と言い過ぎると思うのですが、西沢さんたちにとってはどういうことで気になってきたのでしょうか。

庭は、建築とは異なる価値観の世界だなと思うんです。例えば、ミミズを部屋の中で見ると「ウゲー!」となるけど、庭で見ると、「自然はいいねえ」となる。家と庭の落差はすごいものです。建築と庭の二つがあるだけで、家は相当多様になると思います。道路もそうですね。家の前で椅子を出して、道端でくつろぐ時、家の中にはない快適さを感じます。「SHOCHIKUCHO」も少しそうですが、通り、庭、室内、という三つの世界が家になるといいなと思います。

家だけでもないし、庭だけでもなくて一緒ということが大事ですよね。当たり前のことだけど、建築家はどうしても建築にフォーカスを当てるから意外に難しい。

うん、一緒が重要です。庭と建築だけじゃなくて、道路や街もです。建築だけで快適というのはある意味強引で、やはりまず家が快適で、それを囲む庭がよくて、通りが安心して歩ける安全な所になっていて、というふうに、界隈全体が豊かであることが、家が居心地よくなるもっとも自然な方法ではないかと思います。

当時、コルビュジエの本をときたま読んだりしていました。コルビュジエは、「住宅は地上の楽園であるべきだ」と言っていて、ぼくはその言葉にたいへん感銘を受けました。その言葉には「都市」も「街」も入ってないんだけど、なぜか住宅建築だけの話には聞こえず、住宅を含めた我々が生きる世界全体への発言に聞こえました。また、家の豊かさをストレートに言っており、そのストレートさも印象的でした。「House A」の設計中に、ヴヴェイにあるコルビュジエの「レマン湖畔の小さな家」(一九二四年)が寸法的に近いということで、見学に行きました。小さいのに豊かな家で、その優しさや心地よさ、いろいろなことに感心しました。

そこで取り組まれた「House A」では、どのように考えられたのでしょうか。

「森山邸」で箱を壊したんだけど、よく見ると小箱なんですね(笑)。じゃあ次は、構造体を柱梁と鉄板の両方でやろうと思って、軸組のような箱のような、どっちつかずの感じにしてみようと思いました。妹島さんには、どっちつかずだと批判されました(笑)。

「House A」では最初から、「庭みたいな家」をやってみようというムードが事務所内にあったと思います。やりたいことがもうなんとなくあったので、どのスタディ案もだいたい、半分外のような大空間で、緑が内外に広がる、みたいな案ばかりだった気がします。そこから徐々に発展していって、あるところで、中が外みたいに明るい家のイメージが出てきました。

「森山邸」は、全力でやった建築だったから、批判されても「まあ全力でやったのだから仕方ない」と、妙に割り切れたんですよね。「森山邸」ですごく頑張って、それまでの苛立ちとか緊張感みたいなものが全部流されちゃったのか、「House A」の時、ぼくは解放されていたと思います。伊東豊雄さんに「森山邸」と「House A」を見て頂いた時、伊東さんが「House A」の居間に座って周りを見渡して、「西沢はなにか憑き物が落ちた感じだな」と言った(笑)。確かに、と思いました。

今までを振り返ると、ぼくの場合は家を考えることが、自分の建築創造全体にとってすごく重要でした。これからもそうだといいなと思います。コルビュジエは「住宅と宮殿」の中で、「住宅は宮殿で、宮殿は住宅だ」と言っていますが、ぼくは家をつくる時、家以上の大きな建築をつくるつもりでやります。また逆に、大きな建築とか商業的な建築とかをやる時には、人間の家の一部をつくるような気持ちで臨みたいと思っています。その方が中心を失わないでやれる。自由にやれるのです。

人間の場所がない

家と一言で言っても、古今東西さまざまな家があって、その種類の多さにはいつも感心します。砂漠

House A　西沢立衛

の土の家や遊牧民の家、ローマ時代の大邸宅、超高層マンション、水上住居、いろんな家が今まであったし、これからもいろいろありうるでしょう。でもいつの時代であっても、どの地域であっても共通して言えるのは、家を見ればそこにどんな人間がどんなふうに住んでいたかがわかる、ということです。サラリーマン家族の家は郊外のニュータウンにあって、部屋が子どもの数あって車庫が二、三台あって、核家族とか自動車社会、通勤社会といった生き方がそのまま家になっています。誰だって住むにあたって無用なものは家に備えないので、家を見れば、人間が何を必要として生きたかがわかる。家は人間の生き方を提示するものだと思います。

家が人間の生き方を提示するという時、まず気になるのは、「家が人間の拠点、居場所になっているかどうか？」、「我々建築家は、人間に相応しい場所をつくれているかどうか？」です。近代以前の家には、「人間の場所」を感じるんです。長い時間をかけて使われ続けた家だから、それ相応の迫力があります。でも近代以降の家になるとなにか急速に、人間の場所がなくなっていくような気がする。もちろん近代以降と一括りにはできなくて、ミースやコルビュジエ、アアルトのような例外があるのは事実だし、もっと一般的な家を見ても、ヨーロッパやアメリカの家はまだいいと思うのです。でも日本の、近代以降の住宅は、それが建築家の作品であれタワーマンションであれ、設計した人は人間の場所に興味ないのかな、という家があまりに多いと思います。人間がそこに住むという現実感が希薄なんです。それは建築家だけの問題ではないかもしれませんが。

横山正が昭和の近代住宅史を振り返る文章の中で、日本の近代住宅における「居間の不在」について書いています（「住宅の五〇年」、『新建築』一九七六年十一月臨時増刊昭和住宅史、一九七六年）。明治以降の急速な近代化の過程で、西洋から居間を輸入して、住宅の近代化が進んだけれど、それはいわば借りてきた空間でしかないと。その論文は全体として、日本の近代化以降の住宅文化の貧しさを批判していますが、それもぼくにとっては、我々日本人が「人間の居場所」にあまり興味を持って考えてこなかったこと、特に近代以降、その観点を見失ったことを証し立てているように読めました。

その問題は、今も続いています。日本人は暮らし方が下手と言っても仕方なく、それを踏まえて考える必要がありそうです。

社会学者の加藤秀俊は日本の住まいについて、「日本人にとっての住宅は、大火の後のかりそめに建てた住まいがそのまま半永久化したものでしかない」と言っています。日本の都市と家は伝統的に木造で、火事が多かったからあっという間に燃えて、またあっという間に建てられた。東京大空襲の翌日、焦土の中で人々がさっそくバラックを建て始めて、青空の下トンカントンカン音が響き渡っていたというのを、どこかで読んだことがあるのですが、加藤によると「急場しのぎの仮住まい」というのが日本の住宅の本質だという指摘です。それは、中国やヨーロッパのような、大地に根ざした人間の場所なんてものではなく、「とりあえず雨露を凌いで寝られればいい」というものです。

住宅に限らず、たとえばホテルを見ても、海外のホテルで居心地の良さを感じるものはいっぱいありますが、日本のホテルは居心地という概念はほぼなくて、「寝ればいい」だけの施設です。設備とスペックを並べているだけで、それらを統合する空間がない。喫茶店も、くつろげたり、落ち着いて語らったりしたいお店というものは、少なくとも東京では稀だと思います。

ヨーロッパに行って感心するのは、街が人間の居場所をつくっているという、言ってみれば当たり前のことをやれているということです。家はもちろんのこと、街角や広場、喫茶店、劇場、駅舎、事務所、あらゆる所が、人間に相応しい場所になっている。電車の中ですら人間の場所になっています。日本の都市は、道路も家も事務所も、場所がない。大地に深く根を下ろしたようなどっしりした場所、人間が安心して落ち着ける場所をつくるのが、日本人は下手だと思います。

高床と地面

しかし、近代以降の日本の住宅にうまくないのが多いとしても、近代以前の町家や農家の建築であれば、人間の場所という意味で魅力を感じるものは、いっぱいあります。

日本の伝統的な家を訪れていいなと思うひとつは、高床です。上げ床、高床は、人間の場所と言ってよいものだと思います。じめじめした地面から離れて、高く床が張られる爽やかさが、ある居心地の良さ、気持ちよさになっている。もうひとつ、ぼくが人間の場所を感じるのは土間空間です。農村の民家とかまたは町家とか、家が働く場所でもあるような場合に、土間が登場したりする。いろんな人が出たり入ったりする場所で、庭の一部、道の一部とも言えるような場所です。

まさに、土間のことをニワと呼びます。

そうです、土間はこれからの時代、すごく可能性があると思うんです。

かつて家は寝食だけでなく、いろんなことをやる場所でした。家族団欒はもちろん、仕事もそこでやったし、結婚式やお葬式、お祭りや飲み会、集会、いろいろやった。でも今は、家では寝るだけです。結婚式もお葬式も街でやる。日本の家の近代化の歴史は、家が持っていた豊かな機能を一つひとつ街が肩代わりしてゆく過程です。西澤文隆がどこかで、最近の家は出入り口が二つに減ってしまって寂しい、的なことを言っていて、ぼくは若い頃にそれを読んで「二つで少ないのか」と驚いたことがありますが、それで言えば最近の家はとうとう玄関がひとつになってしまいました。マンションがその代表選手ですが、なるべく出入り口を限定して、出入りを制限しようという趣旨です。というか逆に、出入り口を限定する家が多くなったことで、お葬式も結婚式もパーティも外でやるようになっていった、ということでもあるかなと思います。家の中にあった機能が一つひとつ減っていく歴史と、出入り口が小さくなって家が箱化してゆく歴史は、パラレルではないかという気もします。でも家って、ゴミ出しもあるし、そんな狭い玄関で救急隊員が入っていけるのかとか、車椅子はどうするのかとか、最近家族葬が多いけど棺をどうやって持ち込むか、とか、ホームパーティの時の靴の山をどうするかとか、出入り口が小さいことで困る問題はいっぱいある。

ぼくの父は晩年、自宅で介護生活を長く送っていたのですが、介護生活になるといろんな人が家にやってくるんです。床屋、歯医者、友人、ヘルパー、主治医、いっぱいやってくる。なにかと出入りが多い家になっちゃう。かつての町家は、たとえば商家であれば丁稚奉公や仕事相手、お客さん、いろいろ出入りしていたわけですが、農家であれば縁側があって土間があって、ご近所や仕事仲間から牛馬まで、多彩な出入りがあった。そういうのを見ると、農家や商家みたいないろんな人や動物が出入りできる造りのほうが、今の時代便利ではないかという気がしてきます。通りにわみたいに道が家に入ってくるというのはすごくよくて、車椅子も自転車もペットも出入り自由で、現代的な視点でこれはいいアイディアだと思います。

西沢さんにとって、一貫してストラクチャーというテーマはあるのですが、それが家ということに関して、地面や自然環境との関係でそのありようが追求されてきている。それが高床の美しさだったり箱と庭の問題になり、「SHOCHIKUCHO HOUSE」でも街のとらえ方と連続するような、これまでにないストラクチャーが生まれた。

町家や民家が素晴らしいなと思うひとつは、あれだけ多様で自由なのに、形式としては高床と土間のたった二つだけでできているという、その単純さですね。

町家という名前は、いろいろな意味を感じる名前です。普通に読めばいわゆる都市住宅という意味に読めるけど、家の中に都市があるという意味にも読めて、面白いなと思います。ちなみに京都の人を「SHOCHIKUCHO HOUSE」にお連れすると、通りにわが全面トップライトなので、「ずいぶん明るいですな！」と言われます(笑)。京都のいわゆる通りにわはもっと全然暗いので、ギャップがすごいのです。

今や京都の町にもほとんど町家なんかないけど、表通りから建物をくぐって長屋のブロックに入るような、まさに通りにわのような路地もありますよね。

そうそう、ちょっと路地のイメージがあるかもしれません。家の中に路地がある、というような。前面道路が居心地がよい通りになるようであれば、「SHOCHIKUCHO HOUSE」の玄関、引き戸のところをいつも開け放って、通りとつながったまま暮らすのもあるかな、と。

過去の真似

西沢さんの文章を読むと、ファサードが道からセットバックしていないと書かれていて、面白かった。前面や両側面が揃っていることは、大阪や京都では当たり前だったけど、現代では意識しない限りそうならない。ガレージの確保も建築的に処理することが難しい課題です。それに対して、建物の真ん中に壁柱を並べて、「箱」をつくられた。あれを見た時、昔の南禅寺水路閣のように、都市の現在のエネルギーが顕在化している感じがした。

前に話した「脱―箱問題」が「SHOCHIKUCHO HOUSE」にもあるんだと思います。かなり大きな構造体が家の真ん中に立ちはだかっているのはつまり、箱を構造にしたくないわけなんですね。路地みたいな大きな通りにわを挿入したり、大構造体が真ん中に立ったりというのはたぶん、箱を壊したいという気持ちが今もあるんだと思います。

京都に行って、通りにわと居室の二つで家をつくる町家の構成を見て、「自分もやってみたい」と思ったのは確かです。普遍的なものって、それが誰の発明か、誰の専売特許かを超えて、ぼくもやってみたいって思わされるところがある。真似したくなるのです。ジャズのスタンダードは「チュニジアの夜」にしても「ストレートノーチェイサー」にしても、かっこいいので、自分も演奏してみたいって思う人がどんどん出てきてスタンダードになるんですが、通りにわをぼくもやってみたいというのは、そ

SHOCHIKUCHO HOUSE　西沢立衛

れとほとんど一緒です。ただし、単になぞるのではなく、面白そうと思って真似るので、かつてのものとはなにかちょっと違う、みたいなことになっちゃう。

家は物の山

民家は見るたびに想像力をかきたてられるし、勉強になります。一番はやはり、時空間が建築になっていることです。ぼくらの時代、家は一年でつくられるものですが、民家の時代は、家は何世代にもまたがって徐々につくり上げられるものでした。だから、建築は空間的関係性を表すだけでなく、時間的関係性をも表すものだった。そのような存在が人間の場所になり、家になっているのです。

人間はその時々で暮らし方は変わるし、入れ替わっていく。二川幸夫は「エネルギーの合算」という言い方をしていましたが、変化するものの場として、人が手を掛け、積み重ねて環境や建築をつくっていくことが浮かび上がってくるのでしょうね。

そうですね。家が時空間的である理由のひとつは、家が物だから、というのはあると思います。前の時代のものを改造して、次の時代にさらに改造して、人間がそこで暮らし続けた歴史が物として残る。その意味でも、家は記念碑的と言えると思います。

建築の記念碑的側面は、単に長寿命というだけでなく、その形式性にもあると思うんです。建築はしばしば、中身が大事なものなので、それをしまっておくいわば容れ物としてつくられるわけですね。神社は神様を中に納めるし、倉庫は重要な物を保管する。大切なものを中に入れるので、それ相応のつくりになります。我々は誰かにプレゼントを贈る時に、きれいに包装しますが、中身が大切なものだから包むのだと思うんです。建築も似たようなところがある。神社は神明造とか流れ造りとかいろいろあって、いろんな時代にいろいろな形式が考えられてきましたが、神社はどんなみすぼらしい格好でもいいってわけではなくて、つくりとして、中身は大切なんだということがわかるように、丁寧につくる。世界のどの地域に行っても神殿はそれとわかります。看板を見なくてもそれが神殿だとわかるのは、形式の力です。だから建築の形式は、単に物の関係性を規定するというだけでなくて、中身を称揚する意志の結果と言えると思います。

「中身は大切なんだ」という状態は神社だけでなく、家も同じです。現代の我々の家は、大正時代のタンスがあって二一世紀のパソコンがあって、洋服も小物も和洋いろいろあり、近代以前の家の中身と比べると、そうとう雑多で多様になっていて、それはゴミの山で、また宝庫でもあり、記念碑の集合でもあります。

一九八〇年代にジャン・ジャック・ベネックスの「ディーバ」という映画がありました。今も覚えているシーンがあって、それは主人公の少年の家なんです。彼は巨大倉庫みたいな大空間に一人で住んでいて、大空間の中に物が溢れている。大きな肖像画とか骨董品とかが、大量に山積みになっていて、その間をすり抜けるように自転車で行き来するシーンがあって、その家はちょっと舞台美術的にはあまりセンスがいいとは言えないインテリアなんですが、それはともかくぼくは高校か中学の時にそれを見て、こういう大倉庫みたいな家をうらやましく思った記憶があります。家イコール大倉庫のイメージです。

「House A」の時はもう物の山、宝庫のイメージがあったと思います。収納をビルドイン的につくると物が消えちゃって、ミニマルというか均質になってしまう気がしたのです。

家は、人間が生きているパワーに溢れている。それに合った建築を考えていたというのは面白いです。

モンゴルの知人に聞いた話ですが、モンゴルの遊牧民の家は、始まりは移動式住居で、羊とともに動き回るんですが、徐々に家財道具が増えて動きが鈍くなっていき、ある時動けなくなって、定住するんだそうです。持ち物が増えすぎて、もう動けなくなっちゃう。遊牧民が定住化する大きな理由のひとつは、物を捨てられないという極めて現実的な理由だそうです。家は物の山で、かつ宝庫で、それが人間の居場所でもあるというのは面白いなと思うんです。家には、人間と物の愛情関係がある。

友達の家に行くと、空間それ自体は普通の部屋でも、すごい古い写真が貼ってあったり、変な小物があったり、友達の所有物が面白くて、しげしげと本棚とか机の上とかを見入っちゃうんですが、彼がこれまで集めてきた物の集積からその人の価値観を感じるし、家の歴史を感じる。我々はその宝庫のありさまを見て、特別な時空間を感じているのだと思います。ヨーロッパの都市は、広場や建築、道や橋が記念碑になっています。たとえば革命を記念する広場とか、一族の繁栄を記念したお屋敷とか、詩人の名前を冠した通りとか、記念碑が集まって都市になっています。家も同じように、記念碑が集合して家になるのだと思います。家は単に、「寝食」を充足するだけでなくて、そこは宝庫であり、それが人間の拠点であり、人間の精神の場所でもある。カーンは「ルームは心の場所だ」と言いましたが、それを真似して言えば、家は人間の心の場所で、かつ物の場所です。現代の時代に相応しい人間の場所をつくれるかどうか、それはどんな形をしているかは、現代の建築家に課せられた問題ではないかと思います。

田麦俣の集落

日本のローカリティの話

土地と生きる人々

二〇一七年に『建築への旅　建築からの旅』という本で、西沢さんにお話を伺った時に、日本の旅についてては素人で、これからどんどん行きたいと言われていました。西沢さんはいつも建築の建つ環境やその場所の文化を重視されていると思います。そこで、日本のローカリティや興味のある場所についてお話を伺いたいと思いました。

日本の旅行については、実は今も、まったく素人のままなんです。国内に興味あるし、行きたいところもいっぱいあるんですが、行ってないところのほうが圧倒的に多いままです。

今回とりあえず京都と奈良は除いて、国内でどこが印象深かったか考えてみたのですが、最初に頭に浮かんだのはまず東北です。あと、瀬戸内海です。九州も思い出深いところでした。昔、三陸海岸を旅行したことがありました。東日本大震災よりも前、まだ二〇世紀の頃で、三陸鉄道に乗って、海沿いを北上しました。当時ぼくは若く視野も狭く、自然はそれほど視界に入っていなかったのですが、それでも三陸の自然と集落は美しいと感じました。近年、仕事で鶴岡に通っていた頃も、山形の自然の美しさは印象的でした。冬の朝、田んぼから蒸気が立ち上がってゆく風景は、言葉では言い表せないような美しさを感じました。東北は気候も厳しく、災害も多いのですが、本当に美しいと思います。

九州は一九九〇年、妹島事務所に入った年に「再春館製薬女子寮」（一九九一年）のコンペが通って、熊本に通うようになりました。現場事務所から工事現場へ歩いているところに夕立ちが来て、あわてて走ったけど、もう全身ずぶ濡れになっちゃった。雨の激しさがまるでタイのスコールのようで、アジアを感じました。熊本はまさに南国でした。暑く、入道雲が大きく、水が豊かで緑が濃く、男たちは純情で、醬油が濃くて甘くて、東京とはまったく違う価値観と文化を感じました。

熊本にいる間、記録的に大きな台風が来たんです。九〇年か九一年だったと思います。熊本東バイパスという大きな通りが冠水して川みたいになって、濁流に足を取られて流されかかりました。あれは危なかったな(笑)。翌日は雲ひとつない晴天で、信号機がぐいっと曲がってあさっての方向を向いてしまっているのです。停電で交差点はどこも大渋滞で、でもみんなクラクションひとつ鳴らさずに道を譲り合って、平和でした。街じゅうが洗い流されて、信号も看板の光も消えて、みんなどこか放心状態というか(笑)、戦争の後っていうのはこんな感じなのかなと思うような開放感がありました。

熊本滞在中にいちばん感動したのは阿蘇山です。巨大なカルデラの段差があって、段差の上にも下にも人が住んでいました。煙がもうもうと立ち上がって、まるで神話の世界のようでした。一万年前から何も変わっていない風景がそこにあると感じました。

今、お話されたところは、どこも周辺とも言えます。西沢さんは東京や京都についてもよく話されるけど、それらとは非常に対照的な場所で、ミニ東京化している均質な日本というファンタジーからも外れています。ヨーロッパで言えば、ウェールズやブルター

阿蘇

ニュのような。歴史的にもかつては別の国だったかもしれない忘れられがちな周縁で、中央からの支配と独自性のせめぎ合いがある。

中央の支配といえば、冗談のような話ですが、当時九州を旅していて、地元のひとに「ここが本州だ」と言われたこともあります(笑)。「本州」という名前は確かにちょっとえらそうというか、中央集権的な響きがあります。「九州」の方は九つの国が集まって九国または九州という名前で、いい名前だなと思います。地域の歴史を感じるし、アジアの群島のつらなりの中にある連続感も感じます。

当時、島尾敏雄の本が好きでよく読んでいたのですが、彼の南島論には影響されました。例えば、映画評論家のドナルド・リチーが、日本人は江戸時代に人の行き来が禁じられたせいで、その土地固有の顔つきが生まれたと言っています。ほんとかなと思いますけど、博多顔とか長野顔とか、大阪の顔とかいうのは、確かにある。日本人と一口に言ってもいろんな顔がある。ぼくの友人で何人か、どう見てもミクロネシアの人にしか見えない男が何人もいます(笑)。先入観なしに周りを見渡すと、いろんな顔の人々が日本で暮らしているなと思ったりします。諸島って構造的に中央集権的というよりも、多文化的なものだし、特に日本列島は海流の島で、親潮でいろんな民族が流れ着いたと思うんですね。顔の違いは地域差でもあるけど、歴史の違いでもあるのかなとも思います。

山と海が近い

場所がとても印象的という時に、そこで生きている人たちも含めてなんですね。

十和田にも何度も通いました。居酒屋での飲み会で、家でつくったお酒を持ち寄って飲むんです。そうか自分ちの酒があるのかと驚きました。雪が積もって、外は寒く静かで、皆で飲む室内は暖かく騒がしく、そのギャップがいいですね。冬の十和田は澄み渡るように透明で、きれいです。目が覚めるような透明さです。春の新緑と秋の紅葉も、本当にきれいです。東北は自然だけでなく、言葉が歌のようで、美しいですよね。あの地域にしてこの言葉と思います。柳田國男の『遠野物語』や宮沢賢治を読んでいても、東北の自然と言葉の一体感を感じます。文学では東北の言葉を平仮名やカタカナで表記しているけど、耳で聞く美しさはなく、自然な感じはしません。それが果たして相応しい表現なのかどうか、ちょっと違う気がします。

海流の島で山と海が近いことで思い出しましたが、『GA DOCUMENT 157』で紹介した進行中のプロジェクト「三島のオフィス」のある三島は、東海道という大幹線沿いの宿場町ですが、富士山の麓で水が溢れている独特な魅力がありますよね。だからなのか、素晴らしい庭園もある。

鶴岡

三島の柿田川湧水

三島は素晴らしいところです。富士山の噴火で流れ出した溶岩の終わりのところで水が噴き出して、そこが三島になったそうで、まさに富士山の恵みから生まれてきた街です。街なかに湧水が湧いて、川や水路になっていて、緑が生い茂っています。暑い夏でも川沿いは涼しく、地元のひとびとの憩いの場になっています。柿田川湧水群の水源は、澄みわたった透明な泉で、泉の底から水が噴き出してくるのですが、何メートルもあるような、大きなレンズみたいなものがゆっくり現れては消えていくんです。富士山に降った雨や雪が溶岩の下を通って、百年かけて三島に湧き出てくると聞きました。湧水群の前でミネラルウォーターを売っているんですが、よく見るとペットボトルが空なんです。容れ物だけ有料で、中の水は自分で汲んでくる。豊かな世界だなと思いました。

町なかに巨大な溶岩が顔を出していたり、交差点に大きな木々があったり、街には溶岩と湧水、緑が溢れています。まさに富士山の恵みなんですが、恵みといっても元々は噴火で、富士山の怒りみたいなものだったでしょうから、厄災がそのまま恵みになっているんですね。

全体とディテールが同時に見える

瀬戸内海に通い始めたのは、二一世紀になってからです。元々は福武總一郎さんの依頼で、直島にパヴィリオンをつくるということで、初めて行ったのが確か二〇〇〇年の春でした。その後、ずいぶん直島に通いました。瀬戸内海は特別な場所だと思いました。あの静けさと光は、世界のどこにもない場所のような気がします。タンカーとか防波堤みたいな人工物ですら美しく見えるのが不思議です。島を巡ると、古い神社や祠や神話がいっぱいあって、聞いたことのない神様や天皇の名前があちこちに出てくる。ここがかつて日本史の中心だったのだということが感じられました。

「豊島美術館」の設計時に福武さんが、ヘリコプターで上から敷地を見るようにということで、ヘリに乗りました。島から離陸して徐々に上がっていくんです。港が見え、山が見え、海が見え、と視界がみるみる広がっていき、畑で働く人々や港のトラック、海をわたる大型船や小さな漁船が目に入ってきました。水陸にまたがる人間の営みが、自然の中でひとつの大きな世界として眼前に広がっていき、まるで歴史の大絵巻物を見ているようで、感動しました。世界全体と人々の営みが見える。ディテールと全体が同時に現れるんです。言葉にしてみれば、陸と海があって、畑と民家があって、漁をしていて、タンカーが行き交うという、それだけのことなんですが、それは奇跡的な風景なのだということを感じました。地方に行って、ぼくが感動することの多くは、歴史かもしれません。何百年も前からずっと同じことが続いてきているとわかるとき、または、過去と今がまるで同じことだとわかるとき、感動したりしていたのかもしれません。

そのような水陸が近い、ディテールと全体が同時に見える生活圏は、三陸のお話にも通じますし、細長い日本列島の特徴かもしれません。西沢さんが建築と環境を一緒に考えていく感覚にもつながっていますか。

「連続性」への興味がぼくにあるのは確かですね。建築は連続であって、つまり、建築は歴史的なものであり、地域的なものだということです。今ぼくらがつくろうとしている現代建築は、過去と一体なのだと思います。

「豊島美術館」の設計中、あの場所で建築をつくるのは簡単じゃないと感じていました。周りが田畑なので、現代建築が唐突に見えてしまうのではないかと。のどかな田園の中に、ガラスのビルみたいなものができたら違和感がすごいというか、なんでこれがここに建つわけ？ と皆に言われてしまうだろうなと。建築をやっていて一番されたくない質問の一つは、誰かが来て建物を見た後に、「なんでコレはここに建つんですか？」と、素朴に聞かれることです。存在している必然性を建築じしんが空間的に言えていない場合、たまにそういう質問が出ますが、それはほとんど「この建物要るんですか」と言っているようなものです。

瀬戸内で思い出深いもうひとつは小豆島です。農村歌舞伎小屋が、棚田の只中にある神社境内に建っていて、今も年に一回歌舞伎をやっているそうです。歌舞伎小屋は、舞台上にだけ茅葺屋根が架かっていて、客席は屋外、境内の斜面です。棚田の地形のまま舞台に向かって下り斜面になっていて、境内の地面に座って観劇するんです。演ずるのも観るのも地元の人たちで、朝から晩まで一日かけてやって

瀬戸内海

いる。みんな一日中食べて飲んで、暗くなってくると松明を焚いて、それも素晴らしかったですね。

小豆島には醤油蔵があって、それもたいへん示唆的な建築でした。一階ぶんはあろうかという大きな木の樽がいっぱいあって、杜氏が長い棒を持って、樽の上のほうにいて、窓を開けたり閉めたりして温度や湿度の調整をしたり、光と風を入れたり、樽をグルグルかき混ぜたりしている。屋根裏からハラハラと菌が降り注いで、樽の中では何かブツブツ言っているんです。柱梁や母屋にも菌が住んでいるらしくて、老朽化しても取り替えることができず、その上に新しい母屋を足していって、複雑な小屋裏になっています。杜氏も菌もすべてもうやることが決まっているんです。醤油蔵全体が一つの生命という感じでした。建築はいずれこうなる、というのかな……まさに建築の未来を見るようでした。

生物の体の中みたいですね。

本当にそうです。中だけでなくて、醤油蔵の外観だけ見ても、その存在の生命性がわかる。建物に近づかなくてもわかるんです。お醤油の香りがまちにわーっと広がって、屋根と壁が菌で黒くなっていて、道も塀も黒いから、醤油蔵が見えなくてもその存在がわかるんですね。

水の流れの中に生まれる陸のつながり

瀬戸内海は内海で、地形が面白いですね。島の数が多く迷路のようで、船でちょっと島の裏側に回ると、もうまったく風景が変わってしまって、どっちがどっちなのかわからなくなるんです。

宮本常一の本で読んだのですが、豊臣秀吉が推し進めた近代化政策のひとつに海賊の取り締まりというのがあって、物流の大動脈である瀬戸内海を安全な場所にするために、水上生活を禁じて、人を陸に住まわせたそうです。住民票みたいなものをつくって、人間と土地をセットにした。確かに瀬戸内海は多島海ですから、隠れるところがいっぱいあって、海賊天国です。海賊を農民化させるというのは鋭いアイディアで、土地は人間をしばりつける力があるんですね。宮本が描いていた「船の家」は、まさに自由の家という感じで、すごいなと思います。秀吉以前の瀬戸内海には、陸か海かにこだわらない人間の多様な暮らしがあったんだろうなと想像します。

犬島もよく行きます。昔は山の形をした島だったそうですが、石を切り出して、どんどん山が削れていった。菅原道真が犬島と名付けたと聞きましたが、たぶん菅原道真が来た時すでに島はそうとう削られて、犬の形になっちゃっていたのではないかと。今はもう島はまっ平に近くて、島内に大きな穴も空いています。堀りに掘ったなという感じです。

場所が持っている時間の積み重ねがあって、それとのつながり方を気にされているようにも感じます。

そうかもしれません。そういえば紀州も素晴らしかった。もともと紀州については、ぼくは中上健次を通してしか知りませんでした。中上健次の小説はもちろんですが、彼が聞き取り取材した熊野のルポルタージュ『紀州 木の国・根の国物語』(一九七八年)は記憶に残る本で、紀州の深さを感じる本です。熊野本宮大社はすごいところでした。新しい方でなく、古い方です。行くまで知らなかったけど、古い方はなんと川の中に建っていたんですね。熊野川の中州に立っていた。しかし大洪水が起きて流されてしまい、現在は土地と基礎が残されているだけです。そこは今は大斎原と呼ばれています。木立がある以外はほぼ何もないところですが、厳粛というかなんというか、たとえ建築が流されていても、そこが神聖な場所だということがわかります。神社って建築のことでなく場所のことなんだと実感します。

自然の地形の特徴から場所が生まれるように、人工物も建てられるイメージですね。

そうなんです。大斎原はちょうど川がカーブするところに位置していて、そこに遺体が多く流れ着くので、鎮魂のために神社をつくることになった、という伝説が残っています。どこまでが本当の話なのかわかりませんが、「そうなんだろうな」と思わされる場所でした。

明治の大洪水のことはいろんな人が記録しています。宮本常一によると「十津川崩れ」というようですが、相当の大災害だったようです。熊野川流域の被害も大きなものだったようですが、十津川の方では、一番激しいところで水位が八〇メートルも上がったと書かれています。あれだけ深い谷間で八〇メートルというのは、山にある民家ですら流されたのではないかという、大変な数字です。それが原因で十津川村の一部は北海道に引っ越して、新十津川町をつくったということです。

流された熊野本宮大社は相当古い建築だったようで、二〇〇〇年くらい建っていたんだそうです。築二〇〇〇年というと、ほとんど紀元前に建てられた計算になりますが、ぼくの聞き違いだったのかどうなのか。二〇〇〇年前の古代建築が近代まで存在していたことも驚きだし、明治の近代化で森林

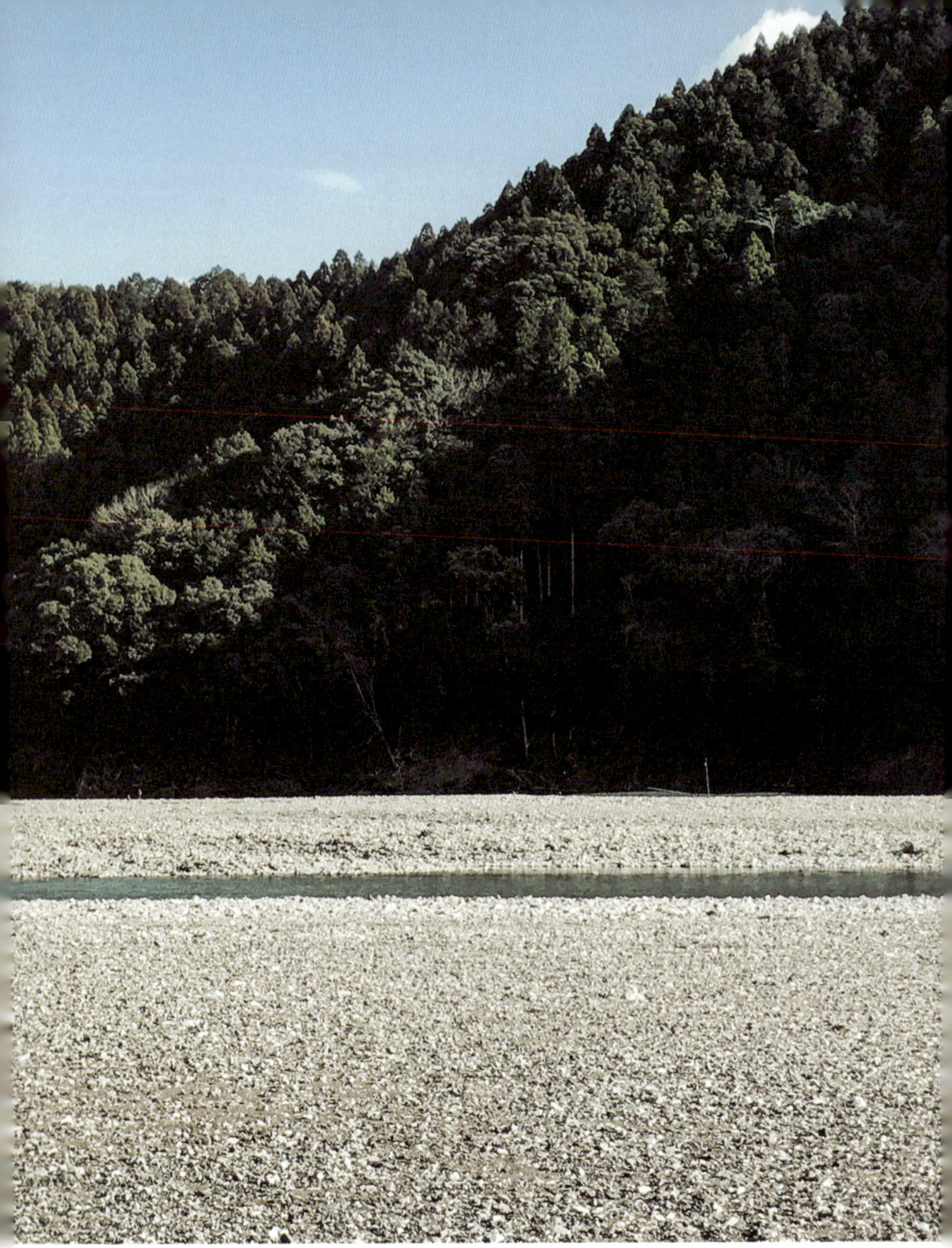

大斎原

が伐採されたことで山の保水能力が落ちて、大雨が大洪水となって、一夜にしてすべてを押し流したというのも、なにかまるで古代の神話みたいな話ですね。

伊勢神宮も、森と人の営みの境界に水際がある場所ですね。

そうですね。伊勢神宮も、地形との関係で配置が決まったのかなと思います。五十鈴川のほとりに建

っていますが、参道は川べりからゆっくり上がっていって、御正宮の目の前に階段があって、さらに上がっていきます。河岸段丘を感じる地形です。段丘の上段に建てたのは水害対策なのかもしれません。それにしても、神社がしばしば川と一体というのは面白いですね。

前回の式年遷宮の時に、街の外の人も建設に参加できるお白石持という行事に参加しました。早朝に始まって夕方まで、石を載せた台車を引いて町を練り歩き、日没前後に境内の森に入っていって、森の中は台車を引けないのでそこからは各自、石を手で持って参道をのぼっていって、御正宮の足元に敷いて帰ってくる、という行事です。伊勢神宮の塀のうちに入って御正宮を生で見られるということで、喜び勇んで参加したのですが、暑い夏ですからたいへんでした。炎天下で台車を引っ張る我々に、水屋さんが水をどんどんかけてくれるんですが、それでも熱中症になっちゃうくらい疲れます。夕方、ようやく五十鈴川をみんなで渡ります。橋と大鳥居があって、そこでみんな帽子を脱ぐ。あれだけ大騒ぎしていたのが、皆しーんと静かになって、がらっと世界が変わるんです。日常の、騒がしい商店街から、とつぜん厳粛な空間に入る。五十鈴川がこの世とあの世を分けているんだとわかりました。

森の中の参道には鳥居が幾つもあって、それらをくぐりながら歩いていくと、建築が遠くに見えてきます。森の中で御正宮のところだけは木が伐採されているから、暗い森の中そこだけ光が当たって、檜の建築が光り輝いている。無垢の新しい檜でできた建築ですから、黄金色です。輝く建築というのをぼくは初めて見ました。次の式年遷宮には、また行きたいと思います。

五十鈴川

自然とものつくられ方の関わり

西沢さんが挙げられるのが、町より自然との関わりで成立している場所だということは、日本の都市がそういう関わりを失ってきたのかなと思いました。ヨーロッパなどは、連綿と先人がつくったものの上に足していくところがあるけど、日本の町はどんどんつくり替えられていく。

戦争もあったし、自然災害や高度経済成長などで、そうとう変わりました。太平洋沿いの諸都市を回ると、九州から関東まで、駅前空間や街の中心部がまったく新しい街区になっていて、太平洋戦争の凄まじさを今でも感じます。全部新しくなってしまったという事態が歴史を伝えていて、そういう意味では、どんどん変わっていって、どんどん新しくなる日本の都市は、歴史が残っていないのではなくて、その新しさが歴史なのだと思います。

そういう変化も、日本の自然の豊かさと関係していると思いますか？　西沢さんが言われた驚きや感動は、現代建築に影響しているのかなかなかわからないのですが、地形やグリッドみたいなものに対して、あっけらかんとどんどん新しくつくっていく開放性や軽やかさはあるような気もします。

広島に原爆が投下されたのが八月で、翌九月に枕崎台風という、大きな台風が来ました。それによって広島では二〇〇〇人以上が亡くなる大きな被害が出たそうです。同時に、広島は川が多いので町が洗い流されて、それが町の復興を後押しもしたということです。日本の都市と自然の営みは一見破壊的な関係だけど、でも破壊だけじゃなくて、営みとして連続して、何かが積み上がっているようにぼくには思えます。まあそれは、日本だけの話ではないかもしれませんが。

前にどこかでモンゴルの遊牧民文化の本を読んでいたら、中国とモンゴルの違いが書いてあって面白く読んだんですが、その違いっていうのが、中国の漢民族は農耕民族なので土地を耕す。かたや蒙古は遊牧民族なので、土地を耕さない、という違いでした。遊牧は広大な草原があってはじめて成り立つので、土地は一種のインフラストラクチャーで、開発してはいけないものだと。彼らにとって土地は神聖なものなんですね。モンゴル帝国時代の都市と家は移動式で、一夜にして跡形もなく消えてなくなってしまうらしく、モンゴル帝国の遺跡は今ほとんど見つけられないそうです。モンゴロイドが渡ってきて縄文人になったという説は本当かどうか知りませんが、土地信仰とか仮設的な軽い家と街というのは、日本も似てるなあと思って読みました。

日本の都市と建築が自然との関わりを失ってきたのではないか?という話がさっき出ましたが、土地を神聖視する文化から考えると、どんどん取り壊される日本の都市と建築という文化は元々は、自然への敬意の感覚から来ているのかもしれません。

それもこの自然と一体的にできているということなんでしょうかね。雨が多い細長い島だから、水がすぐ流れてしまうし、植物もすぐ育つのはこの場所ならではだと、安藤忠雄さんも言われていました。

そういえば学生の時、安藤さんの建築を見に関西に行ったら、コンクリートがぱっと明るくて、気持ちいいと感じたな。東京のRC造ってなにかもっと暗いんですよね。湿っぽいというか。東西の雨量や湿度の違いを調べたことはありませんが、相当違うのかな?と。あと関西は、土が明るいですよね。関東の土は黒いですが、関西の土は真砂土で、明るい色です。関西は建築が明るい。そもそも人間が明るいし、土地が明るい。それはうらやましいですね。

ところでアメリカの日本研究者で駐日大使も務めたエドウィン・ライシャワーが、戦後における日米の農業の特徴を統計的に比較していて、ぼくは面白いと思いました。ライシャワーいわく、アメリカの農業は一人当たり、一時間当たりの生産量が高くて、一平米当たりの生産量が少ないそうで、日本はその真逆で、一人当たりの生産量がすごく低く、一平米当たりの生産量がすごく大きいのだそうです。日本は山が多くて、耕作できる平野が限られているので、狭い土地の中でなるべくいっぱいつくろうとする。かたやアメリカは国土が広大で、大面積を限られた人員でどう耕すかということから機械化の道をたどり、いきおい一人当たりの生産量が高まって、一平米当たりの生産量は低くなる。

つまり、日本では土地に価値があり、アメリカでは人間に価値がある、ということです。もうひとつライシャワーが指摘していたのは、日本の豊かな四季と、あと多雨地帯という、適度な寒暖と梅雨、台風という気候条件も、二毛作や二期作といった集約的生産を可能にしたもうひとつの条件だったと書いていました。

日本の農業の、小さい面積に労力を惜しみなく注ぐというやり方は、日本の職人気質とか、おもてなし精神とか、または根性論・精神論とかにつながっていくのかと思いますが、そういう文化の違いは、労働力と風土の関係という即物的なことに起因している、というライシャワーの意見です。

その意味ではSANAAの建築は、確かに日本的かもしれません。

そうそう。ライシャワーの見方からすれば、SANAAの生産性なんかはまさにド日本でしょう。ひとつのプロジェクトでここまで模型をつくるのかとか、一〇〇平米にも満たない小住宅にここまで労力をかけるのか、とか。ぼくらは今も、自分たちにはこのやり方が一番自分たちに合っていると感じています。しかし、もしアメリカやブラジルに引っ越して、地平線まで続く大平原を目の前にして建築の仕事を始めたら、やり方ががらりと変わるかもしれないなとも思います。ライシャワーの話を広げると、SANAAがやっているような建築創造は、我々個人の個性から出てきたというよりも、日本の地形や気候条件から出てきたということで、面白いですね。

スタッドシアター・アルメラの模型

模型論

模型は建築の代理？

「妹島和世＋西沢立衛/SANAA展〈環境と建築〉」が開かれています（TOTOギャラリー・間）。図面はそれほど多くなく、ほとんど模型の展覧会で、事務所での普段の活動がよりクリアに見えるようで面白かったです。また、オープニングの時に妹島さんが、展示物として綺麗にしているけれど、なかば事務所にあるスタディ模型そのままくらいのものを見せることは、自分たちの建築展としてごく自然なことだと言われていて、改めて感じたことがありました。

どういうことですか？

建築展というと、実物の建築は展示できないから、あくまで代理物を持ってくると言われます。それで、標本みたいに模型をつくって展示したり、図面をフレームに入れて壁に掛けたりする。また、空間や地形をインスタレーションのように体験させたり、単独の彫刻のように鎮座させたりする。西沢さん、妹島さんの展覧会でもそういう部分があるかもしれませんが、建築に対する問題意識がより具体的で明快になり、模型の意味合いも変化して、お二人の建築的思考をはっきり示しているのではないかと思いました。

以前は図式的な模型もありましたし、事務所でフェンスやメーター、雨樋といった細部までつくり込まれた大きな模型を見たこともあります。もちろん、そういうものを通して、建築家が様々な思考を働かせていることは分かるけれど、外野からは西沢さん、妹島さんが模型に何を見ているかなかなかわからない。でき上がってくる現実を予測したり、リアルに確かめたいのだろうけれど、誤差が大きいのではないかとも感じられました。抽象的な模型と具象的な建築は別のもののような。

以前と言うと、いつ頃ですか。

二〇〇〇年前後でしょうか。西沢さんだと「森山邸」(二〇〇二〜〇五年)とか。白い紙やアクリル板で模型をつくっていく時に、ボードに紙を貼って厚みのあるものでつくり、もののの組み立ては現れてこない。「トレド美術館ガラスパビリオン」(二〇〇一〜〇六年)で、西沢さんは「お弁当箱」や「幕板問題」と言われていて、ペタッとした箱のようにつくられていたけれど、見えないところが課題だと言い始められていました。最近のお二人の建築を見ていると、そういう組み立てがさらに大事になっていて、鉄骨のジョイントの原寸模型をつくったりされている。ずっとやっていると言われるかもしれませんが、以前は「模型のような建築」という批判もあった。今はそういう分け方をしても意味がなくて、抽象性と具象性の両方を維持しながら、同時に考えようとする建築への思考が、模型に地続きに現れていると感じたんです。

二〇〇〇年頃とそれ以前の我々のスタディ模型は、抽象化・図式化するあまり、模型表現と建築物との間にギャップがあった、ということですね。

その頃、プランを重視されて、図式やダイアグラムについて話されることも多かったですよね。でも、「機能をきっかけにして、機能を超える」と言われていましたが、お二人にとって図式的な建築が変化し始めていたことも大きかったのではないでしょうか。

ぼくが妹島事務所に入ったのが一九九〇年なのですが、その頃ぼくが感じたのは、妹島事務所というところは、というか妹島さんというひとは、模型と図面の二つがものすごく大きな二本柱だ、ということでした。そんなの当たり前じゃないかと言われてしまいそうですが。特に図面は重要だった気がします。

当時は所員も少なくて、妹島さん自ら図面を描くわけです。妹島さんがディテールを描く時、単に細部というのではなく、そこに物と物の関係性が表明されているんですね。またそれが建築全体に及ぶような感じなのです。図面が建築を定義すると言えばいいいか。関係性を提示するのはまず図面、という感じでした。

模型の方はというと、当時の妹島事務所の模型は面白くて、ぼくが学生でまだバイトだった八〇年代後半、事務所内には謎の物がいっぱい転がっていました。光る布とかゴムとかレンズとか、ガラスのビーズとか、一見してなんの事務所かよくわからない感じでした。「PLATFORM II」(一九九〇年)で妹島さんは「家具が建築になる」と言っていましたが、まさにそれで、事務所の模型材料も、洋服とか小物、ソファをつくるような感じの物が多かった。それがちょっと拡大して建築になる、というふうだったと思う。当時はバブル末期で、建築以外の仕事も多かったという時代背景もあったかもしれません。

スタディ模型をいっぱいつくるようになったのは「再春館製薬女子寮」(一九九〇〜〇一年)からだと思います。「女子寮」は高密度な要求条件で、スタディで苦しんで、大量のスタディ模型が生まれたんです。九〇年に「女子寮」をSDレビューに出展した時、スタディでできた模型群を使って、ダイアグラムみたいな行列式をパネルにして展示しました。当時東工大の博士課程だった塚本由晴さんが妹島事務所に遊びに来た時に、スタディの山を見て「これをそのまま展示したら面白いんじゃない?」って言って、確かに、となった。塚本さんとぼくが展示の担当になりました。スタディはどれも三つのプログラムの順列組み合わせに終始していたので、三つの順列組み合わせを軸に模型の山を整理して、縦軸と横軸で行列化して、標本みたいな模型リストにして展示しました。おびただしい量のスタディ模型の山がスパッと図式化されて、何かすごい理知的というか(笑)、印象深いものになりました。その行列式のパネルが印象的に見えた一つは、闇雲にやったスタディ模型の山のカオスがすごく単純に整理されてしまったその図式的明快さもあったし、また物としても、なんとなく不思議な存在感でした。模型を分類して並べたという意味で、それは模型なんですが、でも図表なので、図面でもあるんですね。図面が模型化したというか、模型が図面化してしまったというか？　それは平面でもあり立体でもあるような存在でした。今思うとあの行列式のパネルは、その後の図式化・抽象化の始まりだったのではないかな？　とも思います。

その後、妹島さんは「12 Projects」（一九九三年）という個展をギャラリー間でやります。その会場構成は、会場全体を模型空間にするというものでした。模型台の大きさが展示室の大きさと同じでした。あの展覧会はいわば「模型イコール現実の空間」という世界でした。

模型に対する意識の変化

「熊野古道なかへち美術館」（一九九五～九七年）をやっている時、江頭慎さんが事務所に遊びに来てくれて、「なかへち美術館」のスタディ模型を見て、「これは模型が現実に近づくというよりも、現実が模型に近づいているという感じだ」と呟いたのが大変印象的で、ぼくはそれを横で聞いていて、「確かに！」と叫びました（笑）。ぼくはその時、建築がそういうふうに抽象化されていることについて、全く気づいていなかったと思う。

ぼくらは昔も今も、やりたいことが道具によって決まってくるという、ちょっと安直なところがあると思うんです。模型っていうのは本来は、実際の建築をミニチュア再現する道具なんだけど、他方で、英語でmodelって言うじゃないですか。あのmodelはちょっと逆というか、ファッションショーなどのモデルさんは現実の再現ではなくて、現実がそれになるといいなといういわば夢というか、理想像みたいなニュアンスがある。ぼくらは建築模型をあまりにつくりすぎて、模型がなにかそういう、現実を再現するものでなくて、現実が目標とするものになっていっちゃったっていうのは、あったのかもしれません。あと、プラモデルみたいな模型の場合は実際の戦闘機がまずあって、それを再現する形でつくられますが、建築のスタディ模型は実物よりも前につくられるので、それが実物の建築の指針になってしまう、という面もあったと思います。

当時は、展覧会など模型で考えていたことを、現実の建築としてもつくろうとしていた?

そういう意識はゼロでしたね。「Y-HOUSE」(一九九三〜九四年)で、道路側ファサード一面を大理石貼りにするんです。大理石の模様のコピーをつぎはぎして原寸大のファサードの大きさまで大きくして、隣のビルに貼ってみたら、大理石のファサードは紙のコピーなので厚みゼロで、建物の出隅コーナーで

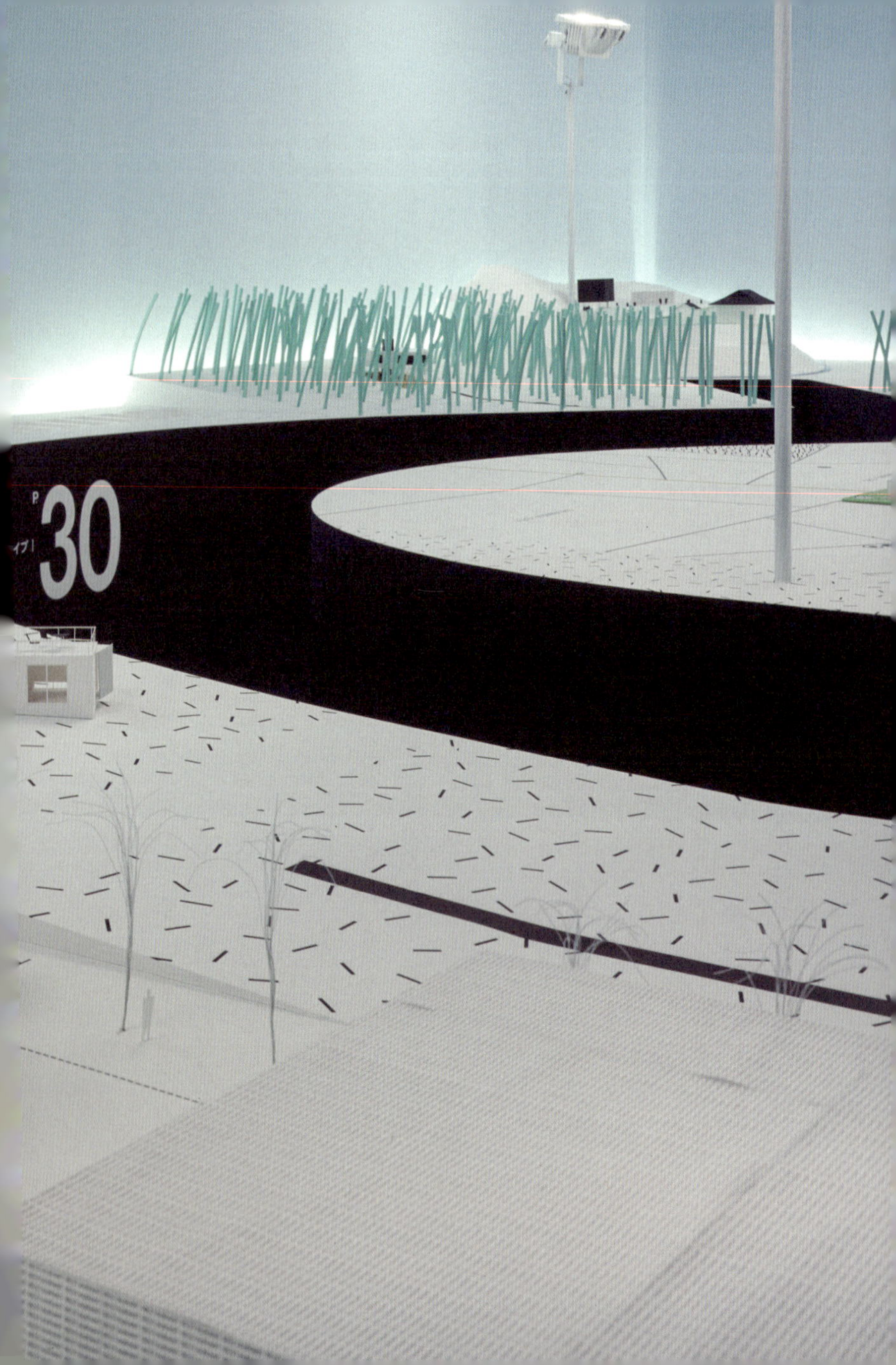
P
30

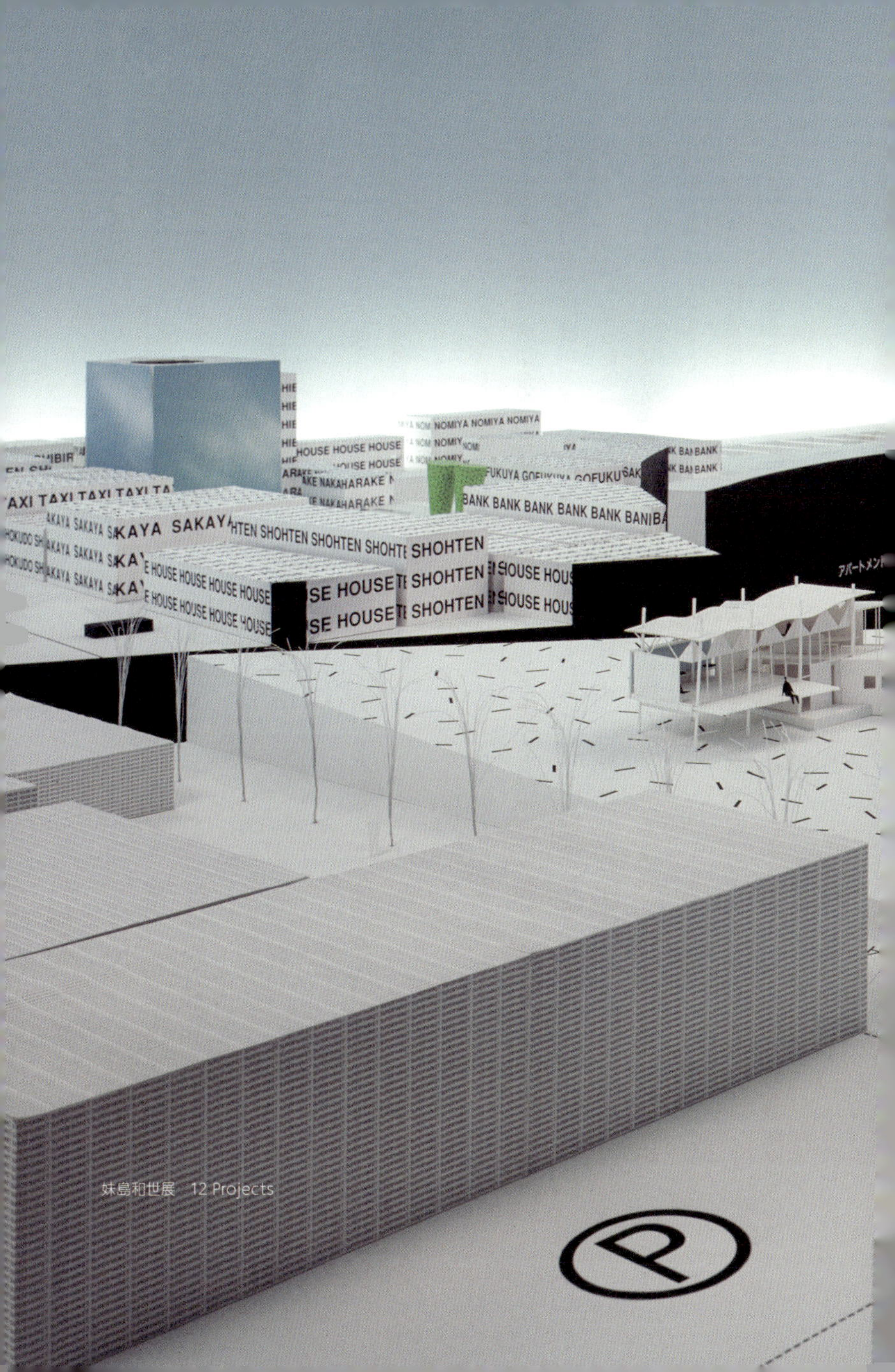

妹島和世展　12 Projects

モルタルにぱっと切り替わって、綺麗なわけです。角に役物がないその納まりが、そのまま実際の建物になりました。同時期にやっていた「森の別荘」(一九九二〜九四年)でも、合板の木の壁と白塗装の壁が出隅コーナーで出会うのですが、仕上げが角で切り変わる。そういうのは、当時の感覚を象徴する納まりの感覚でした。

でもあれは、単に模型的ということだけなのかどうか……。

お話を聞くと、これまでも何度か話題になっている幕板やハリボテの問題は、建築の模型化の問題と関係していますね。

そうかもしれません。でも、「建築の模型化」というだけではない気もしますね。なにかぼくとしては、もうちょっと深い感覚的変化があったような気もします。あの頃、コンピュータ的な世界がもう始まっていて、その影響がスタディに出たのかな、とも思うんです。当時の妹島事務所は、まだパソコンはなくて手描きだったのですが、パソコンがないのに、コンピュータ的感性がもうあったのではないかなとも思うんです。「厚みゼロの素材」みたいな感覚は、模型的な発想ではない感じがします。むしろ、木とかコンクリートのテクスチャーを張り替えてゆく、レンダリングの世界ですね。当時、模型で木を表現する時は、だいたい角材かバルサを使っていて、模型材料は厚みも質感もあったのです。しかしある時、素材をコピーしてそれを模型に貼るようになった。グラフィックも、ひたすら反復配列複製したりして、パソコンでやれば一瞬のことなんで涙ぐましい労働でしたが、あれもいわば手仕事でパソコン的なことをやっている感じでした。

九〇年代前半、これからはCADだという社会の潮流に乗らねばならないということで、ぼくらもマッキントッシュを一台買いました。しかし誰も使わない。というか使えない。高価なものなので、使うなんて畏れ多い。机に鎮座していただき、所員の時森くんが毎朝拭き掃除していました(笑)。でもある日ついに、起動ボタンを押したら、じゃーんという音が部屋中に響き渡った。スタンリー・ジョーダンが弾く、今まで聞いたことのない未知のワンコードで、まさに未来がやってくるようでした。その透明感というか、和音の空間的広がりに圧倒されました。あの時代、コンピュータは人間の認識とか感覚を変えてゆく、一番大きな道具だったのではないかな、と思います。

ただ、当初はすごくシャープで理念的な建築を目指していたんだけど、九〇年代後半には、それは実際のところそれほどシャープでもないし理念的でもない、と感じるようになってきました。「トレンド」の納まりも、建築として単調だと感じたし、理念的というよりは単にぼてっとしているように感じられました。シンプルでストレートだと思っていた図式的表現が、全然ストレートでないように感じてきた。建築ってもうちょっとダイナミックなものなんじゃないのか、という気持ちが強くなってきたのです。

何か、変わり始めるきっかけがありましたか?

時代の変化もあっただろうし、あとヨーロッパに行くようになって、ヨーロッパの建築の迫力を目の当たりにしたというのは、大きかったのかもしれない。

「金沢21世紀美術館」(一九九九〜二〇〇四年)の経験も大きかったと思います。「金沢」は我々にとって最初の大建築で、また公共建築で、成功と失敗があり、いろいろ反省しました。屋上に幾つもタワーが飛び出すのですが、妹島さんはそれをうまく並べて、それは彫刻的センスというか立体的センスというか、さすがうまいなと思ったし、展示室も我々は頑張ったと思うけど、でも廊下は密度が低いとぼくは感じました。スケール的にも、天井高に疑問があったし、あれほど長い、全域に広がるような規模の廊下を、シームレスな仕上げでやり切るということが、規模の大きさに見合っていない感じがしていました。

そういえばその頃、「森山邸」などでスタディ模型が巨大化し始めました。部屋全体を1／10とか1／20とかのスケールに大きくしてスタディするようになった。昔から詳細部の取り合いなどは大きな模型でつくっていましたが、それは部分模型で、でも「森山邸」のそれは部屋全体が大きくなりました。次の「House A」(二〇〇四〜〇六年)でも、同じようなやりかたでスタディしていました。その後しばらく大きな模型が続いたけど、「House A」のスタディ模型が一番大きかったかもしれません。

House Aのスタディ模型

図面的想像力と模型的想像力

オーソドックスな設計の方法では、立面図や展開図をA1サイズなどで描いて建築を考えていましたよね。西沢さんのスタディで模型が大きくなっていったのは、ある意味で素朴で即物的に模型でハンドリングしていたものから、図面的な抽象性を持つ模型を求めていたからとも感じられます。

そうかもしれないですね。スタディ模型が巨大化した直接的な理由は、「森山邸」はそれまでやったことがない密度だったので、「棟間の隙間が全部鬱陶しかったらどうしよう」とか、「大小さまざまな部屋をつくりますとか言いつつ、全部ダメな部屋だったらどうしよう」みたいな焦りがありました。室内の壁を正面から大きく見たくて、対面の壁に穴を開けたりして、要するに空間的広がりの中で、展開図を見たかったのだと思います。

それだけだと、CGと同じように、でき上がりをできるだけ精緻に見ようとする代理物になる気もしますし、実際にそのような模型もあったと思います。でも、そういうリアルさは求めていなかったのではないでしょうか。

うん、でもCGではだめで、やはりスケール感覚を実際に理解したかった。スケールがうまくいっているかどうかを確認したかったのだと思います。CGって、いまひとつスケール感覚が乏しいんですよね。3Dモデルのウォークスルーで建物の中を歩いていて、今の天井高は高すぎるとか、または人が小さすぎるとかって感じるのはなかなか簡単じゃない。めくるめくように展開する絵に目を奪われて、スケールを実感しないまま素通りしてしまうのです。

「金沢」で妹島さんが屋上のヴォリュームの配置を彫刻的にうまくやったと言われましたが、その頃、妹島事務所とは模型の使い方の違いがあったと思いますか。

どうでしょうか。それほどの違いはなかったとぼくは思いますが。

ぼくらの建築には、模型的想像力が生み出す建築と、図面が生み出す建築とふたつあって、そのふたつが競い合うみたいなところがあると思うんです。図面と模型の戦いが建築創造の力になっていた。「図面と模型とどっちが偉いか?」の争いと言ってもいいかもしれません。そのなかで、模型が図面の傘下に入ってしまったり、またはその逆になったこともあった。「金沢」は、図面的なものと模型的なものがぶつかりあっている例のような気もします。図面と模型の両者はお互いに影響しあって、すごく近づき合うんですけど、ごくたまに合体してしまうことがありました。合体というか、図面と模型のどっちが偉いのかわからない状態になってしまうことがあった。さきほどのSDレビューの行

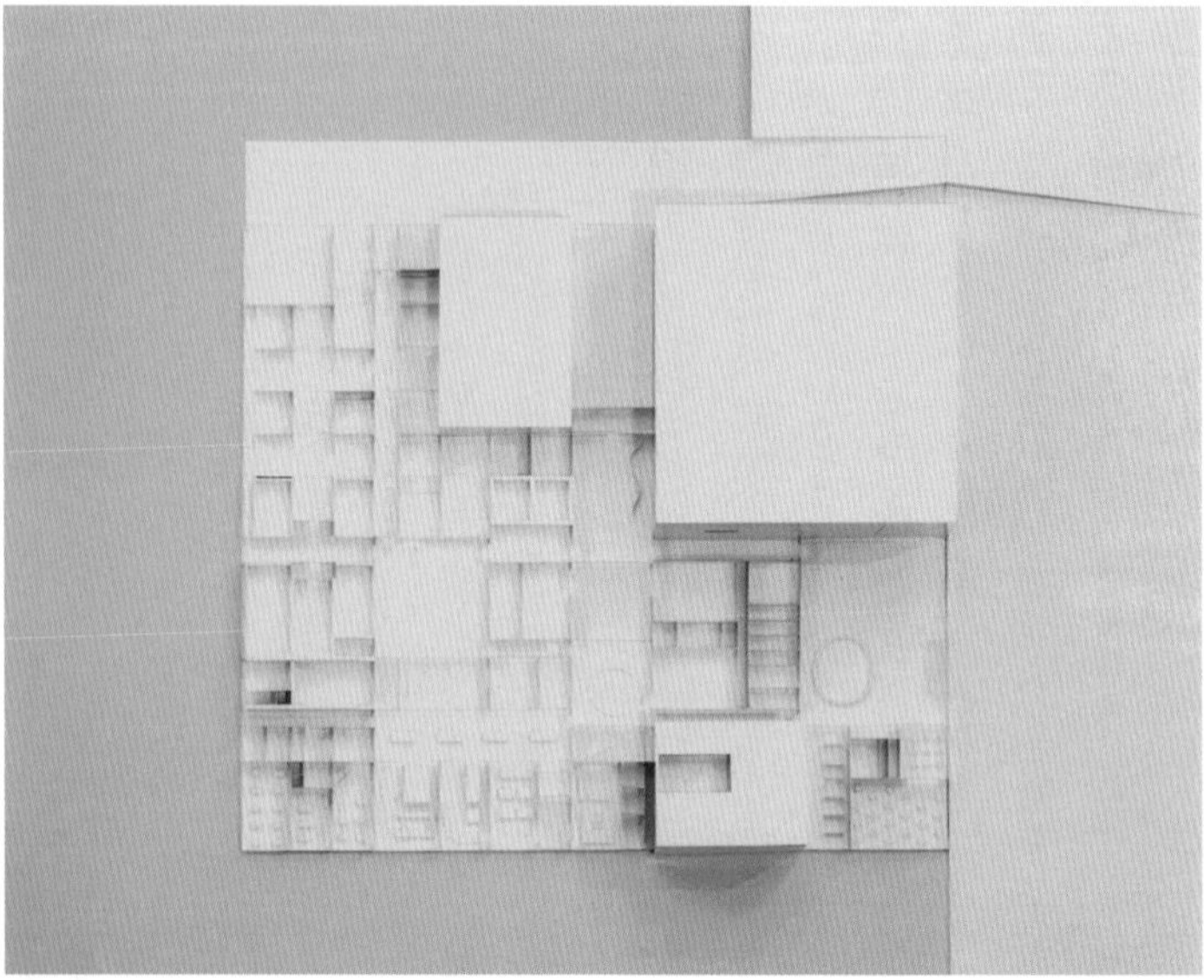

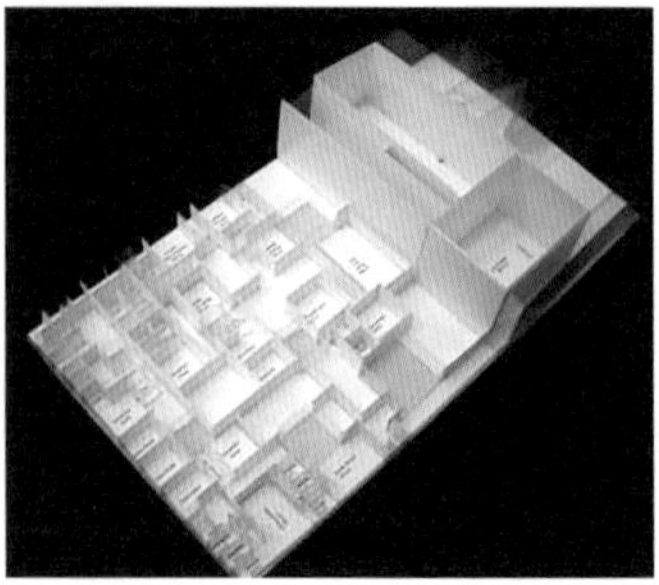

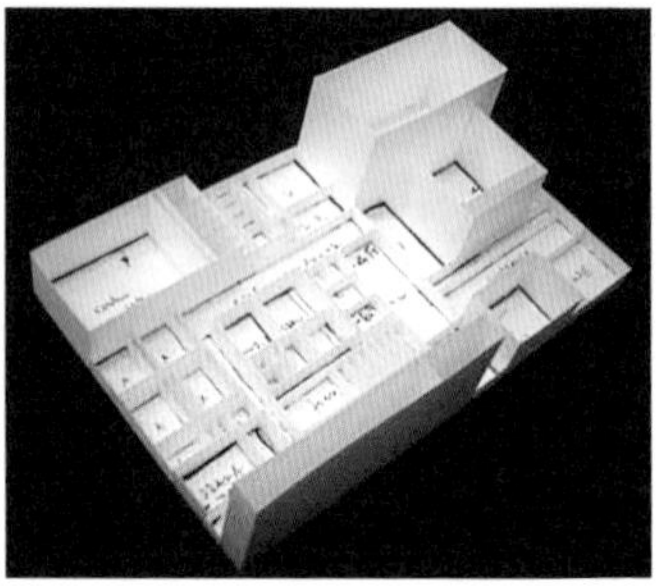

スタッドシアター・アルメラのスタディ模型

列式とか、または「スタッドシアター・アルメラ」(一九九八～二〇〇六年)はそういう建築だったような気がします。きわめて薄い壁で部屋を切り分けてゆくアイディアは、模型にするとそれほど先鋭的に見えないんだけど、でも平面図だとそのアイディアが明快に表現できるわけですね。形も、平面をそのまま立体化したような形だったし、そこだけ見れば図面から発想された建築だなと思うんです。でもあの案のそもそもの始まりは、スタディ模型でした。ケント紙で案をつくったら、ケント紙の構造体がものすごく薄くて、構造壁も非構造壁も同じ薄さで面白そうだな、という展開で、つまりあれは紙模型から始まった建築だったんです。図面と模型のどちらを起源とするのか、どっちとも言えるような建築だなと思います。

今まで幾つか展覧会をやってきましたが、ぼくらはよく展覧会のたびに本をつくっています。それも、ぼくらの建築創造が模型と図面の戦いになっている例のひとつのような気がしなくもありません。金沢21世紀美術館でやった「SANAA展」(二〇〇五年)は、その後あちこちでやるSANAA展の雛形になった展覧会でしたが、そこでの展示は模型と図面をはっきり分けて展示するものでした。でもよく見ると、図面の幾つかは完全に模型化していて、また模型の幾つかは図面の延長のような存在になったりしています。そういう物の世界があって、そういう展示に対して本がある。物の展示では描けない何かを本で描こうとしているのか、よくわかりませんが、我々の建築創造において本をつくるというのは特別に重要なんだろうなと感じています。

ル・コルビュジエが『モデュロールI』の中で「建築とはなにか」について言及しています。彼によれば三つの建築があって、その三つ目が本なんです。コルビュジエは本を建築と見なしていたんですね。線的な経験が全体構造を表すという点でも、形式性と物質性がほぼ同じことのように存在するという点でも、なんでも入ってしまう雑種性という点でも、時間と空間が一体化しているという意味でも、いろんな意味で本と建築は共通していることが多いなと思います。

ものの力と抽象性

SANAAの建築も、模型的というより部材構成的になっていったと思います。

そうです。ただ、妹島事務所の初期はずっと、そんな感じだったんです。一九八〇年代後半から九〇年代初めにかけての「プラットフォームI、II、

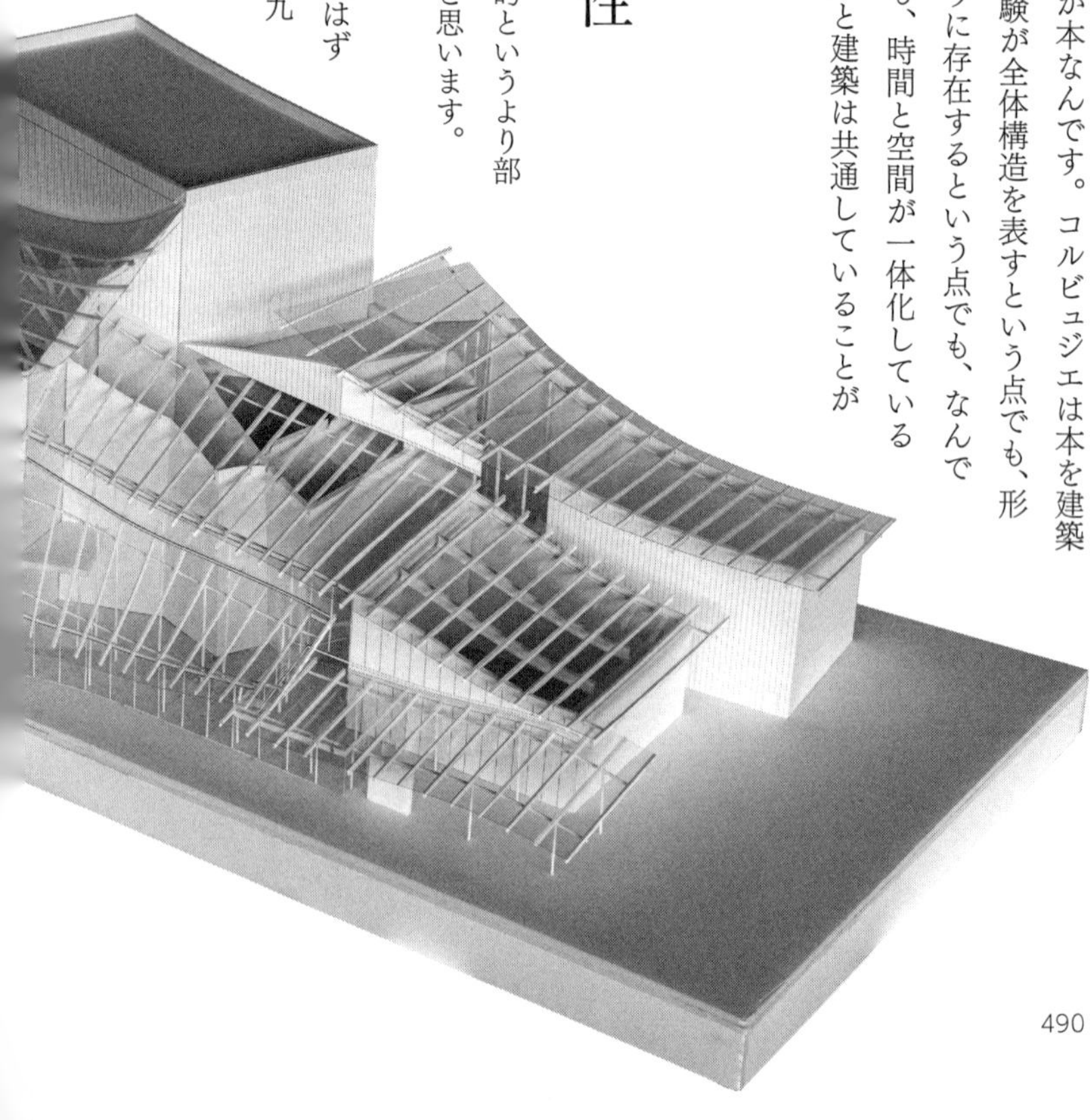

Ⅲ」や「再春館製薬女子寮」（一九九〇〜〇一年）は、部材構成がそのまま表現になったような建築でした。そういう意味では、「荘銀タクト鶴岡（鶴岡市文化会館）」（二〇一二〜一七年）の梁と柱、天井の関係が見える構成は、昔のやり方に戻ったという面もあって、むしろ模型的・図式的な建築表現だった九〇年代が特殊だったのかな、とか思ったりもします。

「ニューミュージアム」（二〇〇三〜〇七年）や「ルーヴル・ランス」（二〇〇五〜一二年）で、「倉庫的なもの」というテーマがありました。建築が倉庫になる、美術館が倉庫になる、ということです。「ニューミュージアム」では、きれいに仕上げられた展示室でなく、柱梁がムキ出しの、工場や倉庫みたいな空間がいいと美術館側から要望されました。柱梁やラフなコンクリート床、デッキが露出して、設備ダクトや天井を吊る骨も見せる、という室内です。それにともない外観、ファサードも変わりました。倉庫のような空間なので窓がなく、恐ろしくのっぺらぼうな外観になるので、アルミエキスパンドメタ

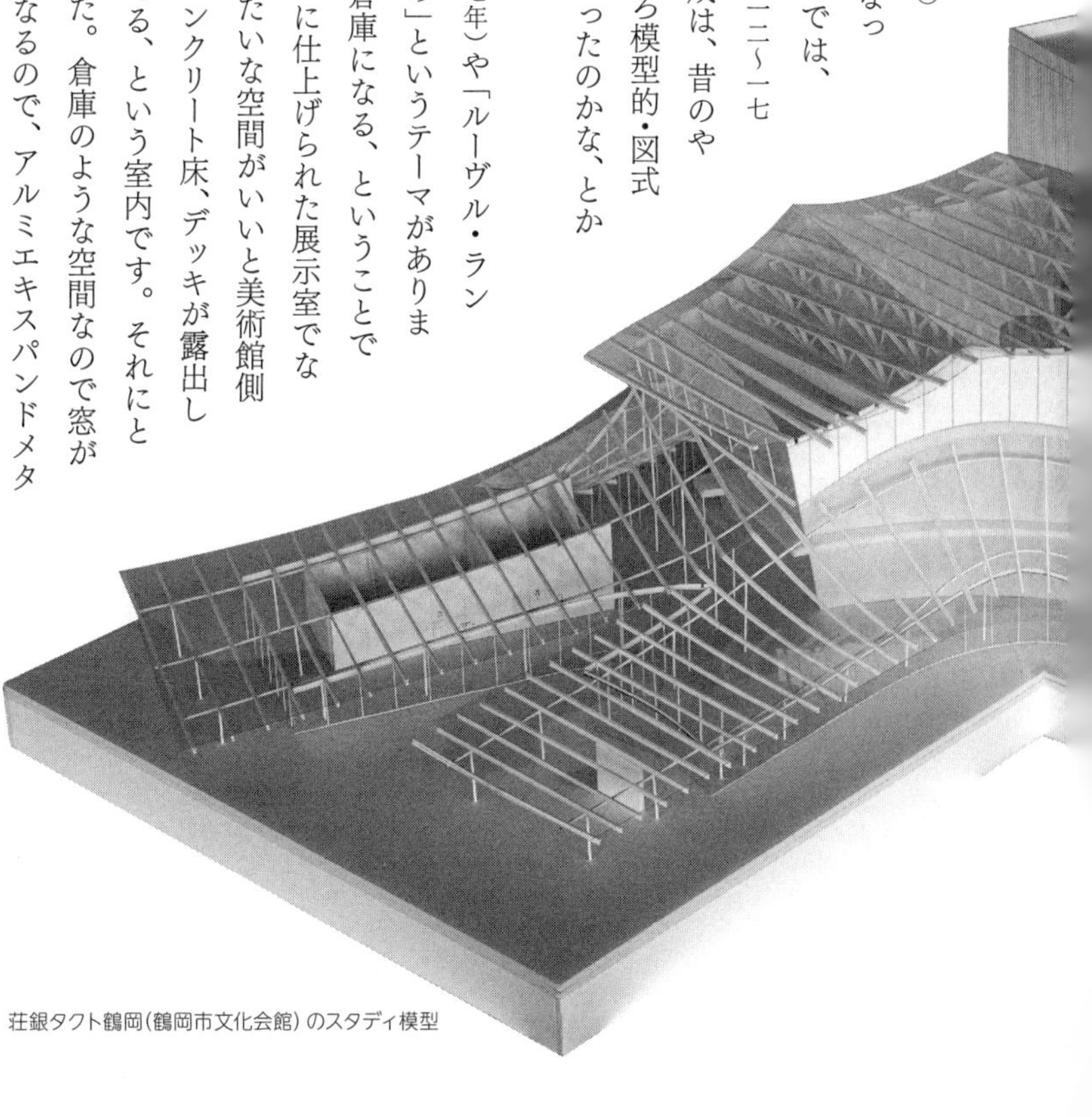

荘銀タクト鶴岡（鶴岡市文化会館）のスタディ模型

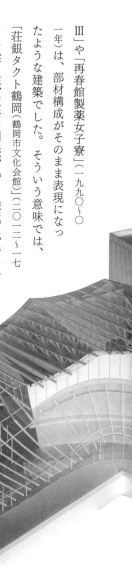

ルのメッシュを外壁の上に貼って、透明感や奥行き感をつくり出すというデザインになっていった。中も外も、部材構成が表現になるという方向に向かっていきました。

「ルーヴル・ランス」もローコストの建物で、「倉庫のような美術館」のイメージは避けられないテーマでした。「ルーヴル・ランス」は予算がローコストだったのに対し、本館のほうのパリのルーヴル美術館はものすごいお金をかけてつくられた、豪華絢爛な大建築で、多くの人がルーヴル美術館を見た後にランスに来ると思うと、どうしても比較して考えてしまう。開き直りでもないですけど、むしろ倉庫っぽいほうが、お城のような本館と対比があってよいと思うことにした。そういう倉庫的なイメージへの取り組みは、部材構成的な建築表現を試すよい機会になったと思います。

その変化の原動力は、展覧会での模型への不満や、「建築を考えるために展開を見たい」といった、設計の方法としてのギャップや限界だったということでしょうか。

「設計方法の限界」で思い出すのは、「金沢21世紀美術館」(一九九九～二〇〇四年)ができて、妹島さんとぼくは反省会をやりました。反省点は多いのですが、たとえば、廊下の議論をしました。廊下の幅が、普通乗用車が搬入口から展示室まで移動できる幅員三メートルが求められており、また交差点では自動車が右左折できるように、少し膨らませて幅員を広げて、小さな広場をつくったりしているんです。その小広場には普段はソファを置いて、休憩コーナーにしよう、と考えたのですが、すべての広場が良い場所になったわけではなかった。広場も廊下も、良いのと悪いのができました。

それは光とか、機能との関係とか、庭との関係とか、いろいろな要因が関係していたんだけど、でも模型や平面図では、どの廊下もそれほど良し悪しの差がわからなかった。「金沢」は大きい建築なのでスタディ模型がそれほど大きなものはつくれず、全体模型は1／50の縮尺だったと記憶していますが、そのくらいの大きさの模型だとよい廊下と悪い廊下の違いがはっきり表現されなかったのかもしれない。それでぼくは、もうちょっと各場所の具体的な場所性の違いをスタディしないといけないのではないかと反省したんです。ところが妹島さんの反省はむしろ逆で、廊下は全部一律三メートルにすべきだった、と。コーナーが膨らんだり、場所ができたりとか、何か場所ごと機能ごとの固有性みたいなことで都合よく変えていくからだめなんだと、もっと強い、全体的な力のようなものがなければだめだったんだ、と。それにはハッとしたし、もしかしたら妹島さんが言うことの方が正しいのかもしれない、とも思ったり。また他方で、ぼくの反省と妹島さんの反省は、同じ問題を逆の角度から言っているようにも思ったりしました。

建築形式って、「使えるのかどうか?」っていうことがすごく大きいと思うんです。バシリカ形式にしても、ラーメン構造にしても、分棟形式にしても、その形式が使えるから使うわけです。たとえば分棟形式で建築をつくったとして、それを見に来た人が建築の内外をあちこち見て回った後に、「このプロジェクトは分棟でやるべきじゃなかったんじゃないの?」と言われてしまうような建築はまずくて、分棟をやる時には、やはり分棟形式の良い例をつくりたいわけですね。「形式っていうものが使えるものかどうか?」ということと「いろんな場所がうまくいっているかどうか」は、ぼくの中では近い問題群と捉えていました。

考え方とものの間の飛躍をつなぐ

それが「森山邸」や「House A」のスタディにつながるわけですね。

そうとも言えるかもしれません。場所をつくるということと、建築形式が何に使えるのかということが、別々の問題ではなくて、同じ問題になるように建築をつくっていく、っていうのかな。それもスタディ模型が巨大化してゆく原因の一つだったかもしれない。

「金沢」や「スタッドシアター」など、建物の規模が規模が大きくなっていたことの影響もあるかもしれません。

それはすごくあると思います。「金沢」で初めて大建築をやって、スケールの問題は決定的だと思うようになりました。小さい建築である程度うまくいったと思えたアイディアが、大建築では全然ダメだったりする。もちろんその逆も、つまり小さい建築では無理があったアイディアが、大建築ではすごい自然なものになる、というのもあった。

先ほど、大きい模型で展開を見たいと言われてなるほどと思いました。西沢さんと妹島さんの模型には図面との連続感があって、紙は抽象的な二次元でなく三次元的なところがあるのではないでしょうか。茶室で起し絵図というのがありますが、図面も完全に抽象的、数学的な二次元でなく、立体物と連続的に捉えられている。逆に、実際の建築にも、紙に描いた感覚がつながっていて欲しいと思われているんじゃないか。

あるかもしれません。ぼくらはすごく模型中心で建築をスタディしてるけど、でもスタディの本当の中心は、図面のような気もするんです。展開図や天井伏図をやたらと気にして、模型でチェックするんだけど、それは図面的な世界を模型を通して見ようとしているだけなのかなと思ったり。また、構造と意匠の関係性をスタディ模型で見ようとするけど、その関係性というものも、見た目の関係性というより、図面が定義する関係性、法則的というか構造的な関係性を見ようとしている気がする。スタディ模型っていうのは図面が立体的に現れたもの、という感じで見てるかもしれません。

「ROLEXラーニングセンター」(二〇〇五~〇九年)は、当時の我々としては相当、立体的な建築でした。しかし西洋人には、きわめて2D的、日本的と言われました。確かにその通りです。三次元でもあり

ROLEXラーニングセンターのスタディ模型

二次元でもあるような、なにかその両方にまたがっている感じがします。

ぼくら日本人は昔も今も、観念と物質がはっきり分かれる西洋的二元論をいまひとつ実感できないと思うんですが、むしろ両者はつながっているというのが日本人の、もしくは東アジアの人間の考え方ではないかと思います。スタディ模型をつくったり見たりしていて思うのは、スタディ模型は紙なので、とりあえずそれは物質なんですけど、でもぼくらにとってそれは物っていうより、アイディアでもあると思うんです。そのへんの紙で手っ取り早くつくるから、素材感も重量感もないんです。西洋人の模型は、どれだけ初期のアイディア模型でも物質的ですから、えらい違いです。

スタディ模型がアイディアだなと思うのは、全部の寸法をちゃんと決めなくても、なんとなく形になってくれるんですね。コンピュータの３Ｄモデルは、全部の寸法をうそでも決めないと立体になってくれないけど、スタディ模型は、要点だけ決まっていれば、形になってくれる。ラフスケッチにも似ているなと思います。

建築は、頭の中で考えている限りはあらゆることが可能、というと言い過ぎかもしれませんが、イマジネーションの世界は制限がないんです。寸法がないから、いろんなことが可能になる。でも模型にすると、寸法が与えられる。すると、頭の中では「ちょっと浮いて水平で低くて格好良い」と思っていたものが、寸法を与えられることでなにかすごい鈍くさいものになっちゃったりとか、自分が良いと思う低さの建築をイメージしたとして、それは頭の中ではかっこいい感じなんだけど、実際に寸法を与えてみると天井高が低すぎて、人が入れないじゃないかみたいなことが、模型では起こるわけです。それは模型という物質がもたらすある種の暴力で、有無を言わせぬ寸法の力で、そういうことが起きるから模型はありがたい。

模型から感じる建築の普遍性

それは模型を巨大化して、精密にしようということとも違いますね。

違いますね。模型の大小は関係ないことです。抽象化の問題じゃないでしょうか。

アイディアっていう形のないものを、模型とか図面っていう物的な形に置き換える時、抽象化と物質化が同時に起こると思うんです。「考え」という無形のものを有形の物に置き換えるという意味では、それは物質化、具体化ですが、でもイメージの広がりは多様かつ複雑で、そういうのを柱・梁・床・屋根っていうすごく単純な関係性に置き換えるので、それは抽象化なんです。アイディアを建築にするという時、この抽象化と物質化が同時に起こる。設計とかスタディでは、アイディアを形に置き換えるっていう作業を繰り返しやります。建物全体でやり、立面でやり、柱とサッシュの関係という部分でやり、ありとあらゆるところで何回も繰り返す。繰り返しやり続けるって、すごく非効率的と言われるかもしれないけど、意外に重要な気もします。「森山邸」のスタディの時、敷地が仮に倍くらいの大きさがあって、棟の数も倍くらいあれば、高密度の分棟というアイディアはすごく面白くなるんだけどな、と思いながらスタディしていた記憶があるんです。でもスタディするうちに、現状の敷地の大きさにアイディアが収まるようになっていった。最初はスケール感がまったくないようなアイディアも、繰り返しやり続けることで徐々にスケールを獲得していくっていうことがあると思います。

以前、プロジェクトとして紹介したSANAAの「深圳海洋博物館」や妹島さんの「プュアンデザイン&イベントセンター」では、高精細な三次元CGがつくられていました。これまでエキスパンドメタルによるレイヤー状のファサードの組立てでいろいろ検討を重ねておられましたが、そういう場合はCGによる精緻なスタディが強力だと思いました。そこは、上手く使い分けが生まれているのでしょうね。

3Dは相当活用しています。あれはすごいですね。生々しいというか、抽象的じゃないっていうか。なにかすごくグロテクスですよね(笑)。

それでも、リアルだから使わざるを得ない?

というよりも、そのグロテスクというところが、3Dのすごいところのひとつだと思います。3Dモデルを立ち上げてウォークスルーで建物の中を歩いていると、たまにとんでもなく醜悪な空間が出てきて、うげー!となったりします。ああいうのは模型ではなかなか起きない。もしかしたら模型を見るのに習熟してしまっているのか、無意識にかっこいい感じで見てしまっているのかもしれません。模型や図面だと、誰の建築であってもどの建築であっても、ちょっとエレガントなのです。ところが3Dはなんていうか身も蓋もないというか、またウォークスルーって、美しかろうが醜かろうが自動的にどんどん展開していく無情の世界で、うげー!となるんですね。あの醜さ、なにかああいう美を完全に超えた機能性はすごいと思う。道具っていうのはいつの時代も便利なもので、いちばん安直に使えるものだと思うんですね。人間がいちばんラクしようとして使うものです。横着して、一番手っ取り早くやろうとする時にぱっと手に取る道具が、道具として残る。そういう意味でも、3Dプログラムの安直さ、美を超えた機能性を見ていると、3Dはこれからの建築をつくり出す道具のひとつになるかもしれないとも思います。

ガーデン&ハウス　西沢立衛

若手建築家や学生の設計について

今まで通り住める住宅？

今回は西沢さんに、若い人たちの設計について感じることを伺いたいです。この十年くらいは、横浜国立大学建築都市スクールＹ-ＧＳＡでの教育活動もいっそう本格化したり、学生の設計アワード、アイディアコンペや、東京建築士会住宅建築賞（二〇一二〜一六年）、吉岡賞（二〇一五〜一七年）、ＪＩＡ東海住宅建築賞（二〇一九年）などで若い人の設計に触れられていると思います。

東京住宅建築賞の審査員をやっていたのはもう十年近く前なので、最近の若手の動向をぼくがわかっていると言えるかどうか……。住宅建築賞の審査は、参加するたびにいい会だなと思います。賞なので、最優秀、優秀を決めるコンクールという形ですが、実際のところ討論の場なんです。応募作品の現地審査をして、その後皆で議論する。建築作品の良し悪しを論じるっていうことは、単に点をつけるっていう以上に、自分にとって建築の何がすごいかという、自分の建築観を表明することになるから、審査員は真剣です。審査の場だけでなくその後の授賞式も、ほとんど討論会です。その時は審査員たちだけでなく設計者も交えてみんなで議論する。それも面白い場でした。

ぼくの場合は、教えているＹ-ＧＳＡが研究室制でないので、建築家たちが集まって議論をする場になっていて、相互批評的な空間に身を置くことができており、それは幸運だなと思います。Ｙ-ＧＳＡ

での議論は、直接の題材は学生のプロジェクトだったりしますが、それを通して学生も先生も自分の建築観をぶつけ合うことになる。実務をやっていると、どうしても日々の仕事に追われてしまいがちで、皆で建築について討論しあえたりとか、自分の仕事や考え方が他の建築家に批評される場があることは、非常に得がたいことだと思います。

審査を通して見た建築作品についてはいかがでしたか?

どうだったかな。力作は多かったとは思うけど……。全体としては、優しい感じのものが多かったなと思います。あまり激しい、荒唐無稽なものとか、暴力的なものとか、そういうものはなかったかな。いろんなことをお施主さんとコミュニケーションしながら、お互いに理解し合ってやっている感じがしたのは印象深かったですね。お施主さんと建築家の年齢も近かったりして、審査で住宅にお邪魔した時、設計者とお施主さんを間違えちゃったりしたこともありました(笑)。お施主さんと建築家のギャップがそれほどないというのかな。カーテンから家具、小物、そうとう細かいことまで共有しあっている感じです。当時ぼくがつくっていた住宅というと、「ガーデン&ハウス」(二〇一一年)とかで、ぼくも、建築と家具、カーテン、それらの調和を目指すのは当然なのですが、しかしなんか次元が違うというか……。自分がやっていることと若手建築家がやっていることのギャップを感じたかもしれません。

「ガーデン＆ハウス」は小さい住宅ですが、ビルに囲まれて都心に住むことや、外部空間や地面との関係など、ワイルドなあり方を提案されたと思います。

ぼくがつくる家ってどこか、「今までの家とは違うのだ」みたいな感じが出ちゃうというか、ぼくの価値観とお施主さんの価値観は当然ながら違うわけです。でも、審査で見た家はどれも、お施主さんが今まで通り住める家になっている感じなんです。ライフスタイルを共有しているのかも？

昔の、たとえば七〇年代、八〇年代の住宅設計のことはぼくもよく知らないんですが、「建築家とお施主さんはもっと離れていたのではないか？」と想像します。今はお施主さんも住宅設計のことをよく勉強していて、若い建築家と一緒になってつくる一体感があるというか、「建築家の先生に設計をお任せした」みたいなのとは違う関係性があるような気がします。あくまでも最近の若手の住宅を幾つか見た感想ですが。

審査を通して感じたことは他には、みんなものすごい労力をかけて、頑張ってつくっているなということです。小さい住宅に、ものすごい大きな労力を掛けていて、住宅をつくることへの情熱みたいなものをどの住宅にも感じました。

西沢さんは、講評でたびたび建築をつくり上げる意思について触れていましたね。東京の住宅建築賞では、四年にわたって共通して「新しい時代の住宅」をテーマにされていました。あまり激しいものでなくても、若い人がエネルギーを掛けて建築をつくろうとしていることは感じられたと。

そうです。住宅は小さいから、最小限の労力でやろうと思えばいくらでもやれるのかもしれませんが、でも小さいながら建築の基本要素が全部あるから、頑張ろうと思えばいくらでも頑張れる。設計から施工まで一貫して頑張った住宅を見ると、やはり共感しますね。住宅って、住むのも楽しいけど、つくるのも楽しいんですよね。

「新しい時代の建築」という投げかけについては、リモートワークとか、シェアハウスというような「新しいニーズに応えた建築」と言えるものはあったんですが、建築として新しい時代の息吹を感じるものがあったかというと、そんなに多くなかったかもしれません。もちろん、ぼくたち審査の側が新しい感受性をキャッチできていないという問題もあるかもしれない。

現実感覚のなさ

西沢さんから、これまでも時々、若い人の発想が面白いという話を聞くことがありました。自分から形をつくるというより、周辺環境やクライアントからの情報に丁寧に反応する傾向があると感じますが、学生も若手建築家も共通していませんか。

どうなんでしょうか。最近の学生は、というかY-GSAの学生は、面白い人がいます。たぶん、Y-GSAだけが特別っていうことはなくて、他の大学にも面白い人は一定数いるんじゃないかなと想像します。彼らは歴史や地域に対する感受性があって、リサーチがなんだかすごく面白いのです。「それは本当の話なのか?」というような、面白い歴史と文化が当たり前のように掘り出されてくるんです。彼らはたぶん、授業のノルマだからやっているのでなく、本当に面白いと思って地域を見ているのだろうな。

ただ他方で、建築の形をつくる段になると、なんとなく失速するというか……。そこのところの現実感覚が希薄なのかもしれない。そういえば審査で見た住宅の幾つかにも、現実感覚のなさみたいなものは感じたかもしれません。

クライアントとのギャップが少ないものをつくっているのに、現実感覚がないというのはどういう意味でしょうか?

学生に現実感覚がないっていうのは、お施主さんと付き合いがないっていう意味ではなくて、なんというのかな……リサーチはすごく面白いんだけど、そこから出てくる建築は、ケント紙の屋根がひらっと一枚浮いているだけだったりするんです。または既存木造家屋の姿形をそのまま借りてきたようなものになる。社会の中で建築がどう活躍できるのか、よくわからないのかもしれません。現実感覚がいまひとつないとぼくが感じたのは、建築が必要だという現実的な切実感のことかもしれません。

若手建築家に感じた現実感覚のなさとそれが同じなのかどうか……。違う気もするし、つながっているのかもしれないし。よくわかりません。住宅建築賞の現地審査で見た住宅はどれも、屋根一枚で終わりなんてもんではなくて、すごく緻密につくられているんです。けど、「これは本当に家なのかな?」という、どこかセットみたいな感覚があるような気がする。住むということについてどこまで踏み込んで考えているかよくわからない家が多かったように思います。

それは、一〇年くらい前も今も変わらないですか。

一〇年前どころか、ぼくが若手だった頃すでにそうでした。でも昔はもうちょっと、ものすごくデザイン的に凝った建築だとしても、どこか旧来の家の古さを引きずっている感覚があったんだけど、今はもっと全然おしゃれというか、家なのかお店なのかよくわからない感じがあると思います。

ぼくらの時代の日本の住宅が、家としての厚みに欠く原因は、社会や技術の変化などいろいろあると思います。でもわれわれ建築設計の側の問題を探すなら、ひとつは建築家がおのおの背負っている原風景みたいなものが貧しくなってきているのではないかという気がします。マンションの一室だっ

ハウス イン ヨコハマ　篠原一男

たり、ニュータウンだったり、各建築家がもつ原風景が、それほど多彩じゃなくなってきていて、そういう一様性みたいなものが、二一世紀の住宅建築のイメージをなにか貧しくさせているのかなと思ったりします。ぼくなんかはきわめて標準的な家庭の、標準的なサラリーマンの息子で、東京郊外の公団住宅で育ってという、いわば典型ですね。

セル状に直方体を積み上げた都市建築のモデルがあって、それを単に切り分けて部屋をつくるような住宅の原風景がありそうです。在来軸組の町家や長屋が原風景の地域もありそうですが。

うん、原風景と一言で言っても、かつては長屋みたいなものだったり、漁村だったり、山手の大きなお屋敷だったり、または中国大陸の家だったりと、家も親の仕事も階級も多様だったりして、いろんな原風景があり得たと思うんです。おのおの異なる原風景を背負った建築家がいろいろつくるから、全体として幅というものがあって、それらを束ねたところからその時代の建築というものが出てくるのだろうけど、今は原風景が一様になってきて、かつてのような束ねるほどの広がりがなくなってしまったのかな、と。

空間の喜びとは

マンションと言われたように、クライアントなり建築家が独自にどういう快適性を求めているかというより、広く共有された記号みたいなものになっているのかもしれません。

そうですね。日本人は、記号にだって平気で住めるっていうような、屈託のなさがありますよね。日本人は昔から、「住む」ということについて、淡白だと思うんです。台風や地震、戦争の影響も大きいのかもしれませんが、ヨーロッパ人の住環境へのこだわり、場所へのこだわりが、我々には少し足りない気がする。

あるレベルに達しているようなアワードの場面でも、そういう傾向があるんですね。

たとえば吉村順三の家を見ると、人間が住むということに関していろいろな取り組みがされています。彼の建築の全部が良いかは別として、人間が住むというきわめて現実的な事態が建築の土台になっているのは間違いない。人間の居場所をつくろうという努力が住宅になっているんです。あの篠原一男ですら、居心地のよさを考えています。篠原一男は抽象性とか切断とか零度とか、そういうことをいっぱい言うけど、でも彼がつくる寝室やお風呂には悪くないと思うものがいっぱいあります。芸術的・美的と言われる居間だって、写真映りのためだけにやっているわけじゃなくて、行けばわかるけどおおらかです。芸術主義的な篠原一男ですが、彼には家への信頼感があって、家の豊かさに立脚できているからこそ、逆にああいう芸術主義みたいなことをいくらやっても問題ないんだと思う。ところがぼくらの時代、八〇〜九〇年代になると、そういう土台になるべき家の豊かさを失って、単に芸術主義でやるから、デザインになっちゃう。いつの頃かわからないですけど、どこかで住宅建築はデザインになってしまった、というのはあるのではないでしょうか。

西沢さんが三〇代だった頃も同世代のシンポジウムや展覧会などがありましたよね。いつの時代も若手に注目する企画はあるし、若い頃は相互の議論も活発だと思いますが、そういう機会の違いも関係しているでしょうか。

それは今も昔も、それなりにあると思いますが、ぼくよりさらに上の世代の話を聞くと、仕事がないからみんなで集まって、設計事務所で酒盛りして喧嘩になって、みたいな話をよく聞くので、そういうことはもう今は少なくなってきているのかなと思います。

住宅が厚みを失った理由の一つに、材料や部材、建築部品がつまらなくなってきたこともあると思います。昔は既製品というものがそんなに充実していないから、ドアひとつつくるのにも自前でつくる。たとえば吉村順三と西澤文隆のドアは違うわけです。でもぼくらの時代になると、窓もドアも柱もぜんぶ既製品なので、窓だけの写真を撮って見せられても、それが誰の設計の建築なのか全然わからない。

昔の町家や民家は、材料が豊かだったなと思います。南国の地方の家の場合、台風がすごいので、雨風を凌ぐ屋根材は、台風で飛んでいかない材料ということで、重い瓦を敷き並べて、深く濃い影がつくられる。ものすごい重い屋根になって、その重量感の下で生きることになる。昔は自分の地域で採れる地場産材くらいしか手に入らず、それで家をつくっただろうから、その土地らしい家になる。家は地域の延長みたいなものだったのだろうと思うんです。今は工業化・乾式化が進み、軽量化した材料が地域を超えて運搬されてくるようになった。最近、ぼくの事務所がある湾岸地区でどんどん新しいビルが建っていて、それがまるで3Dプリントしたような建築なんです。見た目は木調とか大理石風とかいろいろあるけど、厚みは一緒な感じです。現実の建築がなにか、コンピュータの中のレンダリングの世界に近づいていると思います。

それも性能保証とか値段とかの意味しか感じられない記号なのかもしれないですね。空間的な意思とは関係ない。

現実感がないプリント建材で建築を考えないといけない時代が長く続くと、いずれ材料への渇望みた

サヴォア邸　ル・コルビュジエ

いなものが建築創造につながってゆくかもしれない。泥の家とか、ぬめっとした家とか、そういうのが出てくるかもしれない。リノベーションが当然の選択肢になってきた時代の流れは、環境問題ももちろんあるけど、失われた材料の豊かさへの渇望もあるのではないかと思います。

西沢さん自身は、経験を重ねる中で、そのつまらなさや貧しさを意識されたり気付くきっかけがありましたか。

やっぱり古建築と今の建築を並べて比較すると、今の建築が薄っぺらいというのは、ぼくだけじゃなく皆が感じていることではないでしょうか。吉島家住宅を見た時の驚きは今も覚えています。建築の柱梁の美しさ、力強さ、暗がりと光、街との一体感、いろんなことに感動しました。梁の一本一本が光り輝いているんです。産業があって街があって、建築的知性とお金を持つ建て主がいて、こういうところでそういう人が建築をつくるとこんなにすごいのか、と感心しました。

二〇代のころ、何かの用事で妹島さんとヨーロッパに出張したことがあって、学生時代に見逃してしまっていたサヴォア邸を見に行きました。サヴォア邸は実は、当時のぼくにはよくわからなかった。でも二階の台所に入って、これはいいな、と思いました。角部屋で、光が溢れていて、清潔な厨房機器が並んで。料理なんかできないくせに、ここを使ったら楽しいだろうなと思いました。快楽的な空間というのかな。今思うとあれは、ぼくが最初に感じた空間の喜びだったかもしれない。

西沢さんは「生の喜び」ということも言われますが、キッチンはそういうことを考えやすいのかもしれません。それに対して、居間やトイレは空間として考えにくいのかも。

でも居間も、これはいいなっていう居間は数え切れないほどあります。感心したトイレもお風呂も、幾つもあります。ヨーロッパやアメリカにいるとたまに思うんですが、彼らは化粧室を重要な空間と見なしている感じがします。アメリカで、えらい学芸員の人と話していた時、彼女が言うには、美術館で一番重要なのはまず化粧室だと。「化粧室がダメだったらもう他で何をやってもその美術館はもうダメ」と言われて驚きました。化粧室の次に重要なのはレストラン、次が学芸員室、その次が収蔵庫……と言われて、いつまでたっても展示室が出てこないじゃないか、と思いました。その後、カーンが言った「劇場を役者の家とみなして設計する」という発想を知って、なるほどと思いました。

もう二〇年くらい前、ロンドンでレクチャーした時、その会場の化粧室がイギリスらしい暖かみがあって、それも印象的でした。決して派手ではないけど、品の良い壁紙がきれいに貼られて、絨毯が敷きつめられていて、天井からランプが吊られている。窓から光が入ってきて、入口のところにソファとコート掛けがあって、なんだか行き届いているんです。くつろいで滞在できる空間になっていて、感心しました。

新しい時代の感性

先ほど、材料が貧しいけど見た目はいろいろあると言われました。今はさらに、インスタ映えみたいなものもある。以前から現実感覚がないとしても、西沢さんは若い人たちの感性を批判的にも、ポジティブに見ている部分があると思います。

若手建築家の可能性は、現実感覚がないからこそ逆に思い切ったことをやれるところじゃないかと思うんです。若いから体力があって、どこだって住めてしまうという、地力みたいなものもある。ぼくが若いころ住んでいたアパートはエアコンが壊れていて、真夏が地獄なので直さなきゃと思いつつ、忙しくて結局引っ越すまで壊れたままでした(笑)。若いっていうのはまず体力があるんです。そういう連中が設計する住宅というのは当然ながら、細やかな配慮には限界があるというか(笑)。有り余る体力で乗り切るような人間を前提とした家になる。そういうパワフルさがあって、また歴史をよく知らないということから逆に、やたらと勇敢な家が出てきたりもします。荒削りで無謀なところはあっても、有り余るパワーとみずみずしい感受性で、思い切った面白いものが出てくる。そういうことをやれるのは絶対若い人だと思います。

具体的に最近見た建築で、そういうものがありますか?

それはやはり、数多くはないけど、あると思います。現実感がないけど勢いがすごくあるという家は、昔も今もあると思います。
今の学生や若手建築家は、かつてのぼくよりもずっと開かれている気がする。エアコンが壊れていることに気づかないような体力の人たちが、開かれた態度でもって地域や歴史に関心を持ったら、つまり人間の場所づくりがどうなされるかということに興味を持って家に取り組んだら、面白いことになるのではないかなという期待はあります。

それはこれまでのコンテクストを重視したと言っている「その場所に合う建築」とは違うんでしょうね。

違いますね。学生は、街にうまく合わせる建築をつくるのはむしろ下手です。
彼らは街そのものを面白く見ているというか……物語の力かな。物語の豊かさへの感受性があるのかもしれない。ぼくが学生の時代は、街なんてただの街でしかなかったけど、彼らは街をなにか、人間の営みの集積というか、ある種の物語空間として見ているのかも。彼らの話を聞いていると、日本って面白いところなんだな、と思います。特別に独創的な地域を見つけてくるわけではなくて、どこにでもあるようなというと失礼だけど、いたって普通の地域を題材にして、それで面白いんです。面白い地域を発見するところから面白い建築になっていかない点は、とりあえず問題ではあっても、でもそれはトレーニング次第でいくらでも変わるし、何人かの人は今後さらに面白くなりそうな気がします。今の時代、建築は社会の期待と信頼をどんどん失い、建築設計自体も徐々に縮こまって、思い切ったことができない世の中になってきているわけだけど、でも今後はわからない。もっと面白くなる可能性がまだまだあるんじゃないかなと思います。

住吉の長屋　安藤忠雄

学生時代について

かたよった学び

前回、最近の若い人の設計についてうかがったのですが、自分の学生時代には考えもしなかったような感覚があるというお話がありました。西沢さんは以前から、学部生の時は何も知らなかったとか、ゲームセンターばかり行っていたなんて話をされているんですが、その後、建築を知らないことに強い焦りを覚えたとも言われています。今との違いを含めて、あらためて西沢さんが学生時代にどういうことを感じていたかうかがいたいです。

ぼくの学生時代と今とではいろいろ違うけれど、一番大きなことのひとつはインターネットでしょうか。ぼくの時代は、なにかを調べようとすると図書館か本屋で、ちゃんと調べるなら国会図書館で、調べ物をするのに一日掛かりでした。知識を得るのが簡単じゃなかった時代だったと思います。今はインターネットであっという間ですから、すごい違いですよね。

そうすると、西沢さん自身の学生時代の建築の学びはどういうものでしたか

ぼくの時代の学びっていうのは、そうとう偏ってたと思うんです。今は誰もがインターネットで同じ

情報を得られるし、モダニズムとは何かとか、近代建築三大巨匠とかすぐ学べるけど、当時はそうじゃなかったと思います。ぼくが一番最初に買った建築本はＧＡの『ジェームズ・スターリング作品集』だったのですが、友達にその名前を言っても誰も知らなかったし、ぼく自身もスターリングがどの国のどの時代の人かわかっていませんでした。

最近講演会などで、高校生から質問されることが何度かあって、その質問が素人的でなかったりして、感心します。今の学生は高校時代から建築に興味を持っていたりするから、すごいですよね。ぼくは本当に何も知らなくて、コルビュジエを知ったのもそうとう後だった気がします。

大学では、コルビュジエとか教科書的な近代建築史などは教わるんですよね？

それはそうですね。あまり授業に出ていなかったかもしれない。

では西沢さんは、ある意味で大学から受動的に建築を学んではいないところがある？

そうかもしれない。設計製図だけは積極的に頑張っていたんですけど、でもエスキスの授業にはあまり出ていませんでした。ただそうは言っても、大学からの影響は計り知れないものだったと、今になれば思います。

横浜国立大学では、どのようなことを学びましたか。

それはやはり、いろいろ学んだと思います。例えば「歴史は重要だ」っていう思いは、大学から学んだと思います。当時の横国の建築学科は講座制といって、各専門が講座別に分かれていました。第一講座が歴史、第二講座が建築計画で、設計意匠は最後、第八講座なんです。第一、第二、第三と順序がついていて、歴史が第一となっている。おまけに歴史講座は建築学棟の最上階でした。横国に入学して建築学棟に来て、歴史が第一というのをまず見るわけですから、その影響は大きかったのではないかと思います。

そのせいかどうかわからないけど建築史図集なんかをしげしげと見たりしていました。モダニズム建築っていうのが重要だっていう話を聞いて、どういう建築なんだろうと思って見てみたら、全部白い箱の建築で、ほとんど違いがわからない。これは難しい分野だなと思いました。

その中で、ミースだけは違いがわかりました。大判の分厚い大理石の壁がばんと立って、柱は鏡面で、なんてかっこいいんだと思った。当時ミースで覚えているのは、まず「ガラスのスカイスクレーパー」でした。それは白黒なんだけど、木炭でぐわーっと真っ黒のファサードが立ち上がって、ドーンと建っていて、うわーと思いました。次に見たのがたぶん「トゥーゲントハット邸」で、トラバーチンと派手な模様の木、クロームメッキと皮革の家具で、重厚というか、官能的というか。モダニズム建築の難しさ、わからなさに比べてミースの独創性っていうのは、入学したての十八才の男の子でもわかるくらいのものだったと思います。ミースがいわゆるモダニズム建築とあまりに違うので、当時はミースっていうのは人じゃなくて時代だと思っていたくらいです(笑)。その後、ミースは時代でなく人間だというので驚いて、おまけにモダニズム建築の巨匠だというから、混乱しました。

建築学生の前傾姿勢

歴史から建築を知っていくことはあるけれど、学生はライブに活動している建築家や、近辺に建っている建築などをきっかけに興味を育てる面もあると思います。西沢さんはどうでしたか。

それは兄(西沢大良)の存在が大きいですね。彼に連れられて、丸一日東京の建築を見て回ったりしました。「塔の家」(設計:東孝光、一九六六年)や「ヒルサイドテラス」(設計:槇文彦、一九六九、七三、七七年)、「駐日ブラジル大使館」(設計:ルイ・オオタケ、竹中工務店、戸田建設、一九八二年)、「国立代々木競技場」(設計:丹下健三、一九六四年)など。安藤忠雄さんの建築はよく覚えています。代官山の「ヒルサイドテラス」の近くにあったアパレルブランドのビギの建物は、中には入れなかったけど、一目で好きになりました。玄関ドア

トゥーゲントハット邸　ミース・ファン・デル・ローエ

がガラス張りで、中を覗いたら、廊下は普通の片廊下で、階段はいわゆる普通の「行って来い」階段でした。廊下と階段っていう、どこにでもあるような要素だけでできてるんですけど、すごいきれいなんです。これは高価な建物に違いないと思った。

そういう点では、何も知らないといっても、いろいろなものに接していた。

そうかもしれない。麻雀やゲームばかりしていたわけではなかった(笑)。同級生の中では、建築に興味を持つのは早かったかもしれません。しかし二年の夏休みに模型をつくる課題があったけど、まだ安藤さんのことをよくわかっていなかった。本屋に行ったら、「住吉の長屋」と「六甲の集合住宅」の図面集があって、これは代官山で見たものと同じ建築家のものだとわかり、その本を買いました。「住吉」は四室しかなくて、廊下もないんです。すごい簡潔で、気持ちいいと思いました。もちろん「六甲」もいいと思ったんですが、ちょっと大きすぎるので、「住吉」の模型をつくって提出しました。実家の車庫で、スチレンボードにグレー色のタミヤカラーをスプレーしたら溶けちゃって、そこに雨が降ってきて、ぼたぼた雨があたってものすごい豹柄みたいになっちゃって。その模型はきたなすぎて、先生にほめられました(笑)。その勢いでSDの安藤さん特集を買いに走りました。

後期になるとついに設計課題が始まって、自分で自由につくることになります。その時に塚本由晴さんに出会います。塚本さんと大良くんは同級生で、家に遊びに来たのです。その後、彼らにすごく影響を受けるようになっていきます。たとえば、篠原一男をはじめとした東工大関連の建築家だけはやたらと詳しくなり、建築もいろいろ見に行きました。篠原建築はもちろんのこと、長谷川逸子さんや坂本一成さんなどの住宅建築を見に行きました。

研究室の活動とか先輩の課題を手伝うということもありましたか。

学部時代にはなかったですね。当時の横国は、縦のつながりというものがあまりなかったかもしれません。

ぼくの先生は山田弘康先生でした。北山恒さんは、ぼくが四年になった春に講師で来られたと記憶しています。山田先生は放任主義で、特にゼミ活動もなく、自由でした。

すると、大良さん、塚本さんに課題を見られたり、エスキースされたりすることの影響が大きそうですね(笑)。

塚本さんと大良くんにエスキースしてもらったことあったかなあ？　そのシーンはあまり覚えていないんですが、でも彼らの影響は絶大だったと思う。エスキースのような具体的なことというより、建築少年の前傾姿勢みたいなものを学んだと思います。前傾姿勢というのはつまり、スキージャンプみたいな感じの姿勢です。横国は平和な地方大学でみんなのんびりしていて、みんな学食でふんぞり返っているわけですが、ぼくだけ前傾姿勢だったかも(笑)。大学院の頃、塚本さんと街を歩いていたら、塚本さんが突然街の建物を指さして、「あの建築どう思う⁉」と聞いてくる。どうってことないビルなんですけど、驚いて「えっ?」とか言うと、「遅ーいっ!」と(笑)。なんか体育会系みたいなノリでした。当時、塚本さんに特別褒められたことはなかったけど、「立衛は何でも反応するところがエライ」とは誉められました。彼らのそういうひとつひとつから「建築学生はこうあらねばならぬ」みたいなものを学んだんでしょうね。そんなこんなで自然に、「建築っていうのはとにかく問題なのだ」という問題意識が生まれていったと思います。問題意識っていっても、中身なんかなかったと思うんです。具体的に建築はどうすごいのかなんて何にもわかっちゃいなかったけど、でも前傾姿勢だけはあった。秋元馨先生に、「西沢くんは問題があって解法がない」と言われてハッとしたのをよく覚えています。

同時代の瑞々しさ

当時の日本の建築家については、どのように知っていきましたか?

大良くんと塚本さんからの影響で、まず篠原一男です。しかし八〇年代後半、篠原一男と磯崎新はもうすでに大巨匠で、彼らがスーパーアイドルの時代ではありませんでした。彼らの著作は読んで、代表作を知っていても、彼らが時代を変えてゆく様を同時代で目撃できていないから、そのインパクトをわかっていない。年上の人々が磯崎さんの話をする時のなんとも言えないムードが、うらやましかった記憶があります。当時出ていた磯崎さんの文章はいろいろ読みました。最初に記憶に残っているのは、磯崎さんが審査員の「ラ・ヴィレット公園」と「香港ピーク」の審査経過報告の原稿でした。なにげなく読み始めたんだけど、どんどん引き込まれちゃった。ラ・ヴィレット公園のチュミの一等案は全然いいと思わなかったけど、OMAの案がすごすぎて、たいへんな衝撃を受けました。たぶんあれがレム・コールハースという名前を知った最初でした。磯崎さんの文章はすごく良くて、なによりも文体が好きだったし、OMAの案の迫力と一体となって、鋭すぎる知性とマシンのようなドライなパワーを感じました。その後磯崎さんの文章はいろいろ読んだんですけど、磯崎さんが書くというだけでもう完全に信頼して読んでいました。

ぼくが学部生だった時代は、伊東豊雄さんと安藤さんの時代でした。大学の課題で多くの学生が安藤さんや伊東さんの真似をしていた時代だったと思います。ぼくは大学三年の頃に南洋堂で、雑誌『SD』の伊東さんの特集(一九八六年九月号)を見て買いました。当時いろんな住宅作品がありましたが、伊東さんの住宅作品、特に「小金井の家」(一九七九年)と「花小金井の家」(一九八三年)には、光と風を感じる透明感というか、瑞々しさを感じていました。その特集号のなかに、ドミノについての文章(「ドミノ物語」)があって、それが面白い文章だったんです。執筆者の名前を見たら伊東事務所のスタッフの人で、「妹島和世」と書いてあった。それが妹島さんの存在を知る最初でした。全然読み方がわからない名前なので、「妹島和世」はフリガナなしに漢字で覚えました。「万葉集」とかで、全然読み方がわからなくて字面で覚えるしかない人がたまに出てくるんですが、そんな感じでしたね。

お話をうかがっていると、あまり建築を知らないと言いながら、判断ははっきりしていますよね。篠原さんが凄いと聞いても流されないし。

篠原さんは、作品集はいいなと思っていたんです。『ＳＤ』の篠原一男特集（一九七九年一月号）はかっこいいと思っていました。古本屋で見つけた美術出版社の『篠原一男２　11の住宅と建築論』（一九七六年）も、欲しい本でした。「谷川さんの住宅」の設計主旨はよかったな。

あの時代いちばん惹かれたのは、伊東さんと原広司さんでした。原さんの言語世界には、すごく影響を受けたと思います。

原さんについては、建て替えられる前の丹沢の国民宿舎（「丹沢ホーム」、設計：ＲＡＳ設計同人、一九六二年）を子どもの頃、経験されていたというお話を聞いたことがあります。

そうです。小学二〜三年の頃、林間学校で丹沢に行ったのです。大きな空間の中にピロティ建築が立

花小金井の家　伊東豊雄

っているような、入れ子構造になっていて、そのピロティ下に緑のグランドピアノが置いてあって、高いところから光が落ちてくる。海の底みたいな感じでした。考えてみればあの建築が、ぼくとしては建築を認識する初めての空間だったのですが、当時は原さんのことは存じ上げず、不思議な空間だなと記憶に残ったくらいでした。大学生になって、図書館で日本建築家全集という本を見ていたら「丹沢ホーム」を見つけて、「あれだ！」と思ったのです。

いつから原さんに関心を持ち始めたか、あまり覚えていません。雑誌『建築文化』の別冊号で、原さんが伊東さん山本さん石山さん高松さんといった当時の若手建築家と連続座談会をやったものが本になっていて、その後しばらくして「様相論」が出て、ぼくはがぜん注目しました。「言葉と設計の両面で未来を描こうとしている人がここにいる」と思った気がする。インターネットどころかパソコンもまだない時代でしたが、未来を描こうとする言葉の力を感じました。あの時代の若者にとって原さんは、一種の預言者のようだったと思います。原さんの言葉は、どれも独創的なものなんだけど、でも、「ぼくが」ということを超え、一般的なものについて述べようとしている感じがしました。その開放感にも惹かれたと思います。

そういえば原さんを特集した『建築文化』の「Encyclopedia over Hiroshi Hara」（一九八二年九月号）という本があって、それは学部の頃のぼくの愛読書の一つでした。タイトルの通り原さんの言葉の辞典になっているんですが、そこで伊東さんが原さんの自邸について文章を書いていて、それは煙突効果についての文章でした。地形に沿った階段状の空間を中央に持つ形について、「実際に風が通ったかどうかが問題でなく、風が通るべきなのだ」というような感じのことを書いていて、ぼくはそれに感動しました。それは伊東さんが書いたものなんだけど、でもまさに原さんの世界だと感じていました。ともかくそこでぼくは、伊東さんにすごく興味を持つようになりました。

アルバイトを始める

伊東さんの事務所にはアルバイトに行かれますが、その前に原さんへの関心があったんですね。

そうです。といっても、ほとんど同時期だったとは思いますが。大学院に進んで、どこかでバイトしてみようと思って、原さんのところか伊東さんのところ、などと考えていました。

伊東事務所の電話番号をなぜか知っていて、アトリエ・ファイのはわからなかったので、まず伊東事務所に電話しました。そしたら電話に出てくれたのが当時新入社員だった曽我部昌史さんでした。曽我部さんとは以前建築の見学会で何度かお会いしていた関係で、電話口のぼくのことを認識してくれて、うまい具合にバイトに呼んでもらえました。当時伊東事務所はあまりバイトを雇っていなかったそうで、曽我部さんが電話に出てくれなかったらたぶんぼくは伊東事務所でバイトすることもなかったし、妹島さんに会うこともなかっただろうな、と思います。

実は、設計事務所でのバイト経験は伊東事務所が最初ではなくて、学部四年生になった時に入江経一さんの事務所でバイトしたことがありました。その年の四月に兄が入江さんの事務所に就職したのですが、突然ヨーロッパ旅行に行ってしまって、兄の不在期間中だけぼくが代わりにバイトすることになったんです。とはいえ、ぼくは四年に上がったばかりの、所員としてはほとんど使えない感じの人間でした。どういう脈絡だったか忘れましたが、入江さんが「じゃあ、立衛くんは大学の課題でもやろうか」と言って、なのでぼくは入江事務所に毎日出勤して、課題のエスキスをしていました。のみならず、入江さんにときどき見ていただき、しまいには入江さんが仲間を呼んで中間講評と最終講評までやってくださって、今思えばありえないくらいぜいたくな、恵まれた課題でした。そもそもこれはバイトと言えるかどうか。

アルバイトは大学の学びと違ったでしょうし、入江事務所と伊東事務所でも全然違いそうです。

違いましたね。当時の伊東事務所は青山にありました。妹島さんが独立した直後で、規模としては所員二十人くらいだったでしょうか。バイト期間中に伊東さんと話す機会はそんなにないわけですが、ときたま飲み会があって、お話をお聞きしたりしていました。

伊東さんにはその後、大きな影響を受けていきます。「中野本町の家」でコンサートが開かれて、その夜に「シルバーハット」で飲み会、ということがあって、伊東さんご夫妻と同席させて頂く機会がありました。伊東さんは静かに語る方でしたが、語られる内容はたいへん厳しかった。この人は怒っているのだとぼくは感じました。どのお話も、心の底から揺さぶられました。一番すごいと思ったのは、建築、都市、世界ということについて、自分のすべてを賭けて考えようとしている建築家という存在がここにいる、ということだったと思います。伊東さんのお話は都市についても建築についても、「俺はこう思う」と、自分という主語が必ずついているのです。大学で学ぶ建築とか都市っていうのは、「俺が」という主語がなくて、みんなに当てはまることを教えるんです。地震が来たら何センチ動くとか、換気量は一時間あたりいくらとか、法隆寺建立は何年っていう、皆に妥当するようなことを学ぶわけです。ところが伊東さんは、都市についても歴史についても「俺はこう思う」と。そしてその次に「お前はどう思うんだ」と、問題がこっちに返ってくるのです。それまでそんなふうに考えたことがなかったから、答えられないわけです。いろんな意味で、伊東さんとの出会いはぼくの建築人生にとって大きかったと思います。

人間の精神に影響を受ける

今もそうかもしれないけれど、ぼくは基本的に、建築物よりもまず人間に興味があったんだと思います。言葉に魅力がある人というか、創造的なものの考え方をする人に、ものすごく影響を受けていたと思います。

学生の頃は、その人の建築が好きということでのめり込んだり、バイトに行ったりすると思うけど、そういうことではない。

後に圧倒的な影響を受けることになるレム・コールハースは、建築はもちろん好きだったんですけど、でも根本的には、レムの精神や生き方に大きな敬意を感じていたと思います。もちろん建築作品も重要で、言葉と建築が一致しているかどうかは、すごく大きいことでした。「クンストハル」や「アイ・プレイン」、「コングレクスポ」を見に行って、それらはまさにレム・コールハースの精神そのものだと思いました。この人は本当のことをしゃべっているんだと感じて、ますます好きになっちゃった。そういう意味では建築物ですら、その人の世界観が表れているかどうかっていうことで判断していたかもしれません。

「その人なりのしゃべり方」という意味では、西沢さんにはこれまでも詩が好きという話を何度も聞いてきました。建築においても、根本的なものであるようですね。

そうですね。必ず詩かというとわかりませんが、言葉への興味は昔からありました。言葉っていうのはつまり、キャッチフレーズとかじゃなくて、人間の生き方、ものの考え方のことです。当時いろんな人の影響を受けたと思うけど、柄谷行人からの影響は絶大で、学部一年か二年の時、古本屋でたまたま柄谷行人の本を手にとって、二、三行読んで買ったのが最初でした。ほとんど内容を読んでいないのに、すごいと思ったんだろうと思います。何年か後に柄谷行人の講演会に行ったらすごい熱気で、ぼくみたいな雰囲気の人間がいっぱい集まっていました。

ぼくは大学で建築を学びはじめて、自分の限界みたいなのを感じて、つまり自分には言葉がないという、どこかから借りてきた感じのことしか言えないという焦りがありました。柄谷行人のものの考え方にものすごく共感して、でも他人の「ものの考え方」なんて真似しようがないことだから、とりあえず言葉を真似ようと。本を読んで自分がハッとする部分に出会うと、その部分を丸暗記して、自分で言ってみる、という練習を始めたりしていました。借り物じゃダメだと言いつつ、死ぬほど借りようとしていました(笑)。

万葉集や新古今和歌集の話もよくされますが、詩への興味は、建築より先なのか、いつ

コングレクスポ(リール・グラン・パレ)　OMA

頃からなんでしょうか？

それは高校だったと思います。当時は、詩だけに興味があったというより、短歌のようなものから歌謡曲の詞まで、全部一緒くたにしていた気がします。詩が好きになる前にまず音楽がありました。友達もぼくも、同時代の音楽だけじゃなくて、ツェッペリン、プログレという言わばロックミュージックの古典を聴くわけですが、ロックってなんとなく、詞が後付けな感じがするわけですね。詞なんかどうにでもなるというか、メロディに合わせていくらでも変えちゃえるみたいなのが多かった。そういう中でボブ・ディランの歌は違っていて、言葉から音楽が生まれてくる感じがありました。詞に必然性があって、ぼくはすごく引き込まれました。『激しい雨が降る』は当時一番好きな曲でしたが、雑誌かなにかで本人が、「何遍かの詩を同時並行的に書いていたけど、毎月のように米ソの核実験競争が続き、キューバ危機があり、世の中はもうそれほど長く続きそうもないなと感じて、書きかけの詩を全部まとめて一個にしてしまったのがあの歌だった」というふうなことを言っていて、ぼくは感心しました。確かにそれは、世界の恐るべき場面を詩が次々と描き出していくというもので、それを朗読するためにメロディがついているという感じの歌だったんです。たとえばビートルズの『ミシェル』とか『イエスタデイ』とかは、最初にメロディがあって、メロディに合わせて詞をつくった、みたいな順序を感じる曲ですね。ビートルズは何でもありだからそれでいいんですが、でも本来はまず詩があって、それにメロディがつく、という順序じゃないのかな？と思ったりします。嘆きとか喜びみたいな、素朴で自由な表現がまずあって、それに抑揚がついてリズムになって歌になるという順序が、一番自然な歌の生まれ方じゃないかと。

西沢さんは、短歌について、ごく一般的な幾つかの思いや風景への感情を詠むけど、その人なりの普遍的でない言葉、言い方の問題なのだと言いますよね。

短歌はちょっとそういうところありますよね。万葉集とか古今集は春の歌とか相聞歌とかがやたらと多くて、「桜は美しい」とか「遠くで貴方を想う」とか、歌う内容はどれも似たようなものなんです。短歌ってすごいがんじがらめというか、日本語でやらないといけないし、題材もみんな同じで、リズムも同じでと、縛りばかりで、だからこそ、より「その人の言葉」とか「その人らしさ」みたいなものが出てくるし、それが必要になってくるんじゃないのかな?と思ったりします。

独創性に惹かれる

それは、西沢さんが建築の表現を考える時にも共通する視点だと感じます。

そうかもしれません。ぼくの悪い癖で、別の世界の話であっても建築の話として聞いてしまうところがあるかもしれません。

大岡信は詩についていろいろハッとさせられることを言う人で、ぼくは好きでした。たとえば万葉集とか古今集の時代について、その場に居て目撃したとしか思えないようなことを、目に浮かぶような鮮やかな情景でもって語るんです。どこで読んだか忘れてしまったのですが、現代詩の時代というのは、一人の詩人が大衆に対峙して歌う、大衆の方向を向いて歌う時代なのだそうです。たとえば朗読会とかで、詩人が演壇に立って、聴衆に向かって朗読するというような形ですね。しかし万葉集の時代はそうではなかった。柿本人麻呂は大衆と同じ方向を向いて歌っていたのだそうです。柿本人麻呂は群衆の中にいるんです。群衆の最前列で歌う。つまり現代詩と古典の違いは、まず第一に詩人の態勢、向きが違う、ということでした。大岡信がどうやって柿本人麻呂の体の向きを知ったのかわかりませんが、ともかくぼくはすごく感心しました。

言葉が魅力的な人のところに行ったと言われましたが、妹島さんについてはどう思われたのでしょうか。『妹島和世読本一九九八』の頃、どちらかというと言葉はあまりない建築家と思われていたと感じます。

ぼくが妹島事務所でバイトを始めた頃は所員がいなかったから、ほぼすべてのプロジェクトで妹島さんと毎日のように議論するわけですね。ぼくとしては自分の主張をするわけですが、毎回かならず敗れちゃうんです(笑)。妹島さんは言うことがわかりやすいというか、説得力があって、「その通りかもしれない」と思わされちゃう。だから妹島さんに言葉がないというのは嘘ですね。妹島さんと議論を繰り返すうちに、ぼくは自分が考えてきたことが回りくどいというか、閉じた思い込みの中にいるように思えてきちゃって、全部捨ててしまわなくてはダメなんだと思うようになりました。

柄谷さんの言葉を覚えようとした、というようなことが、妹島さんの前では全部吹き飛んでしまったと。

いや、ぼく的には柄谷行人への傾倒も、「自分の殻をどうやって破るか」という意味では、妹島さんと議論して敗れることとほとんど同じ体験だったんです。柄谷行人の言葉を暗記したのも元々は、自分の言い方がダメなのでまったく別の言い方を習得したいという気持ちがあった。だからどちらもぼくにとっては、自分を突破したいという意味でむしろ近いと思います。

むかし妹島さんがなにかの折に「私は自分が思ってもいないようなことは言いたくない」と言って、ぼくはそれに感心しました。妹島さんの言葉は生きているというか、形骸化しない言葉をしゃべる人で、実感がそのまま言葉になって、それがそのまま建築になる。妹島さんは今でもそうです。生きたモダニズムみたいなパワーですね。

言葉がものに直結するというか、一体的な感覚でしょうか。

なんなんでしょうね、あれは……。要するに建築家ってことなのかな。世の中に大きな問題があって、「困った、どうしよう」という時に、政治家なら政策を立案して、官僚なら制度を書き換えて、問題に立ち向かおうとする。世の中にはいろいろな立ち向かい方があると思うんだけど、その中で妹島さんは、空間を用いて、建築的構想でもって、問題に立ち向かうんだと思います。やはり建築家というのは、社会が問題だという時に、制度を変えて暮らしを良くしようとか、条例を改正しようとか、そういう文書的なもので解決するよりはむしろ、空間が人と人をつなげるし分断もする、都市が暮らしを左右する、道路が人々を救いもするし追いやりもする、という感じに発想し実行してゆく人々ではないでしょうか。発想や提案が空間的なんです。立体的構築によって世界を提示するという、妹島さんはそういう人だと思う。

建築家って、建築のことばかりと思われがちかもしれないけれど、むしろその人の発想やしゃべり方といった、そうではない部分が大事なのだろうと思います。西沢さんにとっては、学生時代からずっと詩が大きいものとしてある。いずれちゃんと伺いたいですが、旧約聖書の話などもよくされますよね。

それは鋭いですね。聖書の影響はあるかもしれない。言われてみれば確かにぼくは、宗教を学ぶ本として聖書を読んだことは、ほとんどないかもしれません。旧約聖書に「サムソンとデリラ」という物語があって、それはある種の悲恋物語なのですが、というか悲劇かな。登場人物ほぼ全員が死んでしまうような無情の物語なのですが、でもぼくは大きな感動を持って何度も読みました。その物語は多分、宗教的にはちゃんとした意味があって、神に再び力を与えられて勝利し破滅したこととか、異教徒は滅びるのだとか、契約の大切さとか、いろいろ教訓があるんだろうと思うんですが、ユダヤ教と関係ないぼくみたいな日本の子どもが読んでもそんなことは理解できなくて、単純にその世界のすごさに感動するわけです。このような壮絶な生というものがあるのだという驚きがあり、またそれを誰かが目撃して書きのこして、それが現代にまで伝えられていることへの驚きもありました。

聖書の文章は、そうやすやすとは変形できない強さがあると思います。誰が書いたのかわからない文章も多く、たぶん誰かの記述を他の誰かが書き直して、いろんな人間の手を経て受け継がれてきたものだと思うのです。作者不明の文章、誰のものでもない文章の力ですね。ヘブライ語がギリシア語やラテン語に翻訳されて、さらに各国語に翻訳されて、そこまで変わってもなお伝わってくる物質性がある。言われるまで考えてもなかったけど、確かにぼくの詩への興味、言葉への興味は、聖書から始まっているのかもしれません。

事務所の自分の書棚

本の話

人が自らを通して発するものの力とは

建築本について言えば、やはり『ル・コルビュジエ全作品集』（一九三〇〜六五年、和訳一九七九年／写真1）。それから、コルビュジエ財団から出た、スケッチをまとめた全四巻の『Sketchbooks』（一九八一〜八二年）。『全集』は学生時代から見ていて、その時々で感じることは違いますが、いつまでも学ぶ本です。コルビュジエ自身が本をつくっているような印象を受ける作品集で、コルビュジエの感情、主張が伝わってくる荒々しさがあります。また、全プロジェクトが網羅されていて、内容としても厚みがある。ぼくも本をつくるのは好きなので、参照することが多い本です。

何冊か本を挙げるという場合、ぼくの場合はあまり建築の本は出てきませんが、でも、読んで面白いと思った建築本はもちろん多くあります。ロバート・ヴェンチューリの『建築の多様性と対立性』（一九六六年、和訳一九六九年／写真2＊写真は一九六九年の和訳『建築の複合と対立』）は、ある驚きをもって読みました。そこで展開するモダニズム批判は、読んでいて痛快でした。アルド・ロッシの『都市の建築』（一九六六年、和訳一九九一年／写真3）も、ポストモダンの本来の姿を見るようで、勉強になりました。

大学院の時に読んだ、詩人のトマス・スターンズ・エリオットによる評論『伝統と個人の才能』（一九一九年／写真4＊写真は他九篇の評論を含む文庫版和訳『文芸批評論』、一九三八年）は、素晴らしい本です。詩の歴史と詩人の精神についての本ですが、ぼくは『荒地』よりも好きかもしれません。創造的な詩人はきわめて保

ル・コルビュジエ全作品集 第1巻
第2巻
第3巻
第4巻
第5巻
第6巻
第7巻
第8巻

1

ALDO ROSSI
L'ARCHITETTURA
DELLA CITTÀ
都市の建築
アルド・ロッシ 著

3

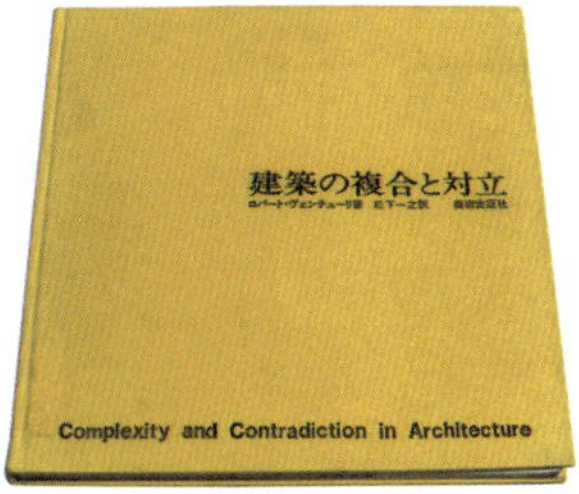
建築の複合と対立
Complexity and Contradiction in Architecture

2

文芸批評論
赤 258-1
岩波文庫

4

守的だとエリオットは言っていて、なぜかというと、真に創造的な詩が登場すると、それは未来をつくるだけでなく、過去もつくってしまうからだ、と。建築の歴史を見ても、同じことが言えるように思います。また、今書かれた詩は、その詩人がまったく興味も関心もない何百年も前の過去の詩と深くつながっていて、歴史上の無数の詩はすべてでひとつだ、とも言っています。彼のそういう歴史観には大きく影響を受けました。詩人の精神を白金に例えるくだりも、美しく印象深かった。『伝統と個人の才能』は内容もさることながら、読みながら、これは本当に良い本だと感じつつ読んだ記憶があります。ぼくは詩が好きで、エリオットも好きだし、リルケやゲーテの詩も好きです。

日本で言うと、『新古今和歌集』と『万葉集』が好きです。『新古今集』には、西行や藤原定家といったすごい人たちがいっぱい出てきますが、日本の言葉の美しさ、表現の鮮やかさを強く感じます。『万葉集』には『新古今集』と違う世界、雄大なものを感じます。スケールが大きくて、今の日本と違うダイナミズムがあります。例えば、

熟田津《にきたつ》に船乗りせむと月待てば潮もかなひぬ今は漕ぎ出でな

これは額田王の歌で、戦争に出て行く時の歌なのですが、熟田津の浜で船を出そうと月を待っていて、月が出て明るくなって、潮も満ちた、さあ行くぞという歌です。

柿本人麻呂は大天才の歌人で、どれもぼくは好きですが、例えば、持統天皇が後継者の軽皇子と狩

りに出かける歌があります。それに柿本人麻呂はついていくのですが、夜を徹して狩りをして、草原で野宿します。明け方になって、東から、炎のように萌え立つ朝日が昇ってくる。

東《ひむかし》の野に炎《かぎろひ》の立つ見えて反り見すれば月かたぶきぬ

日の出によって草原が炎のようになって、思わず振り返ると西に月が落ちていく。地球が回転していくその大きな運動を、おそらく世代交代に重ねているのだと思います。スケールの雄大さをもった愛の歌です。『新古今集』の歌、たとえば西行の歌などとは決定的に違う世界観です。『万葉集』には、近代以前のおおらかさ、太古的な雄大さがあって、本当に素晴らしいと思います。

小説は、すごい人がいっぱいいるので挙げたらきりがないのですが、まず思いつくのはトーマス・マンです。

トーマス・マンは、『魔の山』を始め全て好きだけど、敢えてひとつ挙げるとすれば『ブッデンブローク家の人々』(一九〇一年、和訳一九六九年/写真5)です。長編の小説で、フランス革命以降の近代化、民主化の波とともに、とある商家の一族が没落していく、三世代にわたる物語です。自身の家系の話なのですが、突き放して書いていて、その厳しさ、積み上げるような書き方、いろんな小説があるけれど、そのどれにも決して負けないすごい小説だと思います。

詩人、作家であるヨハン・エッカーマンは、『ゲーテとの対話』(一八三六年、一八四八年、和訳一九二二〜二七年/写真6)を書いています。ゲーテよりも四〇才くらい若いエッカーマンが、晩年のゲーテと交流した記録です。

ゲーテが亡くなる前の約一〇年というけっこう長い期間にわたって、一緒に食事をしたりコンサートに行ったり、いろいろな議論をします。ちょうどゲーテが『ファウスト』を書いている時期で、そのスタディの話も出てきます。また、いろいろな芸術家や作品についてお互いの意見を述べ合うのですが、とてもゲーテらしい独創的な意見で、どれも感心します。特にゲーテが交流していたウォルター・スコットやアレサンドロ・マンズォーニ、シラーといった人たちの名前は頻繁に登場します。

ゲーテが世界最高と考える芸術家が三人いて、モーツァルトとシェークスピア、それにラファエロ・サンティですが、彼らがなぜすごいかをいろいろな形で語っています。ゲーテはベートーヴェンが嫌いで、とにかくクサいし野卑だし、天上の音楽のようなモーツァルトの後になんであんな野蛮人が出てくるのかという感じなのです。ゲーテはベートーヴェンの交響曲第五番の初演に立ち会っていて、昼間に演奏会があり、それを聴いてショックを受けて、大批判します。ひとしきり文句を言って、夜になって、エッカーマンが別の話題を話すと、ゲーテは「あんな滅茶苦茶な音楽があっていいのか」と、まだこだわっていて(笑)。「みんなであんなひとつのことを演奏したらどうなるんだ、建物が壊れてしまうじゃないか」とブツブツ言っている。第一楽章のアレグロ・コン・ブリオへの驚きだと思うのですが、食事にならないくらい囚われてしまっている。猛烈に批判しつつ、ベートーヴェンのすごさを誰よりもわかっているのです。エッカーマンはそれを素直に全部書く。ゲーテの魅力はすごくて、エッカーマンの静かさ、陰影に対して、明るい。まるで光り輝くようです。彼の作品そのままの人間であることがわかります。

　そういうゲーテの言葉の力もさることながら、やはりエッカーマンのゲーテに対する深い尊敬と愛が印象的で、本全体に深みを与えています。今読んでも感銘を受けると思います。

5

6

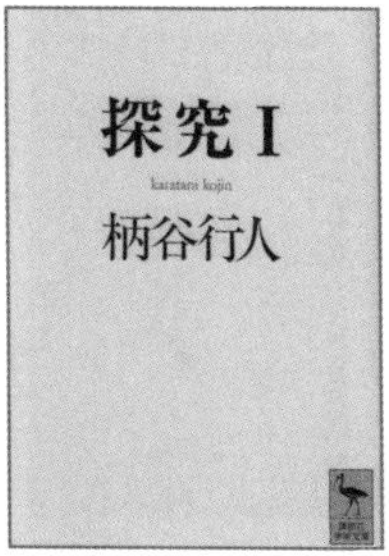

7

8

9

大学院生の頃は、ニュー・アカデミズムの時代で、思想的なものもいろいろ読みました。ぼくはその中で、柄谷行人から大きな影響を受けました。彼の著作からひとつだけ挙げるとしたら、『探究I』(一九八六年/写真7)と『探究II』(一九八九年)です。何度も読みました。また、そういう種類の本をいろいろ読むうちに、ジル・ドゥルーズの『差異と反復』(一九六八年、和訳一九九二年/写真8)に出会いました。ただこっちは、翻訳が九〇年代初頭だったので、読んだのは社会に出てからです。

『探求』は主に「他者」、「交通」がテーマでした。「交通」というのは、例えば交易のこと、または会話のことで、他者と他者の関わり合いのことです。『差異と反復』は、いろいろなことが書いてあってぼくもあまりちゃんと理解していませんが、もっとも感銘を受けたのは、ドゥルーズが「交換できないもの」、「かけがえのないもの」について書いていることでした。差異というのは、たとえば三センチと五センチ、その差は二センチなんですが、これは本当に差異なのか。これは同一性ではないのか、というようなことです。反復は、繰り返しのことですが、ドゥルーズは反復と再現は違うと言っています。交換できないものについてのことだと言っている。レヴィ＝ストロースが歴史を、構造のバリエーションという形で説明したことが前提にあるのですが、つまりドゥルーズの言う反復は歴史のことで、また、人間の魂のことだと感じました。これにたいへん大きな影響を受けて、ぼくが人生初めて公の場で原稿を発表した時、この反復をテーマにしたくらいでした。でもあまりうまく書けませんでした。

芸術の本で好きな本はいろいろあります。『マイルス・デイビス自叙伝』(一九九〇年、和訳一九九一年/写真

9)は今も好きです。ものづくりというのはここまでやるものなのか、創造というのはここまで厳しいものなのかということを、ひしひしと感じる本です。マイルスは強面だけど、話が面白くて、また驚くほど率直かつ的確です。当時の差別社会の中でジャズマンが生きるというのはどんなに大変かということが全編に感じられ深刻ですが、しかしユーモアがあって笑ってしまいます。比喩もうまい。日本語版は前半と後半の二巻に分かれていて、前半はチャーリー・パーカー、後半はジョン・コルトレーンについて話している部分が多かったと思います。あと、やはりギル・エバンスが多く出てきます。そういう天才たちの交流も読み物として面白い。全部マイルスの話なのに、まるでモダンジャズの歴史を読んでいるような気になります。

文学ってあるところで、建築の逆を行く部分があるのかなと、たまに思います。建築は居場所をつくり、家をつくり、街をつくりますが、文学は、街を追われ、家を奪われ、衣服も奪われ、すべてを失って初めて人間の問題が出てくる、という感じなのです。西行の歌に出てくる建築なんか、掘立て小屋以下の代物で、ほとんどホームレスです。文学からしたら建築は贅沢品なのです。建築なんて考えている限りいつまでたっても人間の問題にならないじゃないか、という感じです。しかし、建築家はそうでなく、建築こそ人間の問題だと考える。ぼくらは、建築こそ人間の生だし、建築こそ唯物論なんだと考え、文学者は自分たちこそ唯物論だと考える。あらゆる文学が建築の逆とは言わないですが、ある種の文学、詩は明らかにそうです。そういう文学と建築の間に、埋めがたい溝を感じるし、また

春の大沢池

同時に、大きな共通性も感じます。

『新古今和歌集』を読むと、どの歌も題材は、春とか、秋とか、恋とか、だいたい似たようなものです。詩は、みんなが思うこと、誰でもわかることを歌うんですね。その意味ではきわめて大衆的だし、かつ社会的なものです。ところが、春の美しさを歌う場合、普通に「春は美しい」と歌っても、誰も共感してくれないのです。そんなことなら自分だって言えると。詩が人を感動させるのは、その人がその人の声で、自身の言い方で歌った時です。人間が生み出す芸術だから、コピーしてきたような言葉ではなくて、その人ならではの言い方が必要なのではないか、と思います。

建築も近いところがあるように思います。建築は人間がつくるもので、人間の技だから、自分の言葉で、人間の声で皆にうったえかけることが、社会性になっていくのではないか、と思います。

サヴォア邸　ル・コルビュジエ

第1回　もうひとつの建築

Le Corbusier Œuvre complète（ル・コルビュジエ全作品集）

一九二九年から一九七〇年にかけてH・ギルスベルジェ社から刊行された「Le Corbusier Œuvre complète（ル・コルビュジエ全作品集）」（以降〈作品集〉と略する）は、近代以降における建築専門書の中でももっとも重要なもののひとつとして建築関係者の多くが挙げるであろう本であり、私も学生時代から今日に至るまで、さまざまな形で啓発され続けてきた。つねに同じ内容、同じ部分から影響を受けてきたわけではなく、二十代と今とでは異なる部分に着目していると思うが、私がこの作品集に感じてきた面白さについて、今回まとめて書いてみようと考えた。

長く影響を受けてきた本であり、今もなお影響を受け続けている本だ。たぶん自分の興味のすべてを書きつくすことはできないし、またやるべきではないだろう。〈作品集〉のみならず本全般に言えることではあるが、自身が敬愛する本について、言葉を超えたその可能性の広がりの豊かさを感じながら、それを言葉にすることで暴力的な限定を起こしてしまうことに、少なからず躊躇を感じている。その意味でも、私はこれを整理して書くというよりは、多少の矛盾や混乱を伴った形で書いてみようと思う。今まで何かについて書くときはいつも、文章の最短化を良しとして書いてきたし、なるべく明快な論旨を簡潔に表現しようとしてきた。また、同じ指摘を二度繰り返さないよう心がけてきたが、今回のこの題材については、たぶんそういうふうにはならない。これから何回かにわたって、〈作品集〉の面白さについて私は書こうとしているが、それら各回は多分まったく別々のものではなくて、相互につながりまた重複した内容になる予定である。

ル・コルビュジエ全作品集
(Les Editions d'Architecture Zurich, 第4巻のカバーは欠品)

1 生命性

〈作品集〉について最初に私が言いたい感想は、その生命感だ。それは「ユニテ・ダビダシオン」や「チャンディガル」などの、コルビュジエの建築じしんが生命力に溢れているために、それらを紹介する〈作品集〉の方もまたそのような雰囲気になってくる、ということがまずある。しかしそれだけではなく、本のレイアウトや諸プロジェクトの紹介の仕方といった、本づくりの編集作業それじしんも、ダイナミックである。キャプションや設計主旨等の言葉は怒りと喜びに満ち、素材のレイアウト、誌面構成のやりかたは生き生きとしていて、今もコルビュジエとボジガー(注1)がハサミを手に切り貼りしている姿が見えるようだ。

〈作品集〉に感じられる生命性は他にもある。「建築物を設計しながら作品集をつくる」という同時進行性がある。後述するようにこの〈作品集〉は、すべてが終わった後で振り返る回顧録ではなく、アトリエでの設計・監理といった実務と同時並行的に、各巻が各時代ごとに順次刊行されたものだ。つまり〈作品集〉はコルビュジエにとって、つねに現在進行形の仕事であったと言える。

最初の第一巻は、一九二九年四月に出版依頼の手紙が出版社から届き、同年九月に出版されたことが、遺された資料から伺うことができる。全八巻の中でひときわ凝縮的なあの第一巻がたった半年でつくられたというその速さからも、猛烈なエネルギーが伝わってくる。〈作品集〉の刊行の終わりが、コルビュジエにとっての建築創造の終わりであり、人生の終わりでもあるという、ゴールが決まっていいないその開放感と前進性が、〈作品集〉全体に生命的と呼びたくなるダイナミズムを与えている。全八巻という分厚さが、そのままコルビュジエの生涯にわたる労働の総量であるような厚みとなっている。

2 多様性

第一巻が刊行された一九二九年の時点で、建築作品集というものの世界的常識がどうであったか私は詳しく調べていないが、それでも〈作品集〉が革新的だったであろうことは、ざっと目を通すだけである程度の想像がつく。建築作品を紹介する専門書としては、〈作品集〉に先行して多くの重要な作品集があった。エコール・デ・ボザールのそれがあり、オーギュスト・ショワジーの図集があった。また、フランク・ロイド・ライトの全集があった。それらはどれも完成されたドローイングを集めた図集であり、それらが持つ静謐さ、秩序だった美しさと比較すると、〈作品集〉のバイタリティがよくわかるだろう。

古典的美しさを持つそれらの先行例と〈作品集〉との違いとして目立つのは、まず素材の違いがある。ショワジーの画集やライトの全集がドローイングを主要図版としていたのに対し、〈作品集〉の方には多種多様な素材が登場する。ドローイングだけでなく、走り描きスケッチや図表、コラージュ、新聞記事の切り抜き、手紙、ポスター、アトリエでの作業風景や建設現場の写真などが登場し、自著やインタヴューの引用、絵画、彫刻、古典建築、またはパリやマンハッタンの街並み、友人や著名人、果ては他人が設計した建築作品まで登場する。まるで何でも飲み込んでしまう新聞のようであり、その多様性と雑多性、開放性は「現代的」と言いたくなる感覚がある。多種多様な素材を用いているという意味で、マルチメディア的と形容してもよいかもしれない。使える物はなんでもかんでも載せてしまうというような、いわばスタイルというものがないかのようなスタイルでもって建築家のマニフェストが出版されたということは、当時としては特異なことだったのではないだろうか、と想像する。

しかし私たちがよく知る、コルビュジエ以降の建築世界において大きな影響力を持った建築家によるマニフェスト、たとえばアーキグラムによる通信新聞『アーキグラム』、ロバート・ベンチューリの『ラスベガス』、レム・コールハースの『S, M, L, XL』などはどれも、本という形式を最大限に活用した多様性と雑多性、メディア性が主題のひとつとなっていた。そこからもコルビュジエの〈作品集〉の後代への影響の大きさがあらためて伺えるだろう。

私たちは今、〈作品集〉のこの雑多性、マルチメディア性について、素朴に驚く感受性をもはや持っていない。ある種の独創的創造物はその影響力の大きさによって、その後にやってくる人々にとっての標準になってしまい、さらにその次の時代においてその独創性がかえって見えづらくなるということは、いろいろな分野で起きることだが、建築本の世界ではまさにこの〈作品集〉がそれにあたる、と言えるのではないだろうか。

3 比例

しかし〈作品集〉が持つ雑多性、マルチメディア性は、単に無秩序で乱雑なものではない。〈作品集〉全体に、厳然とした秩序がある。雑多性やマルチメディア性、現代性とはまったく逆の、むしろ古典的といってよい秩序があり、掲載される素材が多様であればあるほど、雑多であればあるほど、その古典的秩序は鮮明に現れてくるようにすら思われる。

ひとつは横長形状の判型、ランドスケープ・フォーマットが、全体に大きな水平的安定感を与えているということは、大きなことだ。しかし秩序は、本の判型や寸法といった外形的なことだけでなく、各ページの中身にも及ぶ。さまざまな秩序立ての試みがこの〈作品集〉から見出されると思うが、私がここでまず注目する大きな秩序は「比例」だ。作品集全体に「比例」の考え方が行き渡っている。四五判を想起させる比例である一：一・二五を分割していって、または拡大していって、同比例とそのバリエーションが繰り返し再現されてくる。また一：一・二五の比例は本の外形を規定するだけでなく、建築物の平面や敷地形状、または写真の中の窓の風景といった、素材の中身においても再現されてくる。比例の再現が、本の判型やページといった形式的・外形的なものから、素材の中身といった内容的なものにまで及び、それが形式と内容を統一する大きな秩序として働いているように、私には感じられる。

比例という古典的な価値観がこの〈作品集〉のベースになっていることは、コルビュジエがいかに古典時代の建築創造への敬意を持っていたかを私たちに伝えるものでもある。しかし、ここで感じられるコルビュジエの比例の考え方は、新古典主義のそれとは異なるものであるのも事実だ。コルビュジエが提示する比例は、図的・形式的なものではなく、生命的・動物的なものだ。これも後述したい問題だが、このことがコルビュジエ建築を単に過去の産物ではなく、現代的な息吹を持つものにした一因でもある、と私は考えている。

4 時空間

もうひとつ私が感じている秩序は、時空間の存在だ。コルビュジエは〈作品集〉の各所で、動的イメージ、移動性について言及している。建築作品の内容はもちろんのこと、〈作品集〉における建築紹介のやりかた自体も、部屋から部屋へ移動するような、または立面から平面へ移動してゆくような、いわば場所から場所へ移動してゆく動的な展開でもって、建築を描こうとしている。

たとえば「サヴォア邸」の紹介ページで、外から中へ入って屋上庭園に至る一連の流れがそのよい例である。「サヴォア邸」の紹介そのものが、若きル・コルビュジエが提唱した「自由な平面」と「建築的散策路」を空間化(書籍化)したものになっていると言える。この動的イメージは、しばしば、単に建築物の内外を移動するというだけでなく、都市と建築と室内とを連続的に移動するイメージにも展開される。また、二つの異なる建築作品をまたいで移動するという、現実ではおよそありえないような移動空間もしばしば登場する。

〈作品集〉で試みられている諸移動の中には、多少偏っていると感じられるような移動もある。偏っているというのは失礼な言い方だが、ひとつの建築物を説明するにあたって、とても客観的または王道的とは言い難い移動がしばしばある。それはいかにもコルビュジエ的な、この言葉が本当にふさわしいかわからないが、快楽的と言いたくなるような移動だ。これも具体例を挙げて後述する予定の問題だが、そこにはまるでコルビュジエ自身が空間を眺め回しながら移動しているような感覚がある。

コルビュジエは「サヴォア邸」の章で、「自分は静的・図的なバロック建築からではなく、動的で人間的なアラブ建築からより多くのことを学ぶ」という旨のことを述べているが、その言葉は反アカデミーといった党派的・政治的な立場表明ではなくて、たぶん本気で言っているのだと、この〈作品集〉を見るだけで、というよりも「サヴォア邸」の九ページを見るだけで、多くの人間が理解するだろう。それほどにコルビュジエにとって時空間というものは大きな主題であったと思われる。

〈作品集〉に感じられる時空間は他にもある。先にも述べたように、第一巻が一九二九年にH・ギルスベルジェ社より刊行され、その後コルビュジエが建築をつくり、キャリアを積み上げてゆくのと並行して、第二巻、第三巻と順次刊行されていったことだ。具体的には第一巻の一九二九年九月刊行を皮切りに、第二巻一九三四年、第三巻一九三八年、第四巻一九四六年、第五巻一九五二年、第六巻一九五七年、第七巻一九六五年、第八巻一九七〇年（注2）と、各巻は数年おきに、彼の建築的人生と並行してつくられていった。

第一巻の革新性は、それ単体としても新時代の到来を宣言するものではあるが、前川國男がGA版第一巻袖文で書くところによると、第一巻冒頭の一九一〇年（注3）は、立体派の誕生と言える「アヴィニヨンの娘たち」（パブロ・ピカソ、一九〇七年）や「未来派宣言」（フィリッポ・マリネッティ、一九〇九年）等によってヨーロッパ新世紀の幕開けを予感させた時期と重なっており、また第一巻最後の一九二九年は世界大恐慌の年で、これを境にヨーロッパが第二次世界大戦に向けて混迷をきわめてゆくという意味で、第一巻は二〇世紀ヨーロッパの黎明期・黄金時代をも体現する巻となった。

また第四巻は、実物の建築物がほとんど登場しないという、異色の一冊になっている。それは、第四巻がカバーする一九三八～四六年が、ほぼそのまま第二次世界大戦と重なっていることが大きな要因であったと想像される。一九四〇年、ナチス・ドイツによるパリ侵攻によって、遠征中であったコルビュジエはパリへの帰還を断念し、終戦までパリのアトリエは閉鎖状態となった。その結果、第四巻の中身はほぼすべて未実現の設計図とスケッチ、絵画や彫刻作品で埋められることとなった。例外的に掲載された実物プロジェクトは二件で、そのうちのひとつである「マルセイユのユニテ・ダビタシオン」は、建設現場の写真が載っている。しかしこの建築の着工は一九四七年九月であって、本来第五巻に載せられるべきものであり、建設現場の写真を戦時下の第四巻に入れるのは無理がある。もうひとつは「リオデジャネイロの保健教育省」で、これは確かに戦時中の建築物ではあるが、オスカー・ニーマイヤーたちによって設計が大きく変更されたことが知られており、どこまでコルビュジエのアトリエが設計を主導したと言えるか不明である。第四巻に実作写真がほぼないにも関わらず、他巻とそれほどひけをとらないものになっているのは、さすがコルビュジエと言うべきか、大したものだと思うが、いずれにしてもこの巻は、コルビュジエと彼のアトリエ及びヨーロッパ大陸全体の文化的空白期間を象徴するものとなった。

そしてその後の第五巻以降では、まるで第四巻の空洞を埋めるかのように、戦前には実現できなかった規模の巨大プロジェクトが怒涛のように実現されはじめ、コルビュジエの創作活動は、インド、南北アメリカ、日本といった新大陸、新興国も含めた全世界に拡大してゆく。第五巻以降に見られるコルビュジエの最後の創造活動の輝き、まるですべてが代表作になりかねないような、次から次へと傑作群を生み出してゆくそのほとばしるような爆発的創造性は、ページをめくるだけでダイレクトに私たちに伝わり、私たちを揺さぶる。この〈作品集〉が体現する時空間というものは、西ヨーロッパから世界に拡大してゆく近代建築史の発展の流れでありながら、同時にコルビュジエの生そのものと言って良いような、コルビュジエの等身大の建築創造の歴史でもあると言える。

5 もうひとつの建築

コルビュジエは〈作品集〉において、異種の素材と素材を並べる時に、単にランダムに並べるのではなくて（単にランダムに並べる時もあるが）、建築的と言える空間的関係性をつくり出そうとしている。新聞のような雑食性を持ちながらも、実際の新聞の中で起きている関係性、つまり隣同士の二つの事件とその下欄の広告とはお互いに関係がないという言わば「無関係状態」とは異なり、〈作品集〉においては一見かけ離れた異種素材がダイレクトに並列されることで、現実の空間では実現できないような空間的関係性が創造されている。

これも具体的事例を挙げて後述するしかない論点だが、たとえば二つのプロジェクトをひとつに合体してしまったり、実現されなかった架空のプロジェクトを説明するために、他のプロジェクトの室内写真を借用してきたり、または、都市計画プロジェクトが何度も再現しながら、徐々に成長していったり、ということがしばしば起きており、そのどれもが、単一図版では示すことができない関係性、または実際の建築物単体では描くことができない空間をつくり出すことになっている。

このことからも私は、コルビュジエがここで書籍という形式を通して、いわば建築を創造しようとしている、と感じている。異種素材を物的に並列してしまうことに、私はある種の暴力性を感じているが、それはたんに破壊的なのではなくて、一種の空間創造でもあるということだ。

*

コルビュジエは著書『モデュロール』の中で、「建築とはなにか」について三つの建築例を挙げて説明しており、その三つの建築のうち第三番目に登場する建築として、「書籍」を挙げている。その点から考えても、この〈作品集〉は単に実際の建築を代理的に表現する表象メディアというだけではなくて、本でなければ実現できない建築を創造しようとする建築創造行為だと、少なくともコルビュジエ本人は位置付けていた、と想像できる。その意味からも、この〈作品集〉はコルビュジエの実作を実際に訪れることと同じくらいに、コルビュジエの建築と思想を理解する上で、経験せねばならないものだ。次回以降、具体的にどこがどう建築的と言えるのか、どこに私が創造性を感じているのかなどについて、思いつくままに書いてみたい。

（注1）　ウィリ・ボジガー（Willy Boesiger ウィリー・ベージガーとも。一九〇四〜九一）　建築家。ル・コルビュジエ全作品集の全巻の編集に携わった。
（注2）　第八巻はコルビュジエ逝去後に発行された。
（注3）　第一巻は一九一〇年から一九二九年の仕事を対象としている。

エスプリ・ヌーヴォー館　ル・コルビュジエ

Le Corbusier Œuvre complète（ル・コルビュジエ全作品集）

第2回　比例（生命的秩序1）

「Le Corbusier Œuvre complète（ル・コルビュジエ全作品集）」（以下〈作品集〉と略する）について私が注目する点は多数あるが、その中で最初に挙げたい問題が比例だ。比例の考えが〈作品集〉全体に秩序を与えており、また比例が、〈作品集〉のダイナミズムの源泉にもなっている、と私は理解している。この比例について、ル・コルビュジエは主著『建築をめざして』の中で、以下のように述べている。

幾何学は人間の言葉である。（中略）対象物の距離を決定するにあたって、人間はリズムを発明した。目に感じられるリズムであり、比例である。これらのリズムは人間の挙動から生まれたものだ。それらは人間の生物的宿命に属する。（中略）大部分の建築家は、偉大な建築は人間の源流にあること、人間の本能と直截的な関連があることを今日忘れてはいないだろうか？

（『建築をめざして』、p. 69-70　引用は吉阪隆正抄訳版より）

興味深いのは、比例・リズムというものが「人間の挙動から生まれた」という部分だ。コルビュジエが対立したアカデミーの世界では、比例とは立面や平面の図的均整性を整える、美的で形式的なものだった。それに対してコルビュジエは、原始人の例を用いることで、比例が人間の生命に由来することを指摘している。また『モデュロールⅠ』では、地球を機械的に等分割することで得られたメートル法を非人間的なものとして批判し、逆に人体から出たフィート・インチ法を擁護しており、それも同様の観点と言える。それらのことからも、コルビュジエが比例を生命的なものと見なしていることがわかるだろう。

〈作品集〉の判型は縦二二・六センチ×横二八・二センチの横長型（ランドスケープフォーマット）で、その比は一：一・二五、つまり写真フィルム四×五版の比例四：五と同比例であり、大型カメラで撮影した高解像度の写真をページいっぱいに大きく使うことを想定していることが想像される。本の判型としてあえて縦長でなく横長が採用されたのは、コルビュジエの建築が元来備えている水平性・大地性に対応した選択であろうか。横長判型の個性として無視できないことのひとつは、本を開いた時に誌面が水平方向に、伸びやかに広がることだ。横長判型は本の空間が水平方向に二倍になるその倍増効果が、縦長判型よりも格段に大きく、それが本を開くという人間の挙動に合わせて起きる。コルビュジエが言うように、人間は両目が横一列になっており、その両目で物を見る。四：五の比例が水平方向に倍増する空間展開は、人間の物的形状・人間の物の見方に沿った空間展開だとも言える。

＊

〈作品集〉の個性のひとつとして、多種多様な素材が並ぶ雑多性と多様性があることは、前回述べた。〈作品集〉には、さまざまな素材、さまざまなレイアウトが登場する自由さと開放感がある。ただし、異種素材が並ぶ自由といっても、それはまったくルールなしの無秩序ではなくて、比例的法則性に則った多様性であることも確かだ。たとえば一ページの分割方法、レイアウトは多岐に亘るものの、そこには一定の法則性と序列性が認められる。それらを整理すると主に以下のような、何種類かのタイポロジーに分類できるのではないだろうか。つまり、

1 格子分割
2 十字分割
3 水平分割
4 シンメトリー
5 縦三分割
6 入れ子構造

など だ。 以下、これらの各々の個性、特徴について記してみたい。

1 格子分割

格子分割配列とは、一ページを三列×三段なり四列×四段なりの格子状に縦横等分割して、諸素材をその格子に従って縦横均等に配置する方法のことだ。〈作品集〉では基本的に、各ページがこの格

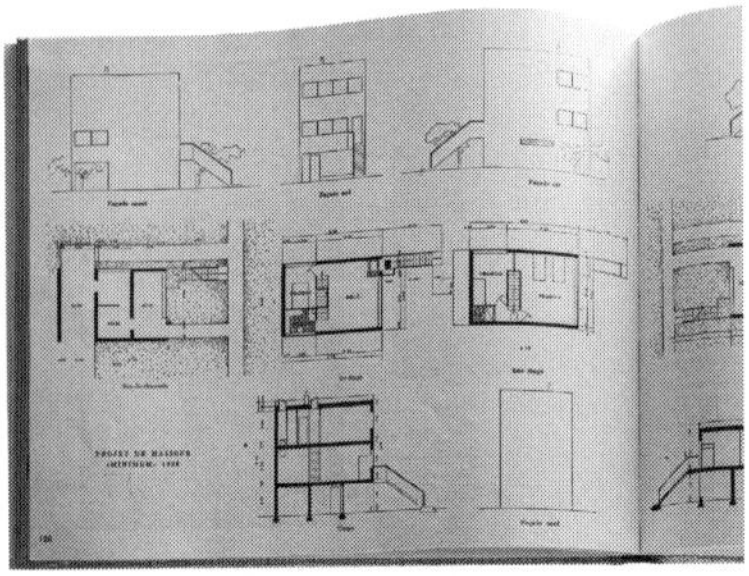

図1(第一巻 p.112)

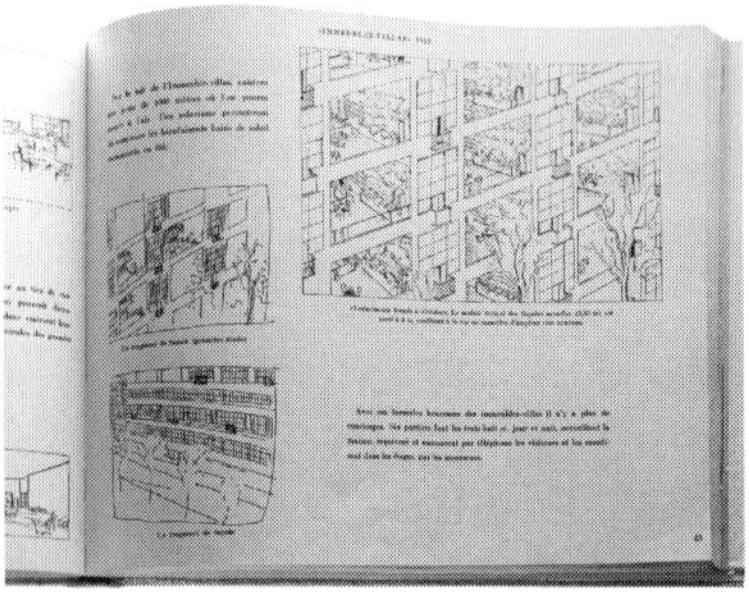

図2(第一巻 p.35)

子分割に従ってレイアウトされており、また後続する2～5の各タイポロジーすべてがこの格子分割のバリエーションであることから、格子分割は〈作品集〉全体のフォーマットとでも言うべき、基礎的存在と言えるだろう。

　格子分割の最大の個性は、誌面上に複数枚のイメージが同じ大きさで対等に並ぶことだ（図1）。建築は多くの場合、多数の空間を同時に持ち、また多数の平立断を持つ。そういう建築物の多面性を考えた時、多数のイメージを同時的・同寸的に配置する格子配列は、建築表現に適した配列方法とも言える。

　また、格子に従って素材を配置する限り、どのように自由な配列にしたとしても四：五が再現されてくるということも、格子分割配列の重要な特徴だ。比例はあくまでも相対的関係性でしかないので、スケールとサイズが小さくても大きくても、四：五の比例が再現される（図2、3、4）。比例が素材の大小や種類の違いを超えて共有されることによって、比例的秩序の感覚が〈作品集〉全体に行き渡るようになる。

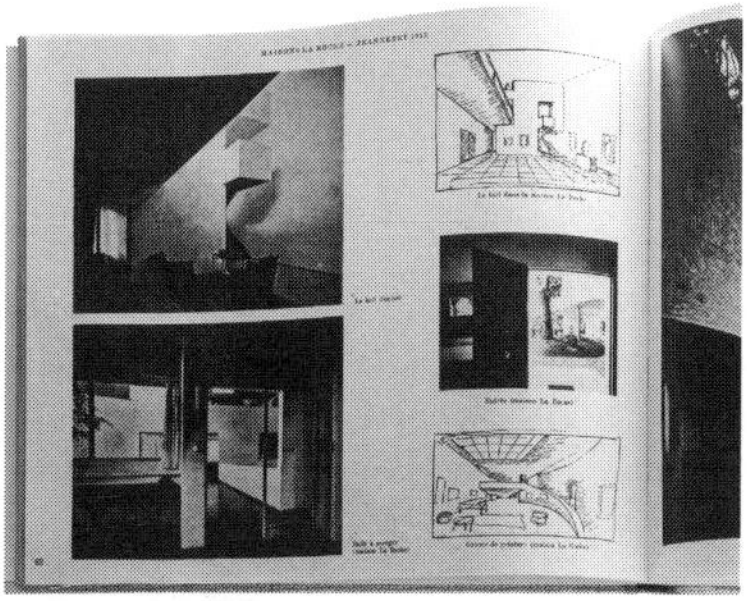

図3（第一巻 p.54）

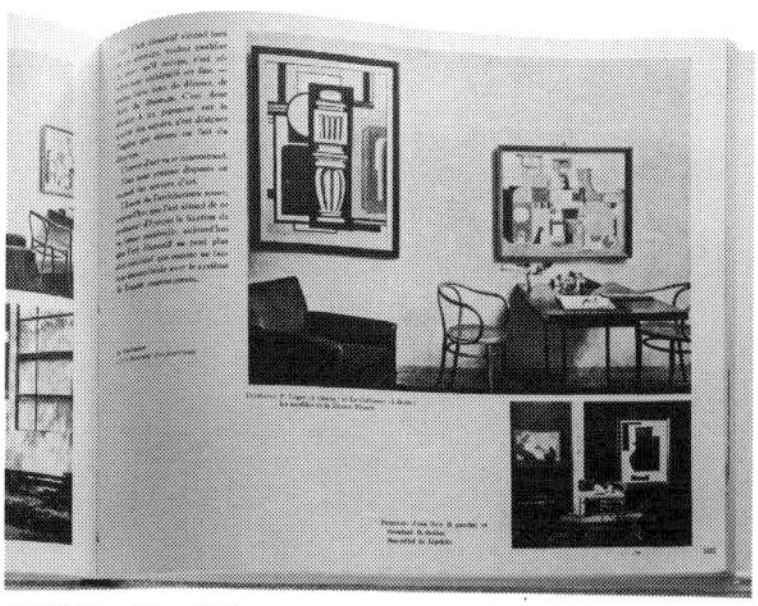

図4（第一巻 p.97）

格子分割配列が初めて登場する場面は第一巻の最初、つまり全八巻全体の冒頭を飾る「旅と探求の素描（CROQUIS DE VOYAGES ET ETUDES）」における四列×四段である（図5）。ここで印象的なのは、ページをめくってゆくに従い、格子のありようがみるみる変形してゆくことだ。「旅と探求の素描」全五ページはまず四列×四段の第一ページから始まり、格子の一部が徐々に五列や三段に変形してゆき、第五ページに至って格子とはもはや言いづらい複雑なフォーメーションとなって終わる。この有機的変化が起きる直接的な理由は、素材の各スケッチのいくつかが四：五でないことが大きい。四：五の比例の中に、横長だったり正方形だったりという異なる個性が配置され、それが格子を歪め変形させる原因となっていて、これはどこか「サヴォア邸（VILLA SAVOYE A POISSY）」において、個々の場所が全体格子を変形させてゆく過程を彷彿とさせる。また、厳格な格子配置から自由な配置に向かってゆくこの変化は、〈作品集〉全八巻を通して繰り広げられる、ピュリスムからブルータリズムに至るコルビュジエの設計活動の変化を予告するかのようでもあり、それが〈作品集〉第一巻冒頭で表現されているのは、興味深いことだ。ここから私は、この「旅と探求の素描」の五ページは後年のコルビュジエによる追加と推測したが、しかしもし第一巻刊行の一九二九年の時点で、若きル・コルビュジエがすでにこれを構想していたのであれば、それは驚くべきことだ。

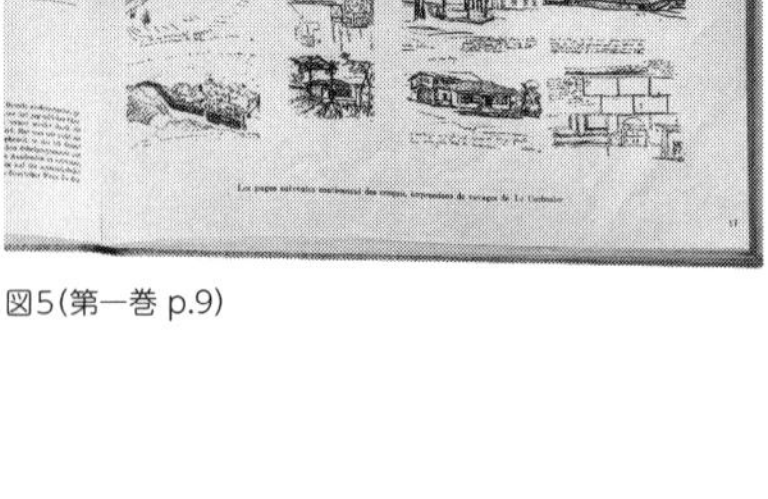

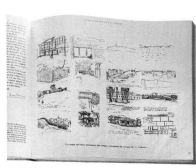

図5（第一巻 p.9）

2 十字分割

十字分割配列は、格子分割配列のひとつでありながら、十字の強い象徴性のためか、格子分割配列の傘下に収めるのを躊躇わせる美しさを持つ配列である。しかしこのタイポロジーは美しいだけでなく、実用的な機能性も備えている。つまり、十字の四象限に収まる四つの図版がすべて同じ大きさで隣接し、相互距離が均等になることだ。その等距離性によって、四枚は互いに序列がない関係となり、四つの空間がほぼ同時に視界に入ってきて、四空間を同時に目撃するかのような立体的感覚をもたらす。「サヴォア邸」を例にとると、十字分割が見開きのページの左右両方に用いられ、見開き全体で八枚の写真が同時に登場する（図6）。八つの空間が同時的かつ立体的に併存することが、視覚的に示される。しかしよく見ると、一枚一枚はシークエンス的に連続しているようにも見受けられる。遠景→玄関前ピロティ→玄関ホール→斜路→二階ホール→居間→二階屋上庭園と斜路→三階屋上庭園というふうに、八枚が同時に登場しながら順々にも登場するという、つまり共時的空間かつ通時的空間と

図6（第二巻 pp.16-17）

いう二つの時空間が、この二連続十字分割配列によって同時に登場するダイナミズムが生まれている。

3 水平分割

水平分割配列は、ただでさえ横に長い一ページをさらに横方向に、水平方向に分割するものだ。例えば一ページを二つに割って、一：一・二五よりもさらに水平的(横長的)な比例一：二・五をつくり出し、水平方向に展開してゆく躍動感が生まれる。この水平分割はさまざまな場面で登場するが、特に都市計画などの巨大計画において、印象的な場面をつくり出す。「現代都市(UNE VILLE CONTEMPORAINE)」の章では、水平二分割によって得られた一：二・五という極端な水平的横長空間が、そのまま大地の雄大な広がりとなって、地平線と超高層から成る壮大な都市空間になってゆく(図7)。

水平二分割はその後さらに展開し、一ページを水平に三等分して一：三・七五となり、さらに四等分して一：五となりというふう

図7(第一巻 pp.28-29)

に、さらに横長に、さらに水平的に展開してゆく。もっとも極端な場面は、第五巻「チャンディガル(Chandigarh)」のキャピトールにおける水平五分割の一：六・二五であろうか(図8)。ここではキャピトールの全貌が一：六・二五の中で、ヒマラヤ山脈と共に絵巻物のようなロール的長大さとなって示される。北インドの大地の雄大さを感じさせるレイアウトであり、映画のロール・フィルムを延ばして見るような、または映画の移動撮影のような動的視点を感じさせる。

ページを分割して一：二・五を得るやり方とは逆に、大きく広げてゆくことで一：二・五の水平的空間をつくり出してゆく方向性も、〈作品集〉では試みられている。「国際連盟会館(PALAIS DES NATIONS à GENÈVE)」では左右両ページを使って、たいへん大きな一：二・五の水平的空間をつくり出している。劇場的な効果があり、読者がページをめくる挙動に合わせて、一：二・五が大パノラマとして登場する臨場感を持つ(図9)。ちなみにこのパノラマ透視図をよく見ると、左ページと右ページは別々の絵であることに気づく。ひとつは玄関部分を見た透視図であり、もうひとつはジュネーブ湖側の立面を見た透視図であり、つまり場所も角度も異なる離れた二

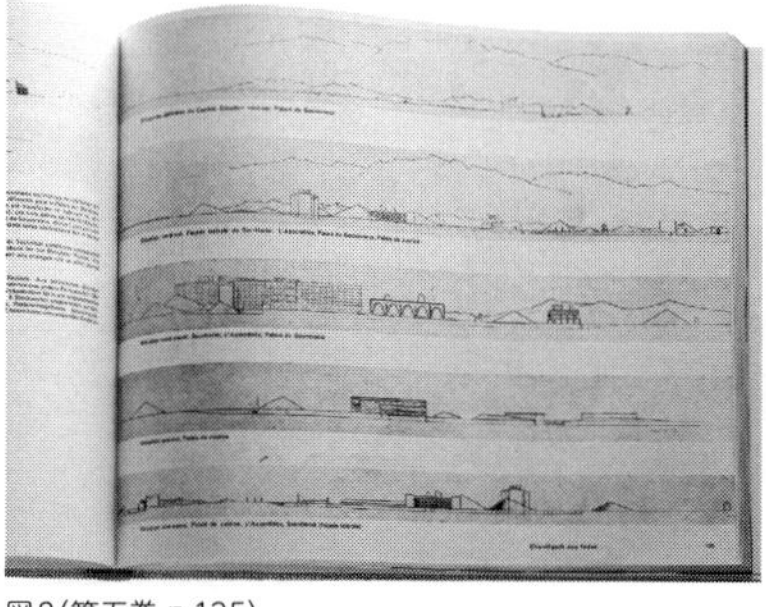

図8(第五巻 p.125)

つの空間を強引につなげて、ひとつのパノラマ空間にしている。これも、異種素材を隣接させることによって、現実の建築空間では実現しようのない空間をつくり出す試みのひとつと言える。

4 シンメトリー

一ページの中に複数の素材を配置する際に、素材群を芯合わせでページ中央に積層させてシンメトリーな造形をつくるというパターンが、随所で試みられている。また、比例的タイポロジーとして今回挙げる1〜6（格子、十字、水平分割、縦三分割、入れ子）のすべてがシンメトリーとなっており、コルビュジエがシンメトリーを好んでいることが伝わってくる。近代建築の最先端として登場した、きわめて前衛的な本書で、シンメトリーという古典主義的な、いわば「古い」部類の図像が大々的に使われていることは興味深いことだ。しかし「古い」と言っても、コルビュジエのシンメトリーの使い方は面白い。たとえば第一巻p. 29（注）では、自身の都市計画プロジェクト「現代

図9（第一巻 pp.156-157）

都市」の写真と、ニューヨーク・マンハッタンの街区の写真とを、同縮尺で積層している(図7)。同縮尺で二枚の写真を並べると、「現代都市」の方が大規模なので、自身のプロジェクトの写真が大きく雄々しくなり、マンハッタンはなにか田舎町のような小ささになってしまい、それらがダイレクトにシンメトリー積層されることで、自身のプロジェクトの巨大さがマンハッタンを大きく凌駕することが、視覚的・造形的に強調される。違うサイズの一:二・五が次々と積み上げられるリズムとダイナミズムがあり、シンメトリー形式に構築的な躍動感を持ち込んでいる。また素材の大小差がシンメトリー造形の凹凸の激しさとなって、立体的な彫刻性が生まれているのも面白い。シンメトリーという全体形式のために諸部分の差異があるとも言えるし、また同時に、部分部分の強さや個性の違いがシンメトリーという形式をより意味あるものとして成立させるとも言える、双方向的関係性がある。シンメトリーという古典的美の使い方が機能的、実用的で、現代的である。コルビュジエにとっては古典的なものですら現代的なものなのかもしれない。

「現代都市」と「三百万人の都市」が連続する第一巻p.24〜p.31では、p.25以外の七ページすべてがシンメトリー構成となって、「新精神」のプレゼンテーションが展開する。登場する素材としては草稿メモスケッチ、雑誌「新精神」の宣伝、古典初等幾何学の分析、「三百万人の都市」の紹介、マンハッタンとの比較と、七ページの中に多彩で濃密な内容が展開するが、それらすべてがシンメトリー、十字シンメトリー、格子シンメトリー、水平二分割シンメトリーといった、シンメトリーの連続でもって示される。ここでコルビュジエは、「建築は〈様式〉とは縁のないものだ」という鮮烈な言葉でもって、過去との決別を宣言している。「三百万人の都市」という、コルビュジエにとって最も重要な最初期の都市プロジェクト、パリの半分近くを破壊することによって過去の建築的因習との決別を宣言する、革新的かつ破壊的都市計画のプレゼンテーションの全編が、十字・格子・シンメトリーという古典的様式美で構成される。言っていることとやっていることがまったく逆じゃないかと言われればその通りであるし、真逆なものが合体してしまう暴力性に、新しいのか古いのかよくわからない魅力を感じもする。p.28-29にわたって示される、大地のように広がる巨大な都市は確かに、来たるべき未来を予言している。しかしなんとなくこれは、本当に未来都市なのだろうか？という気持ちにもなる。超高層ビルと空港、高速道路といった巨大物だけが林立する単純さと粗野さのせいか、私にはどこか未来都市というよりも、ローマ時代かそれよりも古い古代の巨大都市が復活したかのような錯覚を感じたりもする。コルビュジエの建築ではしばしば、過去と現代が驚くべき形で合体するが、それとほぼ同じことが〈作品集〉においても起きている。

5 縦三分割

一ページを縦方向に三等分したレイアウト。これは言ってみれば、新聞や百科事典の段組みのようなもので、図版と文章、タイトル等の異種素材が混ざりながら同時進行する形式だ（図10）。原稿文字数の都合上、縦三分割について今回はあまり深く言及できないが、このタイポロジーは物語的・叙述的と言え、コルビュジエの講演がそのまま書籍化したかのような印象がある。これも、異種素材を連結・連続させることでリズムを持った動的展開をつくり出す一例と言える。いろいろと主張すべきことが多いコルビュジエにとって、便利で実用的なレイアウトだったのかもしれない。

6 入れ子構造

四：五の比例がつくり出すリズム的運動は、ページ内で素材をどう配列するかというレイアウトの世界だけにとどまらず、しばしば写真の中の建築空間にまで及ぶ。「ペサック(PESSAC)」では、ページいっぱいの大きさを持つ四：五の写真の中に、ピロティ空間が四：五の門型となって現れ、その門型の先に彩色された四：五の外壁が現れ、四：五の入れ子構造的連続空間がつくり出される(図11)。

「マルセイユの住居単位(L'Unité d'Habitation à Marseille)」では、中

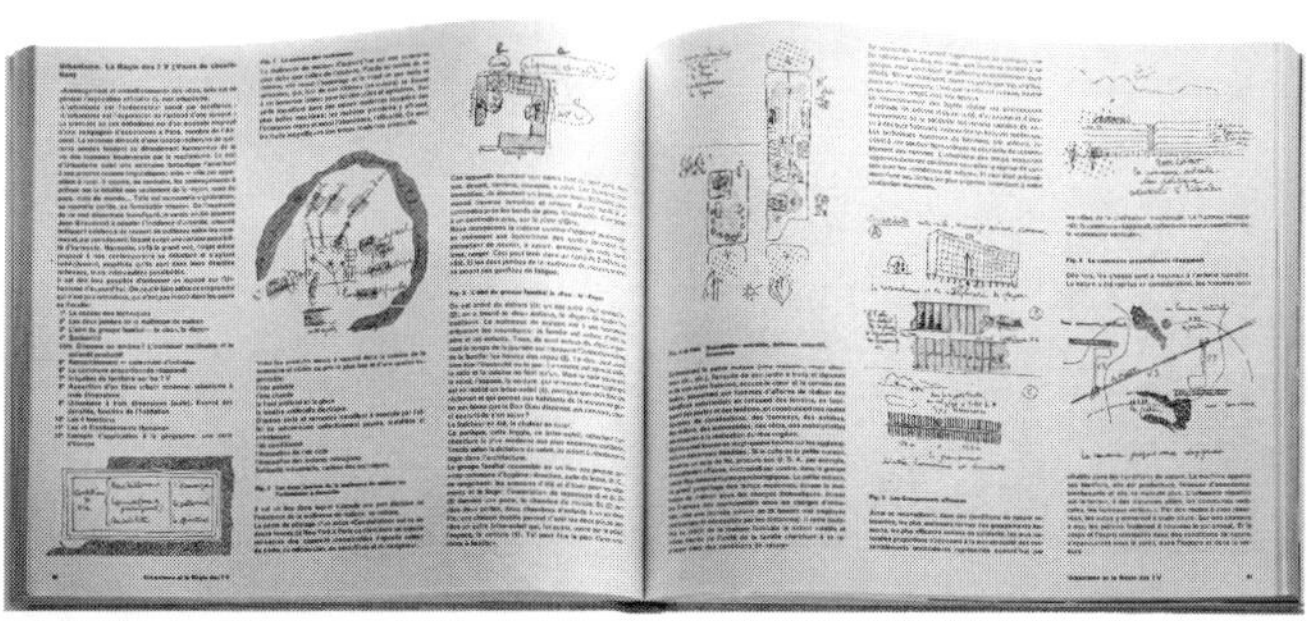

図10(第五巻 pp.88-89)

廊下の断面が四：五であることに着目して、中廊下を四：五の四×五判カメラで撮影し、それを四：五のページに載せ、本の外形と写真素材、中廊下空間の三つにまたがって四：五の比例が再現される循環的空間をつくり出している（図12）。

「ジュネーブのヴァンナ計画（WANNER GENEVE）」では、四：五が住居の居間の断面の比例として再現される（図13）。「三百万人の都市（PLAN DE LA VILLE DE 3 MILLIONS D'HABITANTS）」では、建築物とその敷地形状がいずれも四：五となり、建築平面と敷地、図版形状、ページの四つが連続的入れ子構造となる（図14、15）。

「新精神館（PAVILLON DE L'ESPRIT NOUVEAU）」では、四：五の格子分割の中にコルビュジエとレジェの絵画が四：五で登場する（図4）。四：五の比例が、壁に架

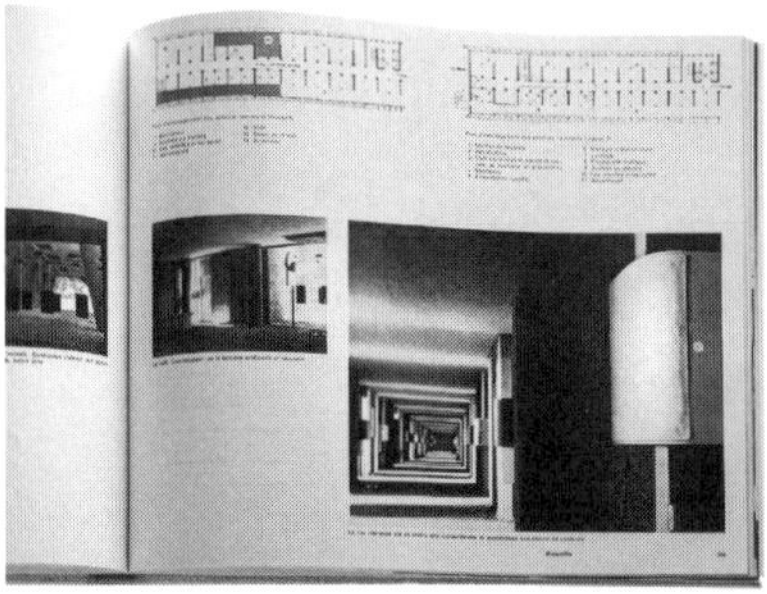

図12（第五巻 p.195）

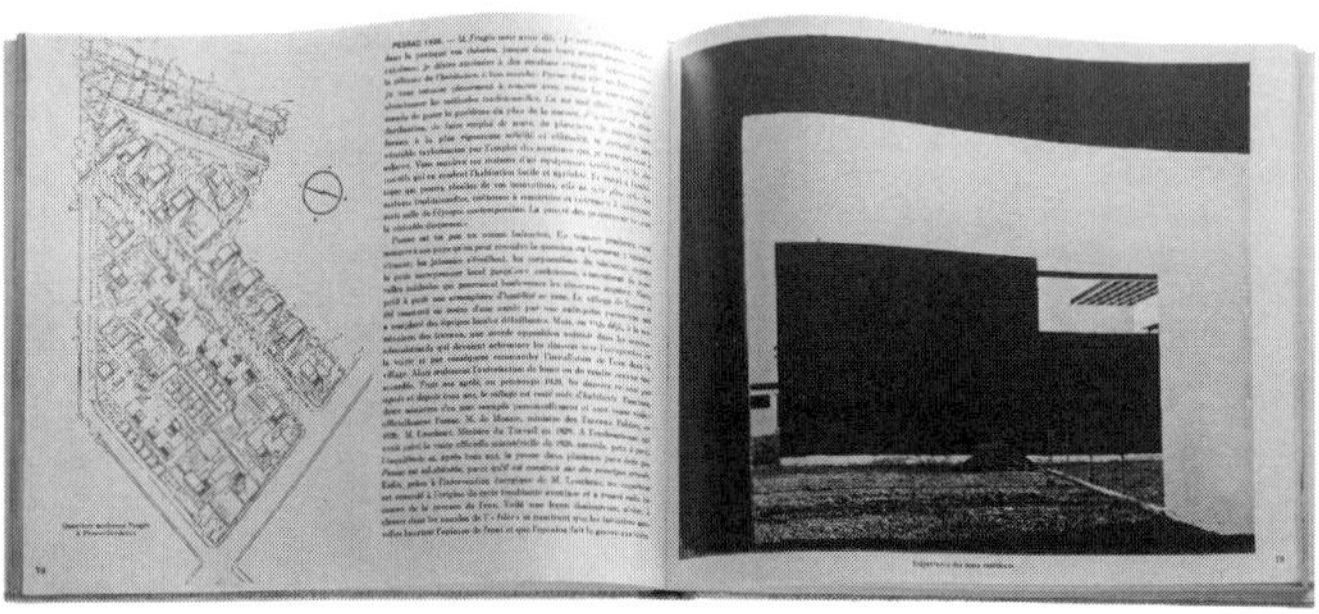

図11（第一巻 pp.70-71）

けられた絵画や廊下といった小さな部位から、建築の平立断や都市の街区、写真形状、本の判型とスケールを変えてゆき、すべてを貫く秩序となって、建築作品単体では描けない新しい無限空間を我々に提示する。

ところで、ここで読者の多くが感じるであろう素朴な疑問は、「三百万人の都市」という架空のプロジェクトの敷地形状四：五は、この〈作品集〉の判型に合わせてつくられたものなのか、つまりそれは〈作品集〉掲載のためにでっちあげられた敷地なのか、または「三百万人の都市」がすでに〈作品集〉より

図13(第一巻 p.168)

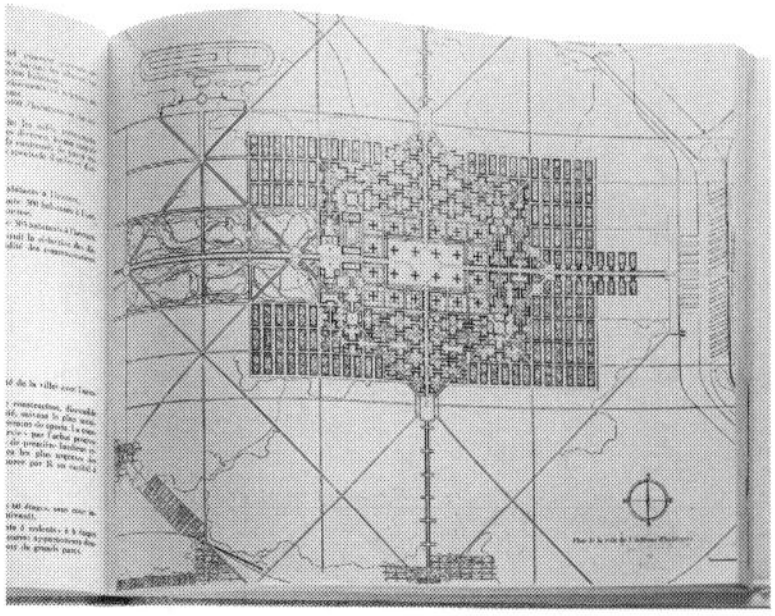

図14(第一巻 p.31)

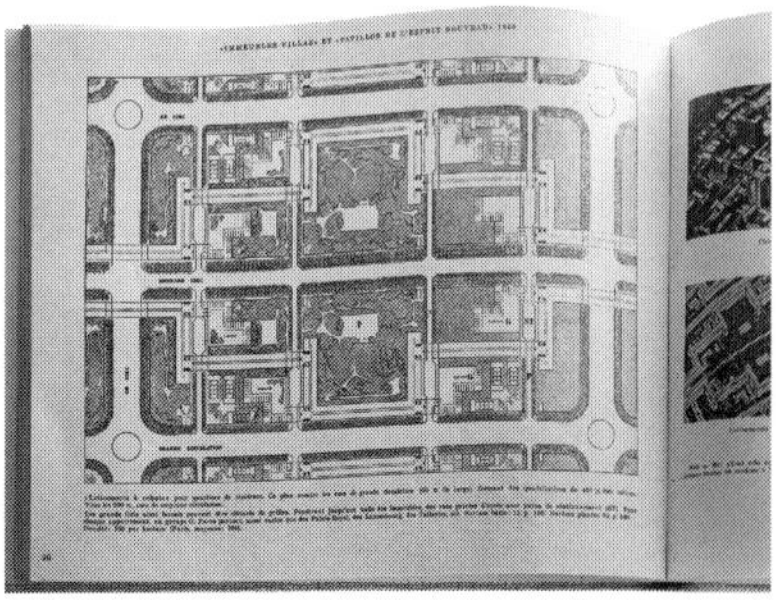

図15(第一巻 p.88)

も前に存在していて、それに合わせて〈作品集〉の判型が四：五に決まったのか、一体どっちが先なのだろうか？　ということだ。それは例えば、「新精神館」や「ガルシュの家(VILLA a GARCHES)」の立面が本と同じ四：五となって登場する時にも、同様の疑問を感じてしまう。

「三百万人の都市」の街区ブロックと〈作品集〉の判型が同比例になるのは、不思議といえば不思議だが、しかし建築設計を生業とする人間としてはなんとなく親近感もわくのは、多くの建築家は――というか少なくとも私の場合は――建築を設計する際に、敷地やプログラムといった先行する条件に調和した建築をつくろうとする。先行条件と建築の調和というのはつまり、機能によく合った建築のありようを目指し、また同時に、建築によく合った機能のありようを目指す、ということだ。片方が先行し他方が従属するという一方的関係でなく、両者が同時に生まれたような状態と言えばよいだろうか。建築物と敷地の関係も同様だ。敷地形状に従うだけの建築をつくってしまうと、なにかアイディアが敷地という現実的制約によって歪められた感じになってしまい、かといって逆に敷地と無関係な建築をつくると、敷地を犠牲にした建築創造に見えてしまうので、設計者は常に、一方が他方を犠牲にしない方向に進むよう努力する。この双方向的関係に近いことが〈作品集〉でも起きている。〈作品集〉の判型がまずあって、その後に「三百万人の都市」の敷地形状が決まったという考え方、また逆に、「三百万人の都市」が〈作品集〉よりも先にあって、「三百万人の都市」の平面図に合った判型として〈作品集〉の判型が生まれたという順序、その両方の順序がありうる関係性だ。それほど両者は、必然的な関係になっている。

＊

ここまで述べてきたことを整理すると、まず比例が全体秩序となっているということ、またその比例が、極小のものと巨大なものをひとつの秩序にまとめる働きをしていること、素材群の連結・連続が躍動感をもって展開することで、比例やリズムといった見えないものが空間化していること、等だ。繰り返しになるが、比例が本の判型やレイアウトといった外形的なことだけにとどまらず、建築の内容にまで及ぶことは、本書の生命性を考える上で重要な問題だと、私は考えている。つまりまず第一に、そこには形式と内容の一致という大きな主題がある。〈作品集〉全体に私が感じることだが、コルビュジエにとって形式とは、内容を縛るものではなく、内容の自由のことなのだ。また内容とは、形式という枠組みを打破するものではなく、形式を創造するものなのだ。

また第二に、全体が部分に、かつ部分が全体に影響を与えるという、個と全体の相互交流がここにはある。それは、全体性に影響を与えないように諸部分が秩序だって並ぶ全体主義・機械主義とは正反対のことだ。部分と全体の交流がない全体主義を機械的・非生命的と呼ぶならば、この「個と全体の相互交流」は生命的であり、本書ではそれが比例によって達成されている。以上まとめると、コルビュジエ本人が述べた「比例は人間の挙動から生まれた」また「比例とは生命」という諸発言の実践例として〈作品集〉がある、ということが今回の結論だ。

（注） 特記ない限りページ数は〈作品集〉（A.D.A. EDITA Tokyo版）による。

モデュロール・マン

Le Corbusier Œuvre complète（ル・コルビュジエ全作品集）

第3回　野人（生命的反秩序）

「Le Corbusier Œuvre complète（ル・コルビュジエ全作品集）」（以下〈作品集〉と略する）について、前稿「比例（生命的秩序）」の章で書いた主題のひとつは生命性であった。本稿ではこの生命性について、前稿で書ききれなかったことを中心に書いてみたい。以下に挙げるようにいくつかの要点があるが、それらをまとめて一言で言えば、それは野人性と言える。

1 雑食的集合
2 秩序／反秩序
3 だいたいこんな感じ
4 現在進行形
5 加算的集合

本稿ではこの五点に則って、野人性がどのように〈作品集〉に表れているかを書いてみたい。

1 雑食的集合

〈作品集〉の個性のひとつに、素材（図面や写真といった図版や文など）の雑多性・多様性があり、それが〈作品集〉の歴史的新しさのひとつでもあることは、第一稿と第二稿で述べた。〈作品集〉に登場する素材が平立断透視図といった、いわゆる伝統的な建築表現手段だけにとどまらず、多種多様なメディアに及んでおり、つまり写真、スケッチ、ダイアグラム、フォトモンタージュ、旅の記録、新聞記事の切り抜き、手紙、絵画、彫刻、古い街並み、知人や政治家、他人の建築作品など、コルビュジエ本人が有用と判断したものであればなんでも載せてしまうという、種類を問わない素材の雑多性が〈作品集〉にはある。こういう素材は載せてはいけないというルールがほぼないかのような、やりたいことは全部やってしまうという快楽性がある。または、使えるものはなんでも使うといった安直性と機能性がある。それらのことから私が感じることのひとつは、本全体をまとめるにあたって、「作品としての美しさ」や「本としての完成度」といったものが最終目標になっていないのではないか、ということだ。当然ながらこの〈作品集〉は、本屋であれば芸術コーナーに置かれるであろうような「美しい」部類の本であり、コルビュジエ本人が自ら編集しただけあって、十分に「美しい」本になっているのは間違いない。しかしそれでもなお、美的体裁や作品的完成度は目指すべき「目標」というものではなくて、むしろそれは色々載せまくった「結果」でしかない、というような感覚がこの〈作品集〉にはある。

この雑食性に比較的近いものとして私が連想するのは、百科事典や新聞だ。新聞が持つ雑食性、つまり戦争や放火といった大小の事件から訃報記事、連載小説、社説、広告、テレビ番組表など、世の中のことであればなんでも載せてしまうタイプの雑食性に、多少雰囲気が似ている。ただし新聞と決定的に異なるのは、〈作品集〉の雑食性には、その中心にコルビュジエの主張という一貫したものがあり、それを表明していくために必要な素材がたまたま多岐にわたってしまったというかたちの雑食性であることだ。つまりコルビュジエにとってはこの雑食性ですら、目標ではなく結果でしかない。

2 秩序／反秩序

〈作品集〉は前稿で見たように、比例の概念が全体に行き渡っており、それが〈作品集〉の重要な秩序となっている。しかしそれと同時に、比例的秩序に逆らうような、反秩序的と形容したくなる活動が各巻の各所で起きてもいて、そのことに私は着目している。

第四巻「適正規模の住居単位（以下ユニテダビダシオンと略）」の章では、十字分割配列（注1）が見開きで登場する。十字分割が生み出す四象限と四素材が調和し、見開き全体として美しいレイアウトとなる頁である。しかし十字分割の右上コマ、第一象限で、コルビュジエは屋上庭園の模型を斜め上方から撮影し、ダイナミックな斜め造形をつくり出して、第一象限が要求する長方形枠組みに逆らう（図1）。前稿で指摘したような、本の判型が提示する比例が素材やその内容にまで及ぶことで、形式と内容の同時性、形と中身の調和、躍動感ある比例の展開等を全域で実現してきた〈作品集〉全体の方針からすれば、十字分割の四象限がつくり出す長方形枠に「ユニテダビダシオン」の屋上庭園の長方形が収まるのは好都合なは

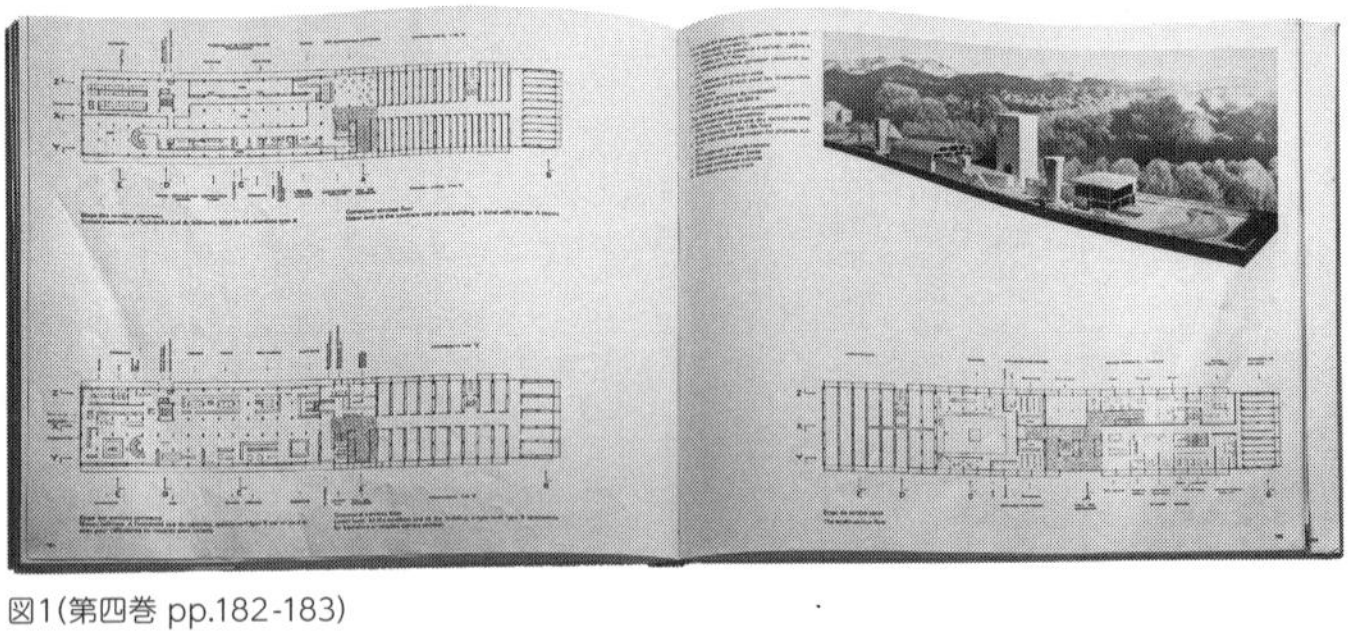

図1(第四巻 pp.182-183)

ずだ。しかしコルビュジエはここであえて斜め造形を持ち込んで、十字分割の秩序に納まらない状況をつくり出す。

第四巻「国連本部常設ビルの計画（以下国連ビル）」でも、「国連ビル」の敷地模型を二五度に振った斜め造形が登場する（図2）。この「国連ビル」の斜め撮影の面白いところは、模型が持つ斜め二五度のアクソメ的傾きが、模型写真の外に出て行って、右下にあるマンハッタンの写真の中に入り込んでゆき、マンハッタンの街区の斜め二五度になることだ。それによって斜め二五度が、単に模型の角度というような一素材内の存在でなくなって、頁全域に広がる格子となって全体化し、本来そこにあった水平垂直の格子分割（注2）に反抗する第二の格子的秩序となって、二つの格子が重なり合う状況となる。

第四巻及び第五巻「ユニテダビダシオン」には、有名なラ・ブティユ（ワイン瓶と瓶棚）の入れ子構造が登場する。ここでは四列×二段の格子分割配列が頁全体を支配する秩序であるが、上段中央の一コマに隣接する右隣コマから手がにゅっと延びてきて、格子分割を越境し、上段中央コマの瓶を棚から引き抜く（図3）。面白いとも言え

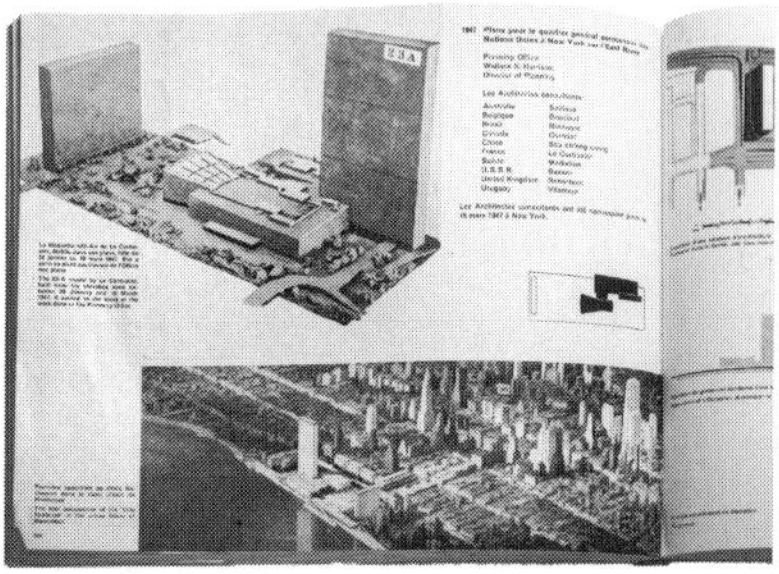

図2(第四巻 p.194)

るし、見ようによっては気持ち悪いとも言えるこのプレゼンテーションは、よほどインパクトがあったのだろうか、コルビュジエ本人が他で再利用したり、また後進によって引用・模倣されたりと、コルビュジエを象徴するプレゼンテーションとなった。

　秩序に向かう運動と反秩序に向かう運動の二つは一見逆らいあう、相反する二つであるようにも見える。秩序に向かう理性と、そこから逸脱せんとする野人的自由の二つだ。しかし他方で両者は、お互いに支え合っているようにも見える時がある。つまり、右コマから手がにゅっと出てきて左コマの瓶棚から瓶を抜き取るという越境について言えば、格子分割がはっきり誌面化し、区画として機能していることでその越境も成り立ち、また越境があることで格子の存在も明快になる。屋上庭園の場合も、それが大きく傾いて十字を逸脱することで、全体を支配する十字分割の秩序があらためて読者に認識される、という面があるからだ。またたとえば、第三巻「デカルト的摩天楼」の章の冒頭頁では、新聞記事の切り抜きが登場する。ここでは切り抜き記事の段組みが格子的秩序に相当するが、コルビュジエはその段組み記事の中にマジックで殴り書きを

図3(第四巻 p.184)

して、引用部分を括り出し、異形の逆Z型をつくり出す(図4)。この逆Zはその荒々しさから言って野人的反秩序であるが、しかし同時に、新聞記事の段組に沿って逆Zを括り出すという意味では、逆Zは秩序に従っているとも言える。続く五八～五九頁(注3)では、正方形の模型写真が四五度に振られて巨大なダイヤモンド形状となり、それが頁いっぱいに登場して読者を驚かせる。ダイヤモンドというインパクトのある造形が、格子分割の秩序を打破するかのような物質感を示す(図5)。ここにも理性的秩序と野人的反秩序の二つがせめぎ合う、秩序／反秩序の関係がある。しかし他方で、「デカルト的摩天楼」の造形が縦横と斜めの二言語から成る建築であることを思い出せば、格子とダイヤモンドのぶつかり合いはそのまま「デカルト的摩天楼」の秩序そのものとも言える。

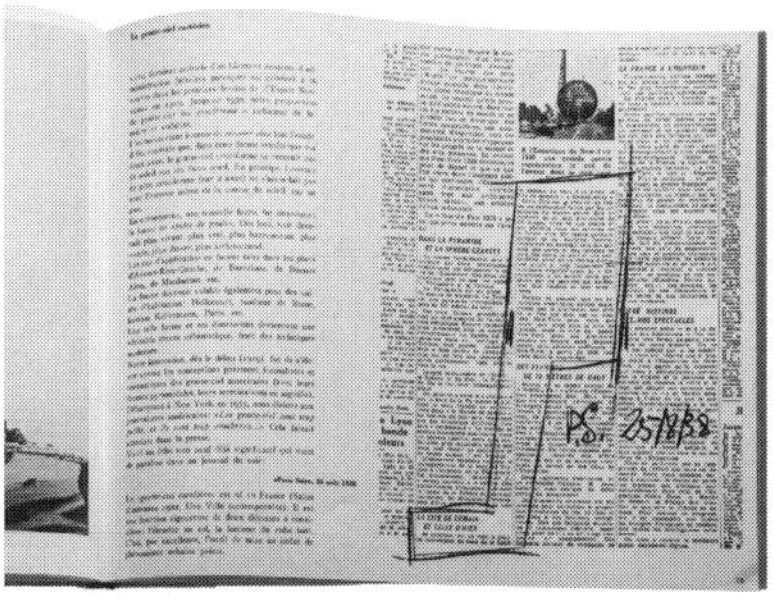
図4(第三巻 p.57)

図5(第三巻 p.59)

つまりここで私が指摘したいことは、秩序に向かう力と反秩序に向かう力の二つの運動が〈作品集〉

の全域で同時に起きているということ、その両者のせめぎあいが〈作品集〉全体の力になっているということ、また、さらに言えばこの二つの力は、お互いに逆らい合う力であるにも関わらず、というか逆らい合うからこそ、生命的運動として同じ方向に進む二つでもある、ということだ。

3　だいたいこんな感じ

「だいたいこんな感じ」は、何事かのアイディアを実現しようとするときに、厳密かつ誤差なしにそれを実現するのではなくて、多少の誤差をもって、おおまかにそれを実現することだ。この「だいたいこんな感じ」の感覚は〈作品集〉全域に見られるものであり、〈作品集〉について私が魅了される点でもある。そこに私は野人的な精神、つまりコンピュータ技術や資本主義社会の成長によってミリ単位の差異までが気になるようになってきた現代的感受性とは異質の、原始的な野人力を感じている。

「だいたいこんな感じ」の事例は多い。たとえば、第一巻冒頭「旅と探求のスケッチ」の章が五頁にわたって表す有機的変化について、以前私は「理性的秩序から野人的自由へ向かう運動」と書いた。それは要するに、第一頁の四列×四段に整えられた格子が理性的秩序であって、最終第五頁のもはや格子とは呼べない複雑なフォーメーションが野人的自由に相当する、という指摘だった。しかし細かいことを言えば、第一頁の「理性的秩序」たる格子の段階ですでに、実はそれほど厳密に格子ではなくて、かなり雑な野人的格子である（図6）。格子分割配列は〈作品集〉全体を貫くフォーマットではあるものの、誤差ゼロで実現されているわけではない。むしろほとんどの頁で格子は厳密なそれではなく、「だいたいこんな感じ」である。

第一巻「新精神館」、九五頁は四：五の比例を持った写真四枚が並び、美しい十字分割配列の良例となっている。しかしよく見ると、各写真の縦横比例が各々違っており、四：五になっていない（図7）。

各々の形の違いがそれほど大きくないことから、これは写真フィルムの判型の違いではなく、意図的・人工的に各写真を変形・加工し、異なる形の四枚を十字状に並べたものと考えられる。勝手な想像だが、写真の端になにか都合の悪い雑物が映っていたのでそれをトリミングした等の理由によって、四枚の写真は違った形になったのではないだろうか。十字分割の魅力のひとつである、四：

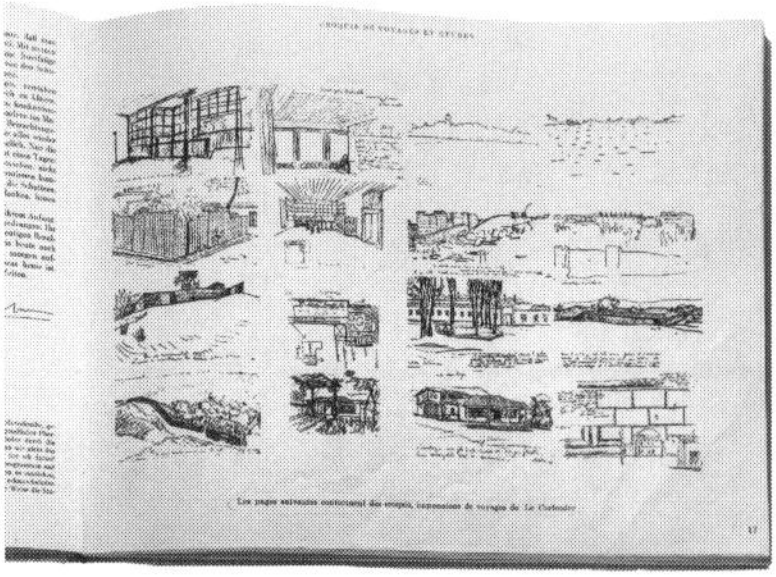

図6（第一巻 p.9）

図7（第一巻 p.95）

五の頁を分割して四：五が再現されるというフラクタル的循環を思えば、写真四枚は各々四：五の比例を保持していてほしいところだが、コルビュジエにとってそれはあくまでも「だいたいこんな感じ」のことである。これに類似した事例、たとえばラインが揃っていない、幅が揃っていない、間隔が均等でない等の誤差は、〈作品集〉においては日常茶飯事の事態だ。あまりに多くの図版を詰め込みすぎて、図版同士が重なり合ってしまうという、ほとんど印刷事故と呼びたくなるような事態すらある（図8）。

「だいたいこんな感じ」の事例を一つひとつ列挙して一冊の本にしたら、〈作品集〉本体とほぼ同じ厚さの分量になってしまうほどだ。〈作品集〉全体がいわば「だいたいこんな感じ」であり、〈作品集〉の根底を支える比例的秩序すらも「だいたいこんな感じ」である。というよりも、大きな方針さえ示されていれば、その方針はミリ単位の厳密さで誌面に再現される必要はないのだ。むしろ逆に、十字分割、格子分割の秩序やフラクタル的比例循環の秩序は、同一で均質なものを並べる技術に使われるよりも、個性の違う異物同士を並べる技術に活用されたほうが、比例の力の大きさがより鮮明に現れるとも言える。

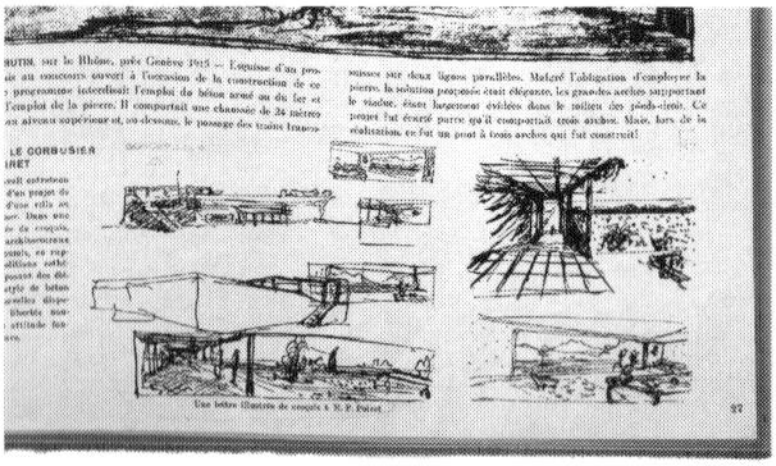
…UTIN, sur le Rhône, près Genève 1915 — Esquisse d'un pro… au concours ouvert à l'occasion de la construction de ce … programme interdisait l'emploi du béton armé ou du fer et l'emploi de la pierre. Il comportait une chaussée de 24 mètres au niveau supérieur et, au-dessous, le passage des trains trans-

naissent sur deux lignes parallèles. Malgré l'obligation d'employer la pierre, la solution proposée était élégante, les grandes arches supportant le viaduc, étant largement évidées dans le milieu des pieds-droits. Ce projet fut écarté parce qu'il comportait trois arches. Mais, lors de la réalisation, ce fut un pont à trois arches qui fut construit!

LE CORBUSIER
…IRET

図8（第一巻 p.19）

この「だいたいこんな感じ」の感覚を〈作品集〉全体が持つことで、本それ自身が生き生きとしたものになっていることは、無視できないことだ。比例が生命的なものであり、それが〈作品集〉全体に躍動感とリズムを与えていることは前回見た通りだが、「だいたいこんな感じ」もまた、非-比例的なものであるのにも関わらず、というよりもそれだからこそ、なお人間的であり生命的なのだ。

この「だいたいこんな感じ」は、精密で詳細なサイズをミリ単位で指示するものではなく、あくまでも大きな方針を示すものだ。それは大スケールの世界における考え方であり、つまり文房具的・家具的スケールというよりも、道路や建造物といった、建築・都市の世界から出てきた感覚だと言える。

4 現在進行形

〈作品集〉には、美的・実的な意味での完成作品というよりも、つくっている最中に出版されてしまったかのような雰囲気が、時に感じられる。今もまだ制作中の、いわば現在進行形的な雰囲気が随所にある。これも事例を挙げればきりがないことだが、たとえば第一巻「ペサック」でコルビュジエは、平面図と立面図を上下に並べてレイアウトするために補助線を引き、両図面の位置を揃えるが、その補助線が消されずそのまま誌面に残ってしまい、平面図と立面図が図として合体してしまって、見づらい

（図９）。第一巻三五頁「ヴィラ型共同住宅」では、格子分割配列によって四：五の長方形枠がいくつも登場するが、枠のいくつかは定規をあてられずに、手描きのフリーハンドで乱暴に描かれる（図10）。本番の清書図版に差し替えるのを忘れたのか、または意図してのことか、真意は不明ながら、最終版の一歩手前という風の「つくっている最中」を感じさせるシーンの一つである。

〈作品集〉ではしばしば図版があまりに大きく掲載されて、図や写真がレイアウトからハミ出してしまうことが少なからずある。ときにはノド・小口・天地のアキ（余白）部分を食い潰してまでも図版が巨大化することがある。「ガルシュのヴィラ」の立面は美しい比例を持ち、本の判型が持つ比例四：五と調和しながら一頁いっぱいに大きく掲載されるが、立面が大きすぎて本から飛び出す勢いで、製本時の裁断によって立面端部が断ち切られてしまっている（図11）（注４）。

今もなおつくり続けているようなその雰囲気を、とりあえず「現在進行形」と呼んでみてはいるが、〈作品集〉自体はもう編集作業を終えて出版された、過去のものであり、それを「現在進行形」

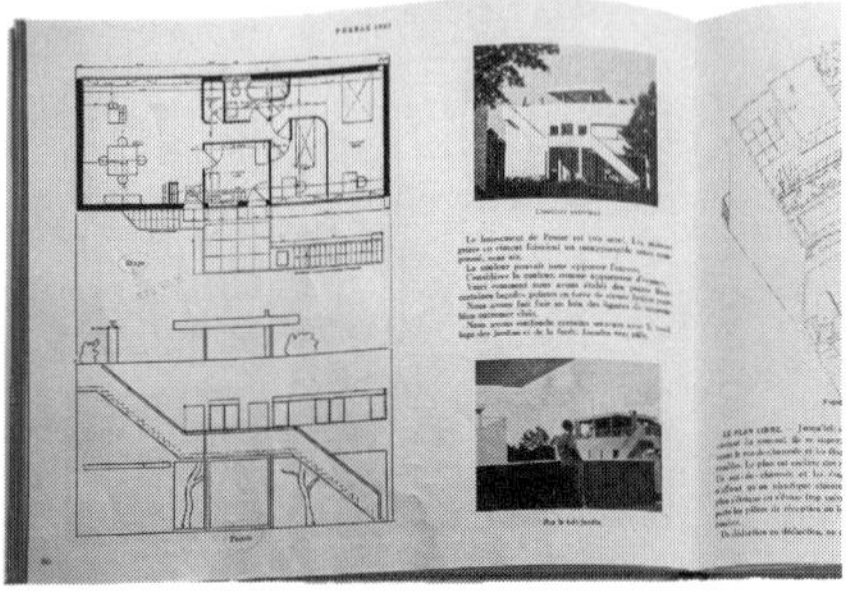
図9（第一巻 p.78）

と呼ぶのは明らかに間違っているだろう。しかしその明らかに間違った感覚を私たちに感じさせるものが〈作品集〉にはある。過去でありながら、今もなお生きているかのような、現在進行形のムードがある。

5 加算的集合

加算的集合とは、わかりやすく言えば足し算のことだ。まず全体を決めて、その全体から部分の役割と意味を定義してゆくいわばトップダウン型の全体計画または割り算的計画の逆である。加算的集合とは、部分に部分を加算してゆき、結果として全体が形成されるというものだ。加算的集合がつくり出す全体の特徴は、全体像が決まっていないことだ。決まっていないというよりも、全体というものは常に「暫定的全体」でしかない。部分が追加されるたびに、全体は増大してゆく。それは形式としてオープンエンドであるとも言える。たとえば第四巻「ユニテダビダシオン」では、住居棟部分と人工土

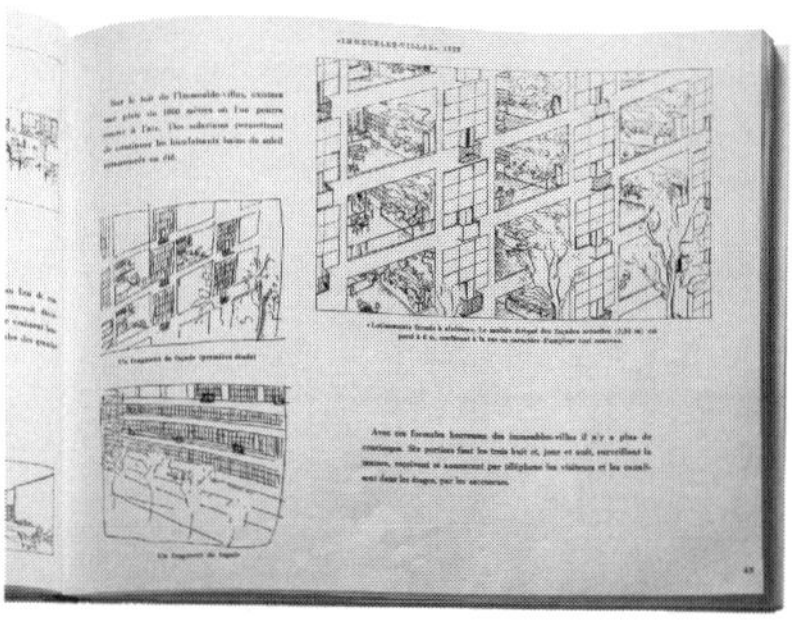
図10(第一巻 p.35)

図11(第一巻 p.133)

地(ピロティ)部分、屋上庭園といった諸部分が、各々別々にプレゼンテーションされる。また、住居部分だけを取り出して見ると、それはひとつの直方体というよりは、長辺部分の住居棟と短辺部分の住居棟を加算してつくったような合体的直方体になっている。つまり「ユニテダビダシオン」という建築は、単体の建築物ではなくて、複数のものが加算されてできた複合体であることが、その造形のありようによって示唆されている。

また「サヴォア邸」は、実施設計図ができた段階で、まず実施設計第一案が〈作品集〉第一巻の最後に収録され、そこで第一巻が発売されて、その後に積算調整を経て出来上がった減額案（実現案）が、あらためて第二巻に収録される。必要なときに必要なものを足してゆくという形で、頁が加算されてゆく。もっとも印象的なものは都市計画のプロジェクトであろうか。「現代都市」から始まり、「三百万人の都市」になり、「ヴォアザン計画」になりというふうに、巨大都市計画が設計変更されながら成長してゆき、何頁か過ぎたころに再び再現してくる。ひとつの都市が、小住宅や内装などのプロジェクトを挟みながら成長してゆくその様は、〈作品集〉全体がまるでひとつの成長する都市のようだ。

加算的集合は、〈作品集〉全八巻の全体像にもっとも明快な形で表れる。各巻は別の時代につくられたために、すべて異なる装丁デザインとなった（図12）。各巻の外観を比較すると、各々レイアウトが異なり、字体が異なり、判型以外のデザイン的な共通性がほぼないことがわかる。全八巻という全体像がまずあって、そこから各巻の役割が分担されて決まるというやり方ではなく、部分部分が各々独立した構築物であって、それらが積み上げられていって全体に至るという、古いものの上に新しいものが築か

図12

れてゆく加算性と成長性がそこにある。それはオープンエンドであって、第七巻でハンス・ギルシュベルジェ(注5)が述懐するように、まさか第七巻まで続くとは誰も思っていなかったし、まさか第七巻で突然終わるとは、誰も夢にも思わなかったのだ(注6)。

この加算性には時間の考え方が含まれている。つまり、旧時代の上に次の時代が積み上げられてゆく、終わりのない時空間的構築性がある。この構築性の風景は、〈作品集〉全体の風景であるだけでなく、そのままル・コルビュジエの建築の風景でもある。さらに言えば、それはヨーロッパの風景でもあるかもしれない。古代から近代にまで至るローマの、または中世の構造体

マルセイユのユニテ・ダビタシオン　ル・コルビュジエ

に近代のファサードが乗るパリの、歴史都市の風景を我々に想起させる。コルビュジエの〈作品集〉が持つ歴史性のひとつとして、それがコルビュジエ個人の独創性の成果でありながら同時にヨーロッパそのものでもある、ということがある。

（注1） 頁のレイアウトのタイポロジーの一つ。誌面を十字に分割して四象限をつくり出し、それをレイアウトの際の基盤にする。前稿参照。

（注2） 頁のレイアウトのタイポロジーの一つ。誌面を格子状に分割し、それをレイアウトの際の基盤にする。前稿参照。

（注3） 特記ない限り頁数は〈作品集〉GA版による。

（注4） 裁断なので、立面端部が切られているか否かは個体によって異なる。

（注5） チューリッヒの編集者、発行人。〈作品集〉全八巻のうち第一巻から第七巻までの出版と発刊を行った。

（注6） 第七巻一一頁。一九六五年、第七巻の印刷中にコルビュジエが逝去し、当時はこの第七巻が最終巻と考えられた。しかしその後一九七〇年にW・ボジガーたちの手で第八巻がつくられ、それが最終巻となった。

ジャウル邸　ル・コルビュジエ

Le Corbusier Œuvre complète（ル・コルビュジエ全作品集）

第4回　時空間（生命的秩序2）

「Le Corbusier Œuvre complète〈ル・コルビュジエ全作品集〉」（以下〈作品集〉と略する）の中でル・コルビュジエが取り組んだ試みのひとつに、建築を時空間的な存在として表現するというものがある。時空間とは文字通り、時間と空間が一体化したものだ。それは、一定の時間経過を伴って存在する空間のことであり、または逆に、空間的に存在する時間もあるかもしれない。現実の世界では、空間と時間は限りなく一体化したものとして認知されるという意味で、それはほぼすべて時空間と言えるが、本稿で問題にしたい時空間は現実の世界のそれではなく、概念的な時空間である。形式としての時空間と言ってもよい。形式としての空間と時空間の違いは、様々な例を考えることができる。例えば平面図について考えると、平面図はすべての室を同時に眺めるために生み出された形式であり、すべての室が同時に、つまり時間差なしに存在する世界である。しかし実際のところは、それを眺める我々は平面図内に描かれた全室の存在を同時に認知するわけではなくて、きわめて短時間とはいえ時間をかけて、一つひとつを順々に見てゆく。つまり平面図は形式において空間であり、現実において時空間と言える。また平面図は物と物の関係を示す図であるが、秒や年といった時間的関係ではなく、距離や高低差といった空間的関係を明示するという意味でも、それは形式として空間であると言える。同様の意味で、配置図や立面図は形式上の空間であり、動画は、形式的にも現実的にも時空間と言える。ル・コルビュジエの建築概念「自由な平面」は形式上の空間であり、「建築的散策路」は形式上の時空間である。書籍はその物的構成から言って、現実としても形式としても時空間と言える。コルビュジエが書籍をもうひとつの建築と呼ぶとき、それはコルビュジエが建築を現実としても形式としても時空間と捉えている、と理解できる。〈作品集〉は、現実の時空間の方はもちろんのこと、形式上の時空間の方について、様々な興味深い取り組みをしている。それはそのまま〈作品集〉の面白さのひとつでもあり、またコルビュジエの建築の面白さのひとつにもつながっている。

1 サヴォア邸

〈作品集〉で試みられる時空間の代表的な例として最初に挙げたいものは、第二巻「サヴォア邸」における、八つの情景が見開き全体で、同時に／順序立って登場する十六〜十七頁である(図1)(注1)。ここには二つの時空間が存在している。つまり、八つ全部が同時に現れるという同時的時空間がひとつ、そしてもうひとつは、現実の建築空間の中を人が移動するというような、部屋の次に部屋が現れるという線形状の時空間である。二つの時空間が同時に存在する状態は、現実の建築空間ではありえない状態であり、本という形

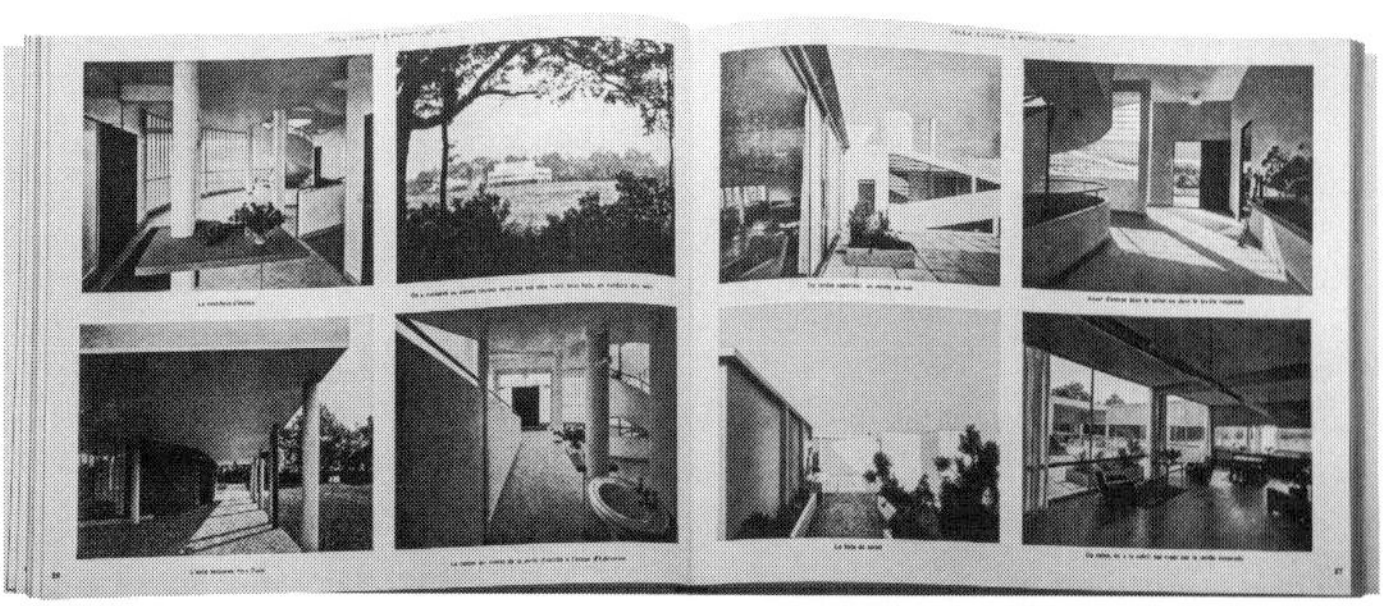

図1(第二巻 pp.16-17)

式の中でのみ可能な、特殊な時空間の一例と言える。前者の、八空間が同時に現れるという状態は、各写真が非順序的で対等に並ぶ十字分割配列(注2)を左右両頁に用いることで実現される。また後者の線形的な流れも、十字格子の特性を使って実現される。十六〜十七頁の左右頁の八空間のうち、左の十六頁の方を見ると、四空間A(玄関ホール)、B(遠景)、C(ピロティ下車庫前)、D(玄関ホールと斜路)の写真四枚ABCDが十字に配置され、それらの四空間が同時に存在している感覚をつくり出しつつも、詳しく見るとそこには時空間的な順序がつくられてもいる。それはB-C-D-Aの流れであり、その流れはそのまま右頁B(二階踊り場)につながってゆく(図2)。しかし他の順序も考えられる。例えば自動車に乗ってこの建築にやってくる人間であれば、車庫から直接玄関ホールに入るため、写真の順序はB-C-A-Dがあり得る(図3)。またはキャプションによるとCは往路ではなく、パリへ戻る帰り道とのことなので、その場合はD-A-C-Bとなる(図4)。右頁も同様に、B(二階踊り場ホール)-D(居間)-A(二

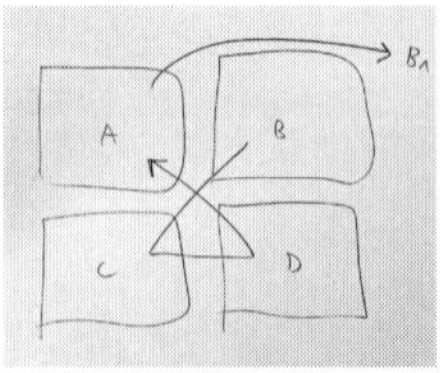

図2

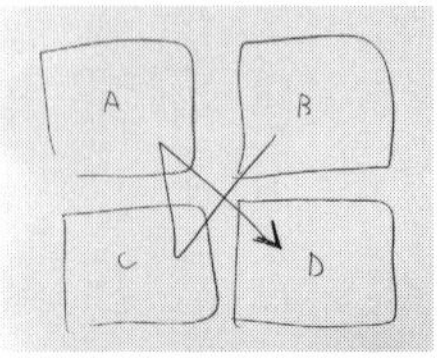

図3

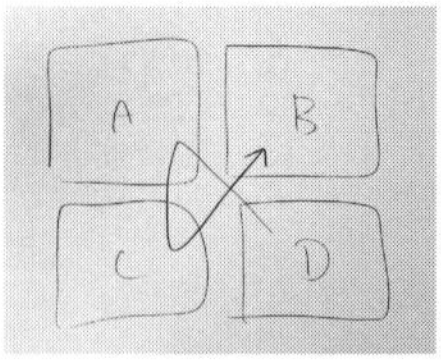

図4

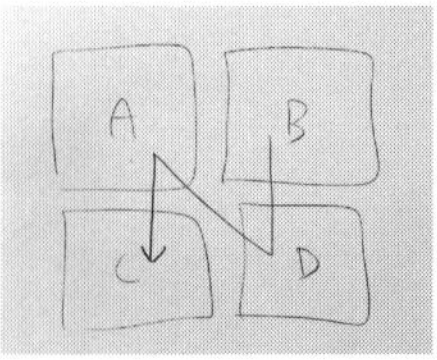

図5

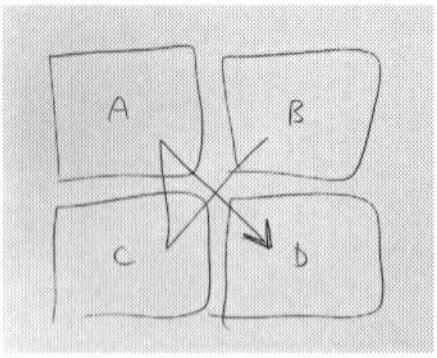

図6

階屋上庭園）-C（三階屋上日光浴場）という順序（図5）と、螺旋階段で三階屋上に上がって斜路で降りてくる順路つまりB（二階踊り場ホール）-C（三階屋上日光浴場）-A（二階屋上庭園）-D（居間）がありうる（図6）。四枚の写真の順序が変わることで複数の回遊性をつくり出すこの状態は、写真四枚が相互に等距離に配置される十字格子の空間特性によって可能になっている。ちなみに現実の「サヴォア邸」の方では、各室が二つ以上の出入り口を持つことによって、行き止まりがない回遊性と、行き先が分岐して選択できる動線の複数性がつくり出され、十字格子に相当する複回遊的ネットワーク構造が実現されている。つまり現実の「サヴォア邸」における建築的散策路と〈作品集〉の十字格子はどちらも、一列的な線形構造ではなくネットワーク的構造になっているという構造的類似性がある。またどちらも、行き先が最初に戻るという回帰的な円環構造の回遊性となっているという共通性がある。十字格子は建築的散策路が書籍において形式化されたもの、と言うこともできるかもしれない。

2 マルセイユの住居単位

第五巻「マルセイユの住居単位」（以下「ユニテ」と略す）は本編だけで三一頁、モデュロール八頁、解説二頁、遮音・熱環境計画三頁と、総計四四頁もの頁が割かれており、その分量からもこの建築の巨大さを感じさせる。しかし本編三一頁はその長大さにも関わらず、不要な部分がほとんど見られない密度の高さを持つ。ここで特徴的なのは、三一頁のすべてが時空間的表現となっていることだ。まず緑の平原の中に立つ建築と背後の山を遠望する写真から始まり（一八五頁）、徐々に近づいて、建築が大きくなってゆき（一八六頁）、立面となり（一八七頁）、建築の足元に近づいて（一八八～一八九頁）、地上から上に上がってゆく立面と階段を見上げ（一九〇～一九三頁）、その後ピロティ下に入って（一九四～一九五頁）玄関ホールと屋内通路を通り（一九五頁）、住戸部分平面図の登場（一九六～一九七頁）とともに住戸内に入って室内を見渡し（一九八～二〇一頁）、外のロッジアに出てブリーズソレイユを体験し（二〇二～二〇三頁）、その後屋上庭園に上がっていって、屋上庭園をくまなく探検し（二〇四～二一三頁）、徐々に地平線と山々が見えてきて、山を遠望する風景に戻る（二一二～二一三頁）、という流れになっている。簡単に言えば、「遠景→立面→ピロティ→住戸→ブリーズソレイユ→屋上庭園→遠景」であり、ここでも時空間は回帰的円環構造となっている。この回帰的円環構造は様々なものをつなぐ面白さがある。部屋と部屋をつなぐのみならず、ピロティ、立面、住戸、屋上庭園という近代五原則の諸言語が一続きの連続として示される。また、巨大スケールと人間的スケールが連続する。または建築の内外が連続する。時空間の概念が、様々な異種要素を連続させる装置として働いている。この円環的時空間は「サン・ディエの軽工業」や「サヴォア邸」などの建築作品でも登場するものでもあり、コルビュジエの主張の数々を広くカバーするという意味でも、〈作品集〉におけるいわば雛形的な時空間表現と言えるのではないだろうか。

3 ジャウル邸

「ジャウル邸」の第六巻二〇八〜二〇九頁の見開き二頁は面白い。左頁に五枚、右頁に一枚の写真を用いて、それらを見開きで左右両頁に配置しているが、その六枚の写真のうち五枚が同じ部屋の同じコーナー部を撮影したものだ(図7)。多数の室をもつ「ジャウル邸」を限られた頁数で紹介する場合、建築物のコーナー部分ひとつにここまで多くの頁を費やすのは普通のバランス感覚ではないが、単一のコーナーを異なる複数の角度から撮影して、それらを一堂に集めて連続させ、消失点が幾つもあるような複合的な立体的空間の見開き頁をつくり出している。というよりも立体的時空間という感じもする。それらはコルビュジエが移動しながら、撮影位置をずらしつつ撮った写真群であり、写真一枚一枚の連続から、コルビュジエが室内を見渡す流れを感じるからだ。この頁を見て、コルビュジエが『建築をめざして』で述べた「人間の目がぐるぐる動く」(注3)がここに誌面化していると感じる人間は私だけではないであろう。二一六〜二一七頁の階段写真の集合も同様で、コルビュジエ本人が首をぐる

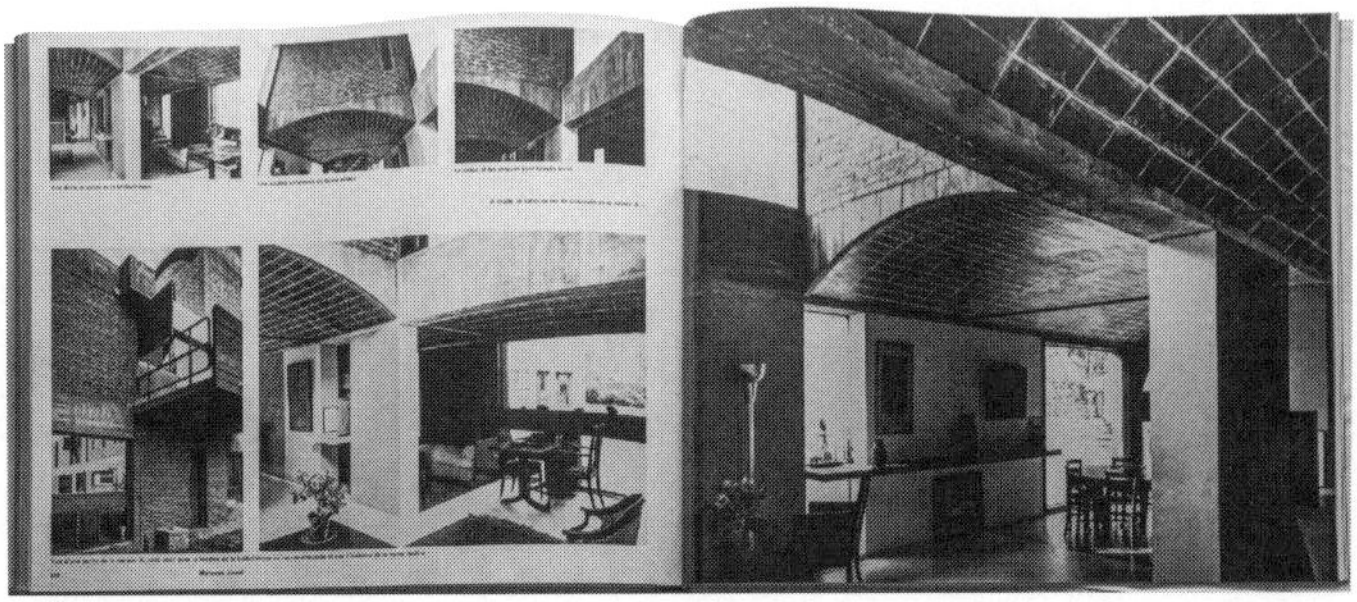

図7(第六巻 pp.208-209)

ぐる回して周りを見渡す生々しさがあり、「ジャウル邸」のプレゼンテーション全体に不気味な運動イメージを与えている。

4 パリ大学都市のスイス館＋パリの避難収容所

「パリ大学都市のスイス館」（以下「スイス館」）と「パリの避難収容所」（以下「救世軍」）では、両建築がたいへん横長であることから、頁を水平二分割（注4）して、上段に横長立面図を配置し、下段に写真二枚を横並べに配置して、立面図の左半分と左写真、立面図の右半分と右写真をそれぞれ対応させる空間関係をつくり（図8）、左から右に読み進める読書の流れに沿って、上段と下段が左から右に平行移動する水平的な流れをつくっている（図9）。この平行移動を見て我々が連想するのは、

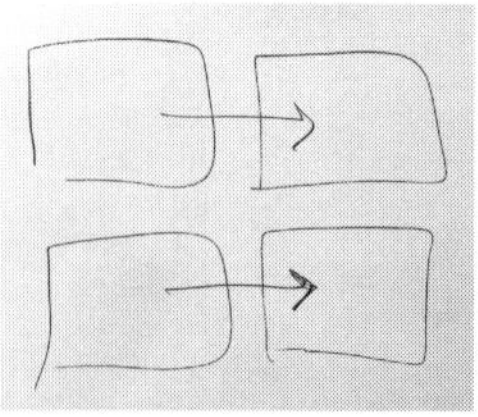
図9

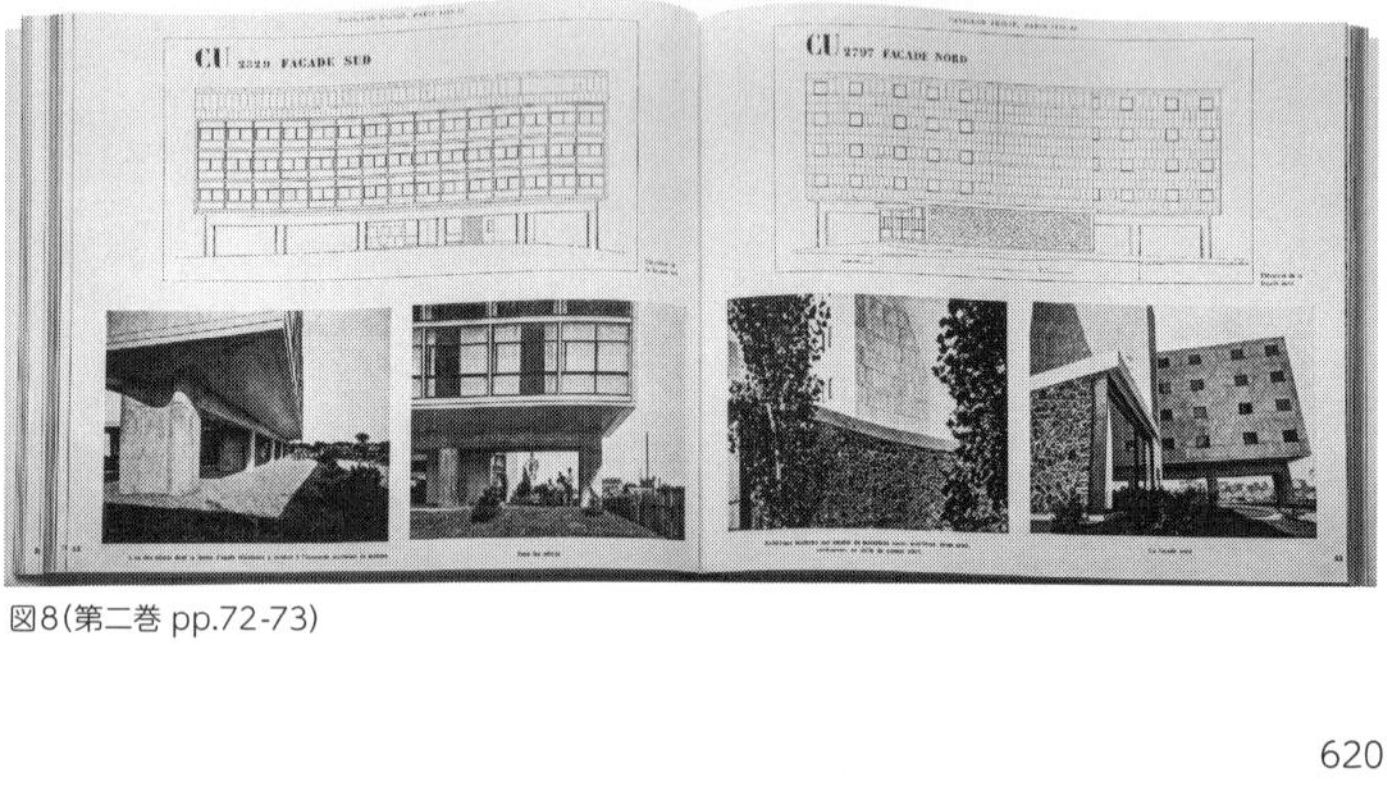

図8（第二巻 pp.72-73）

映画撮影に使われるトラッキングショット(注5)だ。続く「救世軍」では九四〜九七頁の四頁にわたって、よりスムーズに平面図内の横移動と写真の水平移動が並行し、より映画的なものになる。地下駐車場のショットでは、まるで運転しながらフロントガラス越しに動画撮影したかのような動的なイメージがつくられている(図10)。映画という最新技術に触発された野心的表現という意味では、これもコルビュジエらしいと言える。ただしこのトラッキングショット的時空間表現は、その後〈作品集〉には登場せず、この二作品をもってボツとなった。

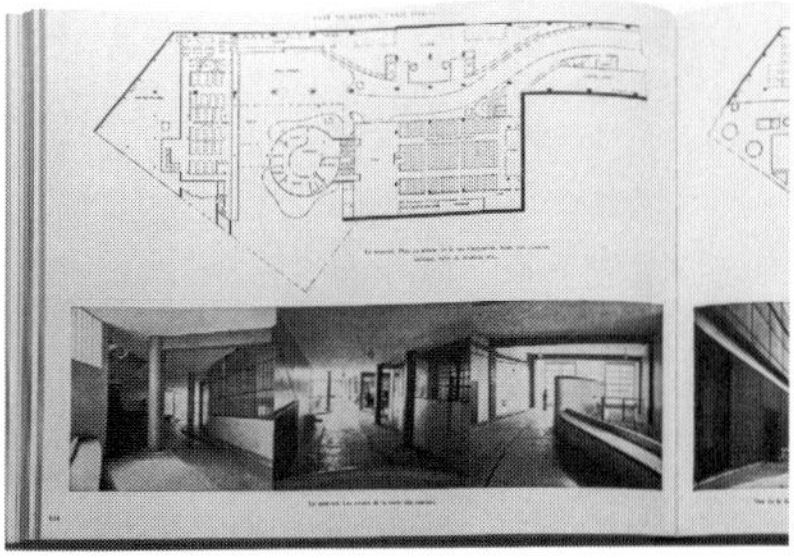
図10(第二巻 p.94)

5 ポルト・モリトールの共同住宅

第二巻「ポルト・モリトールの共同住宅」(以下ポルトモリトール)は、室内空間の美しさだけでなく、〈作品集〉の中でもひときわ優美なプレゼンテーションのひとつと言え、ここでも印象的な時空間表現が試みられている。一三三頁では十字分割配列によって、居間を撮影した四枚の写真が並ぶ(図11)。ひとつの部屋の同じコーナーを多数の写真で多角的に映し出す点は先の「ジャウル邸」と同様だが、ここでは人物が登場する。各写真で二人の人物と一匹の犬が異なる位置に座っている。光溢れる窓際で、場所と姿勢を変えてくつろぐ二人と一匹の写真四枚は、ひとつの空間に四つの異なる時間帯があることを私たちに伝える。この四枚は「サヴォア邸」と同様、十字格子によって様々な時間順序がありうるような、一種のネットワーク的時空間となっている。四枚が映し出す風景はどれも同じ窓際であり、情報として重複しすぎているのは「ジャウル邸」と同様だが、他方で類似する四枚を十字配置することで、一枚では表せられない時空間の静かな広がりを表現している。

光が入ってくる窓からは、広大な緑園と地平線が遠くに見える。そこに付けられたキャプションを読むと、「ここにあるのが〈輝く都市〉の住戸の例だ」と書かれていて、私は驚かされる。つまりコルビュジエは眺めの良いこの部屋を、「輝く都市」の住居棟の実例として存在させようとしている。またコルビュジエはこの「ポルトモリトール」の次に「ジュネーブ右岸地区の都市計画」と「アンヴェルス市レスコー河左岸地区の都市計画」を配置する。この二作品が「輝く都市」の現実版であることを考えると、コルビュジエはここでもまた空想上の建築と現実の建築とを、つまり「輝く都市」と「ポルトモリトール」を一体の建築として存在させようとしている、と言える。

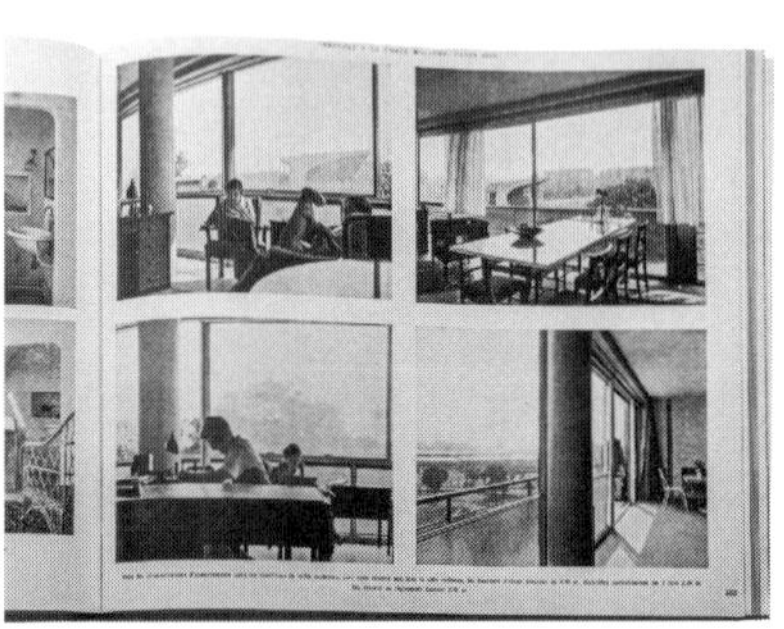

図11(第二巻 p.133)

6 ロンシャンの礼拝堂

「ロンシャンの礼拝堂」における時空間表現の最大の特徴は、建築に集まる人々の活動や、設計時のスタディ、構造模型、建設風景などを写真とスケッチで紹介し、記録映画的とも言える時空間表現を試みていることだ。今では常套手段とも言えるプレゼンテーションだが、ここで私が面白く思うのは、コルビュジエは建築の完成形とそれができるまでの経過を分けずに、混ぜて紹介している点だ。それはまるで、舞台上と舞台裏が同時に現れてくるかのようだ。三八頁で分厚い南壁とその中身とを並べて配置し、その上段では、石灰で白く仕上げられた外観写真の隣に、それとほとんど同じ角度で撮影した、石灰を剥ぎ取って石積み下地を露出させた建設時の外観を並べて、舞台上と舞台裏の二つを対等な関係にする(図12)。時空間という意味では、過去と今を行き来する状態と言える。完成当時、相当のインパクトでもって登場したであろう「ロンシャンの礼拝堂」は、普通に平立断と竣工写真のプレゼンテーションだけでもう十分以上という気もするが、ここであえて建築作品の造形だけでなくその

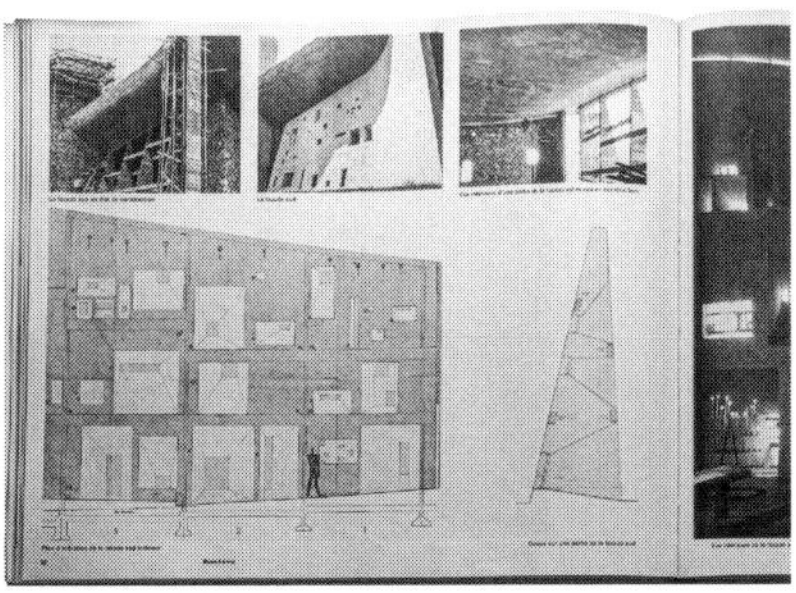

図12(第六巻 p.38)

舞台裏までをも表現材料にしてしまうところは、いかにもコルビュジエらしい。創作者としての視点だけでなく、まるでプロデューサーのような第三者的な立場で、「ロンシャンの礼拝堂」建設の内外部に転がる資料全部を見渡して、使える資料はなんであっても使うというような、突き放した客観性とドライなリアリズムがあり、映画的とも呼びたくなる編集感覚を感じたりもする。しかし舞台裏まで見せるのは意味がある。例えば白く美しい石灰が剥ぎ取られて、露呈された石積みのどす黒さを読者は見るが、それが元々ここに建っていた教会が爆撃で破壊された残骸の焼け焦げであり、それが山積みとなって南壁の末広がり造形と隣のピラミッドが生まれていることを知る時、またはこの丘が「高貴な地」と呼ばれ、キリスト教伝来以前から軍事的にも文化的にも人々が奪い合ってきた丘であることを知る時、そこには建築造形の面白さとは次元を異にした世界が広がっていることを読者は理解する。幾つかの映画がしばしば「メイキングオブＸＸ」というような形で、その舞台裏を暴き立てる記録映画を撮ったりするが、「ロンシャンの礼拝堂」は映画本編とその制作秘話を同時に観るかのような印象だ。

7 第一巻

「ポルトモリトール」と「輝く都市」の一体化で見たような、異なる時間と空間に属する複数の建築や室を連続ないし合体させるやり方は、他でもしばしば登場する。特に〈作品集〉第一巻は、各建築が連続する流れが本全体に及び、第一巻の骨格と言えるほどのものになっている。例えば四六から四七頁では、左頁に「工匠のための量産住宅」の平立断が、右頁に「オザンファンのアトリエ」の居間の写真が、頁いっぱいに配される(図13)。見開きで広げられた左右頁を対として、一体として認識する常識を持つ読者としては、まるで「オザンファンのアトリエ」の居間の写真が「工匠のための量産住宅」の室内風景であるかのように勘違いしてしまい、二つの建築が感覚的に連続する。「工匠のための量産住宅」のアイディアが「オザンファンのアトリエ」になったという連続だ。

また例えば「ヴィラ型共同住宅」と「新精神館」は連続して掲載され、コルビュジエはそれらをまとめて「ヴィラ型共同住宅と新精神館」という作品名で発表している。それによって、架空の建築「ヴィラ型共同住宅」と現実に建設された「新精神館」とが一体であることを、つまり「ヴィラ型共同住宅」の一住戸が成長して「新精神館」として現実に建ったという歴史的連続の事実を、読者は理解する。さらに、この「新精神館」が最終頁(九八頁)で展示室を紹介して終わるとき、その展示室には「ヴォアザン計画」が展示されている。そしてそ

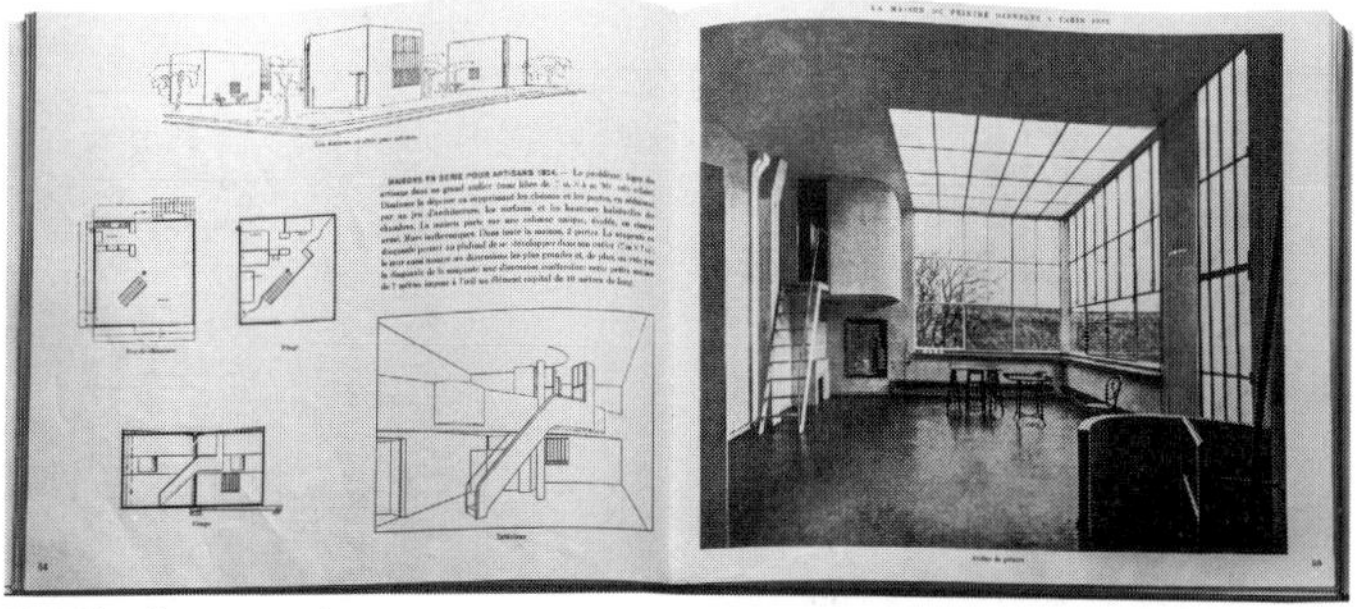

図13(第一巻 pp.46-47)

のすぐ右隣の頁(九九頁)から「ヴォアザン計画」が始まる(図14)。つまり、「新精神館」の展示室で出展中の展示物が右に移って大きくなって、次の建築作品になるという、前の建築の中から次の建築が生まれてくるというような展開が起きている。この「新精神館」の最終頁九八頁と「ヴォアザン計画」が始まる九九頁は見開きで左右に並び、一体的に目に入ってくるため、作品が切り替わる境界線がほとんど認識できないくらいに連続してしまっている。本来であれば冒頭に来るべき「ヴォアザン計画」という作品タイトルを後ろの頁に後回しにしてあり、両建築はより境界なく一体化する。

さらに遡ると、諸建築の連続は第一巻の最初から始まっていることに気づく。第一巻冒頭の「旅と探求のスケッチ」(九〜十三頁)のスケッチ群が出てきた手帳から、「現代都市」が出てくる(二四頁)。「現代都市」がほぼそのまま「三百万人の都市」になる(三〇〜三一頁)。「三百万人の都市」の一部であったアパートが「ヴィラ型共同住宅」の名前で独立して、その次に登場する(三二〜三五頁)。さらに成長した新「ヴィラ型共同住宅」が何頁か後に再登場する(八四〜八六頁)。そしてこの新「ヴィラ型共同住宅」の一住戸が「新精神館」になり(八七〜九八頁)、「新

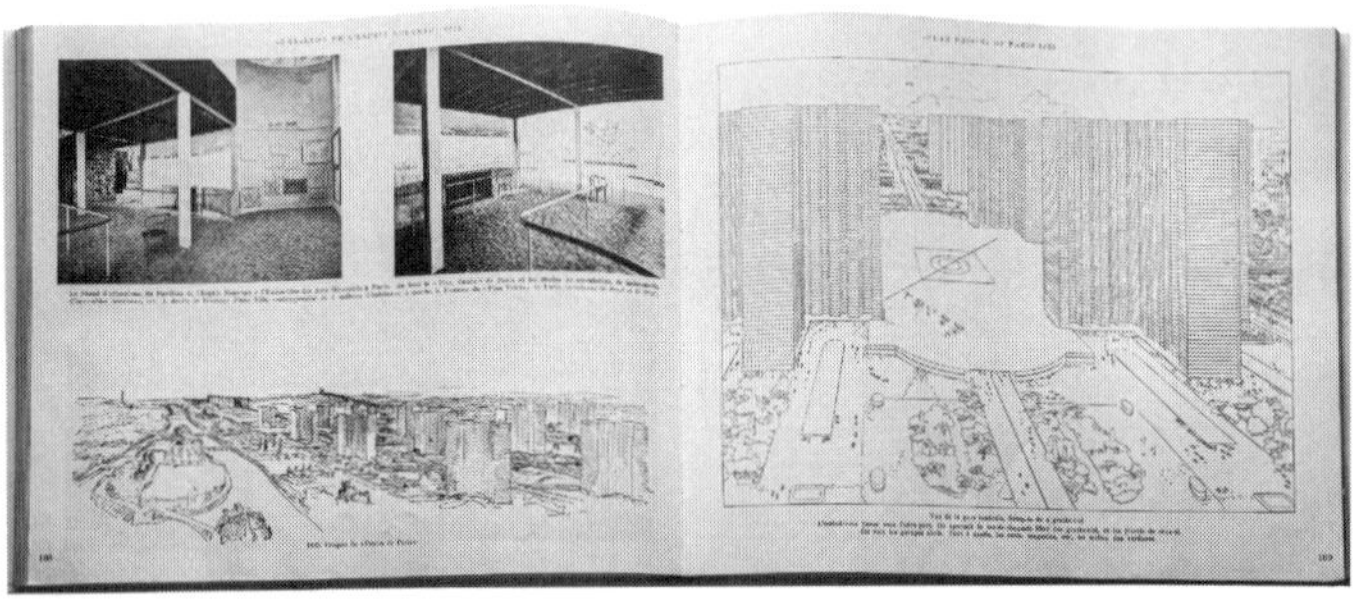

図14(第一巻 pp.98-99)

精神館」の展示室から「ヴォアザン計画」が生まれてくる（九八〜一〇七頁）。ここには「旅と探求のスケッチ」→「現代都市」→「三百万人の都市」→「ヴィラ型共同住宅」→新「ヴィラ型共同住宅」→「新精神館」→「ヴォアザン計画」という流れがある。過去の建築作品の一部が新しい建築作品になってゆくという、いわば過去の創造が次の創造を呼び起こす連続創造の流れが第一巻全体を貫いて、「ラロッシュ・ジャンヌレ邸」や「ペサック」などの都市住宅を挟みながら展開してゆく。第一巻に掲載されている全作品がまるでひとつの理想都市の諸部分であるかのような全体感覚を私たちにもたらす。ここでは〈作品集〉第一巻全体が、いわばひとつの大きな時空間として存在している。建築作品が単に単独的に、一個の建造物として世の中に建てられたという現実的な事実だけではなくて、それらは「輝く都市」を創造してゆく一つひとつであって、それらは例え場所と時間がかけ離れていたとしても有機的につながりあう諸部分であって、それら全体として輝く都市になるということを、コルビュジエは書籍の形式を用いて提示している。

（注1）特記ない限り頁数は〈作品集〉GA版による。
（注2）「立衛散考 Le Corbusier Œuvre compléte 第二回比例（生命的秩序）」参照。
（注3）「人間の目は周囲を調べるために、終始回転し、また人間も右や左へ廻り、グルグル動く。すべてに関心を持ち、そこに関係する場全体の重心に引き付けられる」（『建築をめざして』一四九頁）。
（注4）「立衛散考 Le Corbusier Œuvre compléte第二回比例（生命的秩序）」参照。
（注5）tracking shot。撮影者が移動しながら対象を撮影する手法のこと。

シャンディーガルの開いた手

Le Corbusier Œuvre complète（ル・コルビュジエ全作品集）

第5回　遠望（生命的秩序3）

「Le Corbusier Œuvre complète（ル・コルビュジエ全作品集）」（以下〈作品集〉と略する）にはさまざまな図版が登場する。それらの図版群とその構成から、ル・コルビュジエが自身の建築をどう表現しようとしているかがわかる。また同時に、コルビュジエが自身の建築をどう眺めているかが想像できる。「建築をどう眺めているか」は「建築をどう理解しているか」という意味にも解せられるとすると、〈作品集〉の図版群に表れるコルビュジエの眺め方は、たいへん興味深いものだ。その眺め方は一種類ではなく、コルビュジエはいろいろな眺め方をしている。それらを明快に分類するのは簡単ではないが、本稿では四種類の眺め方に分けて考えてみた。即ち

1 遠望（遠くから眺める）
2 俯瞰（上から眺める）
3 移動（移動しながら眺める）
4 空想（眺めない）

の四つだ。

最初の遠望とは、建築から距離をとって、遠く離れたところから眺めることだ。次の俯瞰は、上空から建築を見下ろす視点だ。移動は、定点観測ではなく動点観測だ。つまり移動しながら建築を眺めることであり、これは前稿「時空間」で書いた部分と多く重なり合うものでもある。そして空想は、実物をまったく眺めずに、建築を心の中で想像することだ。これらの四つは各々独立し、また重複することもあるが、〈作品集〉に掲載されている諸図版の多くが概ねこの四種類の眺め方からつくられている

と思われる。その意味でこの四つは、コルビュジエが建築をどう理解しているかがわかる手がかりではないか、と私は考えている。

1 遠望

コルビュジエは自身の建築を遠く離れたところから遠望し、そのようなスケッチを数多く残している。遠望のスケッチは、〈作品集〉に掲載された中では上記四種の中でもっとも図版数が多い。私個人の感想としては、この遠望という視点はもっともコルビュジエらしいもののひとつと感じている。

遠望のもっとも象徴的なシーンは、第六巻の冒頭に登場する。そこでは、自身の最大プロジェクトである「チャンディガル」のカピトル（官庁重要施設が集まる地区）を遠望し、スケッチしているコルビュジエ本人の写真が載せられている（図1）。五二頁でも、カピトルを遠望するコルビュジエの後ろ姿が撮影されている（図2）。

コルビュジエはあらゆるところで遠望する。それは自身のプロ

図1(第六巻 p.7)

ジェクトのみならず、他人の建築や、または都市空間にまで及ぶ。たとえば第三巻冒頭では、船でマンハッタンに近づいてゆくコルビュジエが、マンハッタンの摩天楼群を遠望して描いたスケッチが掲載されている(図3)。コルビュジエは建築に限らず、都市や村落、谷や平原などの、人工か自然かを問わず、なにがしかの巨大空間に出会った時に、しばしば遠望している。

コルビュジエの遠望の数の多さは、たとえば第五巻であれば、掲載された全二六作品のうち二二作品で、遠望スケッチまたは遠望写真が登場する。遠望がない作品はわずか四作品であり、それは「カプ・マルタンの小屋」、「フュター邸」、「ジャウル邸」、「ニューヨークの近代美術館でのル・コルビュジエ展」である。それらは極小の増築小屋か、または遠望が容易でない過密地区の都市住宅、または展覧会の内装計画であって、つまりコルビュジエは遠望可能なほぼすべてのプロジェクトで遠望していると言える。

自身の建築を遠くから眺めることの意味はなんだろうか。まず私が思いつくのは、それは自身の建築を突き放して、外側からそれを観察しようとする努力の表れだということだ。建築を設計する

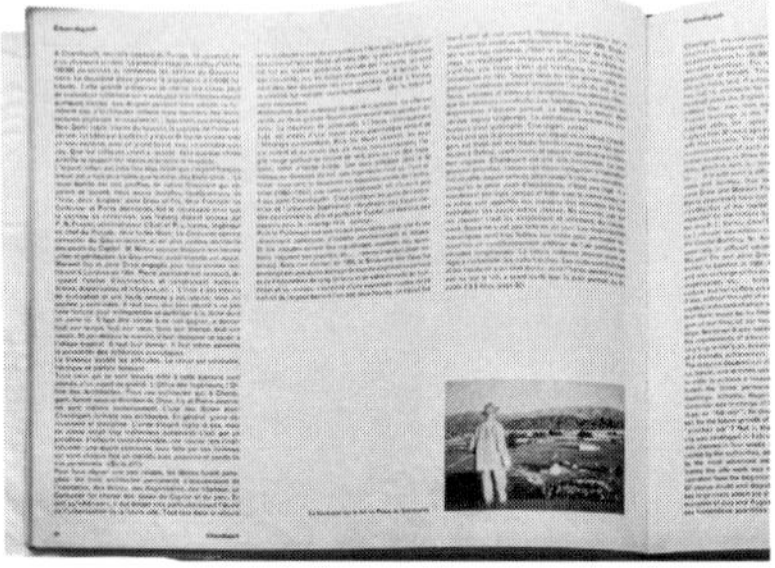

図2(第六巻 p.52)

人間であれば誰でも、スタディで試行錯誤する。建築の大きさと複雑さに飲み込まれてしまって、いま自分が苦闘している建築を客観的に見られなくなる。そういう状況から抜け出す方法として、スタディの渦中から離れて、つまり巨大で複雑な建築の世界から距離を取って、遠く離れたところからそれを眺めてみる、ということはよくあることだ。

遠望が面白いのは、遠くから物事を眺めると、あまりに小さい悩みごとや細かい事物が、よく見えなくなることだ。その代わりに大きなこと、つまり周りに対して背が高すぎるだとか、思ったよりもごちゃごちゃした建物だとか、鈍重すぎるとか、そういったような、遠くから認知できる大まかなことだけが見える。建築は部品数がたいへん多く、それらの関係性も多岐にわたるが、遠望することでそれらの多くは見えなくなって、大きな部品と大きな関係性だけが限定的に見えるようになる。

前述の、マンハッタンに近づいてゆく時の遠望スケッチを見ると、描かれる対象が現実そのままでなく、単純化・簡略化されて描かれていることがわかる。風景が自由の女神とその基壇、遠くに見

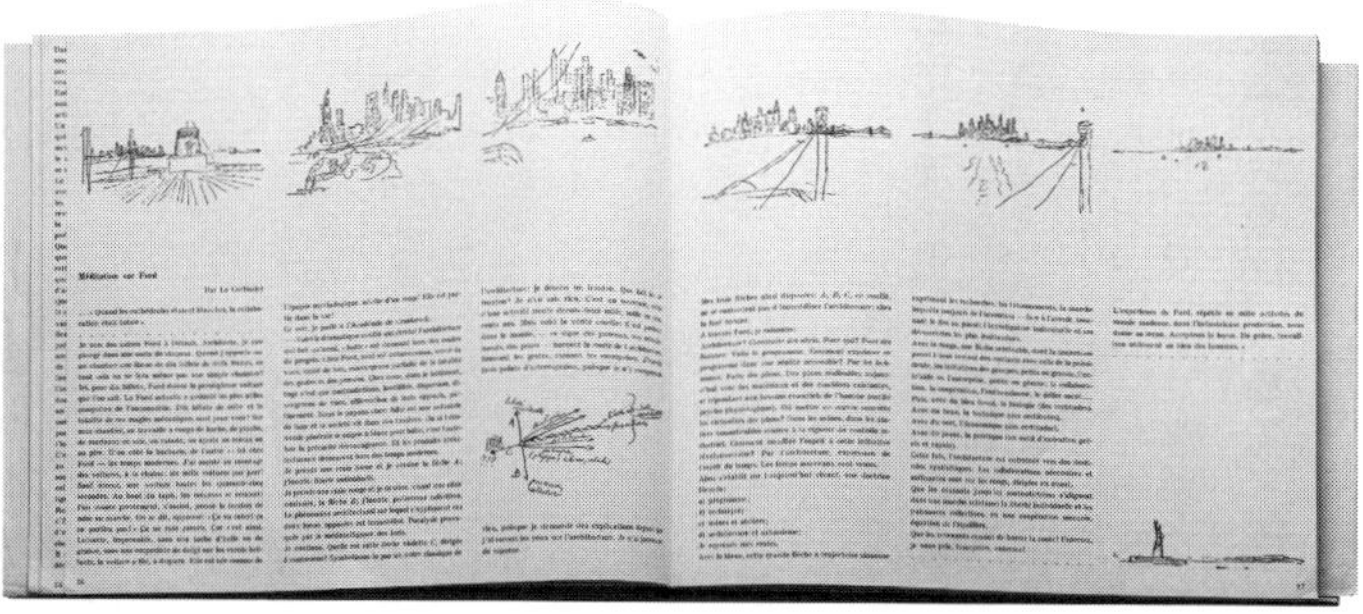

図3(第三巻 pp.12-13)

えるマンハッタン、海の四要素のみになっている。女神の像は、台座と胴体、頭、トーチの四要素になり、表情や服、左手の銘板などは省略されている(図4)。大量の部品から成るマンハッタンの風景と女神像が、わずか四要素の組み合わせだけに簡略化される。この簡略化が物事の把握という意味で正確なのか、建築を眺める視点という意味で良いことなのか悪いことなのかわからない。むしろ良し悪しではなくて、物理的にそうなってしまうという、物的強制力が遠望にはある。

この物的強制力の興味深いところは、それは単なる簡略化ではなくて、重要な幹部分のみを残して枝葉を捨て去るという簡略化でもあることだ。つまりそれは抽象化でもある。自由の女神は、四要素になってもなおそれが自由の女神と認識できる。遠望による簡略化は、自由の女神の枝葉を捨て幹のみを取り出す働きでもある。つまり、遠望＝簡略化＝抽象化となっている。

一方で、遠望がいわゆる普通の抽象化と異なる点がある。建築を抽象化するという行為は、通常は建築物単体だけを対象に、その構成の重要な部分を抽出することだとすると、遠望の場合は、風景全体が視野に入ってくる広角的視点になってしまうため、建築単体だけを見ることができず、建築とその周りの環境全体を同時に考えてしまうことだ。つまり遠望における抽象化の特徴は、建築物単体の抽象化ではなくて、建築を含めた風景全体の抽象化であることだ。前述の自由の女神の場合、自由の

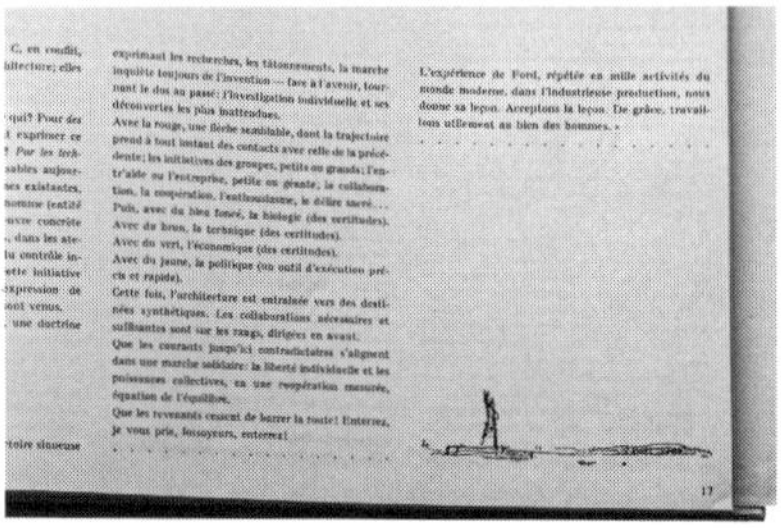

図4(第三巻 p.13)

女神の四要素と風景の四要素が同時に描かれる、という状態だ。第五巻に掲載されているカピトルの初期スケッチでは、風景全体が建築とその基壇、地平線、山脈の四要素に簡略化される(図5)。遠望を抽象化の一手段と考えた時のその特徴の面白さは、建築構成だけを取り出して考えるのではなく、周辺の建築群との関係や、または街の中や地形の中での位置付けという状況下で、それを考える視点に立つという部分だ。

遠望=抽象化が興味深いもう一点は、遠望的抽象化によって眺める世界が平面化することだ。図4の自由の女神の遠望スケッチを見ると、風景が女神像、マンハッタン、水平線の三つのレイヤーに分けられて、各々遠近の序列をもって、つまり遠景・中景・近景の三層に分類されて、それらが重ね合わされている。カピトルを遠望した図5においても、建築群と地平線、手前の低い山々、ヒマラヤ山脈というふうに、風景が遠中近に分けられる。本来立体であるはずの世界が複数平面に分類されてレイヤー化し、それらが重合する形となる。つまり遠望的抽象化とは、立体を平面化するという特徴がある。それは、絵画化と言ってもよいかもしれない。3Dの世界が2D

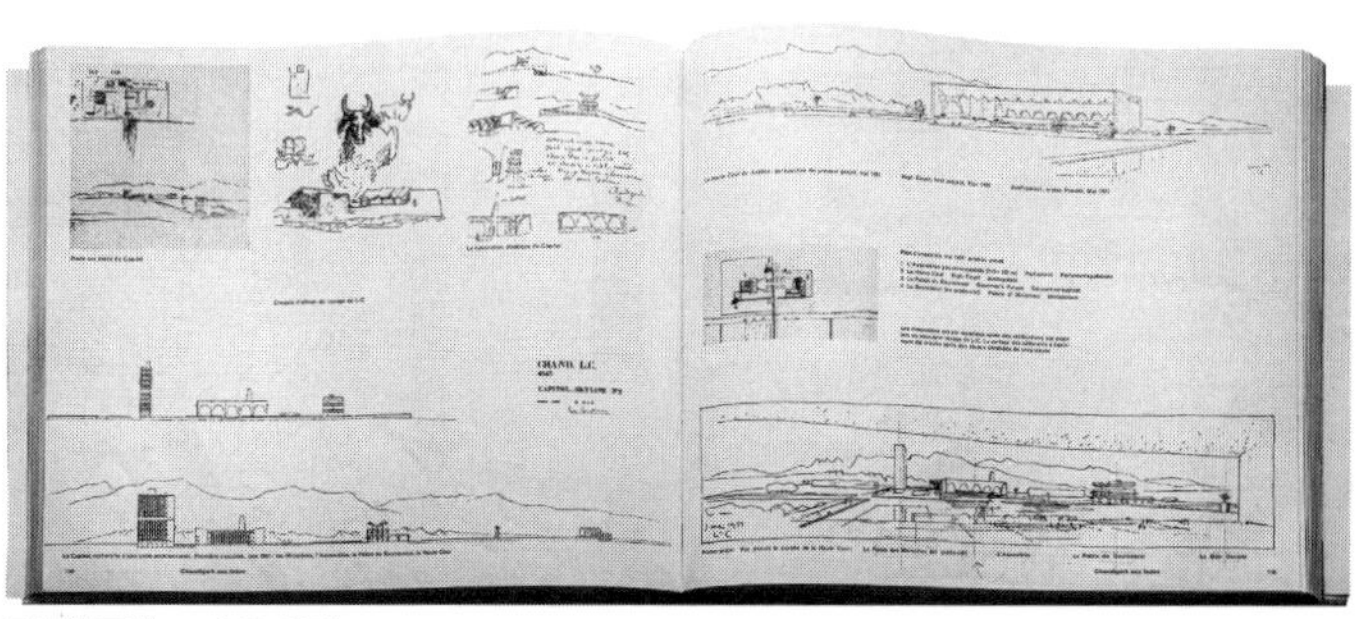

図5(第五巻 pp.118-119)

の積層になるこの抽象化は、コルビュジエの建築の個性を決定づけていると思われる。

ここまで書いた遠望の要点をまとめると、遠望は抽象化の一手段であること、またその特徴は、環境全体の抽象化であること、またもうひとつの特徴は、遠望には立体を平面化・絵画化する働きがあることだ。つまりここには遠望↓抽象化↓平面化・絵画化という図式がある。現代の私たちにとって、建築物はもはや三次元化しており、立面図は単に三次元立体が持つ六面のうちの一面の情報というような、局部的意味しかない。しかしコルビュジエにとって立面図は局部的な、一面の問題ではなく、それは環境の中で建築がどう存在するかという、建築の存在のしかたを決定づけるものだったと思われる。遠望スケッチや遠望写真の内容を見る限り、少なくともコルビュジエは、立面をそのような意味で重視していたのではないかと思える。

コルビュジエは外側から眺めるだけでなく、室内からも遠望する。第二巻「サヴォア邸」では、

図6(第二巻 p.19)

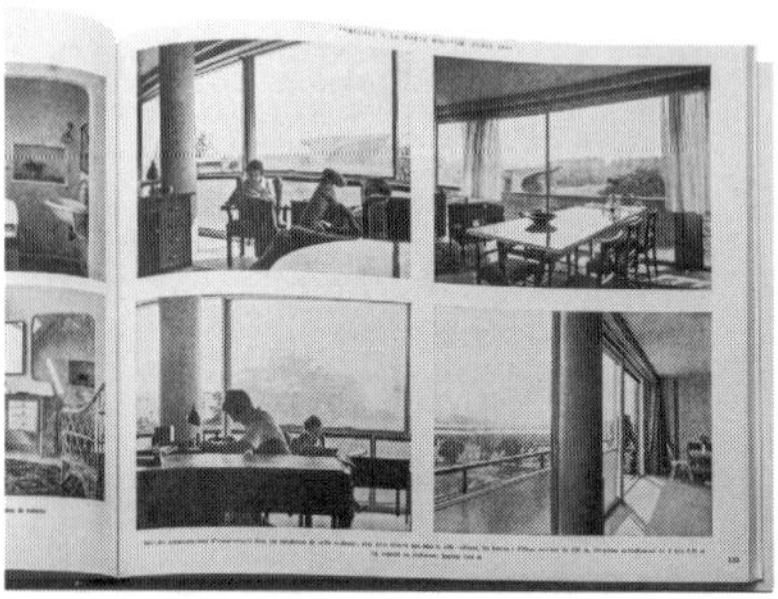
図7(第二巻 p.133)

各室から水平連続窓越しに地平線を遠望している(図6)。「ポルト・モリトールの共同住宅」でも、室内の水平連続窓から地平線を遠望している(図7)。四周に開かれた水平連続窓がまるで、地平線をぐるりと一周するように切り取る装置であり、大地の広がりを室内で感じる装置であるかのようだ。

また、コルビュジエは屋上庭園からも遠望する(図8、9)。一階ピロティ空間からも遠望する(図10)。「パリ大学都市のスイス館」では、ピロティ空間から地平線と緑園の広がりを見渡すことができる。四方が開放された屋上庭園とピロティ空間もまた、その全方位的開放性ゆえに、地平線をパノラマ的に

図8(第二巻 p.20)

図9(第一巻 p.137)

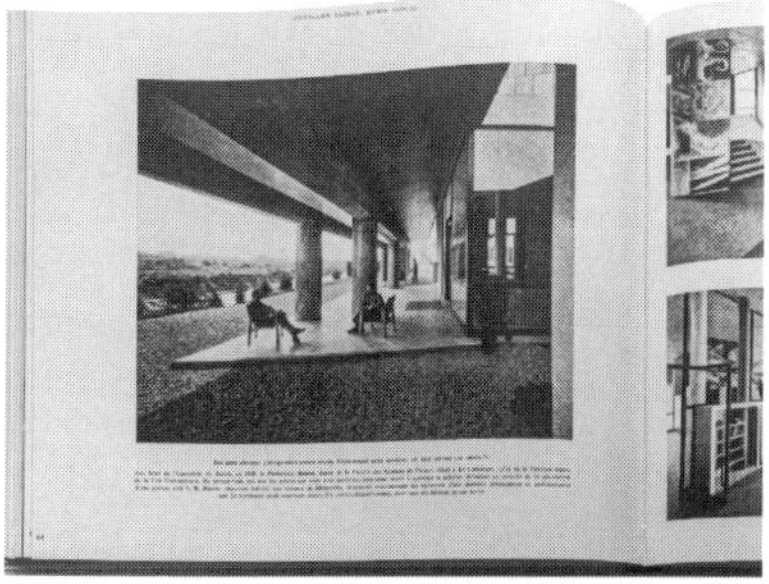

図10(第二巻 p.74)

遠望することが可能な空間になっている。

完成された建築物だけでなくスタディ段階においても、室内から遠望するコルビュジエがいる。設計段階の「サヴォア邸」(第一巻)の室内風景スケッチでは、左の壁の窓越しに山々を遠望している(図11)。壁に沿った位置に視点を置いて、室内を見渡しつつ、画面の半分で地平線を遠望して残りの半分で室内を見て、一枚の絵の中で遠景と室内を等価に並列させるこの構図は、〈作品集〉では頻繁に登場するアングルでもある(図12、13)。

図11(第一巻 p.174)

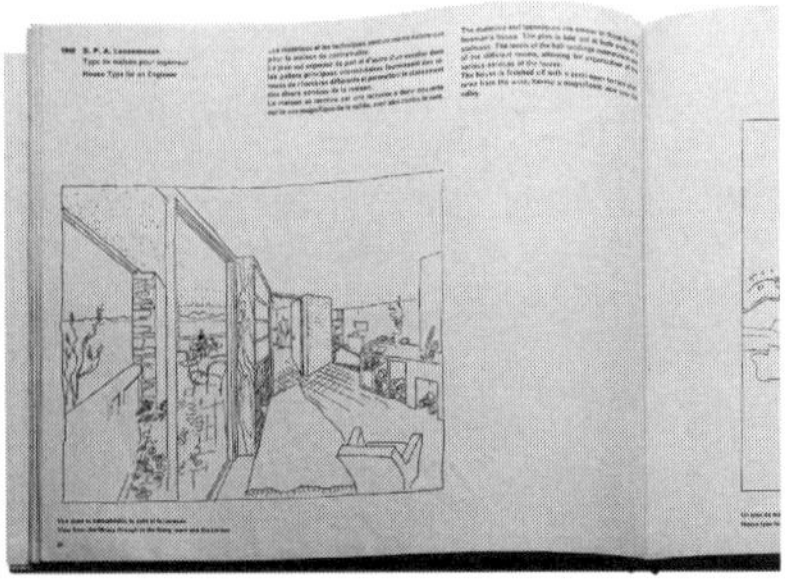
図12(第四巻 p.34)

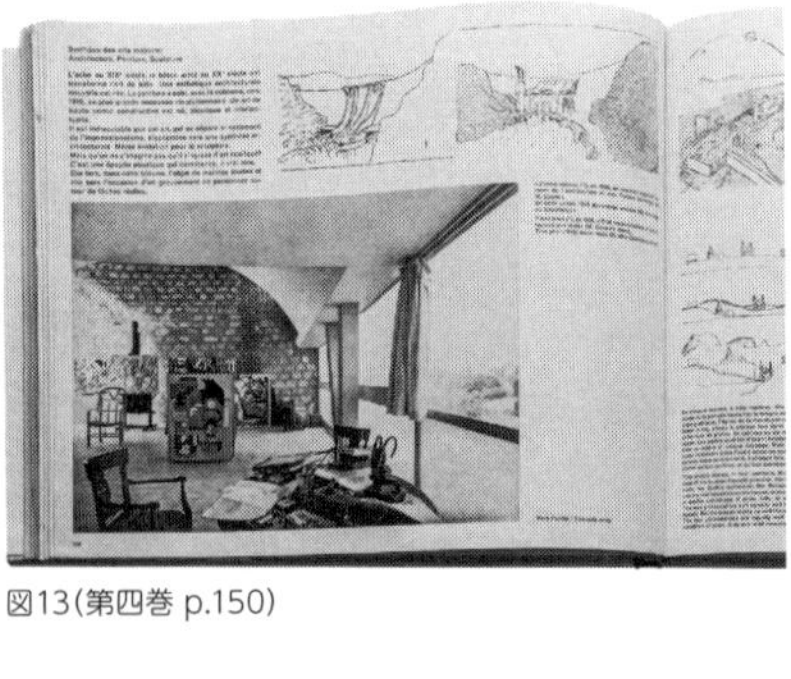
図13(第四巻 p.150)

「ヴァンナ計画」では室内スケッチが五枚登場し、うち三枚で窓やテラスから遠くの山々を遠望している（図14）。「ヴィラ型共同住宅」の大きなロッジアをはじめとして、多くの建築作品で遠望できる室内をつくり出すという設計の意図がある。

アテネのアクロポリス。見たところ乱雑なこのプランは素人だけがまどわされる。均衡は安っぽいものではない。それはピレウスからペンテリコン山へのびる名高い風景の中に決められている。この平面（プラン）は遠望を考慮してある。動線は谷に沿っていて、直角でないのは大演出家の巧妙さによっている。アクロポリスは、その岩と擁壁の上に、遠くから眺められ、一つの塊としてとらえられる。諸建築物はそれぞれの平面（プラン）に従って一つの塊となっている。

〈建築をめざして〉（53頁）

アクロポリスの平面計画は遠望を考慮してつくられている、とコルビュジエは述べている。ここで私が注目するのは、遠望は建築の

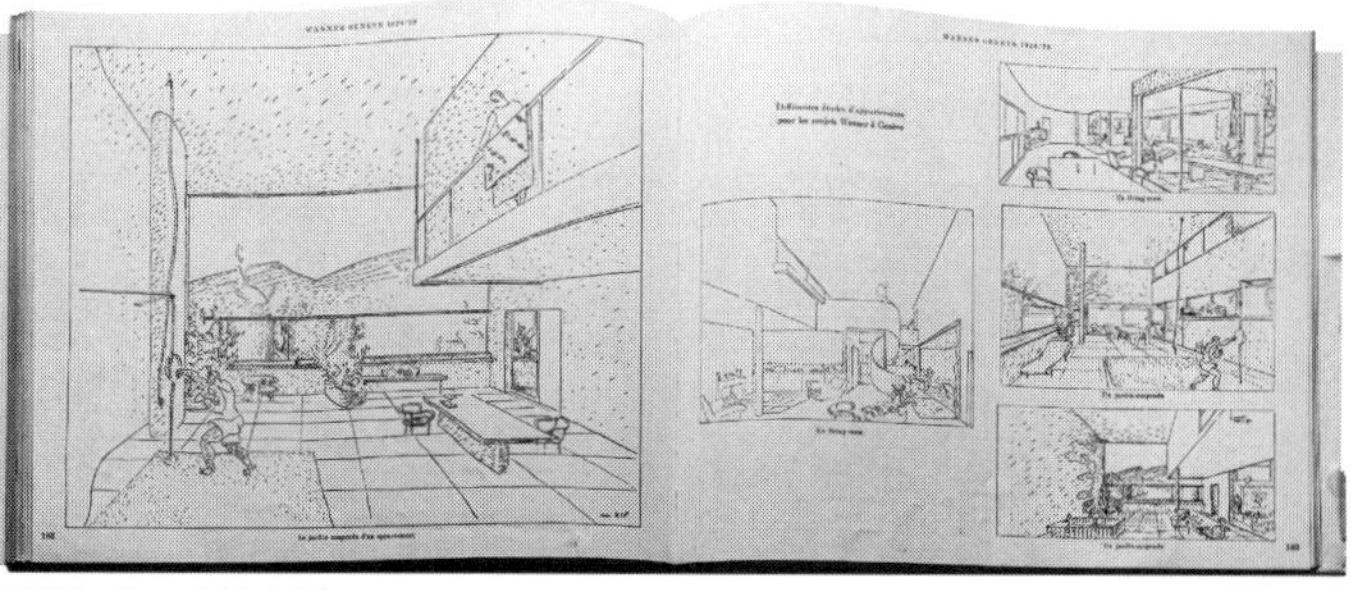

図14（第一巻 pp.168-169）

外形を決める時だけでなく、平面計画時にも、つまり身の回りの空間をつくる時にも、活用されているという点だ。コルビュジエはアクロポリスから多くのことを学んだというが、そのうちのひとつに、平面をつくる時にも遠望するということがあったと、私は想像している。コルビュジエは部屋と部屋の関係を、また室内の様子を、単に室内の出来事としてではなく、地平線が広がる広大な世界の中での出来事として理解しようとしている。室内か室外かを問わず、物と物の関係を自然光があふれる広大な地平の上で理解しようとしている。

ここで指摘したいもうひとつのことは、遠望という行為は、すでにでき上がった建築を眺めるための鑑賞手段という以上に、建築をスタディするための、いわば創造の道具になっているという

図15(第五巻 p.71)

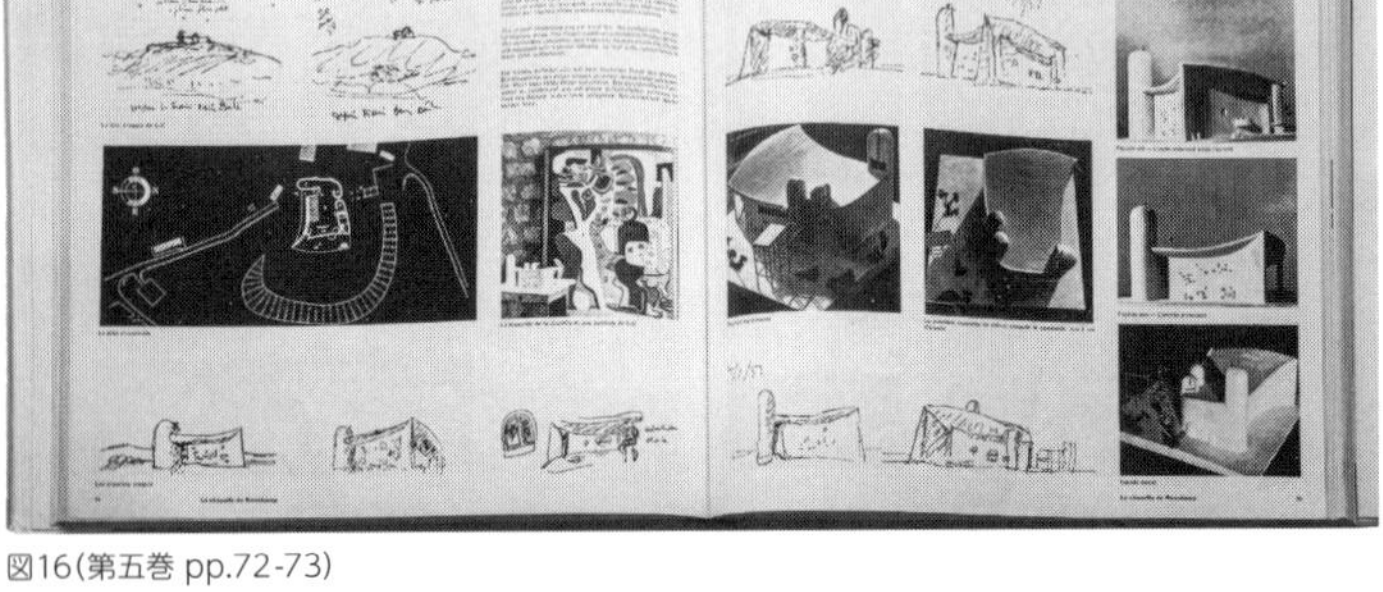

図16(第五巻 pp.72-73)

ことだ。このことは、他の図版からも類推できる。たとえば、遠望スケッチが一枚でなく、何枚にも及ぶことがある。第五巻「ロンシャンの礼拝堂」(以下「ロンシャン」と略す)のプレゼンテーションは典型的なもので、建築設計の紹介がほぼ遠望視点と俯瞰視点だけで表現されており、わずか十三頁の中に二一枚(フリーハンドスケッチ九枚、製図された立面図十二枚)もの遠望図が並ぶ。それらの遠望図の中で描かれた立面は、おのおのその造形が異なっている(図15、16)。つまりコルビュジエは遠くから一回見て終わりではなく、繰り返し遠望して、デザインを再考し、変更している。

第五巻「チャンディガル」の高等法院では、一一〇頁下段にカピトル全体を見渡す第一スケッチがあり(図5)、その段階では、高等法院はまだ大屋根だけの状態だ。続く一一八頁では高等法院を遠望する絵が六枚並び、大屋根だけだった高等法院が、徐々にディテールを持ち始める様が示される(図17)。立面のスタディの展開に並行して、断面も変化しており、遠望が建築の外観のみならず中身の変更にも及んでいることを示している。これらのことからも、「ロンシャン」の場合も「チャンディガル」の場合も、遠望が建築創造の道具のひと

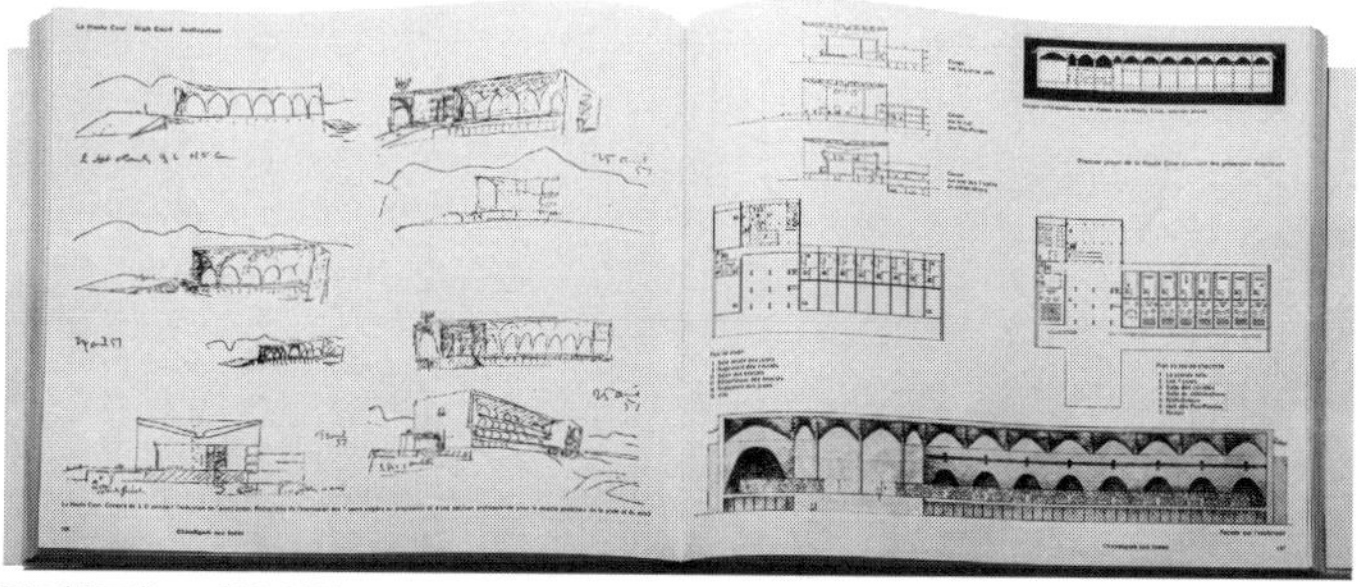
図17(第五巻 pp.118-119)

つとして使われていることがわかる。また、コルビュジエはそのことを隠すことなく、〈作品集〉において積極的にプレゼンテーションしている。

「チャンディガル」でコルビュジエが描いた遠望スケッチの枚数の多さは、たいへんなものだ。数えられるだけでも一〇八頁から一五〇頁までの四二頁の中で、八三枚にも上る。それらがすべてスタディの一つひとつと考えると、この大量のスケッチ群はコルビュジエが「チャンディガル」においていかに苦闘したか、この大プロジェクトがいかに巨大な相手だったかを物語っているかのようだ。また、建設前の遠望スケッチの数々は、まだ何も建っていない状態での遠望であることを考えると、それらはどれも、実物を見て描いたスケッチではなくて、こうあって欲しいという願望が遠望になったものだ。この遠望スケッチの数の多さもまた、コルビュジエが遠望によって世界をつくり出そうとする努力の集積と私には感じられる。それは、今目の前にある既存の風景を機械的に写しとる遠望ではなく、まったく何もない大地の上に新しい世界を創造することを望む遠望なのだ。

ところで、前述の高等法院一一八〜九頁に載せられた数々の遠望スケッチを詳しく見ると、遠望と一言で言っても、そこには透視図的遠望と立面図的遠望が混在していることに気づく(図17)。コルビュジエの場合この二つは、ほとんど同等に扱われているが、透視図と立面図は図法上の大きな違いがある。透視図は、観測者と対象物の距離関係が決まって初めて描ける図であり、立面図は、両者の距離関係なしに描く図であるという違いだ。透視図を描く場合は、どれだけ対象物から遠く離れてそれを眺めたとしても、観測者と対象物は同じ地平に属しており、かたや立面図を描く場合は、観測者が無限遠に立つ必要があり、もはや両者は同じ世界にいない。遠望という、元々はたいへん現実主義的であった抽象化のやり方が、それが立面図になる時、無限遠という現実ではおよそあり得ない立場に到達する。透視図のことを、観測者と対象物が同一平面に置かれているという意味で、現実的な視点と仮にみなすとすると、立面図は観測者が世界の外に出るという意味で、観念的視点と言える。遠望スケッチが平面化、絵画化するということの意味は、現実的な視点が観念的視点に移動するということでもある。

現実的視点↓遠望↓抽象化↓平面化・絵画化↓観念的視点

このことは、次回書こうとしている俯瞰視点と移動視点でも共通して見出すことができる、コルビュジエの建築創造の大きな特徴のひとつではないか、と私は考えている。

（注） 特記ない限り頁数は〈作品集〉GA版による。

マルセイユのユニテ・ダビタシオンの屋上

Le Corbusier Œuvre complète（ル・コルビュジエ全作品集）

第6回　俯瞰（生命的秩序4）

「Le Corbusier Œuvre complète（ル・コルビュジエ全作品集）」（以下〈作品集〉と略する）は、ル・コルビュジエ本人自ら編集したということから、ル・コルビュジエが建築をどう表現したいかがよく表れた本となっている。同時にそれは、ル・コルビュジエが建築をどう眺めているかを示すものにもなっている。〈作品集〉にみられる、ル・コルビュジエの建築の眺め方は、大きく分けて四種類あると私は考えた。それは、

1　遠望
2　俯瞰
3　移動
4　空想

の四つである。前稿では、そのうち第一の遠望について書いた。本稿では、第二視点の俯瞰を取り上げてみたい。

俯瞰という眺め方は、前稿で書いた遠望と同じくらい頻繁に〈作品集〉に登場する視点である（注1）。遠望と俯瞰は基本的に別物と私は分類したが、しかし〈作品集〉ではしばしば合体して登場することも多く、両者に共通する部分は少なくない。両者の違いをあえて言えば、遠望は地上に立ち、アイレベルでもって建築を真正面から眺める。それに対して俯瞰はもっと高いところから、たとえば屋上庭園から、または山上や飛行船から、建築を見下ろす。両者の違いは、遠く正面から眺めるか、上から見下すかである。

種類の多さ

遠望視点があくまでも地面にしばられ、大地から離れられないのに対して、俯瞰視点は空中であればどの高さであっても、どの角度であっても、俯瞰視点になるという自由さがある。地面から多少浮いた程度の、ほとんど遠望と違わない低空からの俯瞰があり（図1）、屋上庭園から望む高さの俯瞰がある（図2）。さらに、山上からの俯瞰（図3）、空中から眺める俯瞰があり（図4）、直下を垂直に見下ろす俯

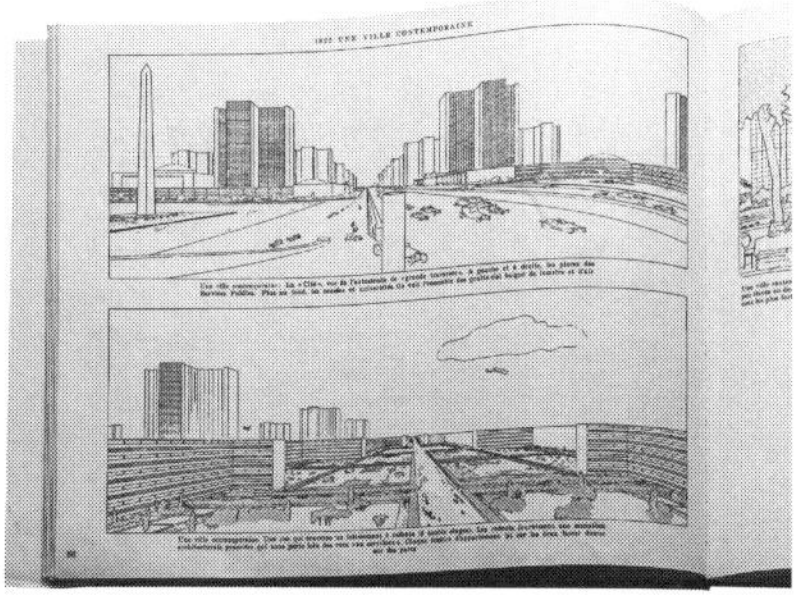

図1(第一巻 p.28)

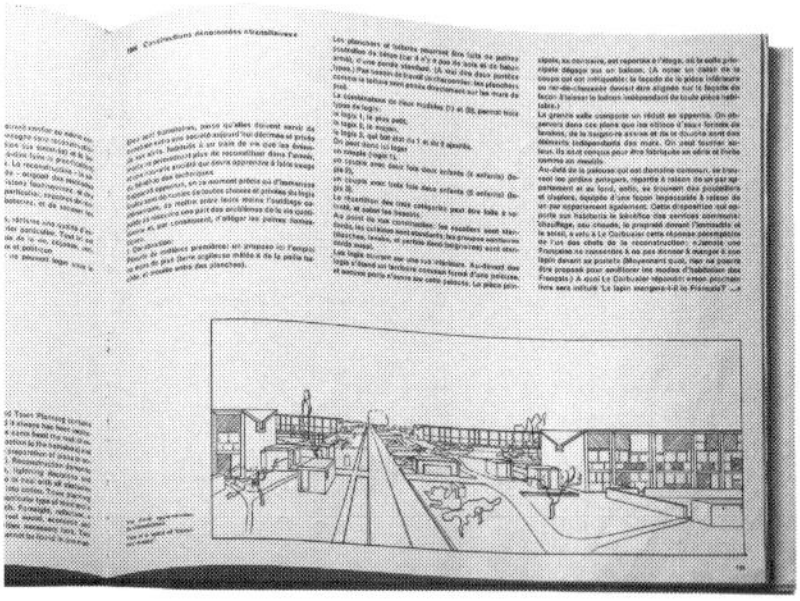

図2(第四巻 p.123)

図3(第五巻 p.185)

瞰がある（図5）。

　また俯瞰視点を表す図版はメディアの種類も多い。つまり模型写真（図6）、透視図やアクソノメトリック図などの製図されたもの（図7）、フリーハンドスケッチ（図8）、航空写真を加工したフォトモンタージュ（図9）など、さまざまなメディアで表現される多彩さがある。

図4(第7巻 p.229)

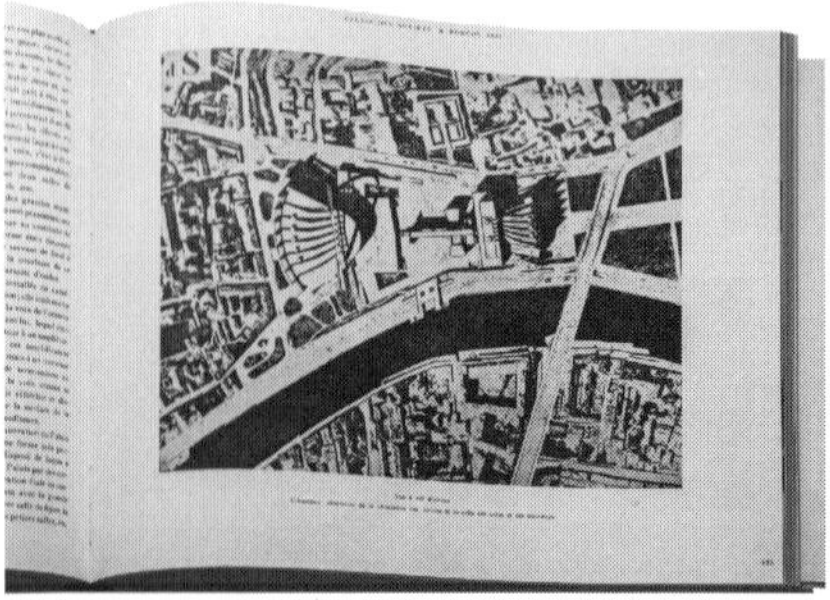
図5(第二巻 p.105)

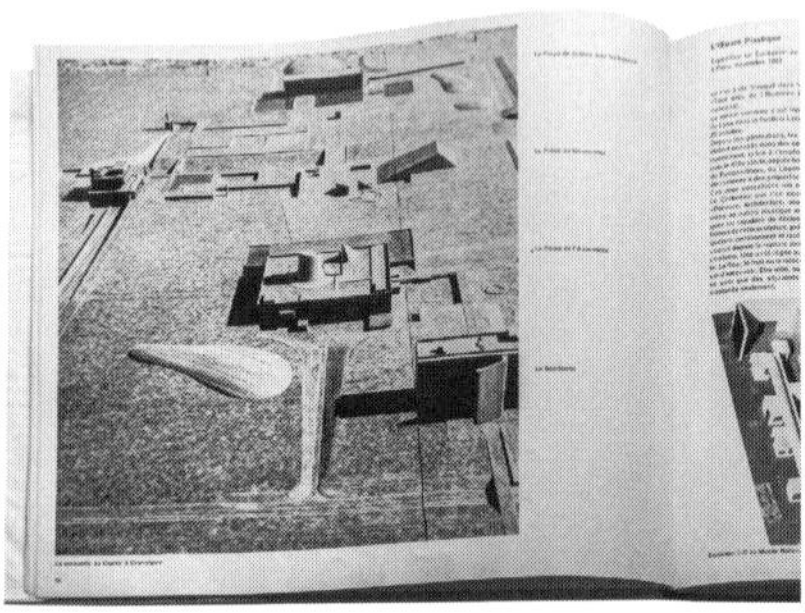
図6(第六巻 p.10)

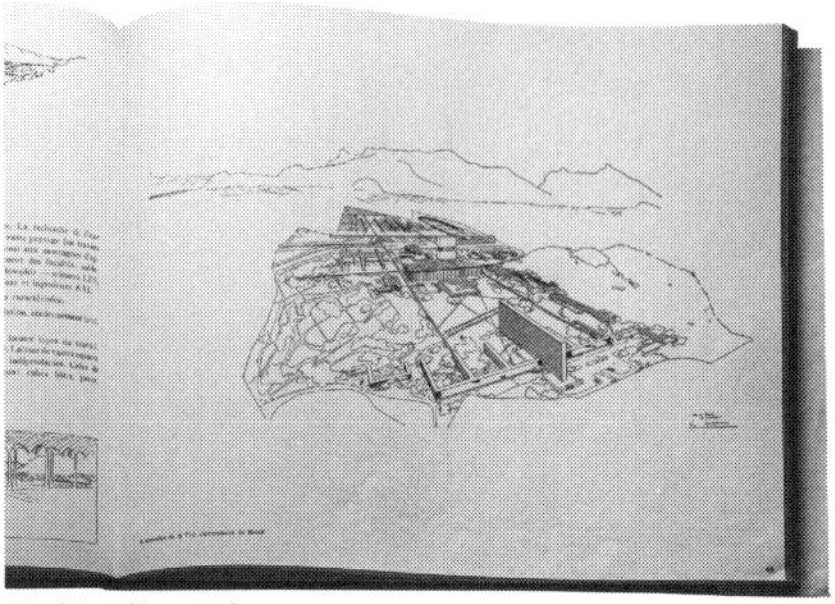

図7(第三巻 p.35)

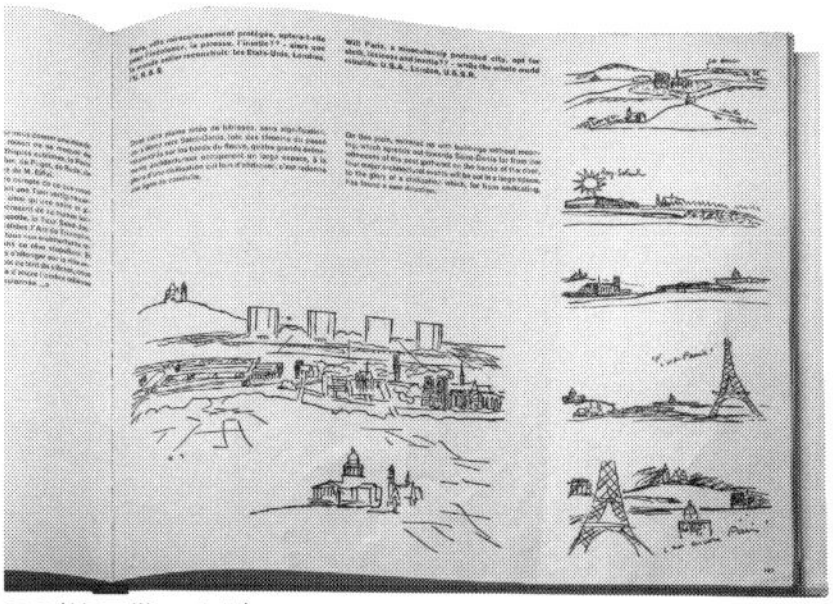

図8(第四巻 p.141)

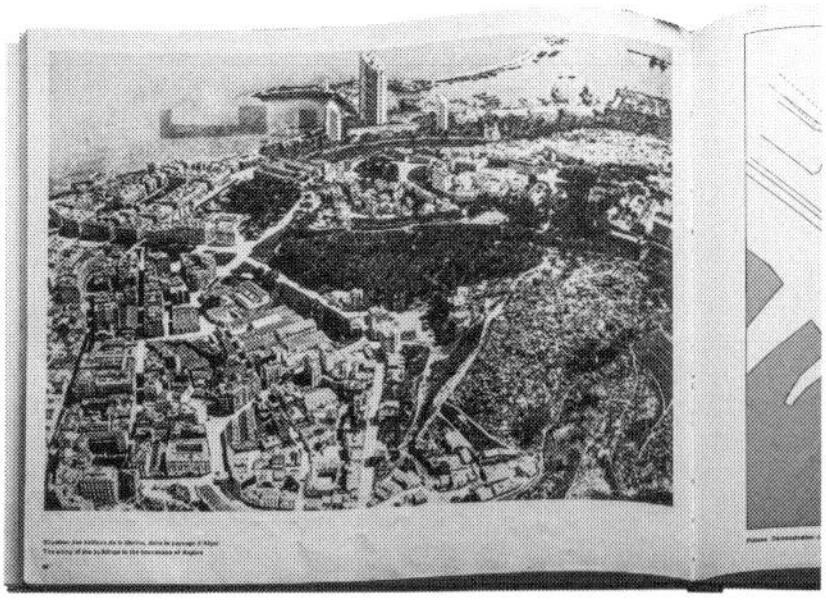

図9(第四巻 p.52)

遠近の自由さ

俯瞰視点は空中から眺めるのであればどこでもよいので、いくら接近してもよい（図10）。遠望視点が決して建築に接近できないことを考えれば、これも俯瞰視点の自由さのひとつだ。遠望についての前稿の議論では、遠く離れて眺めることは建築を簡略化して眺めることであり、それはそのまま建築を抽象化することでもあった。それを踏襲して考えれば、対象物との距離を変えられるということは、抽象度を自由に変えられるということだ。建築に肉薄して見下ろす時、建築単体だけを観察することになり、建築単体だけが抽象化の対象となる。しかし遠く離れて建築を俯瞰する時、それは遠望の時と同様に、細かいことはよく見えなくなる。建築は簡略化された存在となり、大きな関係性のみが観察される。また建築単体だけでなく、

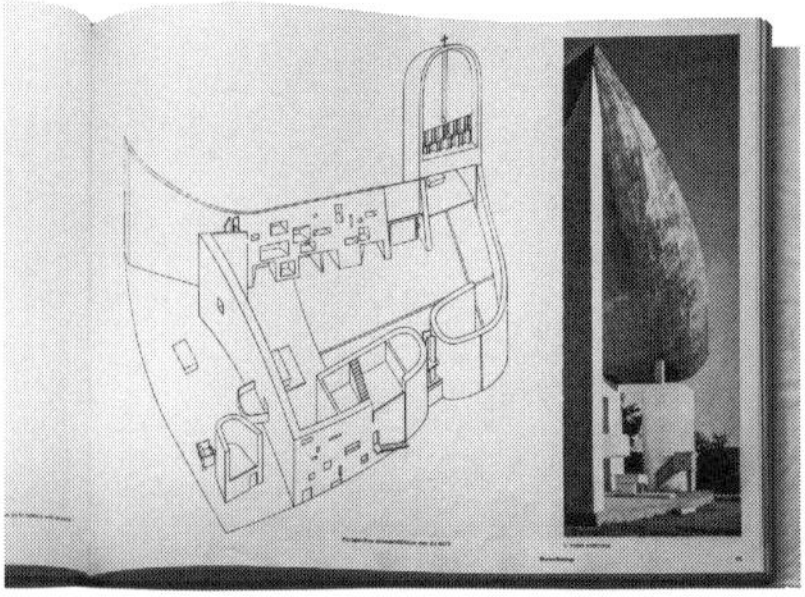

図10（第六巻 p.25）

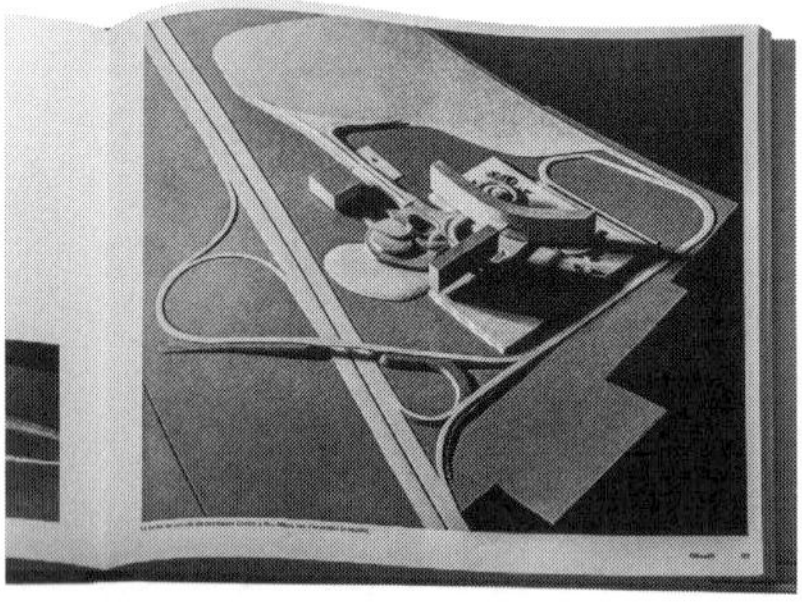

図11（第七巻 p.125）

その周りも一緒に視界に入ってくる。つまりそれは建築と環境をまとめて抽象化するという視点になる(図11)。

　また、俯瞰視点にはズームアップというオプションもある(図12)。無限遠の位置から望遠鏡を使って、対象を拡大して眺めるというもので、たいへん詳細まで克明に観察できて、便利である。この場合は抽象化といっても、しばしば建築の一部分だけを取り出すものになる(図13)。つまり俯瞰視点には、環境全体という大きさから建築の一部のみという小ささまで、観察範囲を自由に変えられる自由がある。

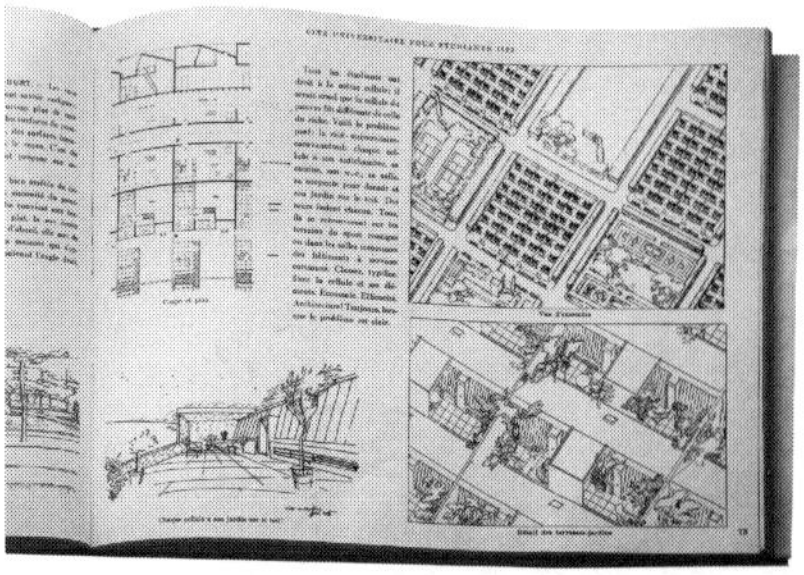
図12(第一巻 p.65)

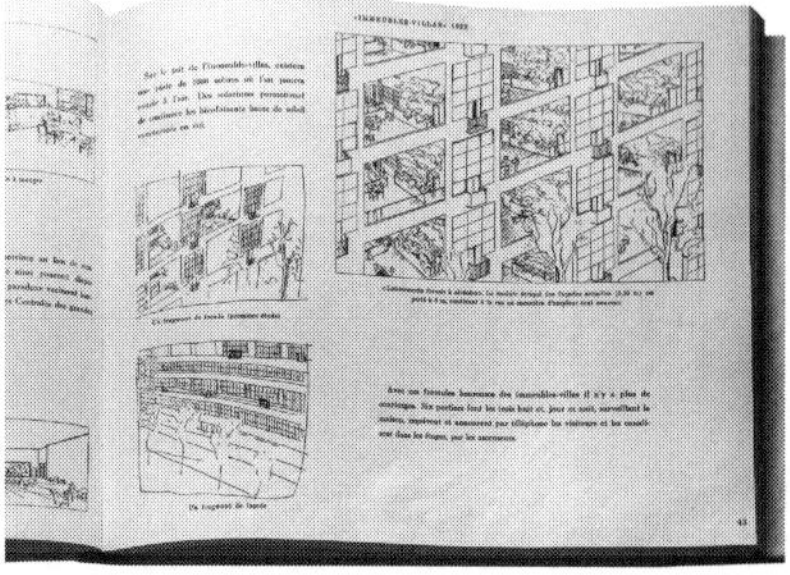
図13(第一巻 p.35)

　抽象化の範囲や抽象度を自在に変えられること、角度も距離も自由であることなどは、どれも遠望視点にはない俯瞰視点の多様さと自由さである。それはまるで、コンピュータ時代における3Dモデル視点の先駆けのようでもある。地面に立って眺める遠望の現実主義的視点と比べると、俯瞰視点はいわば現実的諸制約を超越した視点であり、それは非日常的、また観念的視点と言える。

世界全体を眺める

俯瞰視点は上方から見下ろすだけあって、いろいろなものがよく見える。「マイヤー邸」(図14)では、建築の形状と立面の詳細がよく見え、屋上庭園の家具や植栽、舗装の目地や屋上プールのタラップまで見える。「ヴォアザン計画」(図15)では、建築と街区、通りの関係がよくわかる。リヴォリ通りが廃止され、超高層群がシテ島とルーヴル宮のすぐ隣まで迫ってきているのがわかる。「ヴォアザン計画」がパリのどこを破壊し、どこを保存するものであるかが、よくわかる。どちらの場合も、どのような大小の部品がどう関係してその世界ができ上がっているかを、克明に観察することができる。接近して見る場合は建築単体を見て、遠い場合は建築と環境の両方を見るという、そういう範囲の違いはあっても、対象物の全体とその構成を見ようという意欲

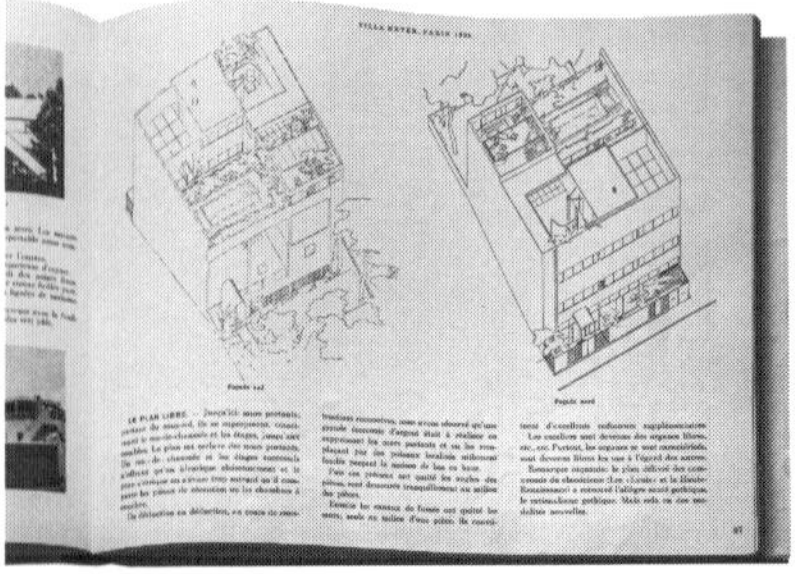

図14(第一巻 p.79)

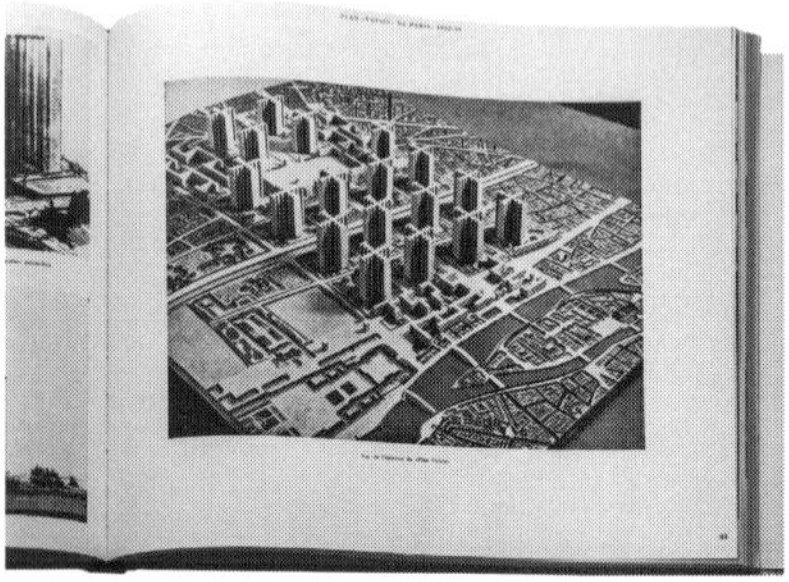

図15(第二巻 p.83)

がある点はどの俯瞰視点も同じだ。また、どの俯瞰であっても、基本的に室内は見ない。稀に室内が観察対象になる場合も、それが外から見える状態にある場合に限られる。つまり俯瞰視点の大きな特徴のひとつとして、「外側から見る」ということがある。それもただの外側ではなく、超越的な立場から見下ろす視点だ。俯瞰視点は世界全体とその構成を、世界の外側から（上から）理解しようとする視点といえる。

立体化

第二巻「アルジェの都市計画、計画A」（以下「アルジェA」と略す）では、わずか四頁の誌面に一〇枚もの俯瞰図（透視図、模型写真、航空写真など）が登場し、ほぼすべての内容を俯瞰視点のみを用いて説明している（図16）。

図版の下には、「航空写真はアルジェの断崖のきわめて急峻な起伏を明らかにしない。模型の方が、地表の凹凸の激しさがよくわか

図16（第二巻 p.123）

る」と書かれている。飛行機から現実の風景を俯瞰撮影した航空写真と、模型で地形を再現してそれを見下ろす場合との二種類の俯瞰図を比較して、地形把握という点において航空写真よりも模型の方をコルビュジエは評価しており、コルビュジエが「地表の凹凸の激しさ」を、つまり地形の立体的形状を観察していることがわかる。遠望は見る対象の風景を平面化させるのに対して、俯瞰は風景を立体的に把握する、という違いがここに見られる。俯瞰視点は、遠望の時のように風景をレイヤー化(平面積層化)することはなく、立体を立体のまま捉える。遠望の時に起きていた、遠景・中景・近景という風景の分割と階層化がここでは起こらず、谷や丘、建築や道路などのすべての事物があるがままに連続する。前稿で遠望視点を絵画的視点と位置付けたが、それに対比させて言えば、俯瞰は彫刻的・模型的な視点と言えるかもしれない。

遠望＝絵画的・図面的
俯瞰＝彫刻的・模型的

諸次元の統一

俯瞰視点は、谷や丘、建築や道路などのすべての事物を立体のまま、地続きに連続したまま、ひとつの世界として把握する。地続きとはつまり、建築物単体を俯瞰する場合を例にとれば、遠望の視点が立面のみを眺めるものであるのに対して、俯瞰視点は立面と屋上庭園の二面を同時に眺める、ということだ。たとえば第一巻「ヴィラ型共同住宅」のアクソノメトリック図を見ると、建築の平面図と立面図が同時に眺められていることがわかる(図17)。つまり俯瞰視点とは、平面図と立面図という本来別次元のもの同士を合体して観察する視点であり、または山々や谷、市街地、建築物といった、遠望視点であれば各レイヤーに分類されるべき別次元のものを、ひとまとめに合体して認識する視点と言える。

遠望	俯瞰
地上的	空中的
現実的	観念的
平面的	立体的
絵画的	彫刻的
分割的	一体的

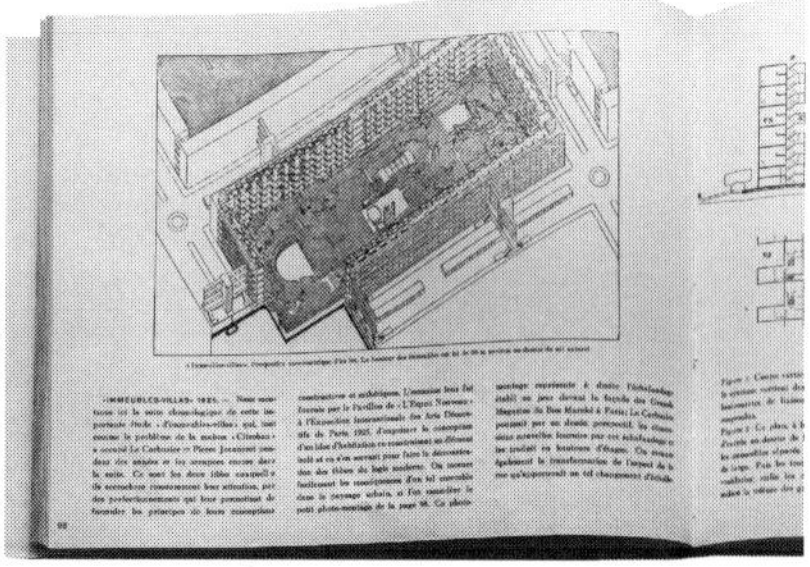
図17(第一巻 p.84)

立体の加工修正

「アルジェA」は起伏に富んだ立体的な都市計画であり、そのほぼすべてを俯瞰図版で表現するのに相応しいプロジェクトと言えるが、ここでコルビュジエは、さまざまな興味深い立体化の試みをしている。たとえば、海面と水平線を模型写真の中に直接、手描きで描きこんで、模型写真とスケッチの合体のような図版を制作している。

図18は「アルジェA」の模型を斜め上から俯瞰して撮影した写真であるが、斜めに見下ろす角度の問題で、模型の端部が水平線と見間違うようなところに来る。しかし模型の大きさが十分でないために、その水平線の位置が低すぎて、正しい立体感が得られず、うまくない。そこでコルビュジエは模型端部をボカして、新しい水平線を写真に直接描きこ

図18(第二巻 p.121)

図19(第三巻 p.75)

み、本来あるべき正しい位置に変更している。

正しい立体感覚を得るために写真を加工修正するという例は、〈作品集〉には多数登場する。たとえば第三巻「一〇万人参加の国立大集会場の計画案」における俯瞰写真は、建築模型を見下ろしたものであるが、模型端部の向こうに手描きで地平線と山脈を付け加えて、模型が持っていなかったような立体感をつくり出している(図19)。

球面化

またコルビュジエはアクソノメトリック図にも、地平線または山脈を描き込むという加筆をしばしば試みている。この手法でつくられた図版も数多く、たとえば「シカゴの近くにある学長の住宅の計画案」(図20)、「北アフリカのシェルシェル近くの農園内に建てる

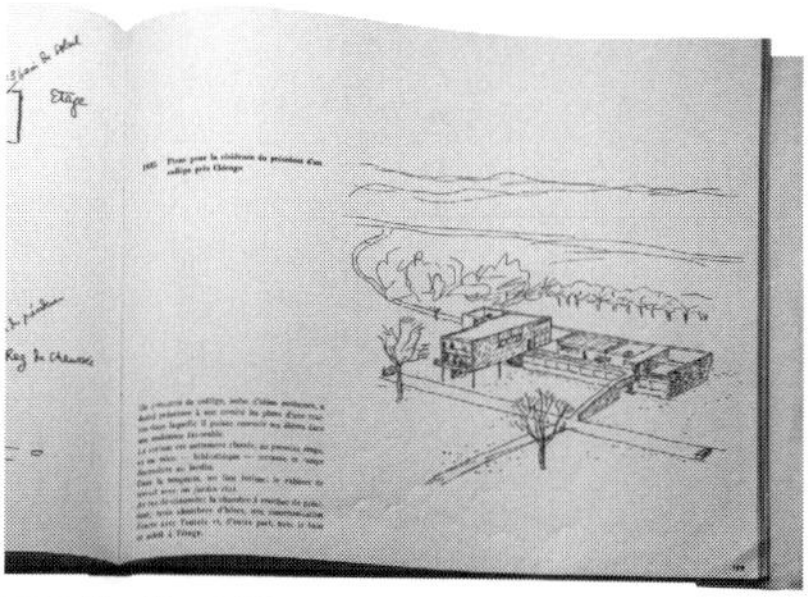

図20(第三巻 p.115)

図21(第四巻 p.115)

住宅」(図21)、「議事堂」(図22)、「総督公邸」(図23)、「東京国立西洋美術館」(図24)等だ。これらは図法的に言うと、いわばめちゃくちゃであって、アクソノメトリック図＋透視図というような、原理的に異なる二つの図法を強引に合体させた状態だ。または、俯瞰視点と遠望視点を合体させた状態とも言える。コルビュジエはさまざまなところで、アクソノメトリック図に地平線や山脈を描き込んで、アクソノメトリック図と透視図を合体させ、俯瞰視点と遠望視点とを同居させる。これらの俯瞰と遠望の同居状態が私にとって興味深いのは、アクソノメトリック図によって描かれた建築を手前に描き、遥か遠

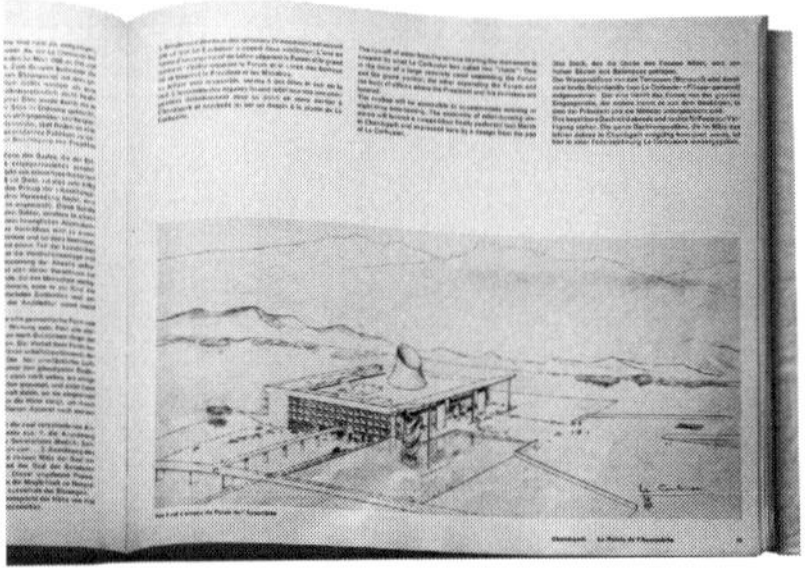
図22(第六巻 p.93)

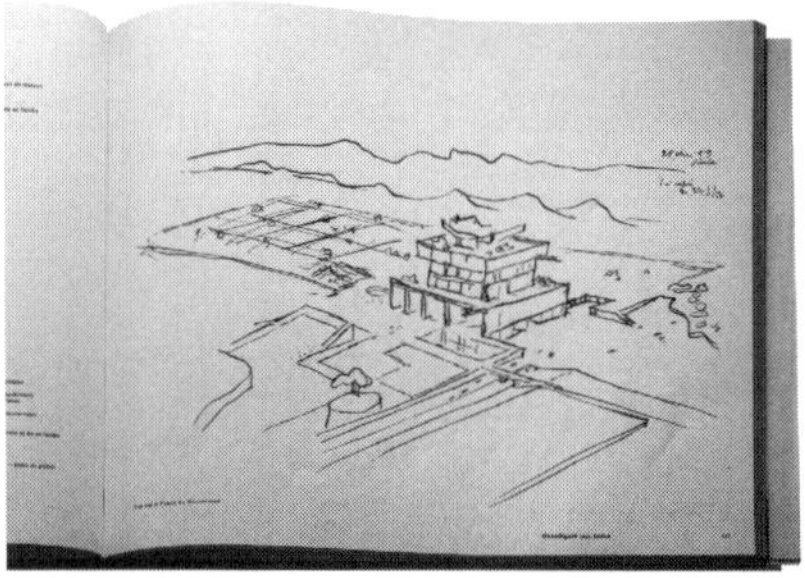
図23(第五巻 p.139)

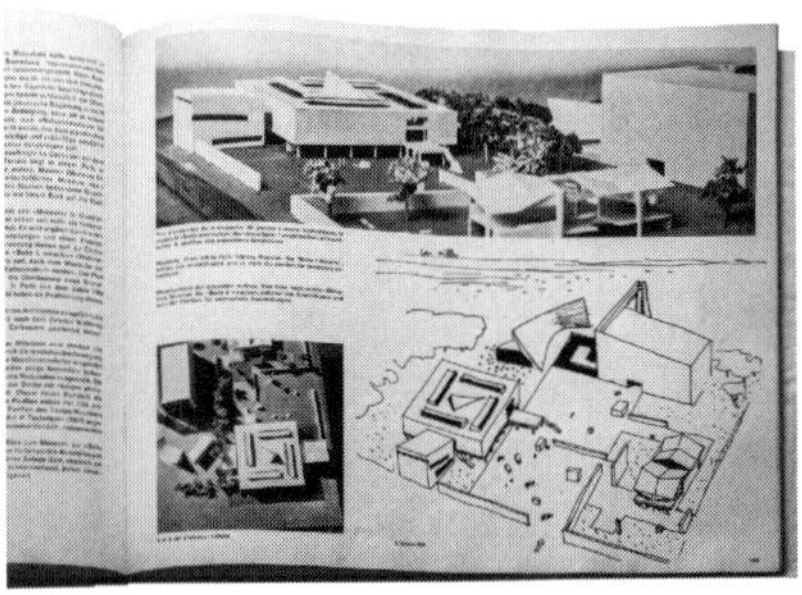
図24(第六巻 p.164)

くに地平線を描くことで、平面であった大地が球面化したかのような空間感覚がつくり出されることだ(図25)。ここにはいろいろな面白さがある。異種接合の暴力性とか、地球規模の立体化とか、またはユークリッド幾何学的平面を非ユークリッド的曲面に置き換えるとか、さまざまな論点がありうるが(図26)、本稿の論点から指摘したいのは、単に眺めているだけながら、眺めることによって眺めている当の対象物を変形(立体化)させてしまっている、という点であろう。

自分中心

建築や大地の形状を立体化させるだけでなく、世界全体を立体化させていると感じられる事例は、他にも幾つかある。私が個人的に好んでいる図版は、第五巻「マルセイユの住居単位」の、地上を見下ろす屋上庭園を上から俯瞰した写真だ(図27)。それは、屋上庭園

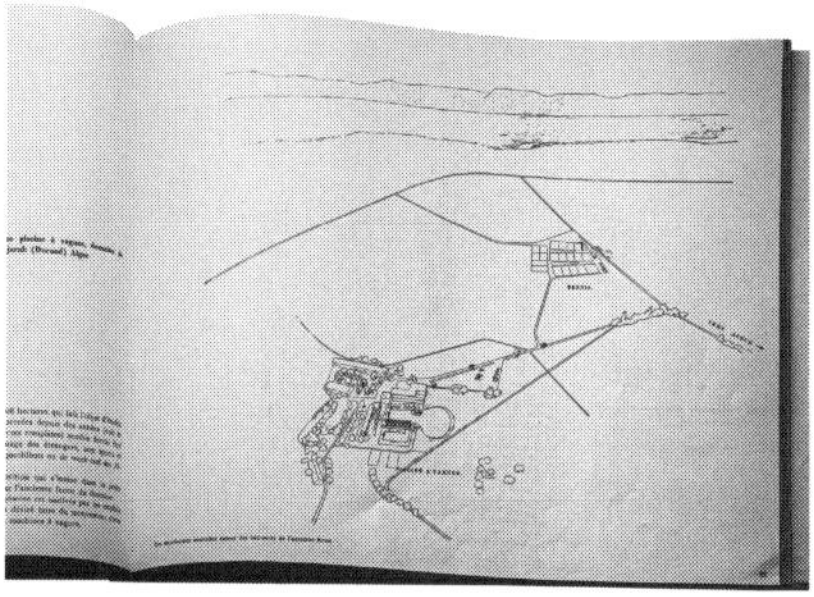
図25(第三巻 p.81)

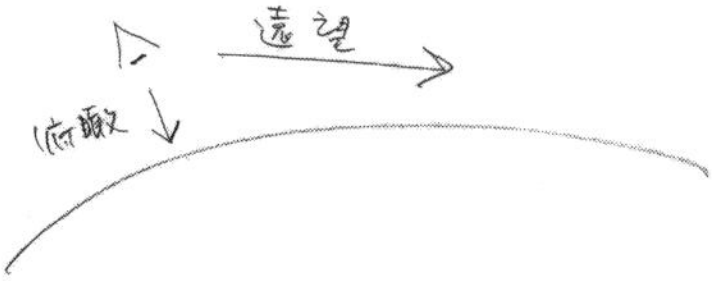

図26

と大平原とをまとめて俯瞰する写真であり、屋上庭園がまるで大海原に浮かぶ船であるかのように描写され、屋上庭園と大平原の一体性を伝える写真となっている。屋上庭園はいわば空中庭園なので、それは大地から切り離された場所であり、世界を外から／上から俯瞰する場所という意味でも、超越的立場の典型なのだが、この図版からすると、あたかも屋上庭園は大自然の立体世界のど真ん中に配置されているように見える。屋上庭園は、地上を外から／上から俯瞰する空間でありながら同時に、そこを中心に大自然の立体世界をつくり出す中心的空間でもあるように思える。

世界を外側から、超越的視点から眺めるための装置である屋上庭園が、いつの間にか世界の中に、それもど真ん中に位置づけられる。超越的であるはずの俯瞰視点が世界に囲まれ、その真ん中におさまってしまうという状態だ。コルビュジエの俯瞰視点は、それがどれほど観念的なものであっても、どれほど俯瞰的であったとしても、俯瞰して眺める世界の中心にル・コルビュジエ本人がいるという、不思議な構造がある。

図27(第七巻 p.106)

まとめると、俯瞰視点とは世界全体を外側から見渡す視点であること、それは世界全体を立体化させる視点であること、俯瞰視点は観念的視点であること、それは平面+立面またはアクソノメトリック図+透視図などといったような、異次元の諸物を一体化して世界を構築するものであること、それは俯瞰でありながら、自分を中心に置いた世界であること、などだ。

〈作品集〉に見られる俯瞰図の種類は冒頭で述べたように、模型や製図、フォトモンタージュなど多岐にわたるが、それらはすべて現実世界の風景ではなく、アトリエ内で制作されたものだ。俯瞰視点とは観念的・非日常的視点とまとめてはみたものの、その自由さ・便利さから、アトリエにおける設計活動にとってはたいへん実用的なものでもあるという事実がある。観念的・非日常的視点であり、かつ実用的・日常的視点という意味で、それは建築家的な視点でもあると言える。〈作品集〉の諸図版が示す俯瞰による風景が、現実に空を飛んで見下ろした現実の風景ではなく、アトリエ内で制作された風景であるということは、要するにこれらの図版が示す俯瞰視点が描く世界は、建築家が望んでつくった人工的世界であり、建築家がめざす世界観であって、現実に存在している世界ではない。むしろ現実をそちらの方向に変えていきたいという、いわば建築家の方針を具現化した風景であると言った方が、俯瞰視点の実態に近いのかもしれない。また、もしかしたら俯瞰に限らずすべての視点に言えることかもしれないが、なにかを眺めるということは、単に観察するということにとどまらず、それは世界を創造することでもあると言えるのではないだろうか。

（注1）　第一巻では遠望を上回る図版数でもある。特記ない限り頁数は〈作品集〉GA版による。

カーペンター視覚芸術センター　ル・コルビュジエ

第7回　移動（生命的秩序5）

Le Corbusier Œuvre complète（ル・コルビュジエ全作品集）

「Le Corbusier Œuvre complète（ル・コルビュジエ全作品集）」（以下〈作品集〉と略する）は、ル・コルビュジエが建築を眺めるその眺め方（見方）が数種類あることを示している。私が数えるところによるとそれは、

1　遠望（遠くから見る方法）
2　俯瞰（上から見る方法）
3　移動（移動しながら見る方法）
4　空想（まったく見ない）

の四つであり、そのうち遠望と俯瞰の二つの視点について、今まで二回に分けて書いた。本稿では、三番目の見方である移動視点について書いてみたい。しかしこれは内容的に言って、〈第四回　時空間〉の議論と重複する部分も少なくない。

移動視点とは何か？　それは、観測者が移動している状態で建築を見ることだ。たとえば歩きながらまたは走行する自動車から建築を見ることなどがそれにあたる。今まで書いてきた遠望視点と俯瞰視点の二視点が、どちらも観測者が立ち止まって建築を見る定点観測であったのに対して、移動視点の方はいわば動点観測だ。定点観測である遠望と俯瞰が見る風景は、静止画のそれであり、動点観測である移動視点が見るものは動画的な世界、という違いが両者にはある。もしくは、遠望・俯瞰の二視点が空間的な視点であるとすると、移動視点は時空間的な視点、とも対比できる。また、地平線の彼方から建築を遠望したり、空中に上がって建築を俯瞰したりといった行為が、日常生活の中でそんなに多くないであろうことを考えると、移動視点は遠望・俯瞰よりも日常的な視点であるとも言える

かもしれない。

1 移動視点の事例

移動視点は〈作品集〉の中で、さまざまな形で登場する。そのもっとも印象的な図版は〈作品集〉第三巻の冒頭に登場する、マンハッタンをイースト・リバーから見たスケッチ（図1）であろう。これは船上から摩天楼群を描いたスケッチで、コルビュジエが都市空間を把握するそのやり方が鮮やかに感じられる図版群だ。このスケッチが面白いのは、それらが数枚から成る連作であることと、それらがどれも瞬時に描かれたような、速描き素描の連続であることで、物事の捉え方が動的また動物的だ。徐々に近づき大きくなってゆく摩天楼群の威容へのコルビュジエの驚きと、事態把握のスピードの速さが伝わってくる。定点観測にはないダイナミズムがあり、移動視点の特性をよく伝える図版群である。

第二巻「サヴォア邸」（図2）や第五巻「サン・ディエの軽工業」（以下

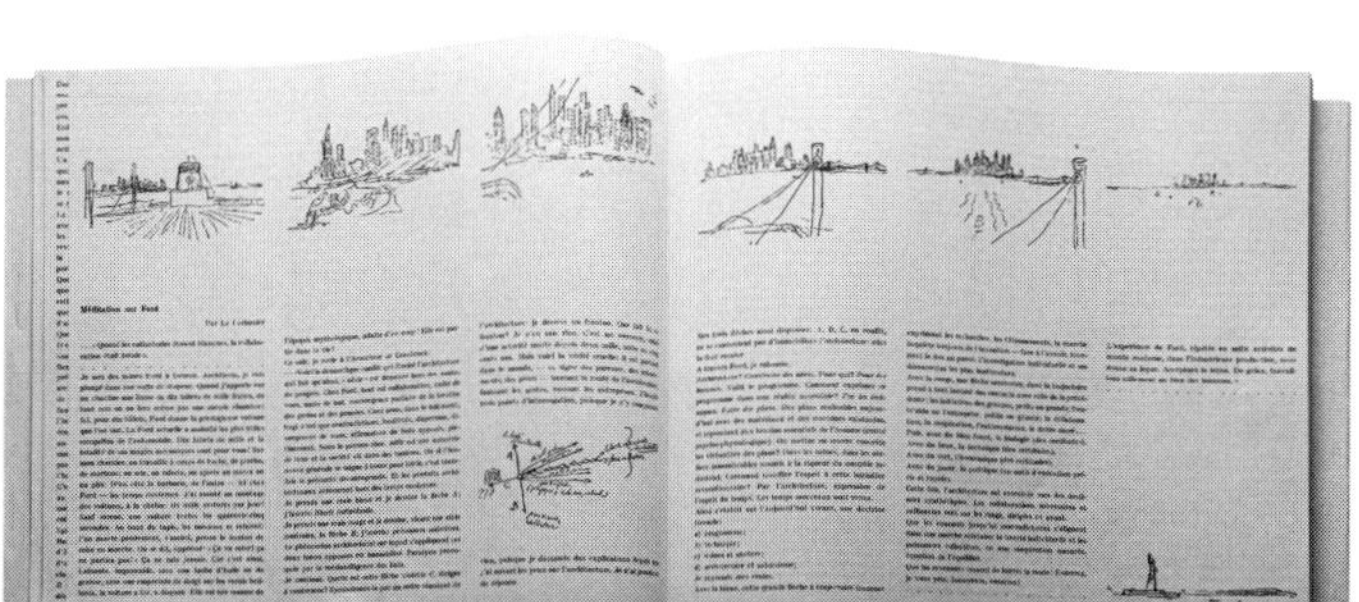

図1（第三巻 pp.12-13）

図2(第二巻 pp.16-17)

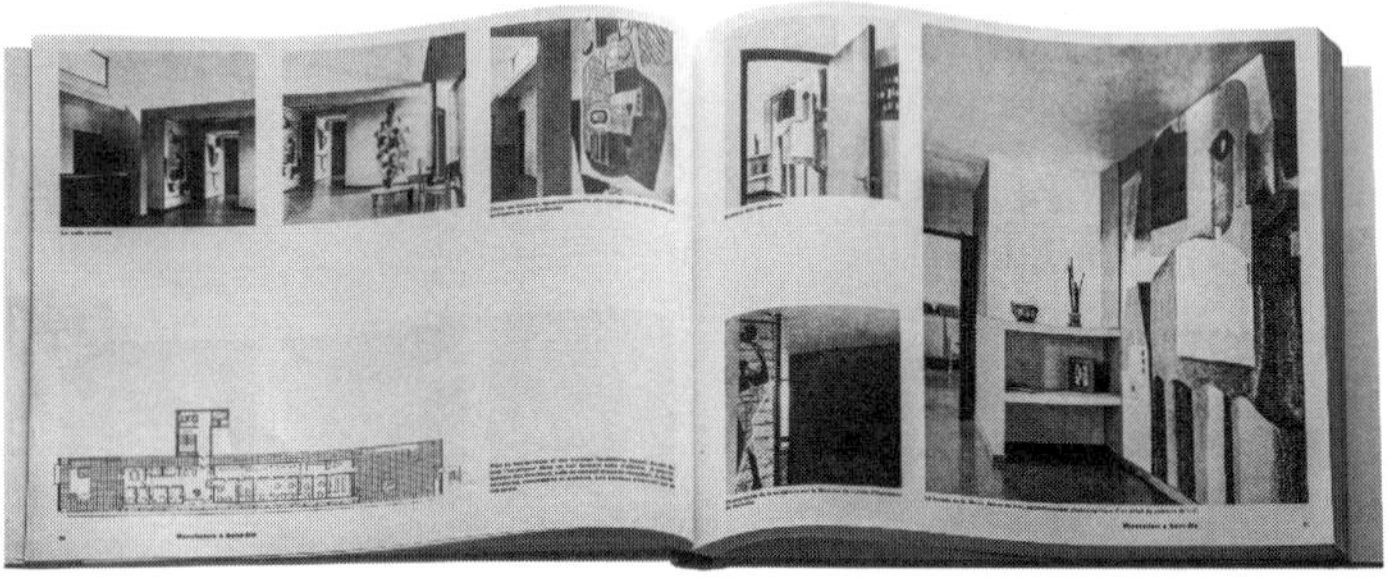

図3(第五巻 pp.20-21)

図4(第五巻 pp.186-187)

図5(第六巻 pp.16-17)

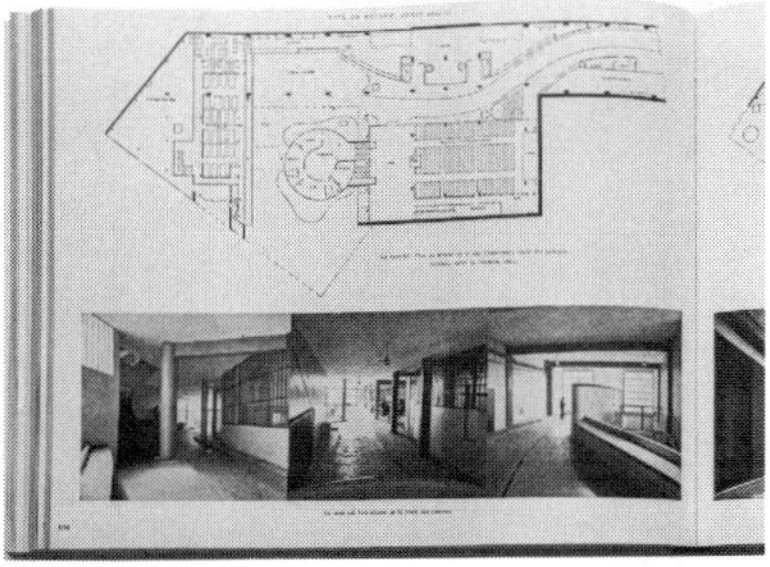
図6(第二巻 p.94)

「サンディエ」)(図3)、第五巻「マルセイユの住居単位」(以下「ユニテ」)(図4)、第六巻「ロンシャンの礼拝堂」(図5)なども、移動視点をよく感じさせる事例と言える。そこで扱われている各図版は平面図であったり写真であったりと、各々単独では定点観測的な素材であるが、コルビュジエはそれらを線形状に配列することで、全体として動点観測と言いたくなるようなムーブメントをつくり出している。

　またたとえば第二巻「パリの避難収容所」(以下「救世軍」)では、走行する自動車のフロントガラス越しに建築を見るという、映画のカーチェイスのような表現が登場する(図6)。第六巻「ヌイーのジャウル邸」(以下「ジャウル邸」)や第五巻「サンディエ」では、ひとつの室内をさまざまな角度で撮影した類似写真群を一枚の頁に集めて、不思議な動的感覚をつくり出している(図7、8)。ひとつの物体を多面的に捉えてそれらを合体させるというやり方は、立体派的視点とも言えるし、または、観測者本人が首や瞳をぐるぐる動かして対象を観察しているという、よく考えると不気味と言えなくもない躍動感をつくり出しており、これは〈時空間〉の稿で述べたとおりだ。

「ユニテ」は、これも〈時空間〉の時の議論と重複してしまうが、全編が移動視点でつくられた誌面構成になっている。遠くの山から建築を遠望するところから始まり、その後建築に近づいていって、建築の内部に入って上がってゆき、ロッジアに出て、ブリーズソレイユを見て屋上に至るという流れ、つまり「遠景↓立面↓ピロティ↓住戸↓ロッジア(ブリーズソレイユ)↓屋上庭園」といった流れだ。「サヴォア邸」では「遠景↓ピロティ↓一階↓二階↓屋上庭園↓ピロティ↓遠景」という、線形的かつ円環的な、いわばエンドレスの循環的物語叙述がつくられてい

図7(第六巻 p.208)

図8(第五巻 p.20)

る。どちらの場合も、全体として観測者が建築を上から見下ろすのではなく、建築の中に入って移動していることが伝わってくる。それは、誌上における建築的散策路と言えるものでもある。

2　通時的線形形式

移動視点の面白さのひとつは、移動視点の世界では建築の全体像が一挙に現れるのでなく、徐々に現れてくるというところだ。遠望して建築を見る時、建築立面に現れる諸要素は、全て同時に認知される。または俯瞰して建築を見下ろす時、すべての諸部分は同一平面上に同時に現れ、同時に認知される。しかし移動視点の場合は、諸部分・諸内容が順を追って、徐々に現れる。この現れ方は、私たちが普段建築を経験する時のその形式にきわめて近い。また同時に、私たちの読書経験にも近い。書籍は、紙を束ねて綴じるというその物的個性を持ち、そのために各頁に序列が生まれ、内容が順序だって登場するという線形形式をとるからだ。つまり移動視点が捉える建築には、立面図や平面図のような同時的・面的な形式ではなく、書籍のような、または詩や音楽のような、通時的な線形形式がある。

コルビュジエは「サヴォア邸」の序文で、以下のように述べている。

アラビアの建築は貴重な教訓を与えてくれる。歩きながら鑑賞することだ。歩くことで、移動するこ

とで、建築のつくられ方が展開していく。（注1）

これは、コルビュジエが「サヴォア邸」を移動視点によって見ていることを示す記述だ。ここで私が面白いと感じる点は幾つかあるが、特に「建築のつくられ方が展開していく」という表現は、面白い表現だ。原文ではles ordonnances de l'architectureと表現されており、「建築の構成が展開していく」である（注2）。「つくられ方が展開」にしても「構成が展開」にしても、それは「風景が展開」とは若干意味が違う。「風景が展開」というとそれは単に、歩くと風景が変わっていくという、いわば見た目の変化のことであり、目の前に現れる事物なり風景なりが変わっていくだけだが、「構成が展開」というとそれは、目の前に現れる事物や風景の関係性が変わってゆく、ということだ。つまりコルビュジエは移動しながら、表面や見た目を見ているのではなく、それらの関係性、全体構造を見ている。これは移動視点というものが、単に建築を見るという働きだけでなく、諸部分の関係性をつくり出す働きをも持っているという指摘でもある。つまり移動視点は建築の秩序を創造する、ということだ。〈作品集〉の事例で言えば、各室が、またはブリーズソレイユ、ピロティ、自由な平面、自由な立面、屋上庭園といった、コルビュジエの建築を構成する建築言語群が、すべて線形状に直列されるという形で現れる。直列されることで、各言語の重さ・軽さ、大きさ・小ささ、近さ・遠さ、などの諸関係が明らかになる。各言語・各部分の登場の仕方、また関係のつくられ方が、平面図におけるそれとはまったく異なるのが面白いが、他方でそれは私たちが、平面図上に全室を並べることで各室の大小関係や重軽関係、距離関係、序列関係などの諸関係を理解するのと、その働きという意味では似ている。両者の違いは、その形式が面か線かの違いであって、諸部分の関係性をつくり出す環境として機能しているという側面については、つまり秩序創造というところでは、両者とも共通している。

多少余談になるが、第三巻「新時代館」では、館内を移動する動線を図式化したスケッチが登場する（図9）。それは、室と室がどう連絡し合っているかを示す動線図式であり、また「新時代館」の一階平面図と二階平面図を合体したものでもある。各室・各空間の関係性が、移動の線形式と平面図の面形式の両方によって定義された例と言えるし、または、移動の線形式をそのまま平面図形式に置き換えてしまった例、とも言える。

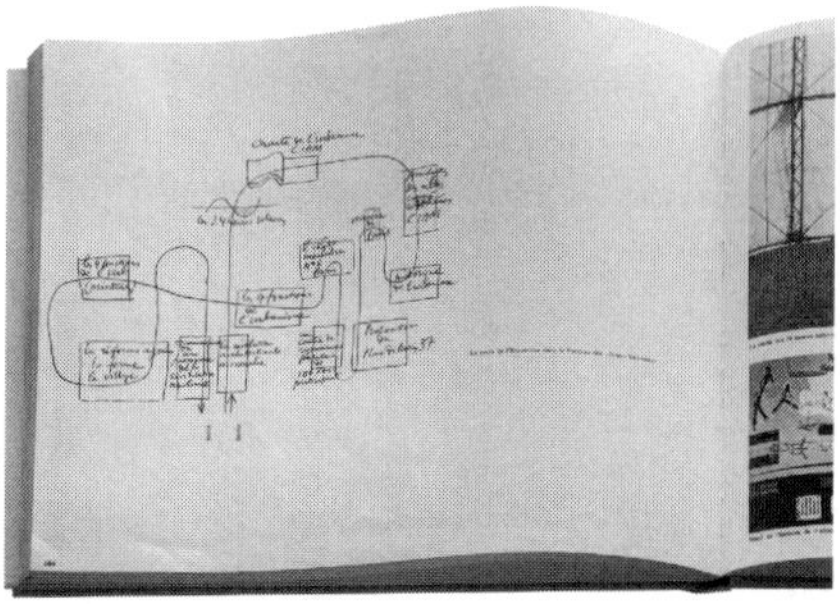

図9（第三巻 p.146）

3 生命的秩序

コルビュジエは先の「サヴォア邸」の序文の中で、アラブ建築とバロック建築を対比させて語っており、この叙述も面白い。

アラビアの建築は貴重な教訓を与えてくれる。歩きながら鑑賞することだ。歩くことで、移動することで、建築のつくられ方が展開していく。これはバロックの建築と反対の原理だ。そちらは紙の上で構想され、理論的な固定点をめぐってつくられる。私はアラブの建築の教訓の方を選びたい。この家の場合、本当に建築的な散歩によって、次々と変わった、予期しない、時に驚くべき姿を呈するのだ。たとえば構造的には柱梁の絶対的な規格を持ちながら、そこにこれだけの変化が得られるというのは面白い。(注3)

コルビュジエはバロック建築が机上で構想された建築であることを批判しつつ、アラブ建築が人間の移動を考慮してつくられていることを指摘して、それを賞賛している。かつ、自身もその手法で建築を設計すると宣言している。コルビュジエいわくバロック建築の欠陥は、それが静止的であることだ。ここで私が面白く感じる図式的対比は「バロック/アラブ」であり、またそれが「静的/動的」に展開することだ。そしてその対比がそのまま「机上的/現実的」になり、「観念的/身体的」となっていることだ。確かに楕円という幾何学形態は、机上で製図することによって得られる形であって、それは面的・空間的なものであって、線形の図形ではないし、移動概念を必要とする図形でもない。それに対して「サヴォア邸」またはブルッスのモスク(注4)は、場所から場所への展開という線形性があり、建築的感動はその線形形式の中で現れる。かつそれは机上でなく実際に人間がそこを移動することによって現れる。

〈建築をめざして〉の中で、コルビュジエは移動について以下のように述べている。

人間の目は周囲を調べるために、終始回転し、また人間も右や左へ廻り、グルグル動く。すべてに関心を持ち、そこに関係する場全体の重心に引き付けられる。（注5）

私たち人間は終始きょろきょろしたり、動いたりして、静止することがない。そもそも人間は生きている限りは、多少なりとも動点観測的存在だというコルビュジエの意見だ。「終始回転し」「右や左へ」「ぐるぐる動く」「すべてに関心を持ち」などの言葉は、生々しい印象的な表現で、なんとも言えない生命感がある。ここで移動とは、人間が歩く移動活動だけでなく、首を回転させる、眼球を動かす、呼吸とともに体が動く、まっすぐ直立できず多少ふらふらしている、心が動くなどの、より有機的な移動をも含むものであり、それは死んで静止しない限り避けられないような、いわば生命活動そのものだ。

そういうわけで、ここでコルビュジエが関心を寄せている移動視点とは、機械的移動ではなくて有機的・生命的な運動であり、人間の生命活動そのもののことと言える。これらのことから考えて、「バロック／アラブ」から「静的／動的」に展開する対比は、「機械的／生命的」の対比となる。

バロック　アラブ
静的　動的
机上的　現実的
観念的　身体的
空間的　時空間的
機械的　生命的

移動視点は、コルビュジエの建築創造の生命性を象徴する視点と言えるのではないだろうか。マンハッタンを描く連続スケッチや「ジャウル邸」「サンディエ」などの多数写真群、また「サヴォア邸」の空間構成などは、移動が生命活動であることを如実に示す事例と言えるのではないだろうか。コルビュジエの建築の、その空間表現や造形表現が生命的であるのはもちろんだが、それ以上に本人の建築の見方がすでに生命的なのだ。

（注1）『作品集』第二巻十四頁
（注2）C'est en marchant, en se déplaçant que l'on voit se développer les ordonnances de l'architecture.
（注3）『作品集』第二巻十四頁

（注４） 建築空間が人間の移動とともに展開していく実例のひとつとして、コルビュジエはブルッスにある「緑のモスク」を挙げ、『建築をめざして』で詳述している
（注５） 『建築をめざして』一四九頁、鹿島出版会

寺崎邸　西沢立衛

普通さについて

普通さについて

『妹島和世＋西沢立衛読本―2013』の「ジェネリックということ」という話題で、町にある普通のきっちりした建物についての関心についてお話を聞いたことがあります。その時に印象的だったのですが、匿名性や誰でもやるようなことへの共感があって、それは妹島さんの建築にもあるとおっしゃられていた。ただ、建築家やアーティストが「普通さ」みたいなことを言ってもその違いが歴然とあって、街中のビルでも良いものと耐えがたいものがある。それがどうして違ってくるのか興味を持ちました。

今回、「稲葉邸」(二〇二二年)と「ししいわハウス No. 3」(二〇二三年)を拝見して、西沢さんの中で、「普通さ」に対する思考がより深まっているのではと感じました。

「稲葉邸」は非常にシンプルな切妻屋根を持つ平屋の住宅ですが、それはどのように生まれてきたのでしょうか。進行中の時には、限られた予算の中では、むしろ二階建てにする方が安いくらいだと言われていました。

確かに二階建ての方が安いのですが、平屋の方が広々と暮らせるということで、平屋建てになりました。周りの民家も平屋建てが多く、それに合わせようというのもありました。

一見、普通な建物に見える木造切妻のプロジェクトを、他の建築家によるものを含め幾つか拝見する機会があったんです。先ほど言った普通のビルの話と似ていて、木造で切妻をつくると、架構のあり方も含めて、決定要因がいかにも合理的で必然だったという物語が多く、やはり大きな違いを感じました。

「稲葉邸」はプロジェクト段階で展覧会に出していただいたんですが、その時に西沢さんが「とても単純なものになって、そこに可能性を感じるんだけど、これで出展してもいいか?」と聞かれたことを覚えています。西沢さんとしても、いつもと違うという か、挑戦的なところがあったのではないでしょうか?

展覧会に出したら、これは普通だと言われるんじゃないかと、心配しました(笑)。竣工して実物ができれば、良さはそれなりに伝わるとしても、プロジェクト段階での展示となると縮小模型ですから、空間のイメージがちゃんと伝わるかわからないなと。ただ切妻になったからといって、設計のやり方を今までと変えたというわけではありません。

初めて敷地の見学に行った時、そこに古い家が建っていたんです。築一〇〇年はあろうかという、堂々とした良い建物で、本当はそれを改修したかったのですが、コスト的に新築より厳しくなりそうということで、諦めた経緯がありました。あの家の存在は「稲葉邸」の設計に影響を与えたと思います。二つ並んで建つわけじゃないので、比較する必要はないのですが、どうしても意識しました。

稲葉邸　西沢立衛

ご自身としても「これでいいのか?」と思うところがあったのかと思っていたのですが……。

それはもちろんありました。ただまあ「これで大丈夫かな?」と思うのは、普通の四角でもすごい形でも同じですが。むしろ、新奇な形の方がそう思うことが多いかもしれない。形がすごいと、パッと見のインパクトに惑わされちゃって、五年後もその形をいいと自分が感じているかどうか怪しいので、より慎重になります。

普通か普通じゃないかは、重要な気もするし、重要じゃない気もするし……難しいですね。テイストの話であれば、あんまり重要じゃない気もするし、形式に関わる話であれば、すごく重要な気もするし。ぼくはむしろ「自然かどうか」の方が気になるかもしれない。

ただ、設計の姿勢として、普通さを目指す傾向はあると思うんです。「普通の四角」とも言われましたが、若い建築家の間でも同様の意識を感じる。それは、誰でも手に入りやすい材料と、つくりやすい形という意味かもしれませんが。ともかく、そういう中でも、「良い/悪い」の違いがあって、その判断があまり十分にされていないと感じます。

普通の切妻でも良いものと悪いものがあるというのはその通りで、それは感覚的なこととか趣味的なことではなくて、建築を学べば皆その違いがわかるようになるくらい、確実にあると思います。ただ、その違いを言葉にできるかというと、難しいですね。大学の授業でも、「良い建築とは何々で悪い建築とは何々のことだ」と言葉では説明されないわけです。みんな幾つも建築を見るうちに、四角いビルでも良いのと悪いのがあると理解するようになる。それは物の世界なんです。空間とか物って、言葉がカバーしていないような言語領域を持ってるじゃないですか。良い切妻と悪い切妻の違いは、そっちの世界の言語で示すことかなと。

誰でも扱えるもの

普通の方が新奇なものより安心してやれる感じもありますが、普通さの中で自分なりの問題意識を突き詰めながら設計するというのは、新たな挑戦ではないでしょうか？ 複雑な屋根を掛けたり、様々なヴォリュームを組み合わせるような一種のわかりやすさはない。

確かにそうかもしれない。

普通で思い出したけど、ぼくは若い頃、とにかく四角ばかりでした。今思えばあれも一種の「普通さ」への共感だったのかもしれません。少なくとも「誰でも扱う材料を使ってやってみたい」という気持ちがあったと思います。「誰でも扱う材料」というのは、直方体もそうだし、窓や土間、庭といったヴォキャブラリーもそうだし、平面図といったこともそのひとつだろうし。

当時は「純粋」ってことにすごくこだわっていたと思います。四角であれば、最も純粋な四角をつくらなくてはいけないと考えたし、分棟であれば、完全に分棟にしたいと考えた。でも歳を取って、純粋かつ完全でなくていいんじゃないかと思うようになりました。というか、純粋と完全はまずいかもみたいな(笑)。完全性にある種の閉鎖感のようなものを感じるようになりました。

イサムノグチの本を読んでいて、単純はいいが純粋はよくない、みたいなことを彼が言っていて、感心しました。彼はハーフだったから、「純粋かどうか」という基準の中では排除される存在で、日本でもアメリカでも辛い思いをしたそうです。「純粋さ」を突き詰めていくと徐々に、他者を排除する方向になっていくんだけど、「単純さ」は逆に、他者と我々は何が共通しているかをさぐる方向に進む。「誰でも扱える材料」という問題は今でもぼくの中にあって、例えば誰でも使うような屋根や下屋、柱、床で建築をつくりたいというのがあるんだけど、それを純粋にやりたいという方向でなく、単純にやりたいのかもしれない。

「誰でも扱う」という意味では、西沢さんにとって形式性は重要ですよね。その現れ方が変わってきたということでしょうか。

そうかもしれません。

昔と違ってきたなと思うのは、建築の形式って、大雑把なところがあるじゃないですか。たとえば下屋って言っても、だいたいそうなっていたら細かいことはいいじゃないかみたいなところがある。そういう部分に、ある種の開放感を感じるようになってきました。言葉も似ているところがあると思うんです。言葉って、ある意味でものすごく限定するんですよね。世の中はたいそう複雑で、言葉になんかできないけど、それを言葉にすると「複雑だ」となる。すごく限定されるし、単純化される。そのような面白さを、建築にも感じています。

今の話は、以前もうかがった和歌の話に通じているように思いました。同じような感情、限られたヴォキャブラリーで組み立てながら、他の人に強く伝わる、その人ならではのとても人間的な歌がつくられる。

言葉にならないものを言葉に置き換えるっていうのは、豊かなイメージの広がりを限定するわけだから、すごい暴力というか、制約なんだけど、でもそれゆえの言葉の豊かさ、広がりがあります。かつて谷川俊太郎が言っていたんですが、言葉には言葉誕生以前の世界、つまり「言葉以前」というものを想起させる力がある、と。ということはその「言葉以前」は「言葉以降」でもある、と言っていました。

自ずから然る

先ほど、自然という言葉が出ましたが、西沢さんと妹島さんにお話をうかがっていると、重要な判断基準として「自然さ」があると思います。最新作品であるシドニーの「ニュー・サウス・ウェールズ州立美術館拡張計画」(二〇二二年)でも、地形に沿って極端な形でなく角度が振れながら斜面を降りていく「自然」な構成をつくろうとされていました。最初に「普通さ」と投げかけたのですが、それは「自然さ」のことなのかもしれません。

「自然さ」の方はよくわかる。自分がつくるものが自然かどうかは、ぼくはすごく気にしていると思います。あまり不自然なものはやりたくないのです。ここで言う「自然」っていうのは、山とか木々とかっていう自然界の自然物とは違うものです。いわゆる自然を模倣するとか、自然を再現するとかやろうとすると、ものすごく不自然なものができあがると思うんです。

荘子の思想で、自然「自《おの》ずからに然《しか》る」というのがあります。自然=自ら然らしむる、自分からそうなっていく、みたいな意味です。自然に育っていく、生まれていく、みたいな感じ。この自然の対義語はたぶん作為的なもの、わざとらしさ、人工性、とかでしょうか。
ここでぼくが面白く思うのは、この自然という概念が名詞ではなく動詞だということです。物としての自然でなく、運動としての自然です。名詞としての自然は、例えば木々や山などですが、動詞としての自然は運動で、生成です。それは運動の結果でなく、運動そのもののことです。またそれは、周りからの強制力でそういう形になったというのでなく、自らそうなった、というものです。それは受動性でなく、能動性そのものです。この自然は、現実の自然ではなくいわば観念だから、または想像的なものだから、新築の建築作品であってもテーマになる。というか建築を超えてあらゆるものづくりでテーマになっているような気がします。我々の建築は動詞的なものだというとき、それは自然のことであって、運動と生成の建築をイメージしていると思う。

西沢さんたちの建築にとって、環境という言葉も重要なキーワードになってきましたが、自然はそれとも関係しそうですね。動詞的ということからも人間の身体性や経験と関係していると感じるし、別のインタヴューで二川由夫が投げかけていましたが、経験を重ねてたどり着いた境地みたいなものとも言える。

境地はよくわからないけど、年相応の建築はやっぱりありますよね。若い頃の建築は勢いがあり、溌剌としたエネルギーとパワーに満ちていて、素晴らしいなと思うし、歳取った頃の建築にはそれ相応の豊かさや奥行きがある。運動神経が悪そうな建築というのがやはりあるし、また逆に、運動神経だけでやっちゃっている人もいる。建築は人間の技で、人間の構想力が形になるわけだから、どうしたってその人のバランス感覚やリズム感覚、体力などが現れると思うんです。

コルビュジエが比例はリズムで生命だと言っていたけど、その通りだなと思います。建築は生命的、リズム的なものなので、スケールの感覚も年齢でけっこう変わる。若い頃は小さい建築になんでもかんでも詰めこんじゃって失敗していた人が、歳取ってから同じ規模のものをやってすごく成功した、ということもある。構造スパンを決めるのがあんなにうまかった建築家が歳取って、スパンで失敗するようになったという例もある。リズム感覚や平衡感覚は、体力と同じくらい建築では重要なんじゃないかなと思います。

「稲葉邸」の切妻の存在感と集落とのバランスのようなものは、今の西沢さんのバランスで自然ということなんでしょうね。普通の切妻でも、ディテールの密度みたいなものも含めて、ある力強さを持たせるというか。

そうかもしれない。ぼくは生き生きとした建築が好きなんだと思います。激しく楽しそうに使われている建築とか、空間構築のやり方が生き生きとしているものとかは、見ていて共感しますね。

ニュー・サウス・ウェールズ州立美術館拡張計画　SANAA

空間の状態と形式性

リズムの問題なんですが、以前よりも文体に興味を持つようになってきました。文体っていうのは、文章のスタイルという意味ではなくて、つまり「〜です」「〜なのだ」みたいなことではなくて、何個の単語を使ってどう組み立てるか、みたいな意味です。世界を言葉に置き換えてゆく一連の手続きのことですね。

それは、使う素材やエレメントが、より誰でも使う一般的なものになってきたので、その使い方、組み立て方が大きい問題になるという意味ですか？

もちろん素材そのものの質感や重量感なども含めてのことです。ぼくは以前は文体って、もっとスタイル的なものっていうか、表現的なものだと考えていたんだけど、最近は文体っていうのはすごく根本的なことなんだと感じるようになりました。

あと昔と違ってきたなと思うのは他にもあって、「寺崎邸」（二〇一四年）の頃から、講演会とかで自作を説明するときに、建築を機能で説明するというよりも、中庭や前庭、縁側、屋根、軒下といったような空間の状態がどうなっているかという説明をすることが多くなってきた気がします。昔の日本の民家は、室名をつけるときに機能を使っていないですね。居間とか寝室という機能を指定する室名はやらなくて、むしろ縁側とか土間とか、または軒下や奥の間、八畳間というような、空間のありようを室名にしていた。「縁側」は「端っこ」という意味ですから、それは機能ではなくて、いわば空間の状態を室名にしているわけで、機能は言ってみたらなんでもいいのです。なんでもいいというか、「端っこ」ならではのいろんな機能がありえて、一言で言えば多機能状態と言えるかもしれません。単機能ではない空間の状態です。

それも「自然」ということでしょうか。

そうだと思います。ある特定の空間の状態が、それに相応しい機能を生み出してゆく。または逆に、こう使いたいという機能的要望が特定の空間の状態を生み出していく、その双方ですね。

ひとつの形で、幾つもの形式が読み取れるという話はとても大事だと思いました。純粋性を重視すると、分棟は分棟でしかないかもしれないけれど、西沢さんの関心はそこから動いている。軽井沢の「ししいわハウス No. 3」はプロジェクト段階ではシンプルな屋根をかけた直方体を集めた分棟形式と思っていました。「森山邸」(二〇〇五年)を木でつくって、屋根をかけたような(笑)。それで、これも普通さへの関心の現れかと思っていたのですが、現場での印象はかなり違いました。セミパブリックなスペースである回廊や縁側が主役のようなもので、しかも町家や和風旅館的なスケールというより、寺院の書院や御殿的なものだと思ったんです。

西沢さんは篠原一男の「から傘の家」(一九六一年)に関する文章で、篠原さんは土間や方形に対する「自分もやりたい」という素朴な気持ちから出発していて共感するといったことを書かれていましたが、「軽井沢」にはそれを感じました。そして、「森山邸」で庇をつけるのを諦めたのとは違い、今の自分ならできると思われたのではないでしょうか。実際、できたものは和風でもなく、アメリカのポストモダンなどへの関心も含めて、西沢さんらしい建築となっていると思いました。

「ししいわハウスNo. 3」は、和室が求められていたことも大きくて、和室をつくる時に箱として閉じた空間にしたくないので、周辺空間が重要になってきて、外の廊下や縁側や庭が重要だということになっていきました。廊下が半屋外空間なのですが、光や雨から回廊を守るために、下屋を付けることを思いつきました。あれは以前だったらやらなかったかもしれないけど、今はむしろつけたくて、下屋とそれを支える骨組みというのをやってみたくて、むしろどんどん付けていきました。その方が面白いし、機能的だし。

同じように昔だったら躊躇したと思うのは、縁側のところの柱列です。いろいろな形で下屋をかけていくので、柱のピッチが均等でなくて、よく見るとランダムなんです。昔はやらなかったことです

ししいわハウスNo. 3　西沢立衛

が、今はそれも見た時に変でなく自然であれば、いいんじゃないかと思います。

ラフというか、雑な方が形式が強く見えてくるという話もされていました。西沢さんに大きな変化が起こっていると思います。

雑であればいいってことでもないんですが。コルビュジエがいい加減な落書きで図式を描くじゃないですか。ピロティ形式はこんな感じ、とか。いい加減に要約して描くから、形は雑だけど要点はよく伝わってくるというところがある。建築は大きな方針を示すのに向いている道具だと思うんですね。要点をだいたい示すというか。あまり細かいことまで示せる道具ではない気がする。

「から傘の家」は、いろんな意味で面白かったんです。エドウィン・フィッシャーがかつて、ベートーヴェンのピアノソナタを弾く困難について書いていて、演奏者がベートーヴェンのピアノソナタに挑戦するとき、必ず二つの危険な落とし穴が待ち構えていて、演奏者はそこに陥らないようにしないといけない、と書いています。ひとつ目の落とし穴は、楽譜の指示通りに、機械的に演奏してしまうというものです。もうひとつの落とし穴は、ベートーヴェンのピアノソナタを使って自分表現に走ることです。ベートーヴェンのピアノソナタを演奏する人間は必ずこの二つに出会うのですが、そのどちらにもいかずに、その中央の道を進む必要がある、とフィッシャーは書いています。ぼくは「から傘の家」を見ていて、しばしばその文章を思い出していました。篠原は古民家の土間形式とか浄土寺浄土堂の屋根などを取り入れてやってるのですが、何か生き生きとやってるなと、ぼくは感心しました。浄土寺浄土堂を機械的に真似してるわけでもなく、それを自己表現の題材にしてしまってるわけでもない。方形屋根も軒も土間も、本当に面白いと思ってやっている。フィッシャーいわく、中央の道を歩く唯一の方法は、ベートーヴェンとベートーヴェンのソナタを心の底から愛することだと言っているんですが、篠原一男もたぶんかつて自分が感動した民家や寺の、土間なり屋根なりを、自分でもやってみたいというのがあったのではないかと思うんです。「から傘の家」で篠原は成功したり失敗したり、いろいろなんですが、そのどちらにしても共感したのは、空間構築に喜びみたいなものがあることでした。たぶんぼくの場合も、かつて見ていいなと思った回廊や縁側、下屋、和室というものがあって、自分もそれをやってみたいという、そういう単純な動機が「ししいわハウスNo. 3」ではあったんだろうと思います。

三島のオフィス　西沢立衛

思想の持続性とリセット

忘れちゃった

コロナ・ウイルスのパンデミックの経験を、西沢さんが『妹島和世＋西沢立衛読本——2024』の中で、すっかり憑き物が落ちて、それ以前に何に怒っていたかも思い出せないと言われていたことがとても印象に残っています。この連載の前回で普通さについて伺ったり、最近完成した幾つかの作品を拝見したり、読本の中で建築家はもっと地域をリサーチした方がよい、と言われていたことを含めて、西沢さんの中で、何か考えが変わってきているのではと感じました。

コロナのパンデミックによって自分の考えが変わったということは、さすがにないと思いますが、今回のコロナは大きな出来事でした。地球上のほぼ全員が同じことを経験するっていうことは、近年なかったんじゃないでしょうか。どの大陸にいようが、地球上で皆が一体になっていると痛感する出来事でした。グローバリズム時代なので、みんなが集団的に経験するということはこれからもちょくちょくあるだろうし、それによって社会や地域が分断されたり、逆につながったり、今後もいろいろ起きるのでしょうね。

ヨーロッパなどでは、個人主義が非常に強くなり、多様性や新自由主義などが入り乱れる状況から、連帯や民主主義が問い直されていると思いますが、そういうことでしょうか。

ヨーロッパや中国大陸にいてたまに感心するのですが、彼らはタフですね。ヨーロッパ人とか中国人とかを見ていてすごいなと思うのは、彼らは何か、コロナなんか忘れちゃった、みたいなところある気がするんです(笑)。まったく懲りていないというか。ぼくら日本人は今もマスクしてますから、差がすごいんですよね。

個人的な問題というより、社会全体に関わるような問題が出てきて、様々なせめぎ合いが起こる。それで、多くの人に共有される価値観なども鍛えられるような。

うん、そうですね。人間の経験って、一人の人間の生物としての一生が終わっても、後続の人々がそれに影響を受けて発展させていくってところがあって、何かまるで、生物としての生とは別の生命性というか、持続的営みみたいなものがあって、面白いですね。

山口さんが冒頭で挙げた「コロナ禍の前に考えていたことを忘れちゃった」問題は、何か具体的なことを忘れたってことじゃないんです。もちろん具体的に忘れていることもいろいろあるとは思うけど、そういう個別のことよりもう少し漠然と、何かについて緊張していたな、というような。

もうちょっと具体的には、どういうことを思われたんでしょうか。

コロナの頃、渡辺一夫の本を出してきて読んで、特に大戦末期の本を読んでいて思ったのですが、彼は二つの生を生きているような感じがしたんです。人間の生が二つというのはつまりさっき言ったような、まず生物的な生命、それと、社会的な生命というか、政治的な生命というべきか、そういうもの。それは、言説空間の中での生命活動、思想史みたいな中での生でもあるだろうし、個人の思想的営みというのもある。狭いムラ社会の中での政治的駆け引きというのもあるかもしれない。またはさっき言ったような、人間の経験を歴史的に継続してゆく営みというのもある。そういう生命活動は、必ずしも生物学的生命とは一致しないことがある。普段はその二つはもしかしたらほとんど一体なのかもしれないし、その違いなんかどうでもいいことかもしれないんだけど、でもある時には、二つの違いがあらわになる時があったりもすると思うんです。コロナ禍では、この二つの違いがはっきり現れました。また、生物的生が政治的生を圧倒するという関係になりました。

二〇二〇年の春、事務所も学校もリモートワーク化したので、事務所に出勤すると、誰もおらず閑散としていて、平和でした。ぼくは事務所に一人ですから、好きな本を読んで好きな音楽を聴いて、散歩して、建築を考えて、落ち着いた日々でした。心身ともに健全で、運動なんかしちゃって、免疫力をつけないといけないから、よく寝てよく食べてよく運動して、みたいになった。かつては毎月海外出張で、毎晩夜遅くまで働いて、そういう不健康な人間だったので、激しい変化です。それはぼくだけではなく、ある種の人々はそうだったのかなとも思う。世の中で、エッセンシャルワーカーという言葉も出てきました。医療や物流は重要だけど、大学や高校などの教育はとりあえず休校しましょう、討論会や読書会みたいなイベントは無しにしましょうとなった。ぼくのような、普段大学で教えて大学の重要性を主張する側の人間が率先してそう考えたんです。当時はオンラインはあまり普及してなかったから、みんなオンラインは苦手で、オンラインなんかよりも対面のほうがはるかに情報伝達量が多く、人間は言語交流以上の多様な交流をしているものだとみんな知っているのに、オンラインでいきましょうとなった。

圧倒的な生物的な生

先ほどの、すぐ忘れながらも社会全体が関わる問題にもみくちゃになりタフになっていくという意味では、極端に生物的生が大きくなり、政治的生が弱くなることに批判的だったということですか?

いや、批判してないんです。あの時はそういう時期だった、ということです。また、政治的生が生物的生に圧倒されることが、政治的生にとって悪い状況なのかどうか、それもわからないことで、二つはどちらが上でどちらが下という問題ではなくて、その二つで人間なんだろうと思う。

そのせめぎ合いみたいなものが、社会を強くするということですかね。

二つはいつもせめぎ合うものなのか、または調和するのか、よくわからないですけどね。

さっきの「忘れちゃった」問題ですが、実はぼくは、東日本大震災の時にも、震災が起きる前の自分の焦りみたいなものを忘れてしまうということがあったんです。震災があった年に、シェルターという山形の企業が主催するアイディアコンペの審査委員をやる機会があって、その時にぼくが出した課題が「大自然を生きる家」でした（第十三回シェルターインターナショナル学生設計競技、二〇一一年）。「大自然とどうやって一緒に生きていくか」を問いかけるコンペです。震災直後のイベントだったので、大自然とどう付き合うべきかという問題を皆で考えることは、意味あるように感じられました。誰かに「二〇一一年にアイディアコンペ課題を考えれば、やはりそれになるよね」と言われたりしました。で、受賞者も決まって、授賞式も終わって、懇談会のような会があったのですが、その席で主催者側の社員の方から質問があって、「西沢さんは〈大自然を生きる家〉というお題を震災前に決めていましたが、震災前にどうしてそのお題がいいと考えたのですか」と聞かれたのです。その方が言うには、コンペ自体は確かに震災後だったけど、課題内容は前年の暮れにもう決まっていて、それをポスターに刷ったりなんだりしているうちに震災が起きた、という順序だったそうです。ぼくはそれを完全に忘れていて、驚きました。

しかし次第に、そういえば大震災前の二〇〇九〜一〇年の頃、ぼくは何かイラついていたな、出口のないような閉塞感を感じていたなと、なんとなく思い出した。大都市の風景や、建築界の状況、社会の状況、または自身の創作活動などに、苛立ちのようなものを感じていたような気がしてきた。でも大震災の圧倒的な猛威の中で、そういう自分のイライラをきれいに忘れてしまった。忘れたという事実すら忘れてしまっていた。もしかしたら単にぼくが、物忘れが激しいだけなのかもしれないですね(笑)。

ジャンルとしての社会派

大震災の後、建築家は社会性を持たなくてはいけないということも盛んに言われるようになりました。それも、以前の安定的な社会を考えるというより、社会の中で建築家のあり方をタフなものにしなくてはいけないということだったかもしれないですね。


そうかもしれない。建築家がタフでないといけないというのは、言い方を変えれば、「知的であり続けられるか?」という意味も入っていると思うんです。

話が脱線しちゃうかもしれないんだけど、むかし子ども時代、アメリカ映画を見るようになった頃、

「社会派」と言われる映画にちょくちょく出会いました。今はあまり社会派なんて言い方はしないと思うけど、当時は確かにその言葉があった。それはすごくなんていうか、特異な存在のような感じがしました。たとえばシドニー・ルメットとかジョン・シュレシンジャーとか、そういう人たちです。歴史はわからないけど、ぼくの世代的には『いちご白書』のようなアメリカンニューシネマの一部とか、『大統領の陰謀』とか『セルピコ』とか『チャイナ・シンドローム』のような映画が社会派です。一九六〇〜七〇年代のアメリカは冷戦の真っ只中で、キューバ危機があり、ベトナム戦争があり、自由民権運動があり、ウォーターゲートがありという時代で、そういう時代に社会の暗部や不正義を告発する社会派映画が一定の力を持ったのかもしれません。ただ当時、子どもだったぼくはあまり積極的に観ようとしていませんでした。社会派の映画は観れば、あ、これは社会派だってわかるんですが、そう感じた途端に、映画が何かすごく偏ったものに見えてしまって、あまり積極的には惹かれなかったのです。最近建築の世界で、あのとき感じたアメリカ映画の社会派の雰囲気に近いものを、あちこちで感じるようになってきた気がします。

九〇年代の建築のムーブメントは、ポストモダンやデコン、またはハイテクなど、ムーブメントといってても要するにスタイルであって、極端な言い方をすればどう飾りつけをするかみたいなことになってました。でも今は違う。社会的姿勢、政治的信条が重視されるようになってきた。西洋社会での、o＋hのヴェネチア・ビエンナーレ日本館の「愛される建築を目指して」の展示に対する彼らの反応は、かつての社会派を思い起こさせるようなものが一部ありました。それはまだいいのですが、去年石上純也くんと公開対談した時、質問コーナーで真っ先に手を挙げた西洋人の女性が最初に質問したのは、石上くんの山口の土のプロジェクト(「House & Restaurant」、二〇二二年)に対して、「掘り出した土が敷地内に見当たらないが、それは一体どこに持っていったのか?」というものでした。

社会派の話からすると、環境問題などからビエンナーレの日本館が批判されるという話は、事態が深刻化しているようにも感じます。

環境問題から批判されたのはどっちかというと石上くんのプロジェクトの方ですが、いま環境問題は圧倒的ですね。槇文彦さんがかつてモダニズムのことを、「誰もが乗っている大きな船」と表現していましたが、今はもっと極端です。今に比べるとモダニズムの時代はまだ、モダニズムという船に乗っていない人も若干名いたなと。今はもう本当に全員が、乗りたくない人までそれに乗らねばならないという感じになってきた。この巨大ムーブメントに本当は地球環境主義とか、名前がついてもよさそうですが、今のところついていません。たぶんこれは政治的生のふうに見える感じだけど、それとは根本的に違うというか、むしろ真逆のものだと思います。

House & Restaurant　石上純也

ヴェネチア・ビエンナーレ第18回国際建築展 日本館　o+h

怒りと知性

西沢さんは、政治的な生と生物的な生がせめぎ合い、もみくちゃになりながら社会をつくっていく感じが健全で開放的なものだということで共感を持たれていると思います。

そこで最初に言われた、怒りを忘れてしまうことには、肯定的なんでしょうか？

たぶん両方ですね。個人の怒りは大切だと思うんです。怒りというか、緊張というか？　この緊張というのは言い方を変えれば、持続的な個人の考える営みと言ってもいいかもしれない。それは知性のありようの問題なんだと思う。

マルクスの著作は怒りに満ちています。ほとばしるような怒りがあって、我々をたじろがせる。翻訳された文章で、しかも哲学的で論理的な内容で、かつ二人の共著のような文章で、怒りがなんだか猛烈に伝わってくる。それが生涯続くのですが、でもあの怒りは、単に私的な感情の爆発っていうのではなくて、理念的なものだという感じがする。言い方がきわめて扇動的というか、誇張的だけど、でも構造を見通すようなところがありますよね。

それが人間の見方として、マルクス主義としてあらゆる分野に影響しました。

うん、そうですね。マルクスの生物的生というのは一回限りのものですが、でも彼の理念的な部分は後の人間にものすごく長く影響を与えて、または発展的に継承されて変化し、ものすごい長い生命活動を持つことになった。それは、マルクスの個人の営みから始まったと思います。マルクスほどのものでないとしても、一個の人間がなにごとかを考え続けるということは、本人にとってはもちろん、周りにとって重要なのじゃないでしょうか。

あと思うのは、戦争とか恐慌とか、我々の社会が追い詰められるような切迫した事態の時っていうのは、我々の知性が露呈するんだろうと思います。そこは頑張る時なのかもしれない。

o＋hの「愛される建築」も、今の時代に、政治的な正しさや生物的生の強調だけでないものを目指す過程のひとつだと。

それは、o＋hの日本館展示も石上くんのプロジェクトも、政治的正しさにも生物的生にも特に言及がないので、環境問題をはじめとした様々な社会問題で揺れるヨーロッパにとっては、ある戸惑いみたいなものはあったのかもしれない。でも、それは彼らにとって決して悪いことじゃないと思います。そのくらいギャップがあったほうがむしろいいと思う。

ここまで話してきてようやく思うのですが、生物的生とか政治的生とかいろいろ言ったけど今回言いたかったことは多分、個人の考える営みの持続が重要っていうことなのかな。自分の問題を持続できるかどうかは重要だ、ということを言ってみたかったのかなと思います。

スタイルとリアリティ

デザインの問題でも、特にモダニズム以降、思想とリアリティは大きなテーマだと感じます。ヒューマニズムというか、人間を巡る考え方をデザインにする時に、概念的なものと形式的なものの固定化と探求が終わりなく繰り返される。西沢さんがポストモダンに興味を持つのもそういうことかもしれないと思いました。

住宅設計とかまちづくりとか、建築家が自身に課す課題が何であっても、持続的に考えるって、知性と体力がすごく大きい気がします。一つとか二つとか良い建築作品をつくればＯＫっていうんじゃないんですよね。

建築家はアーティストと違って仕事を自分で産み出せなくて、依頼が来てはじめて仕事できる。だから建築家の仕事を振り返ると、今日は住宅で明日は店舗で、その次は内装みたいに、てんでバラバラなんです。だからこそ逆に、建築家は連続性、持続を考える。去年と来年で全然仕事が違うけど、そこには本当に何も一貫性がないのだろうか。なにか続いていく持続があるんじゃないだろうか、と。

最初に、地域を考えることが今回のテーマに関係あるかわからないと言われましたが、リアリティ、切実さの問題だと思いました。地域で活動すればいいという話ではなく、まさに知的になれるかというか。最近、ＡＩが話題になって、有名建築家と似たようなスタイルはつくれるようになっているでしょう。でも「魂が抜けている」というか、そこで考えられているリアリティや切実さはない。それは、SANAA風建築がフォロワーによってつくられるのと同じかもしれないし、場合によっては、西沢さんが「忘れる」と言うように、自分の事務所内のスタディですら、過去のスタイルを繰り返す形で再生産されるかもしれない。

妹島さんとぼくの活動も、スタディの多くはほとんど紆余曲折ばかりで、はっきり言えば、全部脱線な気もするわけです。自分たちにとって可能性であるようなことが、他の建築家にとってはほとんど無意味みたいなことっていっぱいあると思う。建築家の持続っていうのはどこかですごい思いこみって言ったらなんですが、個人の主観的な思いの営みであって、誰か他人が代行できるようなことではないし、すべきでもない。持続っていうもの自体が、ひとつの個人創造なんだろうと思います。

その持続性は、建築家の個人的な怒り、思想で、リセットされたり、他人には引き継げないと。でも、個人の中でも切断やジャンプもあるし、他の人にジャンプして、持続ではないけど別の展開になることはある。建築の歴史はそういうものですよね。

うん、そういう歴史の面白さがある。ミースの煉瓦造の田園住宅の独創性はすごいけど、でも彼がベルリンにいた頃、ベルリンでライトの展覧会があって、ミースはたぶんプレーリースタイルを見たんだと思うんです。プレーリースタイルの流れるような水平性と安定性が突然ミースに飛び火して、煉瓦造の田園住宅になったのではないかという気がする。

エリオットは、あなたが今書いている詩と、あなたが興味も関心も持っていないかつて書かれた昔の詩は一体なんだと言って、そういう過去と未来の無数の詩の集合体を「生きた全体」と呼びました。過去が未来に影響を与えるだけでなくその逆があるとエリオットは言って、「生きた全体」をひとつの生き物のような、動的存在とみなしました。個々の詩は決して無関係に単独に独立しているわけではないというエリオットの意見です。

持続性と道具

昔、建築のスタディについて、妹島さんが伊東事務所時代に学んだことのひとつで、「新しい案が出てまとまるまではトレペを変えてはいけない」という教えがあったそうで、ぼくはそれを妹島さんから聞いて、面白く思いました。それはもしかしたら、伊東事務所の教えでもあるけど、菊竹事務所の教えでもあったのかなとか、想像しています。トレペは、トレーシングペーパーのことです。当時はCADでなく全部手描きの時代でした。建築の案をスタディする時に、前の案の上にトレペを重ねて、下が透けて見える状態にして、新しい案を考えていたんです。と言ってもなかなかいい案はできなくて、トレペに鉛筆で描いたり消したりして、うんうん苦しんで、トレペがどんどん汚れていく。消しゴムでごしごし消しているうちに紙がグシャッと破れちゃったりして、いやになっちゃったりして、うまくいかない時っていうのはとにかくまっさらな新しいトレペに替えたくなるんですね。でもそこで、トレペはむやみやたらと替えてはいけない、と。案がひとつでき上がるまでは一枚のトレペで通さないとダメ、という教えです。トレペの場合、いくら消しゴムで消しても完全には消えなくて、痕跡みたいなのがどうしても残っちゃうわけですね。過去の痕跡が見える状態で、新しい案を考える。ところがトレペを新調してしまうと、痕跡がなくなってしまうのです。

そういう意味では、パソコンはスタディを持続させづらいというハンディがあります。痕跡を残すスタディができないのです。トレペと手描きの、描いたものを消しゴムで消そうとしても消えないっていう物性が頑固というか、不自由なんです。持続という意味ではそれが重要だった。なんかカーンの沈黙と光のような話ですが。

例えば、スタッフがコンピュータを使っていて、西沢さんはプリントアウトされた図面にトレペをかけてスケッチするようなことをされているのですか？

最近はほとんどやらなくなりました。いまトレペのスタディのことをまるで素晴らしいことのように言っちゃったけど、手描きの悪いところはいっぱいあるんです。ＣＡＤの良いところもいろいろある。全面的にどちらが良くて一方が悪い、という話ではないんです。

基本的には、新しい技術や便利な方法を使うべきじゃないかと思います。建築はとにかく大きいから、合理主義精神が建築設計には必要だと思うんです。どういう道具を使うかっていうのも、ものづくりにとって決定的に大きいと思う。ぼくたちが今までつくってきた建築って、道具の個性がそれだから建築もそうなった、みたいなところがあるんです。３Ｄソフトが出てくる前は、ぼくらの建築は「平面図を立ち上げただけのような建築だ」とよく言われたけど、実際ぼくらのスタディが平面図だったので、平面図を立ち上げただけ「のような建築」でなく、本当に平面図を立ち上げただけの建築だったのです。建築創造の道具が２Ｄ的だから、建築が２Ｄ的なものになる。

大らかでタフな建築

怒りがリセットされた後の西沢さんの建築として、どういうものが面白そう、あるいはリアリティがあると思われているでしょうか？　先日、「三島のオフィス」の現場を拝見して、何か考えておられることがあると感じました。

どういう感じですか？

以前は、プロジェクト段階の図面やパースでも、ある表現的なレンジを持ってイメージを示されていたと思います。でも「三島」では、ラフな段ボールの模型も使うし、不動産デベロッパーのような高精細のCGも使っていた。そんなテイストの違いは関係ないと思われているんじゃないか。また、拝見する前は、西沢さんも面白いと言われていた、妹島さんの「豊田市逢妻交流館」のような形式性がイメージとしてあるのかと感じていました。でも、形式というより、もっと決めきらない開放性をかなり意識されたんじゃないか。「三島」は初期案もひとつのプロジェクトとして発表されていますが、その変化がコロナの過程とパラレルに感じます。

それは仰る通りだと思います。

ただ、昔とそんなにいきなり、コロナ禍程度で人は変わらないという気もするから、昔と同じ部分はいっぱいあるとは思う。「三島」では、ぱっと見オフィスに見えないものをつくりたいというのはあると思うんですけど、でもそれも昔、集合住宅をつくる時に、そうは見えないものをつくりたいと思ったのと近いかなと思います。建築を見た時に「これはいったいなんなんだろう」と思う状態をやりたいというのは昔と同じです。他方で昔と違って今は、もうちょっと雑にやりたいというのは、確かにあるかも。雑にやるといっても決して手抜きするという意味ではないのですが。

リアリティの問題に関係していそうです。昔から感覚は近いかもしれないけれど、今はより自然におおらかにつくろうとしているような。それは切実さの違いから、より自覚的にになられているのでは。

そうかもしれない。パリの北駅で、予約していた列車の発車時間に間に合わなくて、乗り遅れて、でも駅の窓口に行ったら、次の電車に乗せてくれて、驚いちゃった。日本の新幹線だったら、乗り遅れたらもうチケットは使えないし、払い戻しとかの手続きも面倒じゃないですか。フランスは大雑把というか、人間的と言った方がいいのかもしれないけど。機械的じゃないのです。機械だときっちり線が引かれるけど、人間が判断するから、曖昧に線を引くんです。フランスは建築もそういうノリで、ダイナミックというか、ぼくは好きですね。日本で建築をつくると、すごく精密に、厳密になっていってしまう自分を感じるし、まちに立ち並ぶ建築もたいへん精密で綺麗にできているけど、建築としては力がない。人間が機械的につくろうとしているというか。

「三島」では、主要用途はオフィスなわけですが、お施主さんが建設会社なので、いろいろな人や車が出たり入ったりする。そういう面白さは、みんながずらっと並んで執務するいわゆるオフィス空間の、一様なものの面白さとはちょっと違うんですね。

事務所は、日中の多くの時間を過ごす場所という意味では、何でも行われる家みたいなものでもある。

そうそう。事務所建築っていうのは、事務所と呼んだ時には単機能的なんですが、でもいろんな活動が起きているわけのわからなさもあって、そういうふうに見ると多機能でもあって、そういう事務所の多機能性、働く場ならではの面白さみたいなものに見合った建築にしたい、というのはありました。

図面と建築の関係

コロナ期間で良かったことのひとつは、本を読む時間と、文章を書く時間ができたことでした。GA連載のチャンスも大きくて、文章なんていくらでも自発的に書けるものなはずなんだけど、でも書く機会があるのとないのとでは、全然違うのです。コルビュジエについてなにか書いてみたいと、かねてから思っていました。結果的には「ル・コルビュジエ作品集」に限定して書くことになりましたが、でも書くことで、書く前には考えていなかったことをいろいろ思うようになったので、書くってやっぱり重要だなと思います。

建築をつくる時はいつも、綺麗な建築を目指しているけれど、日本で建築をやっていると時たまふと、きれいな建築を目指すことに不自然さを感じることがあります。そんなの目指して何になるんだろう、みたいな。でも外国でやる時は、そういう感覚はない。イタリアの「ボッコーニ大学新キャンパス」やチリの「ロスビロスの住宅」、中国の「済寧市美術館」では、きれいなものを目指す自分にまったく疑問を感じませんでした。というよりも、建築をなるべくきれいにつくる努力こそ、建築家に必要なことだと思えた。

日本に比べると荒々しいし、やはり他者の関与というか、自分たちで完全にコントロールせず委ねる部分が多いのではないですか?

海外はそうですね。委ねる部分が多いからこそきれいにしようと頑張る、というのも確かにあるかもしれない。でもそれだけじゃないと思うんです。東京のような大都市があまりに静かで、きれいで、そういう東京にいると、こういうきれいなものを目指していいんだろうか、と思っちゃう。

日本人は忠実、勤勉、従順という、民族的キャラとしてすごくあると思うんです。図面があればその通りに仕上げたくなる。建築を施工する時には、設計図に従って施工するわけです。図面が第一、みたいなところがある。真面目に図面通りに再現しようとするので、図面がオリジナルで建築はその模倣みたいな倒錯が始まったりするんですよね。建築は図面の再現なのだ、みたいになる。

マリオ・カルポが、ルネサンスの時にアルベルティを象徴として、建築図面こそを建築家の作品とする転換が起こったと言い、そのデジタル版が今起こっているという言い方をしました。でも、生き生きとした物理的な建築はそれと無関係に存在する。一方日本では、概念が辺境で純粋に現れるように、図面とものづくりの共同性が残っているのかも。

そういえばこの前、久しぶりにフィレンツェに行ったんです。サンタ・マリア・ノヴェッラを久しぶりに見て、きれいでした。ファサードがぴしっとしていて、立面図のドローイングにそっくりというか、ドローイングがそのまま現実化したみたいな感じがしました。また、サント・スピリトとかサン・ロレ

ボッコーニ大学新キャンパス　SANAA

ンツォの外観がものすごいというか、ファサードがないから、ノヴェッラの歴史的な新しさを感じます。ローマ時代には大きな立面を石張りで仕上げる技術があったんだけど、中世の間にその技術が失われて、アルヴェルティが吊り工法を開発するまでは誰も建築外装を石張りにできなかったんだとか。

確かにイタリアには、建築図面を尊重するという伝統があって、極端に言えば図面がオリジナルであって建築物はその再現にすぎないみたいなところは、パラディオなんかもそ

サンタ・マリア・ノヴェッラ教会

うだったかもしれません。そういうのに比べると日本は、概念と物が混在というか、ごっちゃになってるところがある気がします。ヨーロッパの唯物論というか、観念と物の二元論みたいな厳しさが日本にはなくて、なんかヌルくゆるく両者がごちゃっと混ざっていますよね。伊勢神宮の式年遷宮も、図面が建築だという感じがしないし、そもそも建築家が誰なのかよくわかっていないし。日本はなにか、概念と物の二元論って感じにはならない文化ですね。話がなんか持続と違うことになっちゃった。

豊島美術館　西沢立衛

カーブについて

美を超えたカーブ

西沢さんと妹島さんに設計のお話をうかがうと、「カーブ」というキーワードがよく出てきます。イメージとしては、手描きの曲線のようなものが最初だったように感じますが、それが曲面であったり、もっと抽象的なやわらかい形を指しているのかもしれない。いずれにしても、言葉としてはっきりクローズアップされて、「カーブについて」と文章やインタヴューが出てきたのは、妹島さんの「鬼石多目的ホール」(二〇〇五年)でした。

そうだったかもしれない。ただ二〇〇五年というと、もうローザンヌの「ROLEXラーニングセンター」(二〇〇九年)が始まっていた頃だから、我々の中でカーブはもう中心課題のひとつになっていた頃ですね。実は九〇年代も、四角ばっかりやってたように見えつつも、カーブもずっと関心ごとであった気はします。

そうなんですか！　でも、カーブについては妹島さんが積極的な印象が強かったです。その頃、「トレド美術館ガラスパヴィリオン」(二〇〇一~〇六年)、「ROLEXラーニングセンター」(二〇〇五~〇九年)、「フラワーハウス」(二〇〇六年)、「パリ十六区の公営集合住宅」(二〇〇七~一八年)などが進行中で、今はパートナーのルーシー・スタイルさんが「またカーブ！」

と言っているという話を、西沢さんが少し面白おかしくされていた(笑)。なので西沢さんは、カーブについてちょっと客観的に引いて見ていたのではないかと思ったんです。

うん、よく覚えてます。SANAAのほぼ全プロジェクトがカーブになっちゃったみたいな時期がありましたよね。

西沢さんのプロジェクトとしては、「豊島美術館」(二〇〇四〜一〇年)や「軽井沢千住博美術館」(二〇〇七〜一一年)といった大きくゆったりした建築もありますが、『妹島和世+西沢立衛読本二〇二四』を編集していて、特に最近、カーブの建物が増えていると思ったのです。「ロスビロスの住宅」(二〇一二〜一九年)や「小豆島の葺田パヴィリオン」(二〇一二〜一三年)、「森の屋根ときのこ」(二〇一三年)、「済寧市美術館」(二〇一四〜一九年)など。現在進行中のものだと、中国の日照市で数件あり、上海の「RONGQIAO CENTER PROJECT」(二〇一九年〜)や「三島のオフィス」(二〇二〇年〜二四年)などが進んでいます。そこで、西沢さんが、妹島さんのプロジェクトも見ながら、カーブについてどう考えて、今はどのように可能性を感じておられるかうかがいたいと思ったんです。

ぼくがアルバイトで妹島さんのところに通っていた大学院時代から、妹島さんはすでにカーブを使っ

安曇野ちひろ美術館プロポーザルコンペ応募案(妹島和世)

ていました。当時はまだ建築プロジェクトは多くなくて、家具とかインテリア、コンペ、展覧会が多かったけど、あちこちでカーブが出てきていたと思います。「プラットフォームI、II」(一九八七〜八八年)を合体させたSDレビューの展示は、カーブと直線が混在するものでした。妹島さんにとってはカーブも直線も関係ないというか、好き嫌いはなくて、必要な形が必要な時に出てくるように、ぼくは感じていました。実現しなかった「プラットフォームIII」(一九八九〜九〇年)で巨大なリングが登場した時は驚きました。なんだこりゃ??みたいな。インパクトがあって、見た目がイカのフライに見えたので、イカリングというニックネームが付いたくらいでした。あの時代の妹島さんはなにか、カーブというものが美を超えたようなものとして登場しているみたいな感じがありました。その後カーブは徐々に、きれいなものになっていっ

「いわさきちひろ美術館の指名コンペの応募案である。
丘の上に雲が浮いて建築になっている。忘れていた案を30年ぶりに見て驚いた。
その頃から雲に興味を持ち，そして，30年たってたどり着いたと思っていた
〈建築が風景の一部になる〉ことを，その頃から既に夢見ていたことに気づかされた」（妹島和世）

て、つまりカーブがなんというか、美として考えられたものになっていった気がします。たとえば「安曇野ちひろ美術館プロポーザルコンペ案」（一九九三年）などは全面的にカーブでしたが、あの頃はもうすでにかわいいカーブになっていた気がする。「かわいいかどうか」、「きれいかどうか」がカーブの問題のひとつになっていた気がします。

「美を超えたもの」というのは、どういうことでしょうか。

美しいかどうかで形を考えていないというか……。「プラットフォーム」の波打つ屋根も、最初に見た時は、「なんだこれは?」と思った記憶があります。今思うと、そこまで異様とは思わないんですけどね。でも当時は、相当すごい形だなと思った記憶があります。理にかなっているという

か、理がそのまま形になっているというか……。美よりも理を感じました。形として普通じゃないんですね。でも合理的なソリューションなので、説明を聞いているうちにすごく普通のことな気がしてきてしまう。妹島さんの建築はしばしばそういうところがあって、すごいことやってるんだけど、でも話を聞いているうちに、きわめて普通のことだよねこれ、みたいに思わされ始めちゃう。「トランスフィグレーション展」の時のハニカムコアの家具も、そういう感じがすごくありました。あれはカーブではないんだけど、ハニカムコアの物体なので、丸なら丸に切り出すし、四角なら四角に切り出すし、要するに形はなんだっていいんです。造形じゃない、まさに理だけの家具というか……形はなんだっていいんだっていうのが物として示されていて、なにか異様な感じがしました。

「プラットフォームII」は、直線と曲線、円形が混ざるもので、またアイディアとしても、一方向にしか展開できなかった「プラットフォームI」に対して「II」は、自由な広がりへと展開できるものでした。形としては丸あり三角あり、ストレートありで、いろいろ混ざっているんですが、架構が広がっていくやわらかさ、その群全体の風景になんとなくぼくは、その後カーブでもって追求し始めるような形のない世界を、「プラットフォームII」にすでに感じていたかもしれません。

建築のあり方として見えてくる形やデザインの意味みたいなものとして、ということでしょうか。

群のあり方として、形がない感じ、やわらかさを感じたと思うんです。ぼくらが曲線をやる時に、幾つかの重要な価値観があって、ひとつは形のなさ、やわらかさ、自由さ、みたいなものなのですが、「プラットフォームII」が持っている自由な広がりには、それに近いものを感じていたと思います。それは、xy方向への展開という自由さも重要でしたが、それだけでなく、群全体の外形が不定形だったのも重要だった気がします。群の外形のアウトラインというか、不定形という輪郭の個性が「形のなさ」を表現していた気がします。四角い石を積んでいってピラミッドになるとか、三角形が集まってフラードームになるとかっていうのとは違って、全体形が不定形っていうのは、形っていうのは運動の結果でしかないというような感じ。形にある種の自由さを感じるわけです。その後ぼくらがいろんなプロジェクトで取り組むことになるカーブ、というか自由曲線は、ひとつにはそういう、全体の風景のありようを問うところから来ている気もします。

伊藤ていじが『日本デザイン論』（鹿島出版会、一九六六年）の中で、撓《たわ》み尺の話をします。撓み尺というのは日本建築の屋根をつくる時に宮大工が使う定規で、直線的なものをたわませて曲線になるので、いろんな曲率の曲線を描くことができ、直線も引ける、便利な定規です。伊藤はその撓み尺を使って、バロック建築のカーブと日本建築のカーブの違いを説明する。バロック建築は楕円ですから、楕円のカーブは直線とはまったく別物です。もちろん半径を大きくしていけばどんどん直線に近づくのですが、しかし決して直線になることはない。直線と曲線は、原理として概念として、別世界の二つです。一方、撓み尺が描くカーブは、一番張った直線の状態から始まって、たわませると曲線になる。直線が曲線になっちゃう。曲線と直線が同じ世界なわけです。伊藤は、曲線と直線が厳しく区別される西洋建築と、両者が同じになっちゃう日本建築との違いを撓み尺で説明していて、それは感覚的によくわかるものでした。

ぼくはオスカー・ニーマイヤーの建築は好きだけど、あのカーブを自分でやりたいとは全然思わない。それはフランク・ゲーリーだって、キャンデラだって同じで、素晴らしい建築家だし、素晴らしいカーブだけど、でもああいうカーブはちょっとぼくはやりたくないのです。

フリーハンドとデジタル

パソコンが出てきて、ＣＡＤが実務で使えるようになってきて、ぼくらの建築はいろんな意味で変わりました。カーブもそのひとつだし、複製配列もそうだし、いろいろ面白い発見がありました。たとえばフリーハンド・ツールも印象的でした。フリーハンドみたいな線が引けるツールなんですが、全然使えないのです。マウスで操作するので、手がブルブル震えるのを拾ってしまい、ぎざぎざというか、紆余曲折みたいな線になっちゃう。

確かに、設計で使うのは難しそうですが、どういうところが面白かったんですか？

フリーハンドっていうアナログ的なものをデジタルでやろうっていう発想がユーモアがあるというか、面白かったですね。またそれがまったく使えないツールだというのも、おかしかった。マウスで描くから、手描きなのに手描きでは描けない線が生まれるんです。パソコンは直線にしても曲線にしても、きっちり定義され計画された線を引くマシンなのに、なにか乱雑で偶発的な線しか引けない。それは面白かった。

フリーハンド的なものへの試みは、どこまで遡れるかよくわかりませんが、たとえば「ラビットチェア」などはそのひとつです。パソコン上でフリーハンドでうさぎを描いて、レーザーカットマシンにデータを送って、フリーハンドの形をそのまま切り出してもらうというやり方で、百個つくると百個全部違う形のうさぎになる、というアイディアでした。ただ、実際につくろうとするとコストの問題とか、中にはすごいダサいうさぎができちゃったりとかと、いろいろな問題があって、最終的には全部同じ形を量産することになりました。でも本来は、例えば部屋にうさぎをずらっと並べた時に、みんな違う耳の形のうさぎが並んでいる、という風景を目指したのが始まりだったんです。

「金沢21世紀美術館」(一九九九〜二〇〇四年)の時、妹島さんは正円をやめようとして、部分的に膨らませたり歪ませたりしようとしていました。正円が部分的に歪んで出っ張って、室内がそこだけ広くなる。たとえば円の上あたり、北側に事務室を入れたいけど大きすぎて、正円に収まらないみたいな時に、形を膨らませて対応できるので、そのいい加減さはプランニング的にはいいアイディアでした。

形的にも正円の単調さ、厳しさと違って、いい加減で自由な感じがありました。ただ施工的には、カーブガラスの種類が増えてしまってコストも掛かるということで、結局諦めました。昔から、フリーハンド的なものとか、法則からはみ出るカーブとかを、いろいろ試していたなと思います。

自由な連続性を考える時に、カーブが出てきたり、やわらかい形が出てくるということなんですね。

そうですね。自由なものを目指すということは、ずっとあったと思います。自由というのは、形の自由でもあるし、関係性の自由でもあると思う。形が人間の活動に合わせてぐわっと歪んで、それが前より面白い形になる、というようなのって、造形の問題なんだけど、どこかで反造形っていう考え方がある気がします。

正円は形の法則が強いから、機能を正円に詰め込む感じになっちゃうんだけど、自由な形の場合は中身に応じて形を変えられる自由さがあります。出っ張りたいところを出っ張らせて、へっこませたいところをへっこませられる、そういう安直なというか、自由な形のありようは、正円や正方形ではできないことです。中身と建築の関係がやわらかいといえばいいか。ただ一方で、じゃあどんなプロジェクトでも必ず自由曲線かというとそんなことはなくて、それはあくまで状況次第です。正円も使うし直線も使うし、好き嫌い的なことで言えば、直線も正円も好きです。

直線でもあり曲線でもある

コストやものづくりのシステムなどから四角や正円になることもあった。それでも、自由な空間や自然な広がりを考えている意味では一貫していたわけですよね。以前、「金沢」と「ルーヴル・ランス」（二〇〇五～一二年）の話をする中で、「金沢」では平面も正円でないと納まらないし、断面も微妙に傾斜した敷地と関係するようにはつくらなかったけど、「ルーヴル」はそうではないと言われていました。ファサードで、ガラスなどと地面の間に不思議な三角形の余白が出てきても、「納まっていない」ではなく「まあいいか」と思うようになったと。考え方は一貫していても、そういう判断の変化はありますね。

そうですね。それは本当に大きいと思います。九〇年代のぼくと今のぼくとでは、価値観が相当変わったと思います。

「金沢」は敷地に高低差があったので、斜面の上に建てたいという気持ちはあったんです。でも、それはお金がかかることで、市には受け入れられなかった。ダメと言われて、ぼくらも「そうだよな、無理だよな」と、あっさり納得していました。敷地はもと学校だったので校庭が平らで、そこをわざわざ斜面にする必要もない、というのもありました。しかしそこから数年経って、「ルーヴル・ランス」の時代になると、これは絶対斜面の地形の上に建てないとダメだと、はっきり自覚していました。「金沢」の時代は、斜面に建てるというのがただのワンアイディアにすぎなかったのが、「ルーヴル・ランス」の時には、なにか思想になっていたというか(笑)、それをやることは当然の前提になっていました。「豊島美術館」の時も、フリーハンドの形にするというのは、なにか他のアイディアに替えてもいいみたいな軽いもんではなくて、自由曲線の建築というのはあの建築にとって最も重要なもののひとつになっていました。

直線のプロジェクトの場合も、直線的な建築というよりは、感覚的には自由曲線に匹敵するような自由さ、形のなさを目指していた気がします。例えば「森山邸」(二〇〇二〜〇五年)は、各棟を均等配置にせず、あえてずらして配置して、全体の外形が四角くなくて、不定形な感じになっています。反グリッド的というか、半グリッド的というべきか、そういうものをやろうとしていました。コストや敷地の広さなどで、フリーハンドのカーブはできないけど、感覚としては自由曲線とそれほど遠くないという感じがありました。

同じ頃にやっていた「市川アパートメント」(二〇〇一年)は、全体のヴォリュームから住戸のワンユニットを切り出してくるのに、臨機応変というか自由にやろうとして、一階から二階までは直線を使い、その上ではカーブを使うという、複合的な形をやろうとしていました。カーブと直線をまぜこぜに使うというのは、すごく便利なのではないかと。形は目的でなく手段でしかないという考え方が当時からあったと思います。

「森山邸」で、直線を使って自由なもの、カーブ的なものをやろうとしたというのはとても面白いです。そういえば、ボックス状なのに、「脱箱」を目指していたと以前言われていたけど、そういうことも通じているのかもしれません。

そうです。でも、あの時は最初の試みだったこともあって、相当苦労しました。

それは設計として、どういう大きさにしてどういう間隔で配置するかを決めるのが大変だったという意味ですか。

そうです。建物が単体ではなくて群で、群的建築は初めてだったので、きれいかどうか判断するのが大変だったというのがありました。要するにこれは建築作品になるのか、世に問えるものになるのかというところで、凄く苦労した記憶があります。単に四角い箱をばら撒いただけにしか見えない、単なるプログラムの放置でしかないというようなものになっちゃっていないか、みたいな意味です。しかし他方で、反造形的・反構成的なものを目指しているというのも、事実としてあったと思います。いずれにしてもあの時は、群造形の良し悪しを判断する感覚を必死につくっていくような大変さがありました。

「森山邸」ではヴォリュームの並べ方で、妹島さんが「私だったらここは揃える」などと言われていたことが印象に残っています。先ほど半グリッドと言われましたが、その判断基準の違いが創造性をつくっていると思います。

それはあるでしょうね。どこで揃えたくてどこでずらしたいかってことは、たぶん妹島さんとぼくは相当多く共有していて、というのもぼくが妹島事務所で修行したからですが、ぼくはそこについて相当妹島さんから学んでいるのですが、でもそうは言っても、ちょっと微妙に違うところがあります。妹島さんに批判されるようなズレをしばしばぼくはやったりします。

「森山邸」では「バラバラ」と「ぎゅうぎゅうづめ」のイメージがあったから、どこをずらしてどこを揃えるかということは、建築集合のありように関わる問題でした。揃えすぎたら「バラバラ」じゃないし、しかしズレすぎると間隔に余裕ができすぎて「ぎゅうぎゅうづめ」でなくなるし。ただ「ししいわハウス No.3」（二〇一九～二三年）でも同じような、大きさの違う棟をずらして並べたのですが、あの時は妹島さんには揃っていない箇所をそれほど指摘されなかった気がします。もしかしたら回廊が全体を統合しているから、各棟のズレがあまり気にならなかったのかもしれません。

どのプロジェクトでも、「揃えたい」と「揃えたくない」が同時にあって、どの場合に揃えてどの場合にずらすのか、明文化されているわけではないので、説明しづらいですね。しかしその両方がないと、建築をつくれないんだと思うのです。それは、直線のプロジェクトであっても曲線のであっても、どっちもそうです。

内外をつなげる線

西沢さんは「熱病のようなカーブ時代」と言われたこともありましたが、コンペで「香港理工大学デザインスクール」(二〇〇七年)や「望京SOHO」(二〇〇九年)、「珠海学院新キャンパス」(二〇〇九年)など大きなプロジェクトも提案されていました。それらは、傍目にはカーブがテーマになっていると思えるくらいだったんですが、実現されませんでした。その後、「ルーヴル・ランス」や「グレイスファームズ」(二〇一〇～一五年)ができて、軒や屋根というヴォキャブラリーが多くなっていきます。彫刻的とも感じられるカーブが、より環境や地形的なものになってきた。その頃から、西沢さんのカーブのプロジェクトが増えてきたように思うので、何か気づきがあったのではと思いました。

確かに、我々の建築で軒や屋根のヴォキャブラリーが増えてきた理由のひとつに、軒を出すと建築の輪郭が曖昧になるということがありました。開放感というか、箱の建築みたいに中と外をばっさり分けるのでない、空間の広がりの自由さに惹かれたというのがあったかもしれません。

屋根による自由さに対する気づきがあったとして、カーブに対する考えも変化したでしょうか。

どうなんでしょうか。軒の建築も、輪郭が曖昧という意味で「形がない」という状態に近いとも言えて、自由曲線とテーマ的に共通するところがあるのかもしれません。ただ、自由曲線と軒に直接的関連性があったかどうか……。自由曲線をやっているうちに軒が出始めたのか、または軒への興味を推し進めていくうちにカーブ建築になっていったのか、よく覚えていません。そもそも両者の関係性を自覚してスタディしていたのか、よくわかりません。

どこまでカーブというテーマにつなげるべきことかわかりませんが、「形がない」以外にもいろいろ、形をつくるうえで興味のある建築的課題を、ぼくはカーブに感じていました。たとえば妹島さんが言う「中と外をつなぐ」という課題も、カーブと関係している気がします。カーブが連続すると、凸凹がつくられてきて、直線で内外を分ける時よりも、内外が入り組んだ感じになる。中と外の交流が多くなる気がするわけです。あまり小さい建築でカーブを多用すると、装飾的というか、彫刻感、物体感が出てくるかもしれないんだけど、ある程度大きくなると、カーブの造形的強さより形のなさを感じるようになるのではないか、と。

カーブが内外をつなげるというのは、面白いです。

内外をつなげるという意味では、カーブもさることながら、「雁行」も近い問題意識だと思います。たとえば庭付きの家の立面がまっすぐの場合、庭と室内は正面する関係になるんだけど、立面が雁行すると、庭と室内が対面関係にならず、なにか建築が庭に分け入っていくような、庭に入っていく感覚が生まれる。庭と建築が対峙する関係じゃなくなるのです。それは面白いと思いました。

雁行が試みられたプロジェクトは、どういうものがあるでしょうか。

いろいろなところで試みていて、最初に意識したのはたぶん「ルーヴル・ランス」ですが、最近のものだとたとえば「ししいわハウス No.3」で、雁行を使っています。避けるべき木々とか、地形とか敷地形状に合わせる必要があったので、全体としてレギュラーな雁行とはせずに、いくつかの雁行をつないだようなものを考えました。「佐藤邸」(二〇二〇~二三年)では、異形敷地形状に合わせるために雁行的な形をやりました。

そういう意味では、四角が微妙にずれる「森山邸」から連続する意識でしょうか?

ルーヴル・ランス　SANAA

今振り返ればそうも言えるかもしれませんね。「森山邸」の時は、雁行という言葉はまったく考えていませんでした。でも、棟と棟のファサードを揃えず、あえてずらしていたから、興味としては連続していますね。

環境と物性

カーブと雁行は近いところもあり、違うところも多々あります。「ししいわハウス」の雁行をカーブでやると鬱陶しいものになっただろうなと思うし、例えば中国のプロジェクトのいくつか、「済寧市美術館」(二〇一四〜一九年)の大きなカーブとか、または上海で今やっている「RONGQIAO」のような有機的なRCの建築のカーブを、ぎざぎざに雁行させたりすると、かなりギクシャクするだろうなという気はします。物性も大きな要素だと思う。コンクリートでやるか木造でやるかは大きく違います。

中国の話が出ましたが、最初に言ったように、中国ではカーブを用いたプロジェクトが多いと思います。「済寧」は鉄骨による巨大スケールの建築で、日照や上海のプロジェクトはコンクリート。何か物性の面での要因があるでしょうか。

中国では、やはりまずコンクリートを考えたくなることが多いかもしれません。それもケースバイケースかな。

それは、中国の広大な大地といった環境的な側面も影響していますか。

それは大いにあります。中国大陸の大地からインスパイアされたことは本当に大きかったと思います。やっぱり建築は軽いだけじゃなくて、力がないとダメなんだというのは、ヨーロッパからだけでなく中国の大地からも学んだ気がします。

あと、コンクリートの非専門性ということもある。コンクリートは土工事、型枠工事、鉄筋工事など、かつては農村からの出稼ぎ労働者が担っていました。鉄骨造は専門性が高い分野で、ライセンスを持つ鉄工所の熟練した技術者がつくる。でもコンクリートは高度な専門技術を必要としないので、誰にでもつくれるんです。モダニズム運動も、どの国もまずコンクリートから出発しているのではないでしょうか。そういうようないろいろな理由から、中国でプロジェクトをやる時、開放的かつダイナミックな空間をコンクリートでやるというのは、まず最初に考えるかもしれません。

以前、西沢さんが日本の建築は綺麗すぎると言われました。コンクリート造でも、型枠は日本の木造大工の流れにある職人がつくるので、本来流動的なものだけど、木パネルが綺麗に割り付けられた日本独特のものに発展したと言われています。

そうです。日本のコンクリート打放しは、日本独特の文化ですね。型枠がきれいで、精密です。場合によってはちょっと細かすぎるというか、やりすぎにもなりかねない昨今です。今イタリアでコンクリート打放しをやろうとしているのですが、日本みたいなウレタン塗装された型枠がないから、現地の建設会社は苦労しています。

型枠で驚いたのは、ドイツでコンクリート打放しをやった時、型枠が分厚い鉄板でした。大きさが四メートル×二メートルみたいなすごい大きさで、驚きました。工業的で重厚で、さすがドイツ、という感じがした。型枠にもお国柄が出ますね。

中国では日本ほどの精密さとは違うコンクリートをやってみたいと思うんです。実際には、中国の建設技術がどんどん進化しているから、今はもう鉄骨造でもできる。コンクリートもどんどんきれいになっている。それでもやはり、図面通りに精密につくる日本と違い、いろいろなところで適当さやダイナミックさが残っていて、コンクリートがやりやすい風土があると感じます。

妹島さんが西沢さんの「済寧」を見て、ランドスケープや周辺環境に対して、クジラのように大きなカーブができていてとても合っていると言われていました。それで、これまでになかったと。中国で自然に考えられたカーブの可能性があるとしたら、その経験を踏まえて、条件は違うけど日本で考える時にこうすればいいんじゃないかと影響を与えることもあるのではないでしょうか。

それはあるでしょうね。日本でやっていると、敷地が狭いからいろいろ工夫して、建築を敷地に納めていく。カーブだったらカーブで、最初は敷地に合わないような大スケールだったカーブが、スタディしているうちになにか、うまく敷地に納まっちゃった、ということはよくあります。繰り返しスタディするうちに、小さな箱に納まらなかったものが納まるようになっていくっていうのがあって、そうやって狭いところに納められたカーブや直線は、やはり多少几帳面というか、おとなしい存在です。逆に、広い中国で建築を考えていると、小さい敷地に納める努力をせずともそのままのびのび建っちゃうので、建築がおおらかになっていく。その影響はあると思います。

上海の「RONGQIAO」は、街中の再開発の顔になるような建築だと聞いています。カーブだから周りが開けた郊外の敷地というわけでなく、床面積など効率性が求められがちな場所ですよね。そういう場所で、オープンな建築がつくられているのを見ると、大阪駅前の再開発内で進行中の「うめきた公園　大屋根施設」（二〇二〇年〜二四年）のように、日本でも機能でがんじがらめな建築ではないものを考えていけるようになると思ったりします。

「うめきた」の場合は、立地が公園の中だから、機能でぱんぱんの四角い箱をつくるのがいいと誰も思わない状況だったのです。「RONGQIAO」は公開空地的な、オープンスペースに建っていますが、我々の建築の背後に歴史的建築物であるレンガ造の倉庫があり、我々の建築に邪魔されて歴史的建造物が通りから遠のいてしまうのはよくないので、我々の建築には透明感が求められました。なのでどちらのプロジェクトも、容積いっぱいの機能ぱんぱんの建築にならなかったそれなりの理由がありました。でも確かに、中国で建築を考えるうちに建築がおおらかになっていって、日本に帰ってきて建築をやるとそれなりに中国でやっていた時の影響が出てしまう、というのはあるかもしれません。

カーブと建築概念

先ほど、CADの話が出たり、日本と中国で産業や技術の違いが建築に与える影響の話題もありました。西沢さんの言葉では、カーブはつくり方の問題と関係しているということだと思いますが、現代の建築技術はカーブをつくりやすくなっていると思いますか？　かつては力学に沿ったドームだったり制約が大きく、それを逸脱するのは、技術的にもコスト的にも難しい。でも今はだいぶ制約がゆるくなっているとか。
カーブは、かつてよりもつくりやすくなっているんじゃないでしょうか。ガラスとか金属などの場合、工法や種類が多様化して、かつてより技術的にもコスト的にもつくりやすくなってきていると思います。設計もコンピュータ化して、手描きの時代よりもカーブは多様化したと思う。テクノロジーの発展で、いろいろな形が以前よりもできるようになってきた。

しかし他方で素材的には均質化、一様化しているかもしれません。百年前の建築と今のそれとを比べると、今の建築の素材は内装も外装もみんな平滑で、つやつやしていて薄い。どんどん乾式工法になっていくので、世界じゅうのどこであっても工場でつくったみたいな仕上げになっていく。また環境問題で、使ってよい素材が限定されていくとすると、素材は今よりさらに一様化していくかもしれません。

建築意匠についての社会観念というか通念、常識が昔と比べて変化してきているということもあると思います。ぼくが学生の頃はまだ、「家といえばこれ」というような、皆が共有する常識がすごくあった。家以外でも、「市庁舎と言えばこう」、「マンションはこの形」というものがあったと思う。それは今もまだちょっとはあると思うけど、でも今街を歩くと、冗談としか思えないというと失礼だけど、建築というのはいろいろあると思うようなものを、みんな日々見る。ぼくの事務所の周りでも、総合病院かと見紛うような小学校があったり、オフィスとしか思えないホテルがあったりします。または建築家がデザインを頑張りすぎて、機能がまったくわからない謎の存在の建築が街中に並ぶということもある。特に東京のような首都圏は、ずいぶん伸びやかに自由なものが街並みを飾るので、そういうのを我々は日々見るし、テレビやインターネットでもいろいろ見るから、現実の街とネットの両方で我々はすごく学んで、建築意匠への許容力が広がっちゃったというか、人々の建築常識が変わってしまった。自由な造形も寛容に受け入れられるようになったことで、いろんな形がやりやすくなってきたという社会の変化もあるかもしれません。

日本では、ヨーロッパのような建築文化があるわけではないから、その影響も大きそうです。

それはすごくあると思いますね。日本は建築もサブカルチャーだから、テレビとかインターネットの影響をもろに受けるんだと思います。

この前、増田友也の『家と庭の風景――日本住宅の空間論的考察』(一九六四年)についてのレクチャーをすることになって、それで再読したんです。その本はいわば日本建築史を家の視点から描くというような内容なのですが、それを読んでいると、最後に「建築の非化」ということが出てきます。要するに、建築が建築じゃなくなっていく。建築がサブカルチャー化していく過程を、古代、中世、近世という流れで概観していて、あと奈良、京都から江戸という流れで書いている。あと面白いのが、日本の建築の歴史というのは建築じゃないものの歴史でもある、という意味のことが書いてあります。たとえば古代の王朝期に、中国から堂々たる建築が輸入されるんだけど、その格式高いフォーマルな建築スタイルを、徐々に日本人が壊していく。下屋というか、いってみれば建築というよりも付属品みたいなものが、中国から輸入された建築の前面や側面に取りついて、庇、孫庇、となっていく。最初は母屋に下屋がとりあえず付くという、仮設的な形なのですが、それが常設化し、建築化していって、ついには中国由来の堂々とした母屋部分が消滅してしまう。建築じゃないものが、建築に取って代わっていく歴史なんです。また日本では建築は庭からやってくる、ということも書いている。亭閣建築、つまりパヴィリオン建築、フォリーで、それは庭の一部というような、いわばお飾りであって、建築じゃないわけです。そういう庭の飾りみたいなものだったそれが建築になっていく歴史が描かれていて、それも面白かった。非建築が建築になり、その建築が非建築になっていく、という歴史です。

自由曲線も、それと無関係でない気がします。我々がやろうとしている自由曲線というのは、要するに庭とか自然の世界のものなんです。楕円や円、球という構築的・観念的なものでなく、ある意味で非建築です。等高線でしかないような曲線を、直線が基本の建築の世界に持ち込んでくるということは、反形式が形式になるということであって、それは増田友也が描いた日本建築史においてすでに予告されている活動でもあって、それは面白く感じました。

あとがき

『GA JAPAN』誌上で続けてきた連載がこのたび単行本化されることとなった。連載を開始した二〇一九年夏から二〇二四年春までの分と、連載開始以前に行われたいくつかのインタヴュー等をまとめた内容だ。ことの始まりは、連載をやってみる気はないかと編集部山口真さん経由で二川由夫さんから打診されたことに始まる。タイトルの「立衛散考」は、二川さん自らが付けてくださった。最初にその案を聞いたときは、たいへん光栄ながら、自分の名前が題名になるというところに多少の戸惑いを感じた。しかししばらくすると、ありかもと思うようになった。連載が始まる頃には、これ以上のタイトルはないとまで思うまでになった。この連載をやってよかったと思うことはタイトルの素晴らしさだけでなく、他にもいっぱいある。レイアウトや字体、段組など、ページの雰囲気がきれいである。連載は楽なことではないと思うが、ページがきれいというだけで、頑張りたくなるものだ。そこにＧＡの写真が添えられる。はっとさせられるような写真が出てくる。自分の文章にどんな写真が来るのかという一点だけで、毎号の発売が楽しみになった。

本文について言えば、漠然と思っていることが活字になるということは、想像以上に大きなことだと改めて感じる。話しただけで流れてゆく語りや、放っておけば忘れていくようなことが、確固たるモノとして存在することになる。自分が考えていたことが活字になっただけで、自分の想像力が違ったものになる。形がないものに形を与えるというのは、すごいことだ。そういう活字文化の唯物論的な力に、私は特別なものを感じている。連載開始時は、文学や音楽、映画、アート、子供時代のこと、日々の雑感など、建築に限らずいろいろ適当に話したり書いたりしてみようという、ゆるい枠組みで始めた。が実際にやってみると、ほとんどが建築の話ばかりになってしまった。それももしかしたら、形のないものに形を与えるということへの恐れみたいなものが、ぼくの中にあるのかもしれない。

『GA JAPAN』は九〇年代初めに二川幸夫さんが創刊したもので、ちょうどその頃に社会に出て妹島さんのところで働き始めたぼくとしては、『GA JAPAN』という存在自体がいわばぼくの建築的人生と重なった、同時代的なものだ。そういう特別な場所で連載を持てるとは、またそれを本にまとめて頂けるとは、まさか考えていなかった。このような特別な機会を与えてくださった二川さんと『GA JAPAN』編集部の方々に、言葉で表現できないくらい深く感謝している。山口さんには、特別な感謝を感じている。連載インタヴューは主に山口さんがやってくださって、たまに斎藤日登美さんが参加してくださった。その言葉の一つひとつから、妹島さんとぼくの建築をずっと見続けてくださっていることが、ひしひしと伝わってくる。批評のひとつのありかたとして、つくった建築や書いた原稿をそれぞればらばらにでなく、作家の持続的営みとして見続けられることのありがたさ、厳しさを、あらためて感じている。

西沢立衛

一九六六年東京都生まれ。横浜国立大学工学部建設学科卒業、同大学大学院修了。
一九九〇年妹島和世建築設計事務所入所。一九九五年より妹島和世と協同設計(SANAA)。
一九九七年西沢立衛建築設計事務所設立。現在、横浜国立大学大学院/Y-GSA教授。

[写真] 西沢立衛：p.132, p.139, pp.142-143, p.147, p.417, pp.452-453, p.456, p.460, pp.464-465, p.550, p.609, p.659下
西沢立衛建築設計事務所：p.485上
SANAA：p.488
Y-GSA(西沢立衛提供)：p.62, p.65
Ibrehaut from Wikimedia Commons：pp.10-11
Diego Delso from Wikimedia Commons：p.720
二川幸夫：p.22, pp.26-27, p.33, p.36, p.38, pp.44-45, p.58, p.74, p.90, p.94-95, p.99, pp.102-103, p.118, pp.120-121, p.128, p.136, p.145, p.153, p.156, pp.164-165, pp.172-173, p.176, pp.198-199, p.206, p.232, p.236, pp.238-239, p.254, p.266, p.267, p.270, pp.286-287, p.290, p.330, pp.334-335, p.342, p.362, pp.366-367, pp.380-381, p.400, pp.414-415, p.435, p.448, p.467, pp.496-497, pp.510-511, p.516, p.528, pp.542-543, p.560, p.562, p.576, p.594, p.610, p.612, p.628, p.644, p.662, p.722
二川由夫：p.4, pp.18-19, pp.52-53, pp.218-219, p.310, pp.354-355, pp.374-375, p.386, p.392, p.443, pp.688-689, p.696, p.706, p.719, pp.740-741
猪花茉衣：p.693
山口真：p.179, p.209, p.485下
GA photographers：pp.78-79, p.81, pp.82-83, p.112, p.348, p.420, pp.428-429, p.472, pp.480-481, pp.490-491, p.502, p.522, pp.534-535, p.676, p.680

[図版] 西沢立衛：p.161, p.162, p.163, p.168, p.169, p.170, p.323, p.616, p.620上, p.659下
SANAA：p.42
ちひろ美術館・妹島和世建築設計事務所：pp.726-727
©Estate of Louis I. Kahn, Photo The Philadelphia Museum of Art/Art Resource/Scala, Florence：p.274
©Louis Kahn Collection, The University of Pennsylvania and the Pennsylvania Historical and Museum Collection：p.305

[初出] GA JAPAN 153～190, 2018年7月～2024年9月
「ディテールについて」：GA JAPAN 151, 2018年3月
「小嶋一浩さんのこと」：GA JAPAN 148, 2017年9月
「旅の意味」：建築への旅 建築からの旅, 2017年5月
「本の話」：GA JAPAN 145, 2017年3月
「吉阪隆正賞記念講演」：住宅建築2020年6月号, 建築資料研究社

立衛散考

2024年10月25日発行

著者：西沢立衛
聞き手：山口真
発行者：二川由夫
印刷・製本：シナノ印刷株式会社
制作・発行：エーディーエー・エディタ・トーキョー
151-0051 東京都渋谷区千駄ヶ谷3-12-14 TEL.(03)3403-1581(代)

ISBN 978-4-87140-698-7 C1052